Inge Hansen

Handbuch der Hundezucht

Mit großem homöopathischem Ratgeber

Müller Rüschlikon

Einbandgestaltung: Katja Draenert
Titelbild: Christine Steimer
Bildnachweis: Arthur Bremer: S. 27/28; Archiv Dilk: S. 29, 53, 64, 69, 74, 85, 109, 131, 160, 167, 177, 208, 212/213, 214, 221; Markus Freienstein: S. 230; Britta Freund: S. 219; Käthe Gronau: S. 50; Archiv Inge Hansen: S. 7, 11, 20, 25, 30, 35, 37, 38, 40, 41, 45, 46, 54/55, 66, 89, 95, 97/98, 135, 136, 147, 154/155, 156, 157, 165, 179, 183, 197, 209, 220, 234, 235, 237; Gudrum Heiß: S. 169; Archiv Hochheim: S. 17, 18, 47, 148, 163, 215, 231, 234; Archiv Yvonne Jaussi: S. 14/15, 43, 71, 78/79, 80/81, 101, 105/106, 121, 126/127, 132, 142/143, 151, 184/185, 199, 204, 222/223, 226/227, 228, 229, 236; Klaus Kaune: S. 12, 24, 42; Jolanda Luedtke: S. 23, 32, 34, 163, 181, 202, 216, 225; Archiv Marahrens: S. 188/189, 194/195, 206, 218; Susanne Müller: S. 112, 113, 190/191; Kathleen Schneiderheinze: S. 134; Beate Schwarz: S. 115; Britta Sellmer: S. 170/171; Archiv Wacker: S. 172/173

ISBN 978-3-275-01565-8

Postfach 103743, 70032 Stuttgart
Ein Unternehmen der Paul Pietsch Verlage GmbH & Co. KG

5. Auflage 2025

Sie finden uns im Internet unter www.mueller-rueschlikon-verlag.de

Lektorat: Rosemarie Wild
Innengestaltung und Reproduktion:
Medienfabrik GmbH, 71696 Möglingen & tebitron gmbh, 70839 Gerlingen
Druck und Bindung: Graspo CZ, 76302 Zlin
Printed in Czech Republic

Inhaltsverzeichnis

Danksagung

Ich bedanke mich recht herzlich bei meinem Mann, der mir immer mit Rat und Tat zur Seite gestanden hat, meine manchmal ungelenken Schritte auf dem Computer begleitet hat und dabei nie die Geduld verlor. Auch danke ich meiner Züchterfreundin Frau Martina Sterba für das unermüdliche Korrekturlesen und für viele Anregungen und Vorschläge, die den Fortgang des Buches beschleunigt haben. Besonderer Dank gilt daneben dem Tierarzt Herrn Klaus Walter Kaune, in dessen Praxis ich viel hospitiert habe und der alle tierärztlichen Teile des Buches Korrektur gelesen hat sowie Herrn Dr. Reiner Beuing, der wesentliche Teile zum Kapitel über die Zuchtauswahl dankenswerterweise beigesteuert hat. Weiterhin bedanke ich mich für das hervorragende Bildmaterial der von ihnen gezüchteten Rassehunde bei Frau Britta Sellmer (Labrador Retriever), Frau Kathleen Schneiderheinze (Labrador Retriever), Familie Dilk (Rhodesian Ridgeback), Familie Hochheim (Bordeaux Doggen), Frau Jolanda Luedtke (Irische Terrier), Frau Christa Gronau (Großpudel), Herrn Freienstein (Weimaraner) sowie Frau Yvonne Jaussi aus der Schweiz (Flatcoated Retriever, Bayerische Gebirgsschweißhunde, Islandhunde und Berner Sennenhunde), Frau Beate Schwarz (trächtige Labradorhündin), besonderer Dank auch an meine Lektorin Frau Rosemarie Wild und an den Verlag Müller Rüschlikon, ohne die dieses Buch nicht entstanden wäre.

Inge Hansen **Gettorf, im Juli 2006**

Vorwort

Auf dem Buchmarkt sind bereits einige sehr gute Bücher über die Genetik beim Hund, über Wissenswertes der Anatomie und viele unterschiedliche Bücher über die Geburt und die Aufzucht von Hundewelpen vorhanden. Viele dieser Bücher schätze ich sehr, da sie mir in der Zeit meiner eigenen Welpenaufzucht stets ein unentbehrlicher Begleiter sind. Diese Bücher liegen bei der Geburt und Aufzucht neben den Wurfutensilien und sind durch ständigen Gebrauch recht unansehnlich geworden, sie sind jedoch unverzichtbar.

Warum also ein weiteres Buch über Zuchtvoraussetzungen, Deckakt und Geburt bei Hunden?

Als Zuchtleiterin eines großen Rassezuchtvereins im VDH habe ich sehr viele Geburten begleitet, Wurfabnahmen vorgenommen, Fragen der Züchter in allen Aufzuchtphasen beantwortet und selbst viele Züchter- und Zuchtwartschulungen durchgeführt. Trotz aller vorhandenen Literatur kommen viele Fragen in der Praxis auf, nach denen der Züchter zum Teil in den verschiedenen Büchern suchen muss, die oft jedoch auch dort nicht oder nicht ausreichend beantwortet werden.

Als Tierheilpraktikerin versuche ich, im allgemein gestiegenen Bewusstsein für naturheilkundliche und vor allem ganzheitliche Behandlung unserer Vierbeiner auch gerade für den Bereich der Geburt bei Hunden die vorzüglichen Möglichkeiten der Homöopathie allgemein bekannter zu machen und zu nutzen. Über Homöopathie bei Haustieren gibt es inzwischen ebenfalls einige gute Literatur, jedoch eine direkte Verbindung dieser beiden Themenkreise, die für den Züchter in der Praxis ohne viel Blättern und ohne große Sucharbeit möglich sein muss, ist bisher nicht vorhanden.

Ich hoffe deshalb, mit dem vorgelegten Buch diese Lücke schließen zu können, Ihr Interesse an der Homöopathie im Zusammenhang mit der Geburt Ihres Wurfes zu wecken und durch viele Beispiele aus dem täglichen praktischen Umgang mit Hunden und hier speziell bei Deckakten und bei der Geburt Ihre ganz alltäglichen und doch so schwierigen Fragen beantworten zu können.

Inge Hansen

Tierheilpraktikerin und Zuchtleiterin der Hovawart Zuchtgemeinschaft Deutschland

Vorwort zur Neuausgabe

Die Wissenschaft allgemein und natürlich auch die Kynologie entwickeln sich mit Riesenschritten aufgrund immer neuer Erkenntnisse rasant weiter. In der Hundezucht haben sich die Einstellung und die tierärztlichen Möglichkeiten zur künstlichen Besamung, zur Deckterminbestimmung, zur Sondenernährung von Welpen, zum anzuwendenden Impfschema sowie vieles andere mehr verändert. Diesen Veränderungen trägt diese Neuauflage Rechnung. Darüber hinaus konnte ich Herrn Dr. Reiner Beuing, früherer Akademischer Leiter der Abteilung Populationsgenetik und Tierzucht am Institut für Haustiergenetik der Universität Gießen gewinnen, am Kapitel über Zuchtauswahl maßgeblich mitzuwirken, was die neue Auflage des Buches bereichert. Die Homöopathie beim Deck- und vor allem beim Geburtsgeschehen nimmt auch in diesem Buch einen breiten Raum ein, ist jedoch um viele Tabellen zum besseren und schnelleren Zugriff auf die homöopathischen Mittel erweitert worden. Beim Bildmaterial haben mich viele meiner Patienten unterstützt, wofür ich sehr dankbar bin und wodurch eine große Vielfalt an Rassen die Darstellung erweitert. Ich hoffe, dass Sie als Leser an dieser Neuauflage ebenfalls viel Freude haben werden und Ihre vielfältigen Fragen zur Hundezucht Beantwortung finden.

Inge Hansen

1. Gedanken zur Hundezucht

Hunde waren für mich immer mein Traum. Ein Gefährte, der mich überallhin begleitet, ohne Fragen, ohne Kommentare, der Freude und Leid mit mir teilt und der mir täglich seine uneingeschränkte Liebe zeigt. Ich bin im Elternhaus von klein an mit Hunden aufgewachsen und konnte und kann mir auch heute noch kein Leben ohne Hunde vorstellen.

Hatten wir einmal gerade keinen eigenen Hund, so habe ich mir die Hunde von Nachbarn und anderen Menschen zum Spazieren gehen abgeholt oder auch zu meiner geduldigen Mutter, manchmal für mehrere Tage, nach Hause geschleppt. Das war mit fremden Hunden nicht immer ganz einfach! Die Hunde, die mich in meiner Jugend begleiteten, waren überwiegend Mischlinge, meist Schäferhunde ohne Papiere mit den unterschiedlichsten Charakteren.

Als ich dann verheiratet war, dauerte es nicht lange und wir hatten wieder einen Hund. Wir blätterten in der Zeitung und fanden eine Anzeige, in der junge Schäferhundwelpen ohne Papiere angeboten wurden. Wir fuhren natürlich sofort hin. In einer vor Schmutz starrenden Garage, von ausgelaufenem Autoöl überzogen, liefen dort sechs viereinhalb Wochen alte, süße, aber bedauernswerte Welpen herum. Auf unsere erstaunte Frage, die seien ja noch so klein und wo denn die Mutter wäre, erhielten wir die lapidare Antwort, die hätte schließlich etwas zu tun und müsste schon wieder den Schrottplatz bewachen. Auf die Hündin könne man nicht so lange verzichten. Die Welpen hatten lediglich eine Schüssel mit Kartoffelabfällen dort stehen, über die ein wenig Kuhmilch gegossen war.

Sie können sich unsere Entscheidung sicher vorstellen. Wir hatten schnell den kräftigsten Welpen ausgesucht, gaben der Dame die verlangte Summe, nahmen unser neues Familienmitglied so dreckig, wie es war auf den Arm (ich hatte ausgerechnet ein weißes Kleid an!) und fuhren schnellstens nach Hause. Der kleine Kerl erhielt den Namen Cito und war Zeit seines Lebens nicht an Hunden interessiert und nur auf den Menschen als Sozialpartner geprägt. Sein Magen und Verdauungstrakt waren nie in Ordnung, aber er liebte uns abgöttisch, besonders unseren damals viereinhalbjährigen Sohn. Mein Mann fuhr, als der Hund alt genug war, gern mit ihm Fahrrad und ging mit ihm auf den Schäferhundplatz zur Ausbildung. Als Cito etwa eineinhalb Jahre alt war, wurde erkennbar, dass seine Hüfte nicht in Ordnung sein konnte. Er hatte schwere Hüftgelenksdysplasie (HD). Mit dem Fahrrad und dem Hundeplatz war es vorbei und bald zeigte sich, dass Cito auch der Belastung durch normale Spaziergänge nicht mehr gewachsen war. Der einstmals so fröhliche Hund lag viel, wurde zunehmend unbeweglicher und begann, fremde Menschen, die ihm über den Rücken streichelten, anzuknurren.

Cito ist bei größter Schonung noch acht Jahre alt geworden. Wir haben mehrfach für Hundebisse bezahlen müssen, wenn er wegen der Schmerzen beim Streicheln oder Anfassen sofort zubiss. Beide Hüftgelenke sprangen dann im Winter bei gefrorenem Boden und einer unbedachten Bewegung des Hundes aus der nicht ausgebildeten Hüftgelenkspfanne heraus, sodass er wegen der großen Schmerzen und weil eine angemessene Hilfe nicht möglich war, eingeschläfert werden musste. Wir trauerten und vermissten ihn sehr.

Ich wollte keinen Hund mehr. Das konnte ich nicht noch einmal durchmachen. Unser Sohn drängte sehr, denn er hätte sehr gern wieder einen Hund gehabt. Wir ließen uns erneut überreden.

Die Suche nach einem neuen Hund begann. Und dieses Mal wollten wir alles besser machen. Wir fuhren Schäferhundzwinger ab und machten die Erfahrung, dass die Züchter viele Hunde in Zwingern hielten, meist über zehn Hunde. Die Zwinger waren entweder vor Dreck starrend oder klinisch rein, die Hunde blickten uns alle traurig und mitleiderweckend an.

Wir kauften dann einen siebeneinhalb Monate alten Schäferhund, den der Züchter zurückgenommen hatte. Angeblich wollte der Züchter ihn selbst behalten. Wir hatten sofort Mitleid mit ihm und nahmen ihn mit. Asco war noch nie in einem

Haus gewesen. Alles im Haus, auf der Straße und erst recht im Dorf oder in der Stadt machte ihm Angst, weil er beim Züchter nur seinen Zwinger kennen gelernt hatte. Er hatte keine Prägung auf Menschen erfahren und brauchte Menschen auch nicht. Wenn wir nach Hause kamen, wedelte er nicht einmal mit der Rute. Menschen waren für ihn keine Sozialpartner und es gelang uns trotz aller Hundeerfahrung nicht, aus ihm ein brauchbares Familienmitglied zu machen. Auch bei ihm zeigte sich früh, dass die Hüfte nicht gesund sein konnte. Er hatte ebenfalls schwere HD. Er musste mit zweieinhalb Jahren eingeschläfert werden und sein so schwieriges Hundeleben fand dadurch vorzeitig und traurig ein Ende.

Jetzt waren wir so weit, dass wir uns über Hundezucht, über Rassen, über Vor- und Nachteile von Rassehunden informierten und für Verhaltensforschung am Hund interessierten. Wir wollten einen an Körper und Wesen gesunden Hund haben! Wir wollten nicht mehr die »Krüppel« körperlicher und seelischer Art aus irgendwelchen Verpaarungen großziehen, um sie dann nach wenigen Jahren, in denen wir eine innige Beziehung zu ihnen aufgebaut und in denen wir ihnen unsere ganze Liebe geschenkt hatten, wieder zu verlieren. Welche Vorteile konnte ein über einen anerkannten Verein gezüchteter Rassehund bieten? Waren kontrolliert gezüchtete Rassehunde gesünder? Konnte man gesunde, gut sozialisierte, umwelt- und menschenfreundliche Hunde überhaupt finden?

Wir informierten uns gründlich. Wir lasen Bücher und besuchten Rassehundezuchtschauen, Hundeplätze verschiedener Rassen, unterhielten uns mit Züchtern, Zuchtverantwortlichen und Hundebesitzern über ihre Rassehunde. Wir begutachteten Zuchtstätten und stellten viele Fragen. Aber es verdichtete sich die Überzeugung, dass die Zucht und Aufzucht, wenn überhaupt, nur bei einem wirklich geprüften VDH- (Verband für das Deutsche Hundewesen = Dachverband der Rassehundezuchtvereine) Züchter mit möglichst nur einer Zuchthündin und Familienaufzucht der Welpen ein für uns zufrieden stellendes Ergebnis bringen konnte.

Wir entschieden uns ganz bewusst für einen in einem VDH-Mitgliedsverein gezüchteten Rassehund. Es war ein Hovawart, ein an Körper und Seele überaus gesundes Tier, robust, sodass ihm zwanzig Kilometer am Fahrrad bis ins hohe Alter keine Probleme bereiteten. Der Hovawartrüde Baldur begleitete uns neun Stunden und länger in den Alpen auf Bergtouren. Er war souverän gegenüber

Unsere ersten Hovawarte: Rüde Baldur und Hündin Orscha.

anderen Tieren und freundlich zu Menschen. Seine Hüften waren überaus gesund und er wurde über 13 Jahre alt, war immer bei bester Gesundheit und außer bei Impfungen und aufgeschnittenen Pfoten waren keine Tierarztbesuche erforderlich. Er hatte eine anerkannte, liebenswürdige Hundepersönlichkeit, die uns sehr viel Freude bereitete. So wurde zu Baldur eine Hündin dazugekauft, die uns ebenso viel Freude bereitete, gesund war und uns später veranlasste, eine Hundezucht zu beginnen.

Wir wollten es anderen Menschen ermöglichen, ohne unsere schlechten Erfahrungen einen jungen Hund kaufen zu können, der körperlich möglichst gesund, im Wesen einwandfrei und in der Haltung ohne große Probleme sein würde. Wir wollten die Welpen gut sozialisieren, ihnen schon bei der Aufzucht einen guten Start für ein befriedigendes, schönes Hundeleben geben und den Käufern so einen Freund und Begleiter für mehr als zehn Jahre anbieten. Wir mussten viel lernen; wir haben gute und weniger gute Erfahrungen machen müssen. Aber wir haben es nie bedauert, uns auf die schwierige Aufgabe der Hundezucht eingelassen zu haben.

Meine Erfahrungen in der Hundezucht basieren auf dem Umgang und der Zucht von Hovawarten. Die entscheidenden Abläufe beim Deckakt, bei der Geburt und bei der Aufzucht von Hundewelpen gleichen sich jedoch erheblich, sodass die gegebenen Hinweise meist für jede Hunderasse gelten und angewandt werden können sowie die gewonnenen Erfahrungen für die verschiedensten Rassen Gültigkeit besitzen.

Viele auftretende, uns Züchtern und Hundebesitzern oft unverständliche Verhaltensweisen gehen auf Verhaltensmuster des hundlichen Urahn, den Wolf, zurück. Ich habe mich bemüht, wo es zum Verständnis erforderlich und notwendig ist, diese Wolfsverhaltensweisen oder Instinkte anzuführen und zu erläutern. Zwar haben sich im Laufe der Evolution und Domestizierung einige Verhaltensbilder oder Instinkthandlungen der Hunde gegenüber dem Wolf abgeschwächt oder auch verändert; vieles ist jedoch erstaunlich ähnlich über diese langen Zeiträume und Entwicklungsstufen hinweg erhalten geblieben. Dies gilt insbesondere für das Paarungsverhalten, die Geburt und die Welpenaufzucht.

Viele hundliche Verhaltensmuster gehen auf den Urahn Wolf zurück, hier ein Europäischer Wolf im Wolfsgehege.

Anforderungen an den Züchter

Der Umgang mit anderen Lebewesen ist für jeden Menschen eine große Verantwortung. Die Zucht von Tieren setzt darüber hinaus ein hohes Maß an menschlichen Qualitäten voraus. Wer Hunde züchtet, muss ruhig, beherrscht und ausgeglichen sein. Die täglichen Situationen bei der Aufzucht wollen gemeistert werden, jede Form von Hysterie oder Ängstlichkeit überträgt sich sofort auf Hundemutter und Welpen. Der Mensch übernimmt bei der Aufzucht von Hunden viele Aufgaben, die sonst die Natur selbst oder im Wolfsrudel die Wölfin im Schutz des gesamten Rudels ausführt. Die Verpflichtungen des Züchters beginnen mit der Bereitstellung eines geeigneten Wurfraumes, der ausgewogenen Fütterung von Hundemutter und Hundekindern und enden nicht einmal bei der Abgabe der Welpen.

Sie werden bei der Aufzucht Ihres Wurfes Gutes und weniger Gutes erleben, werden um sterbende Welpen trauern, werden mit genetischen Fehlern leben müssen und nicht zuletzt eventuell sogar Neid und Missgunst erfahren. Auch bei sorgfältigster Auswahl Ihrer Welpenkäufer werden Ihnen menschliche Enttäuschungen nicht erspart bleiben.

Wer als Züchterin oder Züchter Enttäuschungen nicht ertragen kann, sei es in der Zucht oder bei der Auswahl seiner Welpenkäufer, der sollte besser nicht züchten.

Zeitliche Anforderungen

Der Zeitaufwand für die Aufzucht eines Wurfes ist erheblich. Wer voll berufstätig ist, kann diese schwierige Aufgabe kaum erfüllen. In der Zeit der Geburt und auch danach erfordert der Wurf die volle, ungeteilte Aufmerksamkeit des Züchters. Bei der Geburt hat der Züchter unbedingt bei seiner Hündin zu sein, und ich kann mir kein schöneres Ereignis als die Hundegeburt vorstellen. Danach entstehen laufend Situationen, die ein Eingreifen des Züchters erforderlich machen: die Temperatur im Wurfraum und der Mutterhündin müssen kontrolliert werden oder Welpen schreien, weil sie hinter ihre Mutter gekrabbelt sind und nicht allein wieder herauskommen – um nur einige Beispiele zu nennen. Die Arbeit beginnt morgens früh und endet abends spät. Glauben Sie mir, Sie fallen abends todmüde ins Bett. Auch nachts kommt es immer wieder zu Situationen, die ein Hinüberschauen in die Wurfkiste oder ein Eingreifen des Züchters erforderlich machen.

Nach der überstandenen, arbeitsreichen ersten Woche nach der erfolgreichen Geburt folgt meist eine kurze Zeit, in der es ein wenig ruhiger zugeht, da sich jetzt alles eingespielt hat und die Mutterhündin sich auch bei ihrem ersten Wurf an alle ihre Pflichten wie das Säugen und die Versorgung der Welpen gewöhnt hat.

Die Arbeit wird jedoch von dem Zeitpunkt an wieder ein Volltagsjob, ab dem Sie zufüttern müssen. Ich denke an die Mühen beim ersten alleinigen Milchschlabbern der Hundekinder, beim Krallenschneiden der Welpen, beim Sauberhalten des Wurfraumes, beim Zurückbringen der vielen unternehmungslustigen Hundekinder in die Wurfkiste. Am wichtigsten jedoch ist es, viel Zeit für die Beschäftigung mit jedem einzelnen Welpen aufzubringen. Hier sind Sie dauernd gefordert und Ihre Verantwortung für das Aufwachsen eines körperlich und seelisch gesunden Wurfes besteht während des ganzen Tages und nicht nur für wenige Augenblicke neben einer Berufstätigkeit oder anderen Verpflichtungen. Eine junge Züchterin mit zwei noch im Kindergartenalter befindlichen Kindern musste die Erfahrung machen, dass ihr sonst so liebenswerter Sohn im Kindergarten Verhaltensauffälligkeiten zeigte, da er sich durch die Beschäftigung seiner Mutter mit den Welpen zurückgesetzt fühlte. Die Züchterin sagte ganz offen, dass die Arbeit mit einem Wurf neben den kleinen Kindern ohne Vernachlässigung einer Seite nicht problemlos leistbar sei und sie erst wieder einen Wurf machen werde, wenn die Kinder größer seien.

Zeitaufwand

Verantwortung beim Aufwachsen

Zeitaufwand bei Komplikationen

Der Zeitaufwand für einen Wurf endet auch nicht bei der Welpenabgabe an die Käufer. Der verantwortungsbewusste Züchter bleibt das Hundeleben lang der Ansprechpartner für alle seine Welpenkäufer. Die Berichte der neuen Hundebesitzer über das Wohlergehen der Welpen nehmen in den ersten Wochen nach der Abgabe der Welpen einen breiten Raum Ihrer Zeit ein, da jeder Ihnen mitteilen möchte, was Arthos schon alles kann oder was Andra heute wieder angestellt hat. Die Anrufe beziehen sich später auf Ernährungs- und Erziehungsfragen und noch später auch einmal auf gesundheitliche Probleme beim alten Hund. Diese Informationen und Berichte über Ihre aufgezogenen und an gute Käufer vermittelten Hundekinder begleiten Sie später ständig und erfordern Ihre ganze Aufmerksamkeit und Zeit.

Dies alles gilt jedoch nur bei ganz normalen, ohne jegliche Komplikationen aufwachsenden Würfen. Und davon dürfen Sie bei Ihrer Planung bestimmt nicht ausgehen. Die Hündin kann einen so großen Wurf haben, dass Sie von Anfang an helfen müssen. Die Milchleistung der Hündin kann so schlecht sein, dass Sie viel Zeit mit Flaschenaufzucht verbringen müssen. Wer einmal einen Wurf von elf Welpen mit der Flasche aufziehen musste, weil die Mutterhündin krank wurde und ihre Welpen nicht mehr selbst säugen konnte, der weiß, wie viel Zeit dafür erforderlich ist. Und es kann in dieser Zeit noch vieles andere passieren, das Sie vorher nicht bedacht haben.

Die erheblichen Anforderungen, die die Hundezucht an den Züchter stellt, werden Sie erfüllen müssen, falls Sie sich entschließen, einen Wurf mit Ihrer Hündin zu machen. Überlegen Sie deshalb vorher gut, ob Sie dies alles leisten können und wollen. Jeder, der eine eigene Hundezucht in Betracht zieht, sollte sich gründlich prüfen, ob er bereit und in der Lage ist, die große Verantwortung, die mit der Zucht verbunden ist, zu tragen.

Golden Retriever-Welpen

Räumliche Voraussetzungen

Aufzuchtbedingungen

Die Verhaltensforscher haben uns Hundezüchtern die richtigen Wege in der Hundezucht aufgezeigt und auf alle Bedingungen bei der Welpenaufzucht und die Folgen der Nichteinhaltung dieser Bedingungen hingewiesen. Das öffentliche Bewusstsein in diesen Fragen ist durch Publikationen im Fernsehen und in den zahlreichen Hundezeitschriften gestiegen und jedem Interessierten zugänglich. Wenn Aufzuchtsbedingungen in Massenhaltungen in früheren Schweineboxen weitab von jedem Wohnhaus und ohne menschlichen Kontakt gezeigt werden, dann müsste jedem klar sein, dass eine Welpenaufzucht so auf gar keinen Fall aussehen darf. Auch Würfe, die neben den Pferden »eben nur so« aufgezogen werden, sind nicht artgerecht und entsprechen den veränderten Bedingungen unserer heutigen Umwelt und Verhaltensforschung keineswegs. Konrad Lorenz, der schon in seinen Forschungen auf die unwiederbringliche Bedeutung der Prägungsphasen bei Graugänsen, Hundewelpen und sogar Menschenkindern hinwies, ist inzwischen durch viele andere Verhaltensforscher bestätigt worden. Die Prägung ist für Hundewelpen eine ganz wichtige, später fast nicht mehr nachholbare Entwicklungsphase und muss neben der Prägung auf die hundlichen Artgenossen eine gleich starke Prägung auf den Sozialpartner Mensch beinhalten. Und wie soll das geleistet werden, wenn der Wurf weitab vom Haus ohne menschliche Zuwendung aufgezogen wird?

Hausaufzucht

Damit sind wir bei den optimalen Grundbedingungen: ein Haus mit einem ausreichend großen Garten (je nach Hunderasse) und im Haus möglichst ein Raum, der sich für die Welpenaufzucht in den ersten vier bis fünf Lebenswochen der Welpen eignet. Danach sollten im Garten Möglichkeiten bestehen, welpengeeignetes Gelände abzuzäunen. Ein Wintergarten mit anschließendem Freiauslauf ist ebenfalls gut geeignet. Die Bereitschaft, für die Welpenaufzucht einen Raum im oder am Haus zur Verfügung zu stellen, wird von Ihnen als guter künftiger Züchter erwartet.

Wohnungsaufzucht

Wie steht es mit dem Züchten in Wohnungen? Beim Hovawart ist diese Frage mit einem klaren Nein zu beantworten, da diese Rasse sich noch nicht einmal für Wohnungshaltung gut eignet, wie viel weniger also fürs Züchten in Wohnungen. Der Ärger mit den Nachbarn und der Freiheits- und Bewegungsdrang der Welpen bestimmen diese Vorgaben. So ist es allerdings bei fast allen Hunderassen. Auch kleine Hunde wollen als Welpen möglichst alle Bodenbeschaffenheiten erkunden und kennen lernen und sollten nicht wie unter einer Käseglocke in einem abgeteilten Bereich in einer Etagenwohnung aufwachsen.

Finanzielle Aspekte

In den Medien wird gerade in jüngster Zeit immer wieder darauf hingewiesen, dass skrupellose Hundehändler im Verkauf von Hundewelpen einen breiten Markt sehen. Die zum Verkauf angebotenen Welpen entstammen dubiosen Zuchtstätten, die die Welpen aus »Hundeaufzuchtsfabriken« meist aus dem Ausland beziehen. Die unter schlimmsten Bedingungen aufgezogenen Welpen sind oft krank; keinerlei Gesundheitsanforderungen oder Wesensüberprüfungen sind bei den Verpaarungen und bei der Aufzucht beachtet worden und die Welpen haben ein fürchterliches, krankes und deshalb oft qualvolles, kurzes Hundeleben vor sich. Das Geschäft mit der »Ware Hund« blüht. Gedankenlose, schlecht informierte Hundeliebhaber unterstützen durch den Kauf der armen Geschöpfe aus solchen Zuchtanstalten diese gegen jeden Tierschutz verstoßenden Aufzuchtsbedingungen und die rein kommerziellen Ziele der Hundehändler.
Dies ist jedoch keine seriöse Hundezucht!

Dagegen steht die Hobbyzucht. Hier hat der Züchter bei vielen Hunderassen meist nur eine Zuchthündin, höchstens zwei, in seinem Besitz. Manch einer hält einen Rüden neben der Hündin oder, was besonders hoch zu werten ist, eine alte Hündin und eine junge Zuchthündin. Aber damit sollte es auch schon genug sein!

Mit einer Hündin, die vielleicht – wenn alles sehr gut läuft – in jedem Jahr einen Wurf machen kann, ist kein »großes Geld« zu verdienen. Das Gegenteil ist der Fall. Sie müssen erst einmal sehr viel Geld aufwenden, um mit Ihrer Hündin alle Zuchtvoraussetzungen Ihres Rassezuchtvereins zu erfüllen. Sind diese Hürden genommen, müssen ein Wurfraum, der Gartenauslauf und ggf. ein Welpenzwinger zur Verfügung gestellt werden. Alles kostet Sie erst einmal viel Geld!

Und dann der Wurf selbst: Kosten an den Deckrüdenbesitzer, an den Verein für Wurfabnahmen und Zuchtpapiere, an Welpenmilch und Welpennahrung, an Tierarztkosten und, und, und ...

Und bis jetzt haben Sie noch keinen einzigen Welpen verkauft, also keinen Euro eingenommen! Denn auch der Verkauf Ihrer geliebten Hundekinder kostet erst einmal Geld! Wenn nicht der Verein den Verkauf der Welpen übernimmt (und der Absatz von Hundewelpen verläuft saisonal und von Jahr zu Jahr sehr unterschiedlich), so müssen Sie auch noch Annoncen in Tages- und Hundezeitungen aufgeben, um gute Unterbringungsmöglichkeiten für Ihre Welpen zu finden.

Kommerzielle Absichten und Hobbyzucht sind nicht vereinbar. Wer darauf hofft, im Rahmen der Hobbyzucht viel Geld zu verdienen, wird sehr schnell feststellen, dass dieses nicht möglich ist.

Anforderungen an die Zuchtstätte

Gesetzliche Grundlagen

Der Hund ist das älteste Haustier des Menschen. Der Mensch hat mit der Domestikation des Hundes die Verpflichtung übernommen, artgerecht für Futter, Unterkunft und Zuwendung als Rudelersatz zu sorgen.

Mit der Einführung des Tierschutzgesetzes (TSchG) am 22.08.1986 und der Neufassung vom 26.02.1993 sind die zur Erfüllung dieser Verpflichtung notwendigen gesetzlichen Regelungen geschaffen worden. Es ist zwar traurig, dass es zur Einhaltung der vom Menschen freiwillig übernommenen Verpflichtungen so schwerer Geschütze wie einer gesetzlichen Regelung des Zusammenlebens bedarf; jedoch sind alle, die mit Missbrauch im Zusammenleben zwischen Mensch und Hund jemals konfrontiert wurden, froh darüber, dass es Möglichkeiten des Eingreifens bei eben diesem Missbrauch gibt.

Der § 1 des TSchG regelt grundsätzlich, dass der Mensch das Tier als Mitgeschöpf und dessen Leben und Wohlbefinden zu schützen hat. Niemand darf einem Tier ohne vernünftigen Grund Schmerzen, Leiden oder Schäden zufügen.

Kostenaufwand

Welpe Bordeaux Dogge

Verdienst

Tierschutzgesetz

Die Wurfkiste muss so groß sein, dass Mutterhündin und Welpen wie hier ein Wurf Bordeaux Doggen bequem darin liegen können.

VDH-Leitlinien

Nach § 2 TSchG muss derjenige, der ein Tier hält, betreut oder zu betreuen hat, das Tier seiner Art und seinen Bedürfnissen entsprechend angemessen ernähren, pflegen und verhaltensgerecht unterbringen. Er darf die Möglichkeit des Tieres zu artgemäßer Bewegung nicht so einschränken, dass ihm Schmerzen oder vermeidbare Leiden oder Schäden zugefügt werden.

Bestimmungen des Verbandes für das Deutsche Hundewesen (VDH)

Mindestanforderungen an Zwingerhaltung

Die gesetzlichen Regelungen schaffen einen breiten Rahmen, der in der Praxis mit Leben erfüllt und zum allseitigen Verständnis konkretisiert werden muss. Der Verband für das Deutsche Hundewesen (VDH), der sich in dieser Frage über seine Rassehundezuchtvereine, durch kompetente Wissenschaftler und Tierärzte beraten lässt, hat

1. Mindestanforderungen für die Haltung von Hunden in Zwingern und

2. Leitlinien zur tiergerechten und tierschutzgemäßen Zucht, Aufzucht, Haltung und Ausbildung von Hunden erlassen.

In § 4 seiner Zuchtordnung bestimmt der VDH darüber hinaus, dass Hundehaltung und -fütterung artgerecht sein muss. Für Zuchthunde und Welpen muss mindestens sehr gute Zwingerhaltung gegeben sein. Dafür sind Freiauslauf und menschliche Zuwendung Grundvoraussetzung.

Diese Bestimmungen des VDH helfen dem verantwortungsbewussten Züchter, die Aufzuchtsbedingungen für seine Welpen so zu planen, dass für diese eine artgerechte und tierschutzgemäße Unterbringung und Aufzucht gewährleistet ist.

Die Leitlinien des VDH besagen, dass für die Geburt ein Raum zur Verfügung stehen muss, der gute Überwachung und, falls notwendig, das Aufstellen einer Wurfkiste ermöglicht. Der Raum soll hell und leicht zu reinigen sowie erforderlichenfalls auch zu temperieren sein. Der Hündin soll eine Eingewöhnungszeit von mindestens zehn Tagen an das Wurflager ermöglicht werden. Da unerwartete Probleme bei der Welpenabgabe auftreten können, muss sichergestellt sein, dass die Welpen auch noch nach der achten Lebenswoche verhaltensgerecht gehalten und betreut werden können.

Hundehaltung bedeutet, Hunden auch unter Bedingungen einer Industriegesellschaft artgemäße und verhaltensgerechte Lebensbedingungen und Bewegungsfreiraum zu gewährleisten. Die Haltung in der Familie bzw. in engem Kontakt zu den Bezugspersonen wird den Anforderungen des Hundes an seine Umwelt am besten gerecht. Andere Haltungsarten wie ständige Zwingerhaltung, ständiges Anbinden (Anketten des Hundes o.ä.) oder langzeitiger Aufenthalt alleine in der Wohnung sind abzulehnen.

Die Mindestanforderungen des VDH an die Haltung von Hunden in Zwingern enthalten einen eigenen Absatz über die Haltung von Zuchthunden und die Aufzucht von Welpen. Hier wird festgelegt, dass die Räume, wenn die Hunde nicht im gesamten Wohnbereich gehalten werden und in speziellen Hunderäumen (zum Beispiel im Souterrain oder im Keller) untergebracht sind, festgelegten Bedingungen entsprechen müssen. Dazu gehören neben wärmedämmenden, leicht zu reinigenden Bodenbelägen auch Heizquellen und ausreichendes Tageslicht. Da die Bedingungen alle Hunderassen erfassen sollen, sind auch sie nur Rahmenbedingungen und müssen im Einzelfall praxisbezogen ergänzt werden.

Der VDH bestimmt die Zuchtwarte der Rassezuchtvereine zu Kontrollorganen, die für die Überprüfung der Gegebenheiten schon bei der Zulassung eines Zwingers zur Aufzucht von Hundewelpen verantwortlich sind.

Viele VDH-Vereine führen deshalb Zwingerabnahmen durch, bevor ein Züchter mit der Zucht beginnen kann. Hierbei wird vom Zuchtwart des die Zwingeranlage abnehmenden Vereins in einem Protokoll festgehalten, welche baulichen Gegebenheiten vorhanden sind, in denen Hunde gehalten werden. Es erfolgt eine Beschreibung der Zwingerinnenräume, meist innerhalb des Wohnhauses, des Welpenaufzuchtsraumes, Größe und Beschaffenheit des Auslaufes sowie die Entfernung zum Wohnhaus. Die hygienischen Verhältnisse werden genau festgehalten und alle im Besitz des Züchters befindlichen Hunde werden aufgelistet. Sollte die Aufzuchtsanlage nicht den gewünschten Erfordernissen entsprechen, so werden bis zum Erstbelegen der Hündin Auflagen gemacht, die zwingend zu erfüllen sind. Erst danach wird die Aufzuchtsstätte für die Aufzucht von Welpen freigegeben. Züchter und Zuchtwart haben dieses Zwingerabnahmeprotokoll durch ihre Unterschrift anzuerkennen.

Zwinger-abnahmen

Menschliche Zuwendung ist für Welpen (hier Labrador Retriever Welpen) und deren Prägung unabdingbar, dabei sind Männer und Frauen und natürlich besonders auch Kinder unverzichtbar für das spätere Hundeleben.

Zuchtstättenbedingungen der Schweiz

Gütezeichen

In der Schweiz hat unter der Leitung von Herrn Hans Räber (Buch: Brevier neuzeitlicher Hundezucht) die Schweizerische kynologische Gesellschaft (SKG) eine freiwillige Zuchtstättenkontrolle mit Vergabe eines Gütezeichens und jährlicher Überprüfung der teilnehmenden Zuchtstätten eingeführt. Die Bestimmungen sind sehr streng und in einer Broschüre »Weisungen zur freiwilligen Zuchtstättenkontrolle – Gütezeichen der SKG« dargestellt, die bei Bedarf bei der SKG bezogen werden kann.

Zuchtstättenbedingungen

Im Absatz über die Anforderungen an die Zuchtstätten wird unter anderem bestimmt:

Jede Zuchtstätte muss über eine Unterkunft und einen Auslauf im Freien verfügen. Damit die Beaufsichtigung der Tiere gewährleistet ist, muss die Zwingeranlage in Hör- und Sichtdistanz des Wohnbereichs des Züchters liegen.

An die Unterkunft (Schlafstelle und Aufenthaltsraum für Schlechtwetter) werden folgende zwingende Anforderungen gestellt:

- gute Isolation gegen Zugluft, Hitze und Kälte
- Welpenlager weich und trocken
- Beton- oder Steinböden müssen mit einer isolierenden Auflage versehen sein
- direktes Tageslicht und ausreichende Frischluftzufuhr
- für Hunde und Betreuer gut zugänglich
- gut zu reinigen
- Temperatur regulierbar (Wärmequelle)
- geräumig, der Größe und Anzahl der im Extremfall untergebrachten Tiere angepasst
- Fluchtmöglichkeit bzw. Fluchtplatz (vor zu aufdringlichen und scharfzähnigen Hundebabys, die ihrer Mutter sonst keine Sekunde Ruhe gönnen würden) für die wurfbetreuende Hündin.

Die Mutterhündin muss sich auf dem Welpenlager liegend ausstrecken können. Gleichzeitig müssen die Welpen darauf ausreichend Liegefläche finden. Die Wurfkiste soll es der Hündin gestatten, sich darin aufrecht, frei und ungehindert zu bewegen.

Als Auslauf wird ein Areal im Freien bezeichnet, innerhalb dessen sich die Welpen gefahrlos und frei bewegen können. Zum Beispiel:

- ein Gehege
- ein eingezäunter Garten
- Teil einer Zwingeranlage
- das gesamte Grundstück des Züchters oder Teile davon, sofern ausreichend überwachbar.

Welpenaufzucht im Sommer ist zum Beispiel in einem Gartenhaus mit großem Gartenauslauf möglich und bietet vielfältige Untergründe und Spielmöglichkeiten.

Welpenaufzucht im Winter erfordert viele Veränderungen wie Überdachungen gegen Regen usw.

An den Auslauf werden folgende zwingende Anforderungen gestellt:

- geeignete Bodenbeschaffenheit, z.B. Kies, Sand, Gras usw.
- Beton, Hartbeläge und Holz nur teilweise
- Umzäunung genügend stabil und verletzungssicher
- mindestens zeitweise sonnig
- mindestens teilweise beschattet
- mit direktem Zugang zur Unterkunft
- abwechslungsreich (z.B. Erhöhungen, Durchschlupfe, Verstecke usw.)

Je größer und lauffreudiger die unterzubringende Rasse, desto weiträumiger soll der Auslauf bemessen sein. Die Hunde müssen ihren rassespezifischen Bewegungsdrang ungehindert ausleben können. Sowohl Unterkunft als auch Auslauf müssen sauber und kotfrei gehalten werden. Sauberes Trinkwasser muss jederzeit zur Verfügung stehen. Trink- und Futtergeschirre sind stets sauber zu halten. Alle Hunde der Zuchtstätte müssen gepflegt und parasitenfrei gehalten werden. Sie sollen sichtbares Zutrauen zu ihren Betreuern zeigen. Die Welpen müssen an Menschen gewöhnt und entsprechend zutraulich sein.

Beschäftigungsmöglichkeiten müssen in der Zwingeranlage vorhanden sein (geeignetes Welpenspielzeug).

Euronorm ISO 9001-9004

Die produzierende Industrie sichert die Qualität ihrer Produkte durch ein dokumentiertes Qualitäts-Sicherungs-System. Hierzu liefert die Normenreihe ISO 9001-9004 einen einheitlichen Rahmen, wie sämtliche qualitätsbeeinflussenden Faktoren geregelt, wie Zuständigkeiten festgelegt und wie Abläufe und Ergebnisse dokumentiert werden sollen. Die Vergabe eines dokumentierten Qualitäts-Markenzeichens nach Euro-Norm kann, im übertragenen Sinne, auch an Rassehundezuchtvereine des Verbandes für das Deutsche Hundewesen (VDH) und seine Mitglieder (Züchter) erwogen werden.

Auslauf

Die Rassehundezuchtvereine sind daran interessiert, dass die Rasse (als Produkt) ihren guten Ruf behält und noch mehr Anhänger (Hundekäufer) anzieht. Käufer von Hundewelpen sind kaufbereit, wenn die Produktqualität bekannt gut ist und man bei den Züchtern dieser Rasse zuverlässig einen gesunden und wesensfesten Welpen bekommt. Zuchtverein und Züchter sind daran interessiert, dass weder Mühen noch Kosten für die Planung und kontrollierte Aufzucht von gesunden, überprüften Hundewelpen von den Rassehundezuchtvereinen und deren Züchtern gescheut werden, da die Abgabe von kranken, schlecht aufgezogenen und nicht kontrollierten Welpen Rufverlust bedeutet. Die Güte im Sinne eines Markenzeichens einer Rasse misst sich daran, was der Zuchtverein für die Qualität seiner Welpen, die Aufzuchtsbedingungen und die Kontrolle der Züchter dieser Rasse tut!

Der VDH überprüft schon jetzt seine Züchter nach entsprechend schwierigen Kriterien wie das Zertifikat nach ISO-Norm. Viele Bedingungen müssen vom VDH dabei unter die Lupe genommen und genauestens überprüft werden. Kontrolliert und dokumentiert werden müssen unter anderem Züchter und Zwinger (Zwingerabnahmen), strenge Einhaltung des Rassestandards, Auswahl der Zuchttiere, tierärztliche Untersuchungen der Eltern- und Jungtiere, Qualität des Futters, die Welpenaufzuchtsbedingungen, Durchführung von Wurfabnahmen durch geschulte Zuchtwarte und vieles andere mehr. Jeder Schritt, jedes Verfahren, jede Tätigkeit werden bei allen Einzelprüfungen wie Körungen, Zuchtschauen, Zuchtstättenabnahmen, Welpenabnahmen usw. schriftlich so festgehalten, dass sie jederzeit überprüfbar sind.

Euro-Norm

Brauchen die Rassehundezuchtvereine solche weit reichende Überprüfungen? Durch die freiwillige Eigenkontrolle nach allgemeingültigen Bedingungen einer europaweiten Gütenorm kann das bisher in der Zucht und der Welpenaufzucht qualitativ Erreichte noch umfassender dokumentiert und das Vertrauen der Welpenkäufer in die Qualität der VDH-Rassehunde auch nach allgemeinen Normen erhalten werden. Jeder kann dann genau nachvollziehen, dass der Züchter zuverlässig im Sinne der Rasse und des Tierschutzes nach europaweit anerkannten Kriterien handelt. Aus diesen Gründen brauchen Welpenkäufer und VDH-Rassehundezüchter sowie VDH-Rassehundezuchtvereine Qualitätsmanagement und Qualitätssicherung in der Hundezucht.

Praktische Hinweise

Alle beschriebenen Vorgaben sind für das Planen eines Wurfes schon eine große Hilfe. Es sind jedoch nur Mindestbedingungen, die in der Praxis mit viel Phantasie und etwas Geschicklichkeit umgesetzt und gestaltet werden müssen.

Hausaufzucht

Welpenzimmer

Ich ziehe meine Würfe in den ersten Wochen immer im Haus auf. Ein Raum im Haus – bei uns das »Fernsehzimmer« neben dem Schlafzimmer – wird für diese Zeit zum »Welpenzimmer«. Hier steht die Welpenkiste, hier ist der Hündin alles vertraut und sie fühlt sich nicht plötzlich durch den Wurf ausgeschlossen und von uns, ihren vertrauten Bezugspersonen, getrennt. Ich selbst kann zu jeder Zeit einen Blick auf Hundemutter und Kinder werfen und höre sofort, wenn in der Wurfkiste etwas nicht stimmt.

Gartenauslauf

Einzelheiten zu Wurfkiste, Unterlagen in der Kiste, einer » Shit-Ecke«, Spielzeug usw. werden ausführlich im 11. Kapitel behandelt.

Sobald der Bewegungsdrang der Welpen größer wird, wird die Welpenkiste geöffnet und den Welpen steht das ganze Zimmer zur Verfügung. Wir verbringen sehr viel Zeit bei den Welpen und sehen weiter jeden Abend in dem Raum fern. Die Welpen werden abwechselnd auf den Arm genommen, wir spielen mit ihnen oder sehen ihnen einfach bei ihren Spielen untereinander zu. Es ist wunderbar mitzuerleben, wie diese kleinen Wesen zum Leben erwachen und nach und nach richtige kleine Hunde mit allen vertrauten Verhaltensmerkmalen von Hunden werden. Sie fiepen und freuen sich bald über unser Kommen genauso, wie sie sich über ihre Mutter freuen. Jeder Welpe entwickelt ziemlich schnell seinen eigenen Charakter und der Freche, der Unternehmungslustige, der Ruhige usw. sind sehr bald auseinander zu halten.

Ein Wintergarten, ein Raum im Keller mit Tageslicht und möglichst mit Zugang in den Garten oder ein Raum in einem Anbau sind genauso gut geeignet für die Welpenaufzucht wie das von uns bevorzugte Zimmer.

Je nach Wetterlage und Jahreszeit (Sommer- oder Winterwurf) kommen die Welpen im Alter von etwa drei bis vier Wochen zunächst erst für einige Stunden am Tag in den Garten. Solange die Welpen so klein sind, dass sie nur etwas hin- und herkrabbeln können, werden sie auf einer Decke oder einer anderen Unterlage auf den Rasen gelegt. Wie ist es für die Hundebabys interessant, den Rasen und seine ungewohnten Gerüche zu erkunden! Auch schon hierbei gibt es Mutige und weniger Mutige, Unternehmungslustige und Entschlossene, Ruhige und Wehleidige.

Bald reicht die Decke im Garten für die unternehmungslustigen Hundekinder nicht mehr aus. Dann kommen sie täglich von morgens bis abends in den abwechslungsreichen Welpenzwinger mit dem großen Gartenauslauf. Das ist so herrlich, dass die Welpen abends kaum mehr ins Haus zurück wollen. Sie haben dort zwei große, warme Hütten mit abnehmbarer Überdachung, ein Gartenhaus als Hundehaus, eine Holzliegefläche, auf der es auch das Futter gibt, einen mit Kies gefüllten Zwinger von 12 qm Größe mit Unterschlüpfen, einer Krabbelröhre usw. und einer Tür, die in den für die Welpen abgeteilten Garten führt. Der Zwinger mit der Liegefläche und den Hütten ist überdacht, damit die Welpen auch bei Regen einen ausreichend großen, trockenen Auslauf haben. Der Garten bietet einen Hang aus Sand, einige ungiftige Büsche und Bäume, viel Rasenfläche, Steinflächen, einige Stufen und natürlich viele Spiel- und Versteckmöglichkeiten.

Viele andere Lösungen sind hier denkbar. Wichtig ist, dass der Züchter mit Phantasie aus seinen Gegebenheiten den Welpen so viel Abwechslung und

Welpen benötigen noch sehr viel Schlaf und Ruhephasen wie dieser Wurf Irischer Terrier.

Anregungen wie möglich bietet, damit seine Welpen keine »Klippschüler«, sondern gut sozialisierte und durch viele Anregungen ihre Intelligenzmöglichkeiten nutzende »Abiturienten« werden.

Anforderungen an die Zuchthündin

Im Wolfsrudel darf nicht jede erwachsene Wölfin Welpen haben. Dieses Vorrecht steht lediglich dem ranghöchsten Alpha-Tier (Alpha-Fähe) zu. Die in vielen Kämpfen errungene Rudelposition wird von der Alpha-Wölfin gegen alle anderen weiblichen Tiere im Rudel mit äußerster Konsequenz immer wieder neu verteidigt. Ich empfehle hier die hervorragenden Bücher des Verhaltensforschers Erik Ziemen, der diese Wolfsverhaltensweisen beschreibt und dadurch dazu beiträgt, hundliches Verhalten besser zu verstehen. Aus diesem Wolfsverhalten wird klar, dass in der Natur nicht automatisch jedes weibliche Tier zur Weiterzucht beiträgt, sondern dass durch die Rangfolgekämpfe im Rudel eine strenge Zuchtauswahl stattfindet.

Die natürliche Zuchtauswahl des Wolfsrudels, in der sich nur der und die beste, also der Alpharüde und die Alpha-Fähe fortpflanzen können, ist nach der Domestikation und zusätzlich nach dem Verlust von Arbeitsauswahlkriterien (nur der in der Jagd beste Hund wurde zur Weiterzucht verwendet) zugunsten von Begleit- und Familienhunden entfallen. Der Mensch hat die Verantwortung der Zuchtauswahl übernommen und damit die Verantwortung für erbgesunde, wesensfeste und umweltverträgliche Nachkommen.

Alpha-Wölfin

Wesenseigenschaften

Viele Hündinnenbesitzer haben mich angesprochen, ob Ihre Hündin nicht wenigstens einmal im Hundeleben Welpen haben sollte. Sie hätten gehört, dass das Wesen der Hündin dadurch verbessert werde und spätere Erkrankungen am Gesäuge und der Gebärmutter dadurch zu vermeiden seien.

Wesensfestigkeit

Diese Ansichten sind falsch. Eine Hündin, die in ihrem Wesen Schwächen hat, wird diese nicht durch einen Geburtsvorgang verbessern, sondern sie lediglich an ihre Kinder weitergeben. Und das ist für Sie als Züchter und für die neuen Welpenbesitzer ebenso schlimm, denn Wesensmängel fallen dem Besitzer eines solchen Hundes täglich zur Last. Das Wesen Ihrer Zuchthündin verändert sich durch einen Wurf nicht. Wesensschwächen oder sogar Wesensmängel sind meist genetisch bedingt und können aufgrund von Schwangerschaft und Aufzucht von Welpen nicht abgestellt werden. Deshalb denken Sie immer daran: eine ängstliche Hündin bleibt ängstlich, eine aggressive Hündin wird nur noch aggressiver reagieren und eine scheue, zurückhaltende Hündin wird scheu und zurückhaltend bleiben und darüber hinaus geben alle wesensschwachen Hundemütter ihre negativen Wesenseigenschaften an ihre Kinder weiter.

Deshalb sollte bei der Auswahl und der Entscheidung über den Einsatz von Zuchthunden das gesundheitlich und wesensmäßig Beste gerade gut genug sein! Eine wesensfeste, erbgesunde, dem Standard entsprechende und vom Rassehundezuchtverein überprüfte und durch kontrollierte eigene Aufzucht gut sozialisierte, menschbezogene, sichere und in sich gefestigte Hündin wird diese ihre positiven Eigenschaften ebenso an ihre Kinder vererben wie die wesensschwache Hündin ihre negativen Eigenschaften. Stellen Sie deshalb möglichst hohe, wenn nicht sogar höchste Anforderungen in Bezug auf Gesundheit und Wesensfestigkeit an die Hündin, mit der Sie züchten wollen! Viele Hündinnen sind gute Partner oder liebe Familienmitglieder. Aber müssen sie deshalb alle in die Zucht? Vertrauen Sie dem Urteil des für die Rasse zuständigen Zuchtwartes oder Körmeisters. Im Wolfsrudel übernimmt die Natur die Auslese durch strenge und harte Rangfolgekämpfe. In unserer heutigen Zeit ohne natürliche Auslese und ohne

Rangfolgekämpfe sind im Wolfsrudel zur Erringung einer hohen Rudelposition unerlässlich und werden bereits bei Jungwölfen eingeübt wie hier bei jungen Gehegewölfen.

Bei der Auswahl der Zuchthündin sollte nur eine wesensfeste, erbgesunde und dem Standard entsprechende, gut sozialisierte, sichere und in sich gefestigte Hündin wie diese Hovawarthündin die Mutter eines Wurfes werden.

feste Aufgaben für die Hunde muss die menschliche Vernunft die Auswahl nach strengen Wesens- und Gesundheitskriterien treffen.

Ich komme auf diese Fragen noch intensiv im Kapitel über die Zuchtauswahl von Zuchthündin und Deckrüde zu sprechen.

Wie steht es nun mit der gestellten Frage nach den Erkrankungen am Gesäuge und an der Gebärmutter? Nach Gesprächen mit Tierärzten, Durchforsten der veröffentlichten Literatur und der Teilnahme an Fachvorträgen kann wohl mit Sicherheit gesagt werden, dass Tumore am Gesäuge und an der Gebärmutter gleich häufig sind bei Hündinnen, die geworfen haben wie bei solchen, die nie einen Wurf hatten. Solche Argumente heranzuziehen, um ggf. einen einmaligen Wurf zu begründen, ist deshalb falsch und nicht haltbar.

Entscheiden Sie die Frage, ob Sie mit Ihrer Hündin einen Wurf machen sollen oder wollen, darum nur nach der gesundheitlichen und wesensmäßigen Qualität Ihrer Hündin und Ihren zeitlichen und örtlichen Gegebenheiten sowie den bestätigten objektiven Kriterien der Fachleute (Zuchtwarte oder Körmeister) in Ihrem Rassehundezuchtverein.

Anforderungen an den Zuchtrüden

Abstammung

ausgleichende Verpaarung

Für den Rüden gilt das für die Hündin Gesagte ebenso. Auch hier sollte immer die wesensmäßige, gesundheitliche und genetische Qualität eines Rüden und darüber hinaus das vermutete gute »Zusammenpassen« aller genannten Eigenschaften auf beide Zuchttiere den Ausschlag für eine Verpaarung geben. Gleiche Schwächen in der Anatomie (z.B. etwas steile Winkelung in der Hinterhand) oder im Wesen sollten vermieden werden und viel begründeter das Ausgleichende (gute Hinterhandwinkelung, ruhiges Wesen) gewählt werden. Wichtig ist nicht, dass der Rüde »um die Ecke« wohnt und alles so schön bequem ist. Für einen guten, zur Hündin passenden und Eigenheiten der Hündin ausgleichenden Rüden sollte man ggf. Hunderte von Kilometern fahren. Der Erfolg wird Ihnen recht geben! Und vermenschlichen Sie die Paarung nicht: »Der Rüde von nebenan spielt immer so nett mit meiner Afra« oder »die beiden kennen sich doch von klein an«. Solche Aussagen als alleiniges Entscheidungsmerkmal sind schlechte Berater bei der Planung von Verpaarungen.

Tun Sie auch guten Freunden mit dem Einsatz ihres (für Ihre Hündin nicht passenden) Rüden als Deckrüden keinen Gefallen! Freundschaften unter Hundebesitzern sollten bestimmt kein Argument sein, einen Rüden auszuwählen und als Deckrüden einzusetzen. Die gute Genetik eines Rüden, seine hervorragenden Gesundheits- und Wesenseigenschaften sind für einen Einsatz entscheidend, seine Schauergebnisse und Championate dagegen nur zusätzliche Argumente und bestimmt kein ausschließlicher Grund für einen Zuchteinsatz.

Versuchen Sie möglichst, sich den Rüden vorher anzusehen, beobachten Sie sein Verhalten zu Männern und Frauen, zu Kindern und zu anderen Hunden oder Haustieren. Wie reagiert er auf Geräusche? Macht ein vorbeirasender Lkw ihn nervös? Worauf reagiert er? Und versuchen Sie, möglichst viele Nachkommen von ihm anzusehen. Die besten und aussagefähigsten Argumente über seine Vererbungsmerkmale erhalten Sie durch seine Nachzuchten.

Informieren Sie sich möglichst gründlich über die Abstammung Ihrer Zuchthündin und des Deckrüden. Erfragen Sie aufgetretene Fehler bei den Eltern, Großeltern und Geschwistern der einzusetzenden Hunde und ihrer bereits vorhandenen Nachkommen. Überlassen Sie dies nicht einseitig Ihrem Zuchtwart! Er soll Sie fachkundig und qua-

lifiziert beraten. Sie tragen jedoch als Züchter die Verantwortung dafür, dass demnächst erbgesunde, wesensfeste, freundliche, in die heutige Umwelt passende Welpen geboren und in gute Familien abgegeben werden.

Hierbei soll Ihnen dieses Buch helfen.

Ein hervorragender Deckrüde gibt seine guten Eigenschaften an seine Nachkommen weiter wie hier die schwierige korrekte Markenvererbung beim Hovawart vom Vater an die Tochter vererbt wurde.

3. Zuchtvoraussetzungen

Wildzucht und Zuchtvereine

Bei den Ausführungen über die Zuchtstätte und die Anforderungen an eine solche wie auch an den Züchter, die Zuchthündin und den Deckrüden ist versucht worden, die Qualitätsanforderungen in der heutigen Hundezucht deutlich zu machen. Um diese Qualität zu gewährleisten, ist viel Wissen beim Züchter erforderlich, genaue Kontrollen durch die Zuchtvereine sind unerlässlich und nicht zuletzt natürlich ist eine ausgezeichnete Qualität der Zuchttiere Voraussetzung für eine gute Zucht.

Da in Deutschland nach dem Vereinsrecht jedermann, der sich mit sechs weiteren Personen zusammenschließt, einen Verein gründen kann, gibt es viele und oft unüberschaubare Zuchtvereine. So ein »Minizuchtverein« kann sich selbst (oft sehr lockere) Vorschriften geben und »züchten«, d.h. Bedingungen selbst festlegen, unter denen jedermann bei ihm Hundewelpen mit als »Zuchtpapiere/ Ahnentafeln« ausgewiesenen Begleitpapieren erhalten kann.

Qualitätsvergleich

Hier ist vielfach Vorsicht geboten, da gesundheitliche Anforderungen (HD und andere Skeletterkrankungen, Augenerkrankungen, Epilepsie usw.) kaum beachtet werden, keine in Anzahl (Zuchtbreite!) und Qualität ausreichenden Zuchttiere zur Verfügung stehen und damit Inzucht und Erbfehler begünstigt werden.

Ich kenne Fälle, in denen 7 Monate alte Hovawartrüden ohne jede Überprüfung auf HD und Wesensveranlagung von solchen »Minivereinen«, Massenzüchtern oder Wildzüchtern zum Decken eingesetzt wurden. In einem anderen Fall fiel der als Hovawart durch eine »Ahnentafel« ausgewiesene Hund durch Kurzhaarigkeit und ungewohnt aggressives Verhalten auf. Intensive Nachforschungen ergaben, dass ein Rottweiler und nicht wie ausgewiesen ein Hovawart der Vater des hovawartuntypischen Welpen war. Oder eine Überprüfung der »Ahnentafel« ergab, dass dort ein Rüde unseres VDH-Zuchtvereins als Vatertier ausgewiesen wurde, der nachweislich nie in dem »Minizuchtverein« gedeckt hatte und der zum Zeitpunkt des angeblichen Wurftages bereits 5 Jahre tot war. Und der kann doch wahrhaftig nicht gedeckt haben! Dies ist Betrug!

Die Liste der Unregelmäßigkeiten solcher nicht geprüfter Vereine und Züchter ist lang. Sicher ist, dass bei solchen Nicht-VDH-Vereinen nicht unbedingt der vorgestellte und behauptete Rassehund in der gewünschten Qualität und Gesundheit erwartet werden kann.

Der Welpenkäufer, der sich vor dem Welpenkauf nicht über diese bestehenden Gegebenheiten informiert, zahlt oft auf den kaum günstigeren Welpenpreis eines Wildzüchters, Massenzüchters oder »Minivereinszüchters« durch hohe Behandlungskosten des kranken Welpen, Anwaltskosten wegen der Nichtaushändigung der »Zuchtpapiere« und vieles andere mehr, drauf. Dazu kommt, dass so unkontrolliert gezogene Welpen meist auch im Wesen nicht den Erwartungen des Käufers entsprechen und wegen deren Ängstlichkeit oder sogar Aggressivität der Käufer täglich Grund zur Sorge haben wird. Jedermann informiert sich durch Qualitätsvergleiche beim Kauf einer Waschmaschine oder eines Autos, aber viele wenden nicht die gleiche Mühe und Sorgfalt auf für das Familienmitglied Hund, das sie vielleicht 13 Jahre oder mehr auf ihrem Lebensweg begleiten wird.

Die strengsten Bestimmungen in der Rassehundezucht nicht nur in Deutschland, sondern weltweit, hat der Verband für das Deutsche Hundewesen (VDH), der zur Zeit 163 Vereine und Verbände unter seinem Dach vereint und der Fédération Cynologique Internationale (FCI), der internationalen Hundezuchtorganisation, mit allen seinen Mitgliedern angehört. Damit ist weit mehr als bei den »Massenzüchtern«, »Minivereinen« und »Wildzüchtern« gewährleistet, dass Informationen aus dem Bereich der Kynologie, der Medizin und der Verhaltensforschung an die Züchter weitergegeben, strenge Zuchtstätten- und Züchterkontrollen durchgeführt und strenge Zuchtbestimmungen eingehalten werden müssen. Der Hundekäufer hat bei einem VDH-Rassezuchtverein viel eher die Gewähr dafür, den erwarteten Rassehund in der gewünschten Qualität, mit der erwarteten Gesundheit und im für die Rasse typischen sicheren Wesen zu erhalten.

Wer die Mühen der Hundezucht auf sich nimmt, der sollte sich einem kontrollierbaren VDH-Verein anschließen und unter dessen Aufsicht wesensfeste, erbgesunde und gut sozialisierte Welpen züchten und aufziehen.

Zuchtvoraussetzungen des VDH/der FCI

Das Internationale Zuchtreglement der FCI und die Zuchtordnung des VDH sind verbindlich für alle im VDH zusammengeschlossenen Rassehundezuchtvereine. Die Zuchtordnungen der Rassehundezuchtvereine können in ihren Anforderungen über die des VDH hinausgehen, d.h. die Bedingungen der Zucht können in Einzelvorschriften strenger sein als die des VDH, jedoch niemals darunter liegen.

Die VDH-Zuchtordnung dient der Förderung planmäßiger Zucht funktional und erbgesunder, wesensfester Rassehunde. Die Vereine müssen sicherstellen, dass eine Ausbeutung der Zuchthunde verhindert wird. Kommerziellen Hundehändlern und -züchtern ist die Zucht in einem Mitgliedsverein des VDH nicht erlaubt. Die Bestimmungen des Tierschutzgesetzes müssen bindend bei der Zucht, Aufzucht und Haltung von Hunden eingehalten werden.

Die Bestimmungen des Tierschutzes sowie die VDH- und Rassehundezuchtvereinsvorschriften zur Zucht, Aufzucht und Haltung von Hunden sind unbedingt einzuhalten.

Die VDH-Rassehundezuchtvereine sind verpflichtet, die Beratung der Züchter und Kontrolle der Zuchten sicherzustellen. Hierfür sind der Aufbau einer Organisation von Zuchtwarten und die Schulung der Zuchtwarte (als Multiplikatoren für die Züchter und Deckrüdenbesitzer) Pflicht der Vereine.

Jeder Züchter ist verpflichtet, ein Zwingerbuch über alle Einzelheiten des Wurf- und Zuchtgeschehens in seinem Zwinger zu führen.

Als besonders schwerwiegende Verstöße gegen die VDH-Zuchtordnung sind insbesondere Vernachlässigung der Verantwortung für die Zuchtlenkung, mangelnde Zuchtberatung, mangelnde oder fehlerhafte Zuchtkontrolle, ungenügende Ausbildung oder die Ausbildung einer zu geringen Anzahl von Zuchtwarten, ungenügende oder grob fehlerhafte Bekämpfung von rassespezifischen Erkrankungen und erblichen Defekten u.ä. zu werten.

VDH-Zuchtordnung

Gesundheitsanforderungen

Die VDH-Zuchtordnung schreibt die planmäßige Zucht funktional und erbgesunder, wesensfester Rassehunde vor. Erbgesund ist ein Rassehund dann, wenn er Standardmerkmale seiner Rasse, Rassetyp und rassetypisches Wesen vererbt. Er darf jedoch keine erhebliche erblichen Defekte, die die funktionale Gesundheit seiner Nachkommen beeinträchtigen könnten, vererben (Zuchtverbot, keine Zuchtzulassung).

Rassehund

Die Rassehundezuchtvereine sind zur methodischen Bekämpfung erblicher Defekte verpflichtet. Es darf nur mit gesunden, wesensfesten Hunden gezüchtet werden.

Paarungen von Verwandten 1. Grades (Inzestzucht – zum Festigen erwünschter Erbanlagen) sollen von den Rassezuchtvereinen vermieden werden (Gefahr der Häufung von Erbfehlern durch gleiche Vorfahren) und bedürfen deshalb der vorherigen Zustimmung (Ausnahmegenehmigung) des Rassehundezuchtvereins. Versuchszüchtungen (z.B. von Farbvarianten o.ä.) dürfen nur mit vorheriger

Zustimmung des zuständigen Rassehundezuchtvereins und des VDH durchgeführt werden.

zuchtausschließende Fehler

Zur Zucht nicht zugelassen sind insbesondere Hunde, die zuchtausschließende Fehler haben, z. B.

HD-Grundregeln

- Wesensschwäche,
- angeborene Taubheit oder Blindheit,
- Hasenscharte,
- Spaltrachen,
- erhebliche Zahnfehler und Kieferanomalien,
- Progressive Retina-Atrophie (PRA = fortschreitende Netzhautdegeneration),
- Epilepsie (zentrale Nervenstörung mit wiederkehrenden Anfällen),
- Kryptorchismus (nicht in den Hodensack abgestiegene Hoden),
- Monorchismus (Einhodigkeit),
- Albinismus (vollständiges Fehlen von Pigment, in der Regel verbunden mit Seh- und Hörfehlern),
- Fehlfarben,
- festgestellte schwere Hüftgelenksdysplasie und wenn von den Rassehundezuchtvereinen festgelegt, andere, mindere HD-Grade (oft nur Zucht mit Tieren, die nicht von HD befallen sind, erlaubt),
- Skelettdeformationen usw.

Gebissfehlstellungen wie dieser Kreuzbiss gehören bei den meisten Rassen zu den vom VDH festgelegten zuchtausschließenden Fehlern.

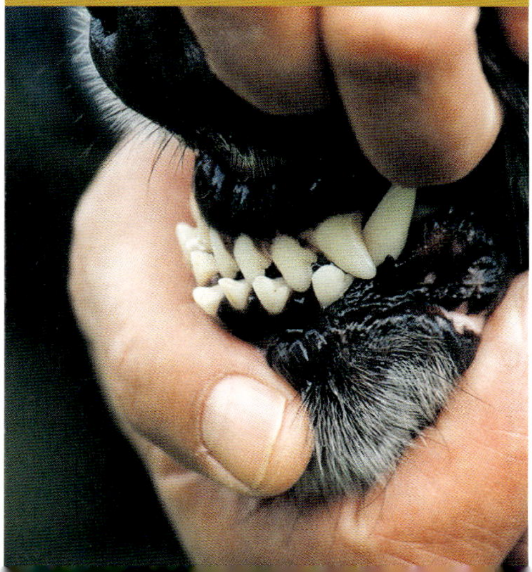

Die Bekämpfung der Hüftgelenksdysplasie nimmt in der VDH-Zuchtordnung einen breiten Raum ein. Die Hüftgelenksdysplasie (HD) ist von den erblichen Erkrankungen die am längsten und besten erforschte und stellt ein schwerwiegendes Problem dar, dessen Bekämpfung zu den unverzichtbaren Aufgaben des VDH gehört.

Die Rassehundezuchtvereine des VDH sind verpflichtet, die HD-Grundregeln zu beachten und durch Übernahme in die vereinseigene Zuchtordnung diese Vorschriften für ihre Mitglieder und Züchter für verbindlich zu erklären. Der vom Züchter/Halter in Anspruch genommene Röntgentierarzt darf seine Bewertung nur in den vom VDH erhältlichen oder einen inhaltsgleichen, vereinseigenen Bewertungsbogen eintragen. Auf diesem Bewertungsbogen ist zu bestätigen:

- dass der Röntgentierarzt zugunsten des jeweiligen Rassehundezuchtvereins auf etwaige Urheberrechtsansprüche an den Röntgenaufnahmen verzichtet;
- dass der Röntgentierarzt die Identität des Hundes überprüft hat;
- dass der Röntgentierarzt den Hund für die Erstellung der Aufnahmen ausreichend sediert hat und
- dass keine weiteren Hilfsmittel Verwendung gefunden haben.

Die Röntgenaufnahmen sind von einem vom VDH-Vorstand bestellten HD-Gutachter der Rasse (und nur von diesem) auszuwerten. Der für die Rasse bestellte HD-Gutachter (und nicht der Röntgentierarzt – wegen der Gleichmäßigkeit und Unvoreingenommenheit der Auswertung) vermerkt auf dem Bewertungsbogen das Ergebnis der Auswertung und gibt den unterschriebenen Bewertungsbogen an den Rassezuchtverein zurück, der den Besitzer des Hundes über das Ergebnis informiert.

Betreuen mehrere Zuchtvereine im VDH eine Rasse, was häufig vorkommt, so soll nur ein gemeinsamer Gutachter bestellt werden (Regelfall, Ausnahmen sind möglich).

Gesundheitsanforderungen

Rassehunde müssen funktional, erbgesund und wesensfest sein. Erbliche Defekte und Krankheiten, die die Gesundheit der Nachkommen beeinträchtigen könnten, müssen von den Rassehundezuchtvereinen methodisch bekämpft werden. Es darf nur mit gesunden und wesensfesten Hunden gezüchtet werden.

HD-Obergutachten

Rassehundezuchtvereine können in ihrer Zuchtordnung die Erstellung eines HD-Obergutachtens (bei vermutetem abweichendem Ergebnis bei erneuter Begutachtung) unter strengen und genau festgelegten Bedingungen zulassen. Bereits begutachtete Hunde dürfen nur für ein Obergutachten erneut begutachtet werden. Ein besseres Bewertungsergebnis ist nur dann maßgeblich, wenn es das Resultat eines Obergutachtens ist (ergibt das Obergutachten ein schlechteres HD-Ergebnis, so ist dieses ebenfalls bindend). Der Antragsteller eines Obergutachtens hat im Antragsformular zu erklären, dass er das beantragte Obergutachten als verbindlich und endgültig anerkennt. Dem Antrag sind die Erstaufnahme sowie zwei Neuaufnahmen in Position 1 und 2 (gleiche Aufnahme wie Erstaufnahme und in gestreckter Lage) beizufügen. Die Neuaufnahmen müssen von einer Universitätsklinik angefertigt sein und dürfen nur von dem vom VDH für jede Rasse bestellten einzigen Obergutachter ausgewertet werden.

Diese Gesundheitsanforderungen sind sehr streng und sollen dem Käufer den erwarteten erbgesunden Hund garantieren.

Zuchtalter

Die einzelnen Hunderassen sind in ihrer körperlichen und seelischen Entwicklung sehr unterschiedlich. Sind einige schon sehr schnell erwachsen und haben bald eine gewisse »Reife«, so sind andere wahre Spätentwickler und mit fast drei Jahren immer noch »reine Kinder«. Diesen unterschiedlichen Reifungsprozessen soll in allgemeinen Regelungen über den Zuchteinsatz Rechnung getragen werden, was wie nachstehend ausgeführt, fast unmöglich ist.

Mindestzuchtalter

Um einem Missbrauch und der Ausbeutung von Zuchthunden vorzubeugen, schreibt der VDH Mindestzuchtalter und Höchstalter für einen Zuchteinsatz von Zuchthunden vor.

Das Mindestzuchtalter von Hündinnen darf 15 Monate nicht unterschreiten. Für viele kleinere Rassen ist dieser Zeitpunkt zu akzeptieren. Größere Rassen sind in der Entwicklung meist viel später erwachsen und für sie wäre dieser Zeitpunkt sicher viel zu früh. Die erste eingetretene Läufigkeit zeigt zwar den Zeitpunkt der körperlichen Reife an, die Versorgung von Welpen erfordert jedoch auch eine geistige Reife und die Ausprägung des Brutpflege-Instinktverhaltens, was oft erst viel später einsetzt. Deshalb legen die Rassehundezuchtvereine in ihren Zuchtordnungen den für die jeweilige Rasse der Entwicklung entsprechenden frühesten Zeitpunkt für den ersten Zuchteinsatz einer Hündin fest, der jedoch nicht vor dem vollendeten fünfzehnten Monat liegen darf.

Höchstzuchtalter

Gemäß VDH-Zuchtordnung dürfen Hündinnen nur in mit dem Interesse der Rasse begründbaren Fällen nach Vollendung des achten Lebensjahres zur Zucht verwendet werden. In solchen Fällen gilt der Decktag als Stichtag.

Zum Schutz der Hündin gibt es für mich keine hiervon abweichenden, begründbaren Fälle. Die Anstrengungen der Trächtigkeit und der Geburt sind so erheblich, dass die Gesundheit des Muttertieres in jedem Falle stark beeinträchtigt wäre. Die Bänder, das Bindegewebe, der Stoffwechsel und der Kreislauf sind solchen Belastungen in diesem Alter ohne Schaden für die Hündin nicht mehr gewachsen, und einem Ansinnen auf einen Zuchteinsatz der Hündin nach vollendetem achten Lebensjahr sollte auf keinen Fall stattgegeben werden.

Nach der VDH-Zuchtordnung darf eine Hündin nicht mehr Welpen aufziehen, als es ihre Kondition zulässt. Ihr soll nicht mehr als ein Wurf pro Jahr zugemutet werden; Stichtag ist der Wurftag.

Da Wölfe monöstrisch sind, d.h. nur einmal im Jahr heiß werden, haben sie nur im Frühjahr Ranzzeit,

VDH-Sonderbestimmungen

werden gedeckt und ziehen nach erfolgter Geburt ihre Welpen auf. Hierdurch wird die Gesundheit der Wölfin erhalten und der Körper hat ausreichend Zeit, die durch Trächtigkeit und Geburt dem Körper entzogenen Stoffe wieder zu ersetzen. Unsere Hunde sind durch die Domestikation nicht mehr an diesen natürlichen Zyklus gebunden (ausreichendes Futter und durch Haltungsbedingungen überwiegend im Haus keine jahreszeitliche Witterungsabhängigkeit mehr) und werden meist zweimal im Jahr läufig (diöstrisch). Die Beanspruchung des Körpers einer Zuchthündin ist jedoch nicht geringer als die einer Wölfin, so dass diese Vorschrift des VDH, nur einen Wurf einer Hündin pro Kalenderjahr zuzulassen, ebenfalls die Gesundheit unserer Zuchthunde schützt.

Bei starken Würfen können die Rassehundezuchtvereine Sonderbestimmungen erlassen, z.B. Einsatz von Ammen, Vorschriften für den Zeitpunkt des nächsten Belegens der Hündin und zusätzliche Sonderkontrollen durch vereinseigene Zuchtwarte.

Gesunde Welpen wie dieser Irische Terrierwelpe sind der Stolz jeden Züchters. Dieser Welpe signalisiert: Ich bin der Größte!

Abtöten von Welpen

Das Abtöten von Welpen, wie es vor dem Erlass des Tierschutzgesetzes möglich war, hatte u.a. ernährungsbedingte Gründe (keine Aufzuchtsmittel wie Welpenmilch usw.) und ist heute nach den Bestimmungen des Tierschutzgesetzes absolut verboten. Eine Notwendigkeit hierfür gibt es ja auch nicht mehr, da industrielle Aufzuchtsmittel in Form von hervorragenden Welpenmilchprodukten überall im Handel erhältlich sind und die Produkte in der Zusammensetzung der mütterlichen Hundemilch weitgehend angeglichen sind.

Sonderbestimmungen bei starken Würfen sind zum Beispiel das Aussetzen einer weiteren Läufigkeit der Mutterhündin vor dem nächsten Belegen. Der VDH selbst sieht hier keinen Handlungsbedarf, was bei den heutigen Aufzuchtsmitteln auch vertretbar erscheint. Eine angesprochene Ammenaufzucht ist in jedem Fall problematisch und sollte möglichst nur noch bei völligem Ausfall der Mutterhündin aus gesundheitlichen Gründen oder bei Tod in Erwägung gezogen werden. Die Annahme der Hundekinder durch die Ammenhündin ist schwierig und keinesfalls selbstverständlich. Der Abstand zwischen dem Geburtstermin des unterzubringenden Wurfes und dem Wurftermin des eigenen Wurfes der Ammenhündin muss möglichst gering sein und sollte wegen der sich verändernden Zusammensetzung der Muttermilch (Kolestralmilch = mit Abwehrstoffen angereicherte Erstmilch der Hündin) eine Woche nicht überschreiten. Dazu kommen ungeklärte Probleme mit der Amme und den unterzubringenden Welpen: ob die Ammenhündin die Welpen annehmen wird, ob die Welpen die Umstellung verkraften werden, ob die Ammenmilch vertragen wird, ob der Immunschutz der Welpen ausreichend für die neue Umgebung und die dort vorherrschenden ungewohnten Keime ist, ob die Aufzuchtsbedingungen gleich optimal wie bei der ausgefallenen Mutterhündin sind, usw., usw.

hohes Deckalter bei Rüden

Das Mindestzuchtalter von Rüden ist vom VDH nicht festgelegt, wird aber von den Rassehundezuchtvereinen meist ebenfalls aus Gründen der unterschiedlichen Entwicklungsprozesse bei der Reife der einzelnen Hunderassen besonders bestimmt. Für Rüden ist keine Höchstaltersgrenze beim Zuchteinsatz vorgeschrieben. Die Zuchtvereine können jedoch auch für Rüden Höchstaltersgrenzen festlegen z.B. acht Jahre oder zehn Jahre. Bei Rüden fördert der VDH je nach Rasse sogar ein hohes Deckalter, wobei die Voraussetzung eine hervorragende Gesundheit und Spermaqualität des Deckrüden sein sollte. In unserem Verein sind 12-jährige Deckrüden noch erfolgreich zum Deckeinsatz gekommen.

Zwingername, Zwingernamenschutz

Der Zwingername ist der Zuname des Hundes. Er wird beim Rassehundezuchtverein beantragt, der den Zwingernamenschutz erteilt oder die Erteilung des Zwingernamenschutzes über den VDH bei der FCI veranlasst. Jeder zu schützende Zwingername muss sich deutlich von bereits für diese Rasse vergebenen Namen unterscheiden. Der Zwingername wird dem Züchter zum ausschließlich persönlichen Gebrauch zugeteilt. Auf die weitere Benutzung eines Zwingernamens (wenn der Züchter aus persönlichen Gründen nicht mehr züchten möchte) kann jederzeit durch Erklärung gegenüber der verantwortlichen Zuchtbuchstelle verzichtet werden; jedoch darf dem Inhaber für die gleiche Rasse kein anderer Name geschützt werden (zum Beispiel bei Vereinswechsel).

Zwingernamen, die im Geltungsbereich des VDH geschützt sind, können nur für Hunde eingetragen werden, die der Wurfkontrolle eines VDH-Rassehundezuchtvereins unterliegen.

Die Würfe eines Züchters beginnen im Regelfall (Ausnahmen entscheidet der zuständige Rassezuchtverein) mit dem Buchstaben A, z.B. Arthos, Ares, Ayka, Andra, Alexa. Der nächste Wurf erhält den Buchstaben B, z. B. Benno, Borre, Biena, Bonny. Der nächste Wurf beginnt mit C wie Coort, Cato, Carlos, Corry usw. Die Buchstabenfolge bezieht sich jeweils auf den Zwinger und seinen Namen, unabhängig davon, der wievielte Wurf der jeweiligen Zuchthündin gerade geboren werden soll. In unserem Zwinger »von Godewind« waren die Würfe A, B und C von der Mutterhündin Orscha von dem Kniepenberg, die Würfe D, E, und F von der Mutterhündin Bianca vom Boddenland, obwohl für die Hündin Bianca der D-Wurf der erste Wurf war. Gleiches gilt auch bei mehreren Zuchthündinnen in einem Zwinger. Der jeweils nächstfolgende Wurf im Zwinger erhält den folgenden Buchstaben, unabhängig davon, welche Hündin wirft und der wievielte Wurf es für diese Hündin ist.

Zuchtbuch und Ahnentafeln

Zuname

Gedruckte Zuchtbücher, die als Sammelband mindestens alle zwei Jahre von den VDH-Rassezuchtvereinen herausgegeben werden müssen, sind wesentliche Grundlagen der Rassehundezucht. Ihre Informationen sollen so umfassend wie möglich sein. Die wesentlichen Daten der Zuchtbücher müssen mit den Daten der Ahnentafeln übereinstimmen.

Zwingername

Für einen Wurf müssen mindestens angegeben sein:

- Zwingername,
- Name und Anschrift des Züchters,
- Wurftag der Welpen,
- Namen und Zuchtbuchnummern der Eltern, Großeltern und Urgroßeltern,
- Geschlecht und Vorname sowie
- Tätowiernummern, Zuchtbuchnummern (meist übereinstimmend) oder Transponder/ Chipnummer der Welpen.

Die Rassehundezuchtvereine entscheiden darüber, ob weitere wurfbezogene Daten in das Zuchtbuch eingetragen werden. Bei den Vorfahren müssen mindestens drei Generationen nachgewiesen werden, die in seitens des VDH oder der FCI anerkannten Zuchtbüchern eingetragen sind und neben den Namen und Zuchtbuchnummern gegebenenfalls Eintragungen über Farbe, abgelegte Leistungsprüfungen, Siegertitel und Körungen aufweisen.

Zuchtbuch

Die Rassehundezuchtvereine sind verpflichtet, neben dem Zuchtbuch als Anhang ein Register (Livre d'attend) zu führen. In das Register sind Hunde einzutragen, deren Abstammung in drei anerkannten Zuchtbuch-Generationen nicht lückenlos nachweisbar ist. In einem Register eingetragene Hunde können ab der vierten Generation in das reguläre Zuchtbuch übernommen werden.

Ahnentafeln

Ahnentafeln sind Abstammungsnachweise, die von den ausstellenden Zuchtbuchstellen als mit den

Zuchtbucheintragungen identisch gewährleistet werden. Sie müssen deutlich mit den Emblemen des VDH und der FCI gekennzeichnet sein. Ahnentafeln bleiben Eigentum des zuständigen Rassehundezuchtvereins. Besitzrecht an der Ahnentafel hat der Eigentümer des Hundes. Eigentumswechsel am Hund sind auf der Ahnentafel mit Name und Adresse, Ort, Datum und Unterschrift des Verkäufers zu bestätigen. Der Zuchtverein kann die Vorlage der Ahnentafel jederzeit verlangen, um Eintragungen zu überprüfen, zu berichtigen oder zu ergänzen.

Auslandsahnentafeln

Ahnentafeln

Die Ahnentafel ist der Abstammungsnachweis eines Hundes und muss mindestens drei Generationen Vorfahren enthalten. Die darin enthaltenen Informationen sollten so umfassend wie möglich sein und neben den Züchter- und Wurfdaten z.B. auch Eintragungen über Inzuchtgrad, Farbe, Siegertitel, abgelegte Leistungsprüfungen und Körungen enthalten.

Zuchtrechtabtretung

Einem Antrag des Züchters bzw. des Zuchtwartes der Rassehundezuchtvereine auf Ausstellung von Ahnentafeln sind beizufügen:

- Originalahnentafel der Hündin,
- Kopie der Ahnentafel des Rüden,
- Belege über Zuchtbewertung, Abrichtekennzeichen und weitere Prüfungen, Untersuchungen und HD-Befunde der Eltern, Siegertitel und Körungen der Eltern sowie
- Endabnahme und Aufklärung über eventuelle Welpenverluste und Zustand der Mutter, der Welpen und der Zwingeranlagen.

In die Ahnentafeln werden errungene Championatstitel der Elterntiere von vielen Rassehundezuchtvereinen eingetragen. Ein frühes Üben der richtigen Schauvorführung wie hier der Irische Terrier-Welpe ist deshalb oft angebracht.

Der Züchter hat die Richtigkeit der Angaben durch Unterschrift zu bestätigen.

Ahnentafeln der Rassehundezuchtvereine für Hunde von Eigentümern im Ausland (Hunde, die ins Ausland verkauft worden sind), sind im Ausland nur mit Auslandsanerkennung des VDH gültig. Bei Verkauf von Hunden ins Ausland muss vom Verkäufer beim VDH oder über den Rassehundezuchtverein beim VDH eine Auslandsanerkennung beantragt werden. Anträge unter Beifügung der Original-Ahnentafel (des Welpen, der ins Ausland verkauft wurde) können formlos gestellt werden. Die Auslandsanerkennung des VDH wird fest mit der Ursprungsahnentafel verbunden und ist Bestandteil der Ahnentafel.

Hunde aus dem Ausland werden nur von der FCI angeschlossenen Ländern anerkannt und erhalten zusätzlich zu ihrer Auslandszuchtbuchnummer eine Zuchtbuchnummer des VDH-Rassehundezuchtvereins. Die Rassehundezuchtvereine können Auslandsahnentafeln auf vereinseigene Ahnentafeln umschreiben.

Ahnentafeln und eventuelle Auslandsanerkennungen dürfen vom Verkäufer des Hundes (Züchter) dem Käufer neben dem gültigen Kaufpreis nicht separat berechnet werden.

Zuchtmiete/Zuchtrechtabtretung

Die Möglichkeit des Vermietens/der Zuchtrechtabtretung einer Hündin an einen Züchter ist in der VDH-Zuchtordnung und dem Internationalen Zuchtreglement der F.C.I. geregelt. Das Vermieten einer Hündin zur Zucht muss vom zuständigen Rassehundezuchtverein genehmigt werden. Ein schriftlicher Vertrag über die Bedingungen des Vermietens ist der Zuchtbuchstelle vorzulegen. Hierzu wird empfohlen, Vordrucke des VDH zu verwenden. Als Züchter gilt der Mieter der Hündin zum Zeitpunkt des Belegens. Eine Zuchtrechtabtretung hat in jedem Fall schriftlich und vor allem vor dem vorgesehenen Deckakt zu geschehen und die Rechte und Pflichten des Vermieters und Mieters der Hündin genau zu beschreiben. Wer eine Hündin auf Zeit in Zuchtmiete übernimmt, gilt für die Zeit vom Deckakt bis zum Absäugen bzw. spätestens drei Monate nach dem Wurf als Eigentümer der Hündin.

Wegen der rechtlichen Auswirkungen (Deckgeld, Mietzins, Mietersatzanspruch in Form von Welpen, Krankheit oder sogar Tod der Hündin usw.) sollte sich der Züchter unbedingt vor dem Mieten einer Hündin mit seinem Rassehundezuchtverein in Verbindung setzen und alle offenen Fragen klären.

Beispiel: die Hovawart-Zuchtgemeinschaft Deutschland (HZD) im VDH

Gesundheitsanforderungen

Die einzelnen Hunderassen entwickeln sich sehr unterschiedlich. Sind einige Rassen mit 12 Monaten schon richtig »erwachsen«, so dauert dies bei anderen sehr viel länger und Hunde dieser Rassen sind im gleichen Alter reine »Kindsköpfe«. Für sie wäre ein Zuchteinsatz mit 15 Monaten, wie es die VDH-Zuchtordnung ermöglicht, kaum denkbar. Die Hovawart-Zuchtgemeinschaft Deutschland legt deshalb in ihrer Zuchtordnung fest, dass die Zuchttiere (Rüde und Hündin) zum Zeitpunkt der Paarung mindestens 24 Monate alt sein müssen.

Die Hündinnen dürfen bei ihrem letzten Wurf nicht älter als acht Jahre sein. Stichtag ist der Decktag. Dies halte ich in den meisten Fällen schon für sehr spät. Eine Hündin, die bereits mehrere Würfe hatte (Hovawarte der HZD dürfen maximal 6 Würfe aufziehen), wird mit zunehmendem Alter mehr Schwierigkeiten bei der Geburt haben. Die Bänder werden schwächer, die Kraft beim Auspressen der Welpen lässt nach, die Wehen sind nicht mehr so kraftvoll wie bei einer jungen Hündin

Langlebigkeit wird weitervererbt und ist deshalb ein wichtiges Zuchtkriterium. Dieser Hovawart-Rüde ist ca. 13 Jahre alt und hat diese gute Veranlagung an seine Nachkommen weitergegeben.

Zuchtmiete

usw., usw. Diese Vorschrift soll die Gesundheit Ihrer Zuchthündin schützen und ihr ein möglichst langes Leben bei Ihnen ermöglichen.

Für Deckrüden gibt es keine Altersbeschränkung. Hier sollten die emanzipierten Leserinnen unter Ihnen nicht gleich Böses vermuten. Diese Vorschrift soll es ermöglichen, dass viele ältere, vitale Rüden noch zum Deckeinsatz kommen. Vitalität im hohen Lebensalter und überhaupt hohes Lebensalter ist eines der wichtigsten Zuchtziele in der verantwortungsvollen Rassehundezucht. Einige Hunderassen haben nur noch eine Lebenserwartung, die im Durchschnitt zwischen fünf und sechs Jahren liegt. Hier muss züchterisch etwas dagegen unternommen werden, zum Beispiel auch durch den verstärkten Einsatz älterer, vitaler Rüden. Denn Langlebigkeit vererbt sich, was viele Beispiele von guten Zuchten beweisen. In der Schweiz wurde bei den Hovawarten schon seit vielen Jahren auf Langlebigkeit und Vitalität geachtet. Das Ergebnis sind viele sehr alte Hovawarte:

Langlebigkeit

Cassis vom Lindental	14 Jahre 11 Monate
Caya vom Lindental	15 Jahre 1 Monat
Cara vom Lindental	15 Jahre 6 Monate
Eika vom Lindental	16 Jahre 11 Monate
Erla vom Lindental	13 Jahre
Flic vom Lindental	13 Jahre 6 Monate

Wurfzahlbeschränkung

Atuscha vom Lindental wurde sogar über 17 Jahre alt, was eindeutig die Langlebigkeit in dieser Zuchtlinie erhärtet. Hier wurden immer schon auch alte Rüden in der Zucht verwendet.

Denken Sie bitte daran: Welpenkäufer wollen sehr, sehr lange Freude an ihrem neuen Hausgenossen haben und sind dankbar über Langlebigkeit in einer Rasse.

HZD-Zuchtordnung

HD-Ergebnisse

Die HZD-Zuchtordnung geht in einem weiteren, sehr wichtigen gesundheitlichen Aspekt über die VDH-Zuchtordnung hinaus. Dies ist die Hüftgelenksdysplasie (HD) der Hunde. Die Zuchttiere müssen frei von Hüftgelenksdysplasie sein (HD-Frei oder HD-Verdacht = Übergangsform). Wird ein Zuchttier mit HD-V eingesetzt, so muss der Zuchtpartner selbst HD-F sein und aus einer HD-freien Linie stammen.

Körbegriff

Die Ergebnisse geben den Hovawart-Vereinen im VDH recht. In den Jahrgängen 2001 und 2002 wurden zum Beispiel von allen geworfenen HZD-Welpen jeweils deutlich über 70 % der Welpen geröntgt (Hovawarte werden erst ab 18 Monaten geröntgt: 2001 – 73,31 % und 2002 – 78,29 %). Von den geröntgten Hunden waren 2001 93,9 % und 2002 93,8 % ohne HD-Befall (HD-F und HD-V).1994 und 1995 wurden bereits über 70 % der geborenen Hunde dieser Jahrgänge geröntgt, die guten HD-Ergebnisse konnten ausgebaut und gefestigt werden (Zuchtjahrgang 1995: 85 % HD-F, 6 % HD-V, 7 % HD-L, 2 % HD-M und 0 % HD-S, Zuchtjahrgang 2002: 86 % HD-F, 8 % HD-V, 5 % HD-L und etwa 1 % HD-M und HD-S). Diese erfreuliche Entwicklung kann nur durch konsequente HD-Maßnahmen über Jahrzehnte erzielt werden. Verbesserungen sind nur noch über genaue Ernährungsanweisungen für Welpen und weitere zuchtlenkende Maßnahmen wie zum Beispiel die Zuchtwertschätzung (siehe S. 54) denkbar.

Als weitere zuchthygienische Maßnahmen hat die Hovawart-Zuchtgemeinschaft Beschlüsse zu den erblichen Erkrankungen Rutenanomalien, Lebershunt (eine Aderverbindung vor oder in der Leber), Katarakt (eine erbliche Augenerkrankung), Herzerkrankungen wie zum Beispiel Stenosen (Verengungen), DCM (Herzmuskelerkrankung) usw. und Schilddrüsenerkrankungen. Hier werden jeweils die betroffenen Tiere aus der Zucht genommen und je nach Erkrankung ebenfalls die Elterntiere und Geschwister.

Welpenkäufer wollen bei Ihnen einen möglichst gesunden Hund erwerben. Seien Sie deshalb verantwortungsbewusst und züchten Sie nur mit absolut gesunden Elterntieren.

Körveranstaltungen

Die HZD-Zuchtordnung schreibt vor, dass beide Zuchttiere zur Zeit der Paarung gesund sein und zuvor an zwei Körungen mit Erfolg teilgenommen haben müssen, wobei die Körbewertungen von zwei verschiedenen Körmeistern stammen müssen.

Nicht alle Hunderassen führen Körveranstaltungen durch, so dass hier der Zweck solcher Veranstaltungen gerade für die Zucht erläutert werden soll.

Unter dem Begriff Körung heißt es in der HZD-Zuchtordnung:

»Für die Zucht und Erhaltung der Hovawart-Rasse sind neben der Erscheinung vorwiegend die ererbten Anlagen von Bedeutung. Diese zu erforschen und von den Umwelteinflüssen getrennt zu erfassen, ist Sinn und Zweck der Körung. Das so erforschte Anlagenbild gibt unter Berücksichtigung der Zuchtziele den gewünschten Aufschluss über die Zuchttauglichkeit des gekörten Hovawartes. Körungen sind aus diesem Grunde Zuchttauglichkeitsprüfungen. Hovawarte im Alter von neun bis 24 Monaten nehmen an Jugendkörungen und über 20 Monaten an Hauptkörungen teil. Die Köranforderungen ergeben sich aus dem Körschein.«

Nach allgemeinem Sprachgebrauch bedeutet Zucht/Züchtung im Gegensatz zum einfachen Vermehren die planmäßige Verpaarung ausgewählter Tiere über Generationen hinweg zur Erzielung neuer und zur Erhaltung vorhandener erbkonstanter Eigenschaften. Wesentlicher Bestandteil der Zucht ist die Auslese (Selektion) und Kreuzung, das heißt, es werden nur Individuen mit bestimmten eventuell besonders stark ausgeprägten Eigenschaften zur Weiterzucht verwendet bzw. ergänzende Eigenschaften werden miteinander gekreuzt. Zuchtziele können dabei u.a. sein: Leistungs- bzw. Qualitätssteigerung, Resistenz gegen Krankheiten, Langlebigkeit usw. Unter Körung wird im Allgemeinen die Auswahl von Tieren verstanden, die zur Zucht eingesetzt werden sollen. In der Hovawartzucht gelten die vorstehenden allgemeinen Zuchtmerkmale, jedoch bezogen auf eine spezielle Rasse, deren Aussehen (Erscheinungsbild) in einem Standard, hier der FCI-Standard Nr. 190 (Ideal-Bild eines Hovawartes) festgelegt ist.

Der Hovawartzucht muss deshalb vor einer Zuchtverwendung eine Auslese von Tieren vorangehen, die im Standard- Erscheinungsbild und Wesen die größte Standardannäherung aufweist. Die Grundlagen des hundlichen Wesens werden nach Erkenntnissen der Kynologie genauso vererbt wie Haarfarben, Ohrenform oder Gliedmaßenstellung. Die wichtigste Maßnahme, um »Wesensmängeln« entgegenzuwirken, ist die Aussonderung von Zuchttieren mit abweichenden Verhaltensweisen und die positive Beeinflussung von »Wesensmerkmalen« durch züchterische Selektion auf der Basis von »Wesenstests«. Nur auf diese Weise kann eine Rasse verhaltensmäßig gesund bleiben.

Die HZD hat sich deshalb intensiv mit der Entwicklung eines aussagekräftigen Körbogens befasst. Dabei wurden Körbögen/Körbewertungsbögen mehrerer unterschiedlicher Rassehundezuchtvereine sowie umfangreiche kynologische Literatur (Prof. Seiferle, Bodingbauer u.a.) herangezogen.

Im Gegensatz zur Beurteilung des Erscheinungsbildes, das aufgrund objektiver Merkmale relativ eindeutig bewertet werden kann, ist die Beurteilung des Wesens der Hunde sehr schwierig zu objektivieren. Hierbei sind Werturteile abzugeben, die dem Inhalt nach von verschiedenen Körmeistern unterschiedlich gesehen und gewichtet werden. Um von annähernd gleichen Voraussetzungen auszugehen, ist deshalb »Wesen« bei unseren Hunden zu definieren:

Körungen sind Wesensüberprüfungen, bei denen oft auch das Erscheinungsbild begutachtet wird. Hier wird der Hund von verschiedenen Beurteilern angefasst und gemessen.

Zuchtziel

»Unter dem Wesen eines Hundes verstehen wir: die Gesamtheit aller angeborenen und erworbenen körperlichen und seelischen Anlagen, die sein Verhalten zur Umwelt bestimmen, gestalten und regeln.« (Zitat: Seiferle)

»... Wesen ist die Art, wie ein Lebewesen auf Erscheinungen der Umwelt reagiert und zu anderen Wesen der Umwelt in Beziehung tritt.« Zitat: Bodingbauer)

»... Das Wesen des Hundes ist ein komplexer Begriff, der oftmals wenig präzise und mit unterschiedlicher Bedeutung benutzt wird. Wissenschaftlich ist der Begriff »Wesen« eigentlich unanwendbar, doch wird er in der Kynologie, vornehmlich in der Hundezucht und -ausbildung, ständig gebraucht. Sei es in Verbindung mit »Wesensfestigkeit« von Hunden oder deren »Wesensmängeln« oder »-schwächen«, die man in »Wesenstests« zu erfassen sucht. (...) Der Begriff »Wesen« umfasst das Verhalten des Hundes seinem Menschen gegenüber, seine Bindung an diesen, weiter das Verhalten gegen fremde Menschen und zu seinen Artgenossen ...« (Zitat: Feddersen-Petersen)

Wesen

Im Wesensteil der Körung muss der unangeleinte Hund durch eine Menschengruppe gehen, was eine große Belastung darstellt und nur von wesensstarken, umweltgewohnten Hunden problemlos absolviert wird.

»Wesen ist die Summe aller angeborenen und erworbenen Verhaltensmuster des Hundes ...« (Zitat: Schleger/Stuhr)

Aufgrund der vorstehenden Zitate besteht grundsätzlich Übereinstimmung dahingehend, dass das Wesen des Hundes neben umweltbedingten Faktoren eindeutig genetisch bedingt ist. Dem Verhalten von Hunden ist deshalb für die Zuchtauswahl die gleiche Bedeutung beizumessen, wie etwa der »Färbung«, der »Kopfform« und anderen Kriterien.

»Das Wesen des Hundes, sein Verhalten, seine Veranlagung, werden zu einem sehr wohl züchtbaren Grad vererbt.« (Zitat: Schleger)

Prüfparameter

Rassestandard

Die einzelnen Hunderassen unterscheiden sich gerade im Hinblick auf Verhaltensbesonderheiten voneinander. Besondere Verhaltensweisen oder bestimmte »Wesensmerkmale« sollten deshalb Rassestandard werden, auf den die Zuchtauswahl abgestimmt werden sollte. Es kommt immer wieder vor, dass es Störungen des rassetypischen Verhaltens in Form von Ausfällen, schwacher Ausbildung bestimmter Verhaltensweisen oder als »Wesensmängel« gibt, die in einer Körung abgefragt werden müssen. Die »Wesensmängel« sind insbesondere Scheuheit und Ängstlichkeit sowie Aggressivität bei Familienhunden.

Der heutige Familien- und Begleithund sowie auch der Wachhund soll unter den gegebenen Wohn- und Lebensbedingungen mit großer Bevölkerungs- und Verkehrsdichte, städtischem Milieu, extremer Technisierung mit zum Teil erheblicher Lärmentwicklung ein Lebensgefährte sein, der ohne Schwierigkeiten überallhin mitgenommen werden kann und der seine Familie als angenehmer und folgsamer Gefährte bei den Spaziergängen und allen Begebenheiten problemlos begleitet.

Für die Rassezuchtvereine ist es deshalb unabdingbar, »für das Wesen, das wir uns im Zuchtziel für unsere Rasse vorstellen« geeignete Prüfparameter zu schaffen, die

- möglichst einfache,
- möglichst wenige (Anzahl) und
- möglichst objektiv messbare und damit aussagekräftige Prüfparameter (Schleger) sein sollten.

Die HZD hält folgende Verhaltensweisen des Hovawartes, die sich im Körschein manifestieren, für erwünscht:

1. mittleres Temperament
2. Sicherheit und Selbstbewusstsein
   - in friedlicher Situation
   - gegenüber fremden Menschen
   - gegenüber anderen Hunden
   - im Verkehr
3. gute Führigkeit
4. enge Bindung an den Besitzer/Halter, die Familie
5. Geräuschunempfindlichkeit
6. Körperunempfindlichkeit
7. Verteidigungsbereitschaft
8. Wachsamkeit

Für unerwünscht:
1. Ängstlichkeit
2. Scheuheit
3. übersteigertes Misstrauen
4. übersteigerter und dadurch zu ausgeprägter Kampf- und Schutztrieb
5. Schärfe
6. Jagdtrieb

Der »Wesensstandard« ist der Maßstab, wie die zu beobachtenden Verhaltensweisen einzuordnen und zu gewichten sind. Bei jedem einzelnen Kriterium ist die Kernfrage zu beantworten:

Wie stellen wir uns – im Hinblick auf ein erreichbares Zuchtziel – den bezüglich Wesen idealen Hund vor?

Für den erwünschten bzw. unerwünschten Ausprägungsgrad der einzelnen Merkmale ist also nicht der »Ist-Zustand« maßgebend, sondern die als Zuchtziel anzustrebenden Anforderungen (»Soll-Zustand«).

Der Körschein »Wesensveranlagung« der HZD unterteilt sich deshalb in:

- Verhalten des Hundes in friedlicher Situation
- Verhalten bei Bedrohung (des Hundeführers/des Hundes)
- Schussfestigkeit (Verhalten beim Knall)
- Gesamtverhalten (Temperament)

Verhaltensmerkmale

Körüberprüfung in friedlicher Situation

Das Verhalten des Hundes in friedlicher Situation ist der wichtigste Teil der Wesensprüfung. Der unangeleinte Hund und sein Besitzer gehen durch eine von Fremdpersonen gebildete Gasse, die anfänglich breiter und danach schmaler sein soll. Diese Gasse stellt für den Hund eine starke Belastung dar und wird oft sogar von ausgebildeten Hunden verweigert. In der Gasse begegnet der Hund beim erneuten Passieren unerwartet auftretenden optischen und danach akustischen Eindrücken und Einwirkungen. In einer weiteren Übung bilden die Fremdpersonen einen weiten Kreis und der Hundeführer stellt sich mit dem unangeleinten Hund in die Mitte. Auf Anordnung des Körmeisters wird der Kreis erst langsam und danach schnell geschlossen, das heißt, alle Fremdpersonen gehen erst in normalem und dann im schnellen Schritt (Laufschritt) auf den Hundeführer und den Hund zu. Will der Hund den enger werdenden Kreis verlassen, wird ihm dies ermöglicht. Nach einer kurzen Pause wird der enge Kreis auf Zeichen des Körmeisters wieder geöffnet. Dem Hund wird während aller Übungen die Möglichkeit geboten, den Kreis oder die Gasse zu verlassen und auch wieder betreten zu können. Danach begegnet der Hundebesitzer mit seinem Hund einer Menschenkette, die der Hund ohne Reaktion passieren soll. Gleiches Verhalten soll er einer entgegenkommenden Joggergruppe entgegenbringen. Bei allen Übungen soll das Verhalten des Hundes in Situationen beobachtet werden, die weitgehend den Einwirkungen und Einflüssen im Alltag entsprechen. Dem Hund wird Gelegenheit gegeben, individuell (seiner Veranlagung gemäß) zu reagieren. Nur so können Mängel herausgefunden werden, die eine Zuchtverwendung nicht ratsam erscheinen lassen.

Wesensveranlagung

Schussunempfindlichkeit

In der heutigen technisierten Umwelt ist Unempfindlichkeit gegenüber Schuss und Knall unerlässlich und wird allen Hunden abverlangt, die sich im heutigen Alltag und auf den Straßen möglichst problemlos bewegen und bewähren sollen. Bei der Prüfung der Schussfestigkeit ist anzumerken, dass die Prüfung dergestalt vorgenommen wird, dass die Prüflinge zu einem Halbkreis formiert werden. Die

Der Hund in der heutigen Umweltsituation muss optische und akustische Reize möglichst ohne negative Reaktion verarbeiten. In der Körung werden deshalb diese Elemente abgefragt.

Zuchtschauen Hundeführer treten neben die unangeleinten Hunde und der Körmeister gibt zwei voneinander abgesetzte Schüsse in die Luft ab. Dadurch soll erreicht werden, dass die Lärmbelästigung für Mensch und Tier in einem erträglichen Rahmen bleibt. Ein kurzes Zusammenzucken im ersten Moment des Schusses darf keinesfalls als Schuss-Scheuheit beurteilt werden, sofern sich der Hund anschließend rasch wieder fängt und ein unbeeindrucktes Verhalten zeigt.

Gesamtverhalten Beim Gesamtverhalten wird vom Körmeister das Verhalten des Hundes während der gesamten Körbeurteilung (Erscheinungsbild und Wesen) bewertet. Es werden dabei insbesondere die Reaktion des Hundes beim Messen, Zähnezeigen, Abtasten durch den Körmeister und Hodenkontrolle beim Rüden bewertet; aber auch das Verhalten des Hundes beim Ablauf der Wesensprüfung wird hier zu einem abschließenden Gesamturteil zusammengefasst. Erwünscht ist in allen Situationen ein sicheres, furchtloses, ruhiges und interessiertes Verhalten des Hundes, das frei von Nervosität und Fluchttendenz sein soll. Unerwünscht ist andauernde Ängstlichkeit, Schreckhaftigkeit, ausgeprägtes Misstrauen, Nervosität und Fluchttendenz.

Der verantwortungsbewusste Züchter wird Mängel, die sich aufgrund der Wesensbeurteilung bei seiner zukünftigen Zuchthündin oder des Zuchtrüden zeigen, in der Planung eines Zuchtvorhabens gleichwertig oder sogar stärker berücksichtigen als anatomische Fehler. Wesensbeurteilung im Rahmen der Rassehundezucht muss in erster Linie dazu dienen, scheue, ängstliche, unsichere und unberechenbar aggressive Hunde, die stark vom Wesensstandard der Rasse abweichen, von der Zucht auszuschließen.

Eine bestandene Zuchtzulassung ist keine ausgesprochene Zuchtempfehlung und soll dem Hundebesitzer lediglich die Möglichkeit einer Zuchtverwendung eröffnen.

Zuchtschauen

Die HZD-Zuchtordnung schreibt vor, dass neben den gesundheitlichen und altersmäßigen Voraussetzungen sowie neben den zwei erforderlichen Körungen ebenfalls zwei Zuchtschauen mit Erfolg (Ergebnis mindestens sehr gut) besucht sein müssen, damit ein Zuchteinsatz möglich wird.

Zuchtschauen können als Sonderschauen oder als Spezial-Zuchtschauen durchgeführt werden und unterliegen der VDH-Zuchtschauordnung und dem Ausstellungsreglement der FCI.

Zuchtschauen geben Züchtern und Deckrüdenbesitzern einen guten Überblick über den Stand der Zucht und den Erfolg oder Nichterfolg durchgeführter Verpaarungen.

Deckbeschränkungen

Die heutigen Hunderassen leiden an einer zu geringen effektiven Populationsgröße, was zwangsläufig mit einer Inzuchtsteigerung einhergeht. Diese Inzuchtsteigerung führt wiederum zu Fitnessminderung und hat die Zunahme von genetischen Defekten zur Folge.

Wenn darüber hinaus, wie in vielen Rassen verfahren wird, besonders schöne Rüden mit Championtitel häufiger oder fast ausschließlich eingesetzt werden, erhöht sich in der Population der Inzuchtanstieg entsprechend und es gehen wichtige Gene in der Rasse verloren.

Deckbeschränkungen

Die HZD hat sich deshalb schwerwiegende Deckbeschränkungen für die deckfähigen Rüden auferlegt, um die genetische Vielfalt in der Rasse zu erhalten. Ein Rüde erhält, wenn er alle Zuchtvoraussetzungen erfüllt, zunächst die Genehmigung für zwei Deckakte. Waren die Deckakte erfolgreich, wird zunächst die Wurfabnahme beider Würfe durch den Zuchtwart abgewartet. Hierdurch soll die Möglichkeit eröffnet werden, sofort auf gravierende Erbfehler wie zum Beispiel Spaltrachen, verkürzte Unterkiefer oder Ähnliches reagieren zu können.

Danach kann der Rüde bei weiteren drei Deckakten eingesetzt werden, bevor er vorübergehend gesperrt wird. Diese fünf möglichen Deckakte beziehen sich auf das Leben des Hundes und nicht – wie in anderen Rassen üblich – auf ein Jahr (andere Rassen genehmigen zum Beispiel 60 Deckakte eines Rüden pro Kalenderjahr). Soll der Rüde nach den erfolgreichen fünf Deckakten überhaupt nochmals in seinem Leben eingesetzt werden können (Champion-Hunde werden wie alle anderen Hovawarte behandelt und können trotz Championats nicht häufiger eingesetzt werden), so sind die HD-Ergebnisse seiner Nachkommen abzuwarten, von denen mehr als 60% geröntgt und frei von HD-Befall sein müssen. Der Nachweis ist gegenüber der Zuchtleitung durch Röntgenaufnahmen zu erbringen.

Hierdurch wird erreicht, dass ein schlechter HD-Vererber (überdurchschnittlich viele Nachkommen mit HD-Befall) nicht unbegrenzt und unerkannt eingesetzt werden kann, was einen kaum wiedergutzumachenden Schaden in der Rasse verursachen würde. Für Hündinnen gilt ebenfalls eine Zuchtsperre, wenn bei den Nachkommen überproportional viele (mehr als 50 %) HD-befallene Tiere (HD-Leicht und schwerer) aufgetreten und festgestellt worden sind.

Zuchtschauen geben einen guten Überblick über den Stand der Zucht sowie über den Erfolg oder Nichterfolg der durchgeführten Verpaarungen und helfen den Züchtern, geeignete Zuchtpartner für ihre Zuchthündin zu finden.

4. Zuchtauswahl

Das Kapitel Zuchtauswahl ist in Zusammenarbeit mit Dr. Reiner Beuing, früherer akademischer Direktor und Leiter der Abteilung Populationsgenetik und Tierzucht am Institut für Haustiergenetik der Universität in Gießen entstanden. Ich danke Herrn Dr. Beuing für seine großartige Mithilfe zu diesem Kapitel.

Auswahl des Deckrüden

Rangfolgekämpfe

Im Wolfsrudel sind die hierarchischen Strukturen straff geregelt. Der »Leitwolf« oder besser der »Alpha-Rüde« setzt sich in immer neuen Rangfolgekämpfen mit anderen erwachsenen Wolfsrüden um die Führungsposition im Rudel auseinander. Der Grund hierfür liegt überwiegend in der wichtigen Möglichkeit der Reproduktion der eigenen Gene, also der Fortpflanzung. Denn nur der ranghöchste Wolf darf die ranghöchste Alpha-Wölfin decken (Selektion). Alle anderen Tiere im Rudel pflanzen sich in der Regel nicht fort.

Die Frage der Rangordnung wird im Wolfsrudel durch immer neue Rangfolgekämpfe bestimmt. Die Gestik- und Mimiksprache der Wölfe ist jedoch so differenziert und eindeutig, dass Kämpfe oft gar nicht stattfinden, sondern die Rangfolge durch Gesten wie hier das »Über-den-Fang-Greifen« zur Hierarchiebildung ausreichen.

Deshalb ist die Frage der Rangordnung in einem Wolfsrudel (und damit auch im Zusammenleben des Hundes mit dem Menschen) von so entscheidender Bedeutung.

Qualität des Deckrüden

Die Evolutionsbiologen sagen, dass hoher Rang die persönliche Eignung (Fitness, Inklusive Fitness oder Gesamteignung) erhöht, also die Möglichkeit, eigenes Genmaterial in die nächste Generation zu überführen. Sie entspricht der Wahrscheinlichkeit, Nachkommen zu zeugen und so aufzuziehen, dass sie wieder Nachkommen haben usw.

Zwischen den sich fortpflanzenden Partnern eines Rudels bestehen nach Aussagen der Verhaltensforscher in der Regel keine oder nur weit entfernte verwandtschaftliche Beziehungen. Das kommt daher, dass ein genetisch verankertes Streben nach Verbreitung der Gene junge Rüden dazu treibt, das Heil in der Fremde zu suchen. Söhne eines im oben genannten Sinne vitalen Rüden dominieren dann nach und nach die benachbarten Rudel. Manchmal wird da hinein eine Strategie zur Vermeidung von Inzucht interpretiert. Das ist aber wohl nur ein sekundärer Nebeneffekt. Entscheidend für die Karriere als Leitwolf ist seine Kraft und mentale Dominanz.

Der Hund in unserer Gesellschaft muss andere Eigenschaften haben als der Stammvater Wolf in freier Wildbahn. Welpen, die einmal in der Wurfkiste liegen sollen, werden von unserer Zuchthündin zur Hälfte genetisch vorbestimmt sein, die andere Hälfte wird der Vater beitragen. Für den von uns ausgewählten Deckrüden sollten wir deshalb höchste Maßstäbe anlegen, die Qualität seiner Vorfahren prüfen, die Geschwistertiere eingehend erkunden, seine Nachkommen sehr genau unter die Lupe nehmen und uns erst dann ein Gesamtbild von dem Rüden selbst machen. Hierbei sollten gutes Wesen, Verträglichkeit mit Kindern, mit anderen Menschen und Tieren und Umweltsicherheit immer wichtiger sein als reine Ausstellungserfolge eines Championrüden. Was nützt Ihnen der schönste Rüde, wenn Sie sich täglich über das unzureichende bis schlechte Wesen des Rüden oder seiner Nachkommen ärgern müssen, wenn Sie ständig »unter

Ein hervorragender Rüde wie dieser Flatcoated Retriever Rüde aus einer guten Zuchtlinie mit möglichst vielen verwandten Hunden gleich guter Qualität, wird nicht nur ein gutes Erscheinungsbild zeigen, sondern auch genetisch gut weitervererben.

Strom« stehen, damit er freundliche Mitmenschen oder andere Hunde nicht grundlos angeht oder er so ängstlich ist, dass Sie ihn bei der gut gemeinten Ansprache Unbekannter nicht hinter sich hervorzerren können?

Nach welchen Kriterien wählen wir nun den möglichst besten Deckrüden aus?

Zuerst sollten wir versuchen, uns über die Erbanlagen des Deckrüden ein möglichst genaues Bild zu verschaffen. Die Vererbungslehre sagt, dass der Genotyp (das genetische Anlagenbild) eines Zuchttieres weitestgehend von seinen Vorfahren abhängt, d.h. hinter jedem Zuchttier steht sein »genetischer Schatten« (Fleig). Deshalb sollten wir versuchen, möglichst viele Tiere der Zuchtfamilie wie Eltern, Großeltern und Geschwister kennen zu lernen.

Dies führt uns zu der Ahnentafel des Hundes. In den Ahnentafeln der VDH-Vereine sind, je nach Rassezuchtverein, drei bis vier Zuchtbuchgenerationen Vorfahren ausgewiesen. Neben der HD-Auswertung und ggf. der Farbe des Hundes sind meist seine eventuellen Zuchtschautitel (Einblicke zum Erscheinungsbild) und Ausbildungskennzeichen aufgeführt. Hierdurch erhalten wir einen ersten groben Überblick über unseren Zuchtrüden und seine Eltern, Großeltern, Urgroßeltern und Ururgroßeltern. Der Hund kann nur das vererben, also an seine Nachkommen weitergeben, was er selbst ererbt hat. Ein Deckrüde, der nicht aus einer Zuchtlinie hervorragender Zuchttiere abstammt (Phänotyp), kann auch nur die Mittelmäßigkeit seiner Vorfahren an seine Kinder vererben. Achten Sie also darauf, nicht nur ein zufällig gutes Tier in einer Linie zu finden, sondern entscheiden Sie sich für einen Rüden aus einer Zuchtlinie, die möglichst viele Hunde gleich guter Qualität hervorgebracht hat (Genotyp).

Phänotyp

»genetischer Schatten«

Noch einmal zur Problematik der Ahnentafel-Betrachtung, um allzu viel Hoffnung abzudämpfen. Zunächst ist der Vater und die Mutter des Deckrüden entscheidend, denn wenn ein Vater gute Eigenschaften nicht an seinen Sohn vererbte, kann der sie auch nicht weitervererben. Sehen wir einen

Deckrüden mit gewissen Problemen, sollten wir keinesfalls als Entschuldigung anführen: Er hat aber einen guten Vater. Ob er das Erbe seiner Vorfahren mitbekam, sehen wir besser an seinen Nachkommen. Gute Nachkommen dürfen wir als Entlastung akzeptieren, gute Ahnen aber nicht. Vergessen wir also nicht, dass alle Zuchttiere, die in einer Ahnentafel stehen, ausgewählte Einzeltiere aus Würfen bzw. Familien sind. In der Ahnentafel erkennen wir nicht, ob die HD-freie Großmutter aus einem Wurf stammt, in der noch zwei Grenzfälle, eine mittlere und zwei schwere HD-Fälle aufgetreten sind.

Vererbung

Die Vererbung bei Hunden ist in guten Büchern ausreichend beschrieben und soll im Rahmen dieses Buches nicht näher besprochen werden. Die Erbgänge sind schwierig und oft noch nicht ausreichend erforscht. Die einfachen Mendelschen Gesetze kommen bei kaum einem Merkmal zum Tragen, die Erbgänge sind meist polygenetisch, d.h. zahlreiche Gene beeinflussen gemeinsam die Ausprägung eines Merkmals.

Als Beispiel möchte ich hier dennoch zum Verständnis die HD-Vererbung anführen. Unterstellen wir, dass an der Ausprägung der HD zum Beispiel 20 verschiedene Gene (die wirkliche Anzahl ist heute noch nicht bekannt) beteiligt wären. Eine nachgewiesene HD (Röntgenaufnahme weist HD-Leicht aus) ist erst dann gegeben, wenn mindestens mehr als die Hälfte der beteiligten Gene, hier also elf, krank und betroffen sind. Der Hund erbt die Hälfte der Gene, also zehn der Gene vom Vater, die anderen zehn von der Mutter. Wenn beide Eltern HD-Frei waren (Röntgenergebnis), so wissen wir nicht, wie die 20 Gene sich bei den Elterntieren zusammensetzen.

Gönnen Sie sich zur Entspannung ein kleines Spiel: Nehmen Sie statt Kugeln Eincent und Zweicentstücke, 1ct für gut und 2ct für schlecht. Sie können sich auch am Küchenschrank Erbsen und Bohnen auswählen. Jetzt geben Sie dem Rüden 20 Münzen, 14-mal 1ct und 6 mal 2 ct. Damit ist er »vorwiegend gut«; wir nehmen also im übertragenen Sinne an, dass der Gutachter HD-Frei attestierte. Ihrer Hündin mit HD-Grenzfall, die aus einer kritisch einzustufenden Familie stammen möge, geben sie zehn gute und zehn schlechte Münzen. Legen Sie diese »Gene« auf dem Tisch in zwei getrennte Häufchen und los geht die Vererbung: Der erste Welpe wird gezeugt! Mischen Sie die »Gene« des Rüden. Jetzt ziehen Sie zufällig, mit geschlossenen Augen zehn Münzen aus seinem Genom und packen Sie diese gedanklich in ein Spermium. Dann wiederholen Sie das Gleiche bei der Hündin: Sie ziehen zufällig zehn Ihrer »Münzgene« und packen Sie in eine gedankliche Eizelle. Und dann, dann vereinigen Sie Spermium und Eizelle zum Welpengenom, wieder mit 20 verantwortlichen Genen, und lassen sich überraschen.

Zählen Sie nach! Wie viele gute und wie viele schlechte Gene hat der Zufall dem Welpen beschert?

In meinem ersten Münzspielchen erhielt der Welpe 12 Eincent-Gene und acht Zweicent-Gene. Glück gehabt, HD-Frei bezüglich der genetischen Veranlagung!

Wenn Sie schon einmal am spielen sind: notieren Sie sich das Ergebnis und legen Sie die Münzen zu Vater und Mutter zurück. Jetzt zeugen Sie, wie geübt, den zweiten Welpen, dann den dritten, dann den vierten. Jetzt werden Sie erkennen, warum Wurfgeschwister verschieden sind. Sie werden erkennen, dass Nachkommen dabei sein werden, die besser sind als die Eltern, aber auch Pechvögel!

Sie können jetzt auch das Bemühen von Zuchtvereinen verstehen, nur noch Tiere zur Zucht zu empfehlen, die so viele gut wirkende Gene haben, dass praktisch aus allen Paarungen, trotz zufälliger Stichprobenschwankungen, keine Problemwelpen entstehen.

Wie die genetische Ausstattung eines Rüden tatsächlich ist, sehen wir ihm nicht an, wir kennen nur seinen Phänotyp.

Wie kann man nun etwas mehr Sicherheit bezüglich des Genotyps des Deckpartners erhalten?

Hier kommen die Nachkommen ins Spiel. Je mehr Nachkommen ohne Ausprägung eines kranken Merkmales ein Hund hat, desto erbgesünder (Genotyp) ist er, das heißt, um so mehr »gesunde« Gene in Bezug auf dieses Merkmal muss er selbst haben. Eine positivere Aussage zu einem erwünschten Rüden als viele gesunde Nachkommen können Sie nicht erhalten.

Sie sehen also, dass eine Gleichung »HD-Frei x HD-Frei = HD-Frei« ganz bestimmt nicht immer aufgehen wird und Ihnen wie bereits beschrieben nur ein genaues Studium der Vorfahren mit deren Nachkommen und, noch wichtiger, eine Betrachtung der Nachkommen weiterhelfen wird, den eventuellen Genotyp Ihres Wunschpartners zu erkennen.

Ein weiterer Irrglaube ist die Hoffnung, Gegensätze würden sich ausgleichen. Nehmen Sie zum Beispiel die Größe eines Hundes, die gemäß Rassestandard in einer vorgegebenen Bandbreite liegt. Ein sehr großer Rüde und eine sehr kleine Hündin müssten danach nur idealgroße Nachkommen haben. Dies ist zwar im Durchschnitt so, aber wir erhalten eine deutliche Variation. Die Nachkommen werden sehr groß, sehr klein und wenn Sie viel Glück haben, eventuell auch in mittlerer Größe im Wurf vorkommen. Aber ein Ausgleich zwischen den Gegensätzen erfolgt in den seltensten Fällen (Mendelsche Vererbungslehre mit dem Spaltungsgesetz).

Der gewählte Deckrüde sollte neben der hervorragenden genetischen Veranlagung aus einer deckfreudigen, gebärfreudigen und langlebigen Linie stammen, da er diese wichtigen Eigenschaften an seine Nachkommen weitergeben wird und diese Instinkte sich sehr hoch heritabel (durchschlagskräftig = hoher Erblichkeitsgrad) vererben.

Auswahl des Deckrüden

Der ausgewählte Deckrüde sollte höchste Qualitäten in Wesen, Gesundheit und Standardmerkmalen aufweisen. Er sollte ggf. bisher sehr gute bis hervorragende Nachkommen gebracht haben und in der heutigen Umwelt unbedingt verträglich mit allen Tieren, anderen Hunden, Menschen und Kindern sowie sicher und ungezwungen gegenüber den täglichen Gegebenheiten sein.

Dieser Championrüde strahlt Selbstsicherheit und Gelassenheit aus. Er ist Vater von 63 Welpen und hat sein hervorragendes Wesen, seine Standardmerkmale wie zum Beispiel gutes Gangwerk, Typ und Ohrenhaltung sowie seine gute Gesundheit an seine Nachkommen weitergegeben.

Genotyp

Wie bereits dargelegt, sind die Merkmale, auf die man achten sollte, vielfältig. Je nach Rasse und späterem Einsatz, haben die Merkmale auch unterschiedliche Bedeutung. Grundsätzlich gilt aber, dass die Merkmale der Gesundheit rasseübergreifende Bedeutung haben. Wer möchte das Risiko für HD, Epilepsie, Herzfehler, Nierenversagen, Tumorneigung usw. eingehen? Dazu kommen dann die Talente. Von Jagdhunden werden andere Talente gefordert als von Familien- und Begleithunden oder von Schutzhunden bzw. Blindenhunden. Ja selbst bei Jagdhunden reicht das Spektrum von Schweißhunden über Vorstehhunde oder Apportierhunde bis hin zu »Trüffeljägern«. Es kann daher nur in diesem Buch ein Hinweis gegeben werden, wie man mit der sich daraus ergebenden Flut der Informationen umgehen muss. Man darf in Sorge um die Details natürlich nicht den Blick fürs Ganze verlieren. Eine Möglichkeit, Aussagen über den Wunschpartner zu erhalten, bieten Ihnen die Selektion nach Mindestleistungen und natürlich die Zuchtwertschätzung (s. S. 51 und S 54).

Deckfreudigkeit

Auswahl der Zuchthündin

Viele Menschen kaufen sich eine Hündin als Familienhund und entscheiden sich dann später, dass mit dieser Hündin unbedingt gezüchtet werden müsse, denn sicher täte es der Hündin gut, wenn sie wenigstens einmal in ihrem Leben einen Wurf gehabt hätte.

Diese Ansicht in allen Ehren, aber wonach sollte entschieden werden, ob mit einer Hündin gezüchtet werden sollte oder nicht?

Hunde, auch Rassehunde, gibt es wirklich genug. Die Ansicht, jede Hündin sollte mindestens einmal einen Wurf gehabt haben, ist, wie im Absatz über die Anforderungen an die Zuchthündin (s. S. 23) bereits dargestellt wurde, nicht haltbar. Hündinnen,

Qualität der Zuchthündin

die mit Mühe und durch den Zufall, dass auf einer Ausstellung die Konkurrenz nicht sehr groß war, gerade noch eine zur Zucht berechtigende Wertnote (Mindestanforderung) erhalten haben und deshalb auch dem Idealbild der Rasse nur noch gerade eben entsprechen und vielleicht sogar bei einer Wesensbeurteilung auf der Körung auch »nur so gerade eben« (Mindestanforderungen) durchgekommen sind, sollten bestimmt nicht in der Zucht eingesetzt werden. Bei den Hündinnen ist, wie bei den Rüden, nur die Qualität ihres Genotyps und damit ihre genetische Veranlagung entscheidend. Wenn man aber den Wunsch respektiert, dass ein Hündinnenbesitzer auch das Großartige einer Geburt und die Fürsorge für die Welpen mit der rührenden Mütterlichkeit der Hündin erleben möchte, dann sollte das trotzdem nur sein, wenn akzeptable Erwartungen für die Welpen bestehen.

Jedenfalls ist es dann, wenn Defizite bei der Hündin vorliegen, umso wichtiger, dass der Rüde nicht auch noch die gleichen Schwächen vererbt.

Und für Züchter mit dauerhaftem Engagement: Die Zuchthündin ist das Fundament eines guten Zwingers. Der Erfolg eines Zwingers hängt entscheidend von der Qualität seiner Zuchthündin ab. An sie ist er über Jahre gebunden. Während dieser Zeit hat er nur die Chance, über die Wahl der Deckrüden »weiterzukommen«. Erst wenn der Zeitpunkt da ist, eine Nachwuchshündin aufzubauen, ist wieder ein Selektionsschritt zum Besseren möglich.

Gesundheit, Zuchteignung und Schönheit müssen sich nicht ausschließen. Diese Championhündin wurde in ihrem Leben 20-mal ausgestellt und errang 16-mal V1-Bewertungen, 14-mal schönste Hündin und viele Titel. Sie war aber auch Mutter von 27 Welpen und Großmutter von 344 Enkeln und hat die Zucht maßgeblich mit geprägt.

Die Wesenseigenschaften guter Mütter wie zum Beispiel das Brutpflegeverhalten sind für die Weiterzucht unabdingbar. Diese Bordeaux Doggen-Hundemutter prüft die Analregion eines Welpen, ohne die anderen schlafenden Welpen zu stören. Brutpflegeverhalten und Gebärfreudigkeit werden unbedingt weiter vererbt.

Hier sollte die rosarote Brille dann unbedingt durch fachmännischen Rat, eingehendes Studium der Ahnentafel der Hündin, deren Eltern und Großeltern und natürlich der Geschwistertiere der Hündin und möglichst auch noch der Geschwister der Eltern und Großeltern der Hündin ersetzt werden. Eine Zuchthündin will mit Bedacht und Überlegung ausgewählt werden. Sie ist für Sie der Schlüssel zum züchterischen Erfolg und verantwortungsbewussten Welpenverkauf.

Sollte sich nach zwei Jahren oder später (vielleicht nach dem ersten oder zweiten Wurf) der Hündin herausstellen, dass Ihre Hündin doch nicht die erwartete Qualität besitzt, nehmen Sie sie aus der Zucht. Wenn Sie mehrere Tiere halten können, versuchen Sie eine erstklassige neue Zuchthündin zu erhalten, und beginnen Sie, mit ihr eine neue Zucht aufzubauen und gönnen der Ersten ein schönes Hundeleben ohne weitere Würfe bei Ihnen. Ist das Halten einer weiteren Hündin bei Ihnen nicht möglich, oder sind Sie selbst nicht mehr in dem Alter, auf eine neue, qualitativ gute Zuchthündin ggf. zwölf Jahre und länger zu warten, sollten Sie ernsthaft überlegen, sich von Ihrer für die Zucht mittelmäßigen oder sogar schlechten Hündin zu trennen und eine gute Zucht mit einer hervorragenden Hündin neu zu beginnen. Der Erfolg wird Ihnen Recht geben!

Gebärfreudigkeit

Ein weiterer wichtiger Gesichtspunkt für eine hervorragende Zuchthündin ist ihre Gesundheit, Anatomie (zum Beispiel ein breites Becken), Gebärfreudigkeit ohne Komplikationen und Instinktsicherheit bei der Geburt und Aufzucht ihrer Welpen. Der Verhaltensforscher Eberhard Trumler schreibt hierzu: »Die allergrößte Leistung, die ein Lebewesen bieten kann, ist Nachkommen auszutragen und ohne Schwierigkeiten gesund auf die Welt zu bringen.«

In der Natur ist eine Wölfin, die nicht problemlos gebären kann, mit ihrem Nachwuchs zum Tode verurteilt (Selektion). Der Mensch hat zum Teil Rassehunde »erzüchtet«, die nicht mehr ohne tierärztliche Hilfe oder sogar ohne Kaiserschnitt in der Lage sind, ihre Nachkommen überhaupt in diese Welt zu setzen.

Zuchtverwendung

Sie sollten sich deshalb beim Kauf »Ihrer« Zuchthündin genauestens über das Geburtsgeschehen (zum Beispiel auch gerade Besonderheiten wie Wehenschwäche usw.) der Mutterhündin, der Großmutter und der weiblichen Geschwistertiere der Mutter Ihrer Zuchthündin informieren. Kaufen Sie keine Zuchthündin aus einer Linie, in der Kaiserschnitte und Wehenschwäche aufgetreten sind! Die Instinktkreise Geburtsgeschehen und Brutpflege vererben sich in einem sehr hohen Maße.

Zuchtverfahren

Sie sollten die Mutterhündin Ihrer zukünftigen Zuchthündin genau bei dem Verhalten zu den Welpen, dem Spielverhalten mit den Kleinen und den Strafaktionen gegen die Welpen beobachten. Lassen Sie sich unbedingt die Mutterhündin mit ihren Welpen, beim gemeinsamen Spiel, beim Fressen usw. zeigen! Beobachten Sie die Mutterhündin genau! Wie verhält sie sich mit den Welpen, bei Geräuschen, bei Ihrem Erscheinen usw.? Beruhigt sie sich wieder, nachdem Sie eine Weile da sind oder muss sie weggesperrt werden? Die Scheu oder Ängstlichkeit der Mutterhündin überträgt sich nämlich neben der hohen Erblichkeit als echter Umwelteinfluss im Rahmen der Welpenprägung auf die Welpen, das heißt, die Welpen nehmen das scheue oder ängstliche Verhalten der Mutter an. Eine ängstliche, nervenschwache, lärmempfindliche oder gar scheue Hündin (gerade vielleicht bei Rassen ohne Wesensüberprüfungen) hat diese ihre schlechten Eigenschaften mit Sicherheit an ihre Kinder weitergegeben und verstärkt diesen genetischen Mangel noch durch Vorleben und Übertragen (Prägen).

Auswahl der Zuchthündin

Lassen Sie die Hände weg von Welpen solcher Mütter! Kaufen Sie nur von absolut nervenstarken, wesensfesten Hündinnen eine künftige, neue Zuchthündin und begründen Sie so eine neue, gesunde, umweltsichere, im Wesen einwandfreie Zuchtlinie!

Prüfen Sie Ihre Hündin genau, ob sie den gewünschten qualitativen Anforderungen an eine gute Zuchthündin entspricht. Seien Sie dabei kritisch und objektiv! Haben Sie Zweifel an der Qualität Ihrer Hündin, züchten Sie nicht mit ihr und ermöglichen ihr ein schönes Hundeleben. Denn auch das Bestehen von Zuchtzulassungen (und Zuchtzulassung bedeutet nicht Zuchtempfehlung!) gibt Ihnen lediglich die Möglichkeit einer Zuchtverwendung, aber nicht mehr. Der gute Züchter sollte bei den Ansprüchen an seine Zuchthündin höchste Maßstäbe anlegen, denn der Erfolg eines Hundezüchters basiert auf der Qualität seiner Zuchthündin!

Zuchtverfahren

Die geplante und gesteuerte Paarung von Hunden ist neben der Selektion und der Zuchtwertschätzung ein weiteres wichtiges Fundament jeder Züchtung. Während durch die Selektion eine dauerhafte Veränderung der Häufigkeit bestimmter Erbanlagen innerhalb einer Population (Genfrequenzänderung) bewirkt wird, kann durch die Anwendung entsprechender Zuchtverfahren (Verpaarungssysteme) der Grad der Reinerbigkeit (Homozygotie) oder Mischerbigkeit (Heterozygotie) beeinflusst werden. Solche Beeinflussungen sind aber nicht dauerhaft.

Zuchtverfahren

Zuchtverfahren sind Verpaarungssysteme, die die unterschiedlichen Verwandtschaftsverhältnisse der zur Zucht eingesetzten Zuchttiere beschreiben und den Grad der Reinerbigkeit oder Mischerbigkeit der Erbanlagen der Nachkommen beeinflussen.

Bei der Betrachtung von Zuchtverfahren konzentrieren wir uns auf die Verfahren der Reinzucht, das heißt, auf Zucht innerhalb der Rasse. Alle Kreuzungszuchten kommen für Hunde eigentlich nicht in Frage. Dagegen sprechen die Organisation unserer Züchtung in Rassezuchtvereinen, die Prüfung und Überwachung der Rasse (und nicht der Kreuzungen) und die Zuchtstätten in Händen von Individualisten. Aber das ist ein anderes Thema!

Der entscheidende Unterschied zwischen den unterschiedlichen Zuchtverfahren besteht im gegenseitigen Verwandtschaftsverhältnis der zur Zucht eingesetzten Tiere.

Man unterscheidet:

a) Merkmalszucht (leistungsorientierte Zucht)

Verpaarungen nach dem Phänotyp z.B. eines oder mehrerer Merkmale ohne Berücksichtigung des Verwandtschaftsgrades

b) Linienzucht oder Inzucht

Verpaarung von Tieren, die miteinander enger verwandt sind als der Durchschnitt der Population; Steigerung der Reinerbigkeit (Homozygotie).

c) Fremdzucht oder Out-Crossing

Verpaarung von Tieren, die miteinander weniger verwandt sind als der Durchschnitt der Population; Steigerung der Mischerbigkeit (Heterozygotie).

Der Grad der Inzucht ergibt sich aus der Anzahl gemeinsamer Vorfahren und lässt sich mit mathematischen Methoden berechnen (Inzuchtkoeffizient). Der Inzuchtkoeffizient gibt an, um wie viel Prozent die Heterozygotie eines Tieres ab- und die Homozygotie gegenüber dem Durchschnitt der Rasse (zum Zeitpunkt der ältesten berücksichtigten Ahnen) zugenommen hat. Wenn man aus 4 Generationen der Ahnentafel einen Inzuchtkoeffizienten berechnet, weil auf der Vater- und Mutterseite des Pedigrees identische Tiere auftauchen, dann sagt ein Inzuchtkoeffizient von 0,125 zum Beispiel, dass in vier Generationen der Heterozygotiegrad um 12,5 % gesunken sein könnte, nämlich dann, wenn keine Selektion dafür oder dagegen gearbeitet hat.

Der Ahnenverlustkoeffizient wurde in der kynologischen Literatur wieder aufgewärmt, er war in der Tierzuchtwissenschaft vor der Wende des 19. zum 20. Jahrhundert als Ahnenschwund bezeichnet Durch ihn wurde auch Inzucht beschrieben. Der Ahnenverlust wird als Quotient aus der Anzahl tatsächlich vorhandener Ahnen und der Gesamtzahl insgesamt möglicher Ahnen eines Hundes, bei einer definierten Anzahl von Generationen, errechnet Da Ahnenschwund und Inzucht nicht identisch sind (Hybriden haben hohen Ahnenschwund, sind aber nicht ingezüchtet), haben Mathematiker (zum Beispiel Malecot und Wright) die Inzucht exakt definiert und die Berechnung für den Inzuchtkoeffizienten formuliert. Dass muss man wissen, wenn man das einfache Zählen von Ahnen vorzieht.

Bei Verpaarungen von Vollgeschwistern beträgt der Inzuchtkoeffizient der Nachkommen 25 %, sollten diese nochmals untereinander verpaart werden, so werden in der zweiten Inzuchtgeneration von der verbliebenen 75 %igen Heterozygotie noch einmal 25 % aufgefressen. Es bleibt nur noch 56 % Heterozygotie bzw. es entsteht 44 % Homozygotie. Aber gleichzeitig wird ein Teil der Gene wieder heterozygot, weil die beiden Geschwister an teilweise verschiedenen Genorten homozygot wurden. An manchen Genorten wurde das eine Tier für das eine Allel homozygot, das andere Tier für das andere Allel. Bei der Paarung der Geschwister entsteht dann wieder Heterozygotie. Insgesamt sinkt die Heterozygotie aber auf 62,5 %, der Inzuchtgrad steigt auf 37,5 %. Daher versagt der VDH den Rassezuchtvereinen solche Inzestverpaarungen im Grundsatz!

Inzucht-koeffizient

Inzucht ist ein zweischneidiges Schwert. Eigentlich wollen wir die Homozygotie, die Reinerbigkeit. Erinnern wir uns an das Münzenspiel zur HD. Wie schön wäre es, wenn bei allen beteiligten Genen reinerbig nur die guten Varianten vorhanden wären. Reinerbig gesund, reinerbig in der Farbe, reinerbig bei der Größe, durchgezüchtet und verlässlich!

Homozygotie

Bei der Anwendung der weiten Inzucht ist die Zielsetzung, den Grad der Homozygotie und damit die Wahrscheinlichkeit oder sogar Sicherheit der Vererbung erwünschter Eigenschaften zu erhöhen. Durch Inzucht wird in eine Linie genetisch nichts Neues hineingebracht, es kann aber durch Inzucht Vorhandenes gefestigt werden.

Die Wahrscheinlichkeit, mit der bei der Inzucht die Vererbung erwünschter Eigenschaften und Merkmale zunimmt, ist bei unerwünschten Eigenschaften und Merkmalen leider gleich groß – einschließlich der Erhöhung der morphologischen und physiologischen Defekte und Missbildungen.

Gleichmäßigkeit eines Wurfes wie hier ein Wurf mit neun Pudeln beim Welpentreffen nach einem Jahr ist für den Züchter ein schöner Erfolg und kann durch die Wahl eines Zuchtverfahrens wie zum Beispiel Linienzucht begünstigt werden.

Durch Inzucht kommen die rezessiv in beiden Elterntieren vorhandenen Mängel zum Vorschein; hier liegen die Nachteile der Inzucht. Neben der Steigerung auch der unerwünschten Eigenschaften und Merkmale kommt es manchmal zur so genannten Inzuchtdepression, d.h. eine allgemeine Leistungsminderung, ein Nachlassen der Vitalität und der Fruchtbarkeit und eine Zunahme der Umweltempfindlichkeit und der Krankheitsanfälligkeit, d.h. eine Verschlechterung der Konstitution. Dann ist Konsequenz notwendig, denn die Genträger sind durch die Inzucht erkannt. Würde man stets in fremde Familien paaren, das ist dann der Nachteil von Outcrossing, würden diese Tiere nicht erkannt und die ungünstigen, vitalitätsmindernden Gene würden unbewusst verbreitet.

Fremdzucht

Linienzucht

Bei der Anwendung von Inzucht muss maßvoll durch zum Beispiel Linienzuchten (weite Inzucht) und sinnvoll zum Beispiel durch den Einsatz nur solcher Zuchttiere, deren Nachkommen und sonstige Verwandte wie Geschwister, Eltern usw. keinerlei genetisch bedingte Fehler aufweisen, vorgegangen werden. Solche Verfahren müssen laufend mit anderen Verpaarungs- und Zuchtsystemen kombiniert und genauestens beobachtet werden. Maßvolle Inzucht ist deswegen angeraten, um mit der Selektion mithalten zu können.

Wenn in einer Rasse unerwünschte Genmutanten existieren, dann treten diese beschriebenen Inzuchtfolgen umso früher und stärker auf, je kleiner die aktuelle Hundezuchtpopulation ist. Es gibt nur kurze Zeit die Chance, fremd zu paaren, denn sehr schnell sind alle Tiere miteinender verwandt. Kooperation zwischen den Vereinen verschiedener Länder kann dazu beitragen, effizient auf spontane Erkenntnisse zu reagieren. Das ist aber nur sinnvoll, wenn man über die Zuchttiere im Ausland ebenso gut Bescheid weiß, wie über die Zuchttiere im eigenen Land. »Fremdes Blut« kann eine Rasse auch ganz gewaltig zurückwerfen. Man muss die Quellen gut kennen, aus denen man schöpft. Also Vorsicht bei »Blendern« aus dem Ausland, die mit tollen Titeln um die Gunst buhlen, aber deren genetisches Umfeld uns verborgen ist.

Selektion nach Mindestleistungen

Züchten bedeutet im Gegensatz zum einfachen Vermehren einer Rasse, dass nur solche Tiere miteinander verpaart werden, von deren Nachkommen eine möglichst große Annäherung an das Zuchtziel (meist der Standard) erwartet werden kann. Das Zuchtziel selbst wird nur solange gültig bleiben, bis der Durchschnitt einer Rasse ihm entspricht. Zu diesem Zeitpunkt muss das Zuchtziel präzisiert werden; das heißt, die Anforderungen müssen entweder erhöht werden, oder, bei Merkmalen, bei denen es ein Optimum gibt, sollte die Variation kleiner werden. Für sehr viele Merkmale gibt es ein Optimum (Größe, Selbstsicherheit, Lautanlage bei Jagdhunden, Reizschwelle, Spiel- und Beutetrieb usw.).

Ein wichtiges Grundelement der Züchtung ist die Auslese, die Selektion. Von den Nachkommen der Zuchttiere sollten immer nur die vermehrt werden, die in ihren Merkmalen und Eigenschaften dem gewünschten Zuchtziel oder Standard in Wesen und Erscheinungsbild am meisten entsprechen (Selektion).

Die Selektion ist ein unabdingbares Mittel zur Förderung erwünschter oder zur Zurückdrängung unerwünschter Merkmale und Eigenschaften in einer Rasse. Die Selektion führt langsam, aber stetig zu einer Genfrequenzänderung, das heißt bei gezielter und immer wiederkehrender Selektion verändert sich die Häufigkeit des Auftretens verschiedener Gene in der Population. Bei der positiven Selektion werden die besten Tiere ausgewählt und bevorzugt zur Zucht verwendet. Um nicht zu einseitig auf wenige Rüden angewiesen zu sein, müssen möglichst viele gleichwertige Rüden für die Zucht erschlossen werden. Jeder gute, potentiell wertvolle Zuchthund, der auf dem Sofa sein Leben fristet, ist eine verlorene Chance für die Rasse.

Bei der negativen Selektion sollen die unerwünschten Merkmale und Eigenschaften verdrängt oder sogar vollständig eliminiert werden durch Einschränkung der Zuchtverwendung oder durch völlige Zuchtsperre für Tiere, die äußerlich (phänotypisch) Träger dieses Merkmals sind oder diese Merkmale weitervererben, ohne sie selbst zu zeigen (genotypisch).

Der Fortschritt der Selektion von einer Generation zur nächsten wird zu Beginn der Selektionsmaßnahmen immer am größten sein und hängt zusätzlich von der Konsequenz der Durchführung dieser Maßnahmen ab.

Im Allgemeinen wird in der Hundezucht so selektiert, dass Hunde, die einen zuchtausschließenden Fehler aufweisen, ungeachtet ihrer sonstigen Qualitäten von der Zucht ausgeschlossen werden. Unter Umständen gehen der Zuchtpopulation auf diese Weise aber eine Reihe von positiven Genen verloren. Oft nämlich sind Hunde, die wegen optischer Fehler (zum Beispiel zuviel Weiß an unerwünschten Stellen, keine ausreichende Zeichnung oder Tüpfelung usw.) aus der Zucht ausgeschlossen werden, frei von genetischen Defekten (zum Beispiel HD), weisen ein hervorragendes Wesen auf und haben auch sonst viele rassetypische Vorzüge.

Selektion

Man kann die Einschränkungen sehr schön nachvollziehen, wenn man sich folgendes vorstellt: In einer Rasse gibt es 100 aktive Zuchthündinnen, 500 Welpen werden jährlich daraus geboren. 250 Rüden, 250 Hündinnen. Jedes Jahr braucht man 30 neue Zuchthündinnen, die die ausscheidenden Mütter ersetzen. Nehmen wir die Hündinnen als Beispiel: Viele Welpen gehen in Hände, die keinerlei Zuchtambitionen haben. Nehmen wir an, 100 Tiere ständen potentiell zur Verfügung und jetzt beginnen wir zu selektieren: Erstes Kriterium sei der Formwert. Wir selektieren alle mit Formwert v. Dabei fallen 30 Tiere mit sg und g heraus. An die verbleibenden 70 stellen wir die Anforderung HD-frei. Da nur 60 % der Tiere in der Rasse HD-frei sind, fallen 40 % der (wertvollen) V-Hunde aus, es bleiben 42 übrig, Nun fordern wir einen Wesenstest mit sehr ausgeprägtem Beutetrieb und hoher Selbstsicherheit. Das erfüllen 80 % der Tiere, somit fallen weitere 20 % wertvolle HD-freie Tiere mit Formwert V heraus. Es bleiben 33 Tiere übrig. Jetzt wird es kritisch: Wir fordern, dass in der engeren Verwandtschaft keine Epilepsie aufgetreten ist. Das ist aber bei fünf Tieren der Fall. Es bleiben 28 und damit ist unsere Selektionsmöglichkeit erschöpft, denn wir brauchen ja 30 Hündinnen. Wenn wir weitere Merkmale einbeziehen wollen, muss in jedem vorangegangenen

Selektionsschritt großzügiger agiert werden, wir müssen auch HD-Grenzfälle akzeptieren, auch Sg-Hündinnen zulassen, beim Beutetrieb nachsichtiger sein usw.

Erwartungswert

Je mehr Merkmale uns wichtig sind, umso mehr bewegen wir uns bei der Zucht hin zum Mittelmäßigen. Der strikte Zuchtausschluss nach Mindestanforderungen ist also nicht die Methode der Wahl!

Selektionsindex

Frau Dr. Irene Stur, Professorin für Tierzucht in Wien, hat anlässlich der VDH-Zuchtleiter- und Zuchtwartetagung am 29.10.1994 in Dortmund (s. Unser Rassehund, Verbandszeitschrift des VDH, Nr. 11/94) als Alternative zur Selektion auf Rassetyp und Schönheit (Championzucht) die Selektion nach einem Index empfohlen. Dabei sollen bei jedem Hund verschiedene, vorher festgelegte Merkmale unabhängig voneinander bewertet und die Bewertungen summiert werden.

Frau Dr. Stur: »Damit hat ein Hund die Möglichkeit, schlechte Leistungen in einem Merkmal durch besonders gute Leistungen in einem anderen Merkmal zu kompensieren (nicht genetisch, sondern in Form einer Gesamtindexzahl verschiedener Merkmale). Außerdem kann jedes einzelne Merkmal entsprechend seiner funktionellen Bedeutung gewichtet werden. So wären Merkmale mit rein optischer Bedeutung wie zum Beispiel Farbe am niedrigsten, Merkmale mit ausgeprägter funktioneller Bedeutung wie zum Beispiel das Fundament (Gangwerk oder Gebäude) bzw. mit ausgeprägtem Krankheitswert wie zum Beispiel. HD am höchsten gewichtet.«

Das Prinzip ist nicht neu. Alle Jagdhunderassen organisieren ihre Jagdprüfungen nach diesem Prinzip. Bewertung von Nasenleistung, Spurlaut, Spurwille, Sicherheit, Wasserfreude und Apportierleistung werden jeweils mit einer Fach-Wertziffer multipliziert und zu einer Gesamt-Punktzahl aufsummiert. Erweitert wird diese Vorgehensweise jedoch durch Frau Dr. Stur über die einzelne Prüfung hinaus auf ein breiteres Merkmalsspektrum.

Sie führt weiter aus, dass mit Hilfe der Berechnung eines Paarungswertes, der als Summe der durchschnittlichen gewichteten Merkmalswerte der beiden Paarungspartner berechnet wird, sich für jede mögliche Paarung ein Erwartungswert für einen summarischen Index der Nachkommen berechnen lässt. Sie schlägt deshalb als vernünftige Paarungsstrategie den Zuchtvereinen eine kompensatorische Paarung vor, bei der die besten Hündinnen (Kompensationsindexwert der festgelegten Merkmale) an die schlechteren Rüden (Kompensationsindexwert der festgelegten Merkmale) und umgekehrt angepaart werden sollten, da dadurch die Paarungswerte für alle Paarungen im Bereich eines guten Durchschnitts bleiben und die genetische Basis größer erhalten wird.

Hündin 2

Merkmal	**Gewichtung**	**Punkte**	**Summenwert**
Farbe	1	2	2
Fell	1	4	4
Typ	1	3	3
Kopf	1	3	3
Körper	2	4	8
Fundament	3	5	15
Bewegung	3	4	12
HD	10	1	10
INDEX			**57**

Im angeführten Beispiel erhalten die äußeren Merkmale Farbe, Fell, Typ und Kopf nur einen Gewichtungsfaktor 1, da sie im Beispiel von untergeordneter Wertigkeit sind und in der Rasse nicht verbessert werden müssen. Die Beispielshündin liegt in diesen funktionalen Merkmalen nach den festgesetzten Punkten (zum Beispiel aus dem Körbogen) bei der Farbe bei 2, beim Fell bei 4, bei Typ und Kopf bei je 3 von erreichbaren festgelegten 5 Punkten. Körper, Fundament und Bewegung sind verbesserungsbedürftig in der Rasse und erhalten daher höhere Gewichtungsfaktoren (Körper 2, Fundament 3 und Bewegung ebenfalls 3). Die Beispielhündin hat in der Gesamtsummenzahl hier jetzt höhere Gesamtzahlen (Körper = 2 x 4 = 8 usw.). Die höheren Gesamtzahlen besagen, dass die Hündin in diesen Merkmalen unserem Verbesserungswunsch bei den funktionalen Merkmalen sehr nahe kommt

Damit hoffnungsvolle Welpen später gute Zuchtpartner werden, ist es unbedingt erforderlich, Grundlagen für hervorragendes Wesen zu legen. Hier lernen Rhodesian Ridgeback-Welpen in einer Schubkarre schaukelnden Untergrund in der Sicherheit des Welpenrudels kennen.

und ein gutes Gangwerk, erwünschten Körper und guten Bewegungsablauf zeigt, hingegen im Fell, in der Farbe und dem Typ verbesserungswürdig wäre (jedoch keine hoch bewerteten Merkmale). Der gesundheitlich wichtigste Faktor ist die HD. HD erhält deshalb die Gewichtung 10. Die Wertung der HD-Befunde legt Frau Stur auf:

HD- Frei = 1,
Übergangsform = 0,
HD-Leicht auf -1,
HD-Mittel auf -2
HD-Schwer auf -3 fest.

Unsere Beispielshündin hat mit der Punktzahl 1 HD-freie Hüftgelenke und dort deshalb 10 Punkte in der Gesamtsummenzahl erreicht. Die Beispielshündin eignet sich besonders gut als Paarungspartner für Rüden, die im Gangwerk und der HD schwächer sind als sie selbst, um den Durchschnittswert der Rasse und nicht eines Einzeltieres und seiner Nachkommen zu verbessern.

Bei dieser Selektion soll erreicht werden, dass Hunde, die einen geringgradigen Fehler (zum Beispiel Farbe) aufweisen, ungeachtet ihrer sonstigen sehr guten Qualitäten, nicht von der Zucht ausgenommen werden, sondern für sie geeignete Zuchtpartner gefunden werden.

Bei dem von Frau Stur dargelegten Modell, so wie bei allen vorgenannten Methoden der Zuchttiersuche, wird stillschweigend unterstellt, dass die Tiere so vererben, wie sie sich phänotypisch zeigen. Und das ist eben leider nicht der Fall. Der Phänotyp ist zwar auch vom Genotyp abhängig, aber Leistungen, Verhalten oder Körperbau sind auch von der Haltung, der Erziehung, Prägung, Erfahrung, Ernährung, kurz gesagt von Umweltfaktoren, abhängig. Der Züchter kann sich täuschen, wenn er nur nach dem Phänotyp schaut. Er muss auch dort sein Auge haben, wo die gleichen Gene auch noch wirken, also bei den Geschwistern, den Eltern, Onkeln und Tanten und bei den Nachkommen unter Berücksichtigung der jeweiligen Partner, aus denen die Nachkommen stammen. Damit ist der Normalzüchter aber überfordert. Man brauchte eine Zahl, die anzeigt, ob die Gene ein Merkmal, sagen wir HD, verstärken oder abschwächen. Einen Zahlenwert für die Zucht, der alle HD-Ergebnisse der Verwandten einbezieht? Ja das gibt es: Einen Zuchtwert für HD, für Größe, für Beutetrieb, usw.

Zuchtwertschätzung

In der Hundezucht werden heute überwiegend Elterntiere verwendet, die in bezug auf ihr Erscheinungsbild und ihre Leistung möglichst gut beurteilt wurden. Die Zuchtauswahl der Elterntiere erfolgt überwiegend aufgrund der Eigenleistung (Exterieur- und Wesensbeurteilung). Die Bewertung der Eigenleistung, d.h. die Beurteilung des Zuchttieres selbst ermöglicht schon genauere Aussagen über die Vererbungserwartung, sofern die Erblichkeit (Heritabilität) der interessierenden Merkmale relativ hoch ist.

Eigenleistung

Oft ist es aber anders. Ein Hund kann phänotypisch gesund erscheinen, aber trotzdem genotypisch Krankheitsanlagen haben. Zwei HD-freie Elterntiere, die genotypisch stark belastet sind, können deshalb Nachkommen haben, die zum Teil mittlere bis schwere HD aufweisen. Dies, weil durch den Teilungsmechanismus vor der Befruchtung zufällig die normalen gesunden Informationen der Erbanlagen nicht weitergegeben wurden und stattdessen die Problem-Allele von Mutter und Vater zusammengekommen sind. Als Folge leiden unweigerlich einige der Welpen an HD.

Zuchtwertschätzung

Zuchtwertschätzung

Die Zuchtwertschätzung bündelt alle Informationen zu einem ausgewählten Hund über dessen gesamte Vorfahren, die bisherigen Nachkommen, die Nachkommen der Geschwister, der Geschwister der Eltern usw. über so viele Generationen, wie Aufzeichnungen geführt werden. Sie bietet dafür einen aussagefähigen Zahlenwert (Zuchtwert) an und hilft, Risikoverpaarungen zu vermeiden.

Erbwertermittlung

Die Einbeziehung verwandter Tiere in die Zuchtwertermittlung kann die Genauigkeit der möglichen Aussagen wesentlich erhöhen, insbesondere bei relativ niedriger Erblichkeit (Heritabilität) des Merkmals. In Frage kommen vor allem die Eltern, die Vollgeschwister und die Halbgeschwister. Alle Verwandten sind aber informativ für den Zuchtwert eines Tieres, da sie einen Teil des Erbgutes mit dem Tier gemeinsam haben. Der Informationswert ist vom Verwandtschaftsgrad abhängig. Enge Verwandte haben eine hohe Aussagekraft, entfernte Verwandte sind weniger informativ.

Ein Tier, das aus einem Wurf HD-freier Tiere stammt, ist höher einzustufen als ein Tier, das selbst zwar HD-frei ist, jedoch Geschwister mit leichter oder sogar mittlerer HD hat.

Die aussagekräftigste Information über die tatsächlichen genetischen Gegebenheiten der Zuchttiere liefert die Beurteilung der Nachkommen. Sowohl bei niedrig heritablen als auch bei erwünschten deutlich vererbten Merkmalen stellen die Nachkommen die aussagekräftigste Informationsquelle über den Zuchtwert der Eltern dar, wobei die Aussagekraft des ermittelten Zuchtwertes mit der Anzahl der beurteilten Nachkommen steigt.

Das Ziel der Zuchtwertschätzung ist, alle verfügbaren Daten zu erfassen und ohne Emotionen,

Sympathien oder Verfälschungen auszuwerten und auch bei Merkmalen mit niedriger Erblichkeit zu guten Ergebnissen zu kommen. Der Zuchtwert sagt nichts über den »Wert« eines Tieres aus, sondern gilt ausschließlich für die festgesetzten Merkmale. Er stellt aber keine Bewertung im Sinne von »wertvoll« dar. Der Zuchtwert ist ein Zahlenwert für jeweils ein Merkmal. Der Zuchtwert eines Tieres wird sich im Laufe seines Lebens immer wieder ändern, weil zusätzliche Informationen (zum Beispiel weitere Würfe) hinzukommen und verfügbar werden (Nachkommen, Halbgeschwister) und damit ein klareres Bild entsteht.

Um Züchtern den Umgang mit Zuchtwerten zu erleichtern, setzt man den Wert für einen Hund, der im Rassedurchschnitt vererbt, gleich 100. Ein Zuchtwert über 100 signalisiert, dass die Wirkung der Gene dieses Tieres verstärkend (erhöhend) auf das Merkmal wirken, Zuchtwerte unter 100 deuten auf eine Abschwächung. Achtung! Hohe Zuchtwerte für HD bedeutet Verstärkung der HD, das ist schlecht! Absenken ist gut! Ziel muss es sein, Welpen mit möglichst geringer HD-Genetik zu züchten, also mit möglichst niedrigem Zuchtwert.

Ein hoher Zuchtwert für HD lässt erwarten, dass dieses Tier im Durchschnitt mehr Nachkommen mit festgestellter HD hat, als ein Tier mit einem niedrigen Zuchtwert. Wenn man wie bei der Zuchtwertschätzung und der Zucht allgemein Anforderungen an die kommenden Welpen bzw. die Paarung stellt, so muss gefordert werden, dass bezüglich HD ein Tier für eine Paarung nur dann geeignet ist, wenn der durchschnittliche Zuchtwert beider Paarungspartner den Wert 100 nicht überschreitet (die Verteilung der Zuchtwerte von HD ist etwas asymmetrisch und geht von 76 (hervorragende HD-Vererbung) bis über 140 (= ganz schlecht, oft selbst wegen schwerer HD schon zuchtgesperrt). Der Erwartungswert für einen Welpen ist der halbe Zuchtwert des Vaters plus des halben Zuchtwerts der Mutter, entsprechend der Tatsache, dass der Vater die Hälfte seiner Gene und die Mutter die andere Hälfte einbringt.

Hervorragende Markenzeichnung ist bei der Rasse Hovawart besonders schwer weiter zu vererben. Hier ist es gelungen, über drei Generationen hinweg diese gewollte Zeichnung zu erhalten, was jedoch nur durch intensive Zuchtplanung möglich ist.

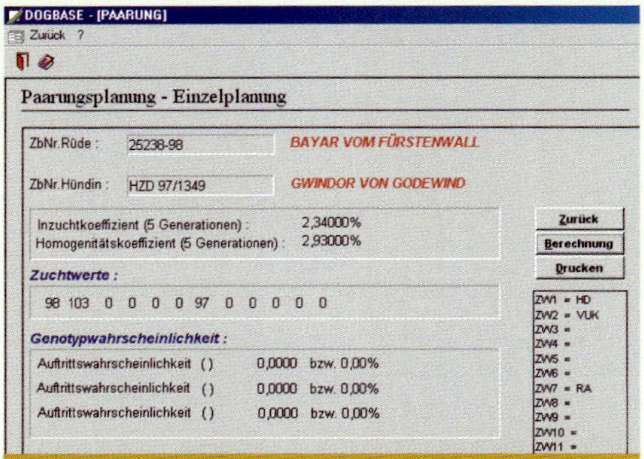

Bei der computerunterstützten Zuchtplanung können die Zuchtwerte des geplanten Wurfes ermittelt werden wie hier die Werte für Hüftgelenksdysplasie (HD, hier: 98), Kieferanomalien (VUK, hier: 103) und Rutenanomalien (RA, hier:97) der gewünschten Welpen. Ebenfalls kann der Inzuchtkoeffizient (hier: 2,34 %) des geplanten Wurfes abgelesen werden. Die Zuchtwertzahlen erleichtern dem Züchter die Planung des gewünschten Wurfes.

Der jeweilige Rasseclub legt den Grenzwert für Paarungen für die Zuchtwerte der ausgewählten, zu bearbeitenden Merkmale fest. Dadurch entsteht ein verbindlicher Zuchtplan mit Paarungsauflagen. In der Folge können Paarungen, die im Zuchtwert nicht passen und die von vornherein ein hohes Risiko darstellen, gezielt vermieden werden.

Der Zuchtrüde Strolch von der Ehrenpforte, der bei Schauen nur Formwertnoten von »sehr gut« und niemals »vorzüglich« erreichte, vererbte genetisch hervorragend. Im Erscheinungsbild brachte er in der Nachzucht viele Champions und fast nur »vorzüglich« bewertete Nachkommen. In der HD-Vererbung hatte er am Ende seines Zuchtlebens trotz sehr vieler Nachkommen mit zum Teil HD-mäßig problematischen Hündinnen immer noch einen HD-Zuchtwert von 88. Diese gute HD-Veranlagung hat er an seine Nachkommen weitergegeben.

Mit dem Zuchtwert wird versucht, das genetische Potential eines Tieres für bestimmte Merkmale so gut als möglich zu quantifizieren. Durch den Zuchtwert der Elterntiere erhält man eine Vorahnung bzw. Voreinschätzung, was in den kommenden Welpen in Bezug auf die festgelegten Merkmale genetisch stecken könnte. Genau das braucht der Züchter.

Die Zuchtwertschätzung ersetzt nicht das züchterische Planen, das Feingefühl und die Verantwortung. Zuchtwerte erlauben es und fordern es geradezu heraus. Mit Hilfe des Computers wird die Fülle der Informationen über die Zuchttiere ja lediglich erfasst und ausgewertet .Das nimmt dem Züchter einen Teil der Arbeit ab. Die Zuchtwertschätzung ist eine wichtige Hilfe, um Risikoverpaarungen zu vermeiden und gesunde Hunde zu züchten. Die Verantwortung des Züchters gegenüber den von ihm gezüchteten Hunden und den Käufern dieser Hunde bedingt, dass alle Möglichkeiten zur Zucht gesunder, wesensfester Hunde mit langer Lebensdauer genutzt und beachtet werden.

Geschätzte Genotypwahrscheinlichkeiten

Zuchtwertschätzung wird für Merkmale favorisiert, die von vielen Genorten gesteuert werden und zudem stark durch Umweltwirkungen in ihrer Ausprägung variieren. Hier kann man dem Phänotyp nicht trauen und daher ist die Einbeziehung anderer Informationsquellen so hilfreich. Manche Merkmale, z.B. Farben, werden nur von einem einzelnen Genort gesteuert. Die meisten Erbkrankheiten beruhen auf einem einzigen, mutierten Gen.

Vereinfachen wir die Farbgenetik als Beispiel: Es gibt blonde und schwarze (schwarzmarken und rein schwarze) Hovawarte oder schwarze und gelbe Labrador Retriever.

Nennen wir das Gen, das für die Bildung von schwarzem Pigment verantwortlich ist A und das Allel, das dies nicht tut, also für gelbe Farbe verantwortlich ist, a. Jedes Tier erhielt vom Vater ein Gen und von der Mutter, sodass es in der Rasse grundsätzlich drei Kombinationsvarianten gibt.

AA, wenn sowohl vom Vater als auch von der Mutter das Schwarz-Gen ererbt wurde,

Aa, wenn von einem Elterntier Schwarz und vom anderen Gelb kam und schließlich aa, wenn von Vater und Mutter das Gen für Gelb kam.

Im ersten Fall ist das Tier schwarz. Es ist aus einer befruchteten Eizelle (Zygote) entstanden, in der beide Gene gleich (homo-) waren. Daher ist das Tier homozygot. Es vererbt auch nur Schwarz, denn es hat nur A und kann auch nur A vererben. Daher ist es reinerbig für Schwarz.

Im zweiten Fall ist ein Gen A als »Strickmuster« für ein Protein vorhanden, das für die Bildung von schwarzem Pigment notwendig ist. Nach diesem Gencode wird genügend Protein gebildet, um die schwarze Pigmentierung sicherzustellen. Dass zusätzlich nach dem Code von a auch unwirksame Substanz gebildet wird, stört nicht. Die Tiere mit dem Genotyp Aa sind schwarz. Aber wegen der unterschiedlichen Gene an diesem Genort sind sie heterozygot und bei der Vererbung packen sie mal das eine, mal das andere Allel in ein Spermium (oder in eine Eizelle). Sie sind somit mischerbig.

Der dritte Fall ist nun die Besonderheit, denn es existiert kein intaktes korrektes Muster für die Bildung des wirksamen Proteins, das bei der Bildung des schwarzen Pigmentes benötigt wird, die Tiere sind phänotypisch unschwarz, also gelb. Bei der Vererbung wird nur a weitergegeben, die Tiere sind homozygot und reinerbig für Gelb.

Wenn ich als Züchter eine reinerbig schwarze Hündin habe, wird es mir nie gelingen, gelbe/blonde Hunde daraus zu züchten. Sie wird immer A einbringen, das führt zu schwarzem Pigment. Andererseits führt es zu blonden Welpen, wenn zwei schwarze Hunde gepaart werden, und beide mischerbig sind.

Für den Züchter ist interessant, ob die Eltern seines geplanten Wurfes den Genotyp AA, Aa oder aa haben, denn er kann dann die Zuchterwartungen abschätzen. Für manche Genorte gibt es bereits Gentests, in denen die DNA auf Mutationen abgeprüft wird. Farbgene gehören dazu, auch einige Erbkrankheiten.

Farbe ist nur eine Spielerei in der Zucht, Neugierde führt dazu, dass man wissen möchte, welcher Genotyp vorliegt. Ernst ist aber das Interesse an Mutationen, die zu schwerwiegenden Erbkrankheiten führen. Wir wissen heute, dass grauer Star (Katarakt), Epilepsie, Progressive Retinaatrophie, Blutgerinnungsstörungen, Linsenluxation, Diabetes usw. jeweils auf ein einzelnes Defektgen zurückzuführen sind. Der genetische Code muss immer und immer wieder kopiert werden, um in Eizellen oder Spermien den Weg zur nächsten Generation anzutreten. Dabei kann es zu Kopierfehlern kommen. Diese Fehler führen dann zu fehlerhaften Genprodukten, Proteinen, die dann in Zellwänden oder als Bestandteil von Enzymen unwirksam oder störend sind. Wenn nicht gleich der Embryonaltod eintritt, nur indirekt merkbar durch eine kleinere Welpenzahl im Wurf, kommen Welpen mit Erbfehlern zur Welt. Nur rezessive Gene können sich halten, also Gendefekte, die bei heterozygoten Tieren nicht auffallen und daher vererbt werden. Aus diesem Grund sind fast alle Erbdefekte rezessiver Natur.

Genotypwahrscheinlichkeit

Welcher Genotyp liegt vor? Zunächst weiß man nur, dass betroffene Tiere, nehmen wir als Beispiel Tiere mit Epilepsie, den Genotyp aa haben. Da ein Gen a vom Vater, das andere von der Mutter stammt, müssen beide auch das Gen a in ihrem Genom haben. Wenn sie selbst gesund sind, spricht das für Heterozygotie, das heißt, beide Eltern haben den Genotyp Aa! Woher haben aber die Eltern ihr Defektgen bekommen? Es kann vom Großvater oder der Großmutter kommen, da ist man sich nicht sicher. Ab diesem Punkt müssen wir mit Wahrscheinlichkeiten rechnen, weil die Wahrscheinlichkeit (Möglichkeit), mischerbiger Anlageträger zu sein, für beide Großeltern fifty-fifty ist. Erst wenn man durch die weitere Analyse der großväterlichen Nachzucht sieht, dass dort ebenfalls Epilepsie beobachtet wurde, verdichtet sich die Heterozygotie für den Großvater und die Großmutter wird entlastet. Ein ausgefeiltes statistisches Programm erlaubt, alle beobachteten Fälle zu werten und zu Genotypwahrscheinlichkeiten (GGW) zusammenzufassen. Das Ergebnis sind drei Wahrscheinlichkeiten: Mit welcher Wahrscheinlichkeit ist das Tier vom Genotyp AA, vom Genotyp Aa und vom Genotyp aa. Die Summe dieser Wahrscheinlichkeiten muss immer eins sein bzw. 100 %.

Eigentlich interessiert nur, mit welcher Wahrscheinlichkeit der Züchter damit rechnen muss, dass der ausgewählte Deckrüde das Defektgen a weitergeben könnte. Wenn er Genotyp AA hätte, würde bzw. könnte er es nicht weitergeben, wenn er Heterozygot wäre, täte er es in 50 % der Fälle und wäre er vom Genotyp aa (evtl. verkannt oder verheimlicht), dann wäre in 100 % der Fälle die Weitergabe realisiert.

Bezeichnet man die Wahrscheinlichkeit der Vererbung mit P (P steht für Probability, also Wahrscheinlichkeit), so ist P die Wahrscheinlichkeit AA mal 0 plus die Wahrscheinlichkeit für Aa mal 0,5 plus die Wahrscheinlichkeit für aa mal eins. Dieser P-Wert ist die Grundlage für Zuchtentscheidungen. Der P-Wert ist vergleichbar mit dem Zuchtwert, nur dass er eben für monogene Merkmale gilt, bei denen es eindeutige Genotypen gibt. Da die Wahrscheinlichkeiten auf Beobachtungen beruhen, nennt man die Ermittlung »geschätzt«, wie schon bei der Zuchtwertschätzung, denn neue Erkenntnisse könnten diese Schätzungen ändern. Der Begriff »Geschätzte Genotyp-Wahrscheinlichkeiten« wird mit GGW abgekürzt.

Beispiele:

Ein betroffenes Tier: GGW: 0/0/1,00 P = 1,00

Ein sicher mischerbiges Tier, z. Vater eines Betroffenen: GGW: 0/1,00/0 P = 0,50

Gesunde Großeltern eines Betroffenen:
0,50,/0,50/0 P = 0,25

Gesunde Geschwister aus einem Wurf, in dem es auch einen Betroffenen gab:
GGW: 0,33/0,67/0 P = 0,33
Wie geht man mit diesen P-Werten um?

Man muss sich klar werden, dass bei rezessiven Merkmalen kein vollständig risikoloses Züchten möglich ist. Insofern ist es illusorisch, nur mit Tieren züchten zu wollen, die einen P-Wert von Null haben. Die alles entscheidende Frage ist: Wie groß ist das Risiko, dass ein Welpe erkrankt, wenn ich eine bestimmte Paarung plane? Das Risiko ergibt sich aus dem P-Wert des Vaters, multipliziert mit dem P-Wert der Mutter:

Nehmen wir ein krasses Beispiel: Ich paare einen betroffenen Rüden (P = 1) an eine betroffene Hündin (P = 1). Das Risiko für einen Welpen, betroffen zu sein ist ein mal eins, also eins bzw. 100 %.

Ich paare einen mischerbigen Rüden (P = 0,5) mit einer mischerbigen Hündin (P = 0,5). Nach dem Mendelschen Gesetz spalten sie auf in 1:2:1 für AA, Aa und aa, 25 % sind also vom Genotyp aa und krank. Das gleiche ergibt sich aus dem Produkt der P-Werte: 0,5 mal 0,5 = 0,25 bzw. 25 %.

Was passiert, wenn ich meine als mischerbig erkannte Hündin mit einem Rüden paare, der einen P-Wert von Null hat, also GGW 1/0/0 (P = 0) ? Das Risiko ist dann 0 mal 0,5 = 0, also kein Risiko! Es entstehen nur Freie und Heterozygote, die aber alle gesund sind!

Hat der Züchter erst einmal GGWs zur Hand, ist Zucht kalkulierbar. In einer Rasse war Epilepsie ein gravierendes Problem. Es ist verständlich, dass man sie hier nicht nennt. Aber es gab Jahrgänge, in denen nahezu 50 % der Welpen unter Anfällen gelitten haben. Zunächst wurden Zuchtwerte geschätzt und erfolgreich dagegen gezüchtet. Nachdem offensichtlich war, dass ein rezessives Gen verantwortlich ist, wurden Genotypwahrscheinlichkeiten berechnet. Regelmäßige Besitzerbefragungen haben zu akribischer Suche nach Betroffenen geführt. Genotypwahrscheinlichkeiten wurden ausgewiesen. Ein Verein des benachbarten Auslandes hat sich eingeklinkt, gemeinsam geht es besser! Die Zuchtvorschrift war einfach: nur noch Paarungen mit einem Risiko < 30 %. Das war schon was, wenn man bei 50 % steht! Aber das ist nur ein Grenzwert, man darf die Dynamik nicht verkennen, die entsteht, wenn man Züchtern den Weg zeigt und die Ziele überzeugend sind. Die letzten Jahrgänge zeigen ein Befallsrisiko der Welpen von weniger als 2 % in der Rasse. Die tatsächliche Betroffenheit ist geringer, aber Epilepsie kann sich ja auch erst in einem etwas höheren Alter noch manifestieren.

Das ganze hat sich in zwei Hundegenerationen (neun Jahre) abgespielt. Sowohl Besitzer als auch Züchter sind sich einig in dem gemeinsamen Bemühen, eine liebenswerte Rasse in eine gesunde und liebenswerte Rasse umzugestalten. Herzlichen Glückwunsch kann man da nur sagen.

Computerunterstützte Zuchtplanung

Wenn in den ersten Absätzen dieses Kapitels die Notwendigkeit beschworen wurde, nicht dem Erscheinungsbild allein zu trauen, sondern auch Verwandte zu betrachten, die Pedigrees und Nachzuchten mit ihren Prüfungs- und Gesundheitswerten einzubeziehen, dann ist eigentlich klar, dass dies ein guter Rat ist, der nur begrenzt befolgt werden kann. Praktisch ist das oft nicht zu leisten. Da stellt sich die Frage, ob ein Züchter als Einzelkämpfer auftreten soll oder ob er eingebettet wird in eine solidarische Züchtergemeinschaft, die zwar Ehrgeiz, aber keinen Konkurrenzneid kennt und sich gegenseitig bei der Zucht hilft. Helfen heißt, dass man als Verein (Züchter-Vereinigung) Daten sammelt und dann jedem, der sie für die verantwortungsvolle Zucht braucht, bereitstellt. Sowohl die Ur-Daten, aber auch die aufbereiteten Erkenntnisse in Form von Zuchtwerten oder Genotyp-Wahrscheinlichkeiten.

Glücklich müssen also Züchter sein, die in solch eine Gemeinschaft eingebettet sind. Heute ist das Suchen in Zuchtbüchern nicht mehr zeitgemäß. Wir befinden uns im Zeitalter der Computer und Tierzucht und Datenverarbeitung gehören zusammen wie Messer und Gabel.

Der Hovawartverein, und über 70 Rassen sind in der gleichen Situation, nutzen die Möglichkeiten in einem kynologischen Rechenzentrum (TG-Verlag, Rechenzentrum für Tierzucht und angewandte Genetik in Gießen). Hier erfolgt die zentrale Datenerfassung. Wurfmeldungen, Züchterdaten, HD-Ergebnisse, Prüfungen, was immer anfällt, wird in einer klubübergreifenden Datenbank für Hovawarte gespeichert. Ahnentafeln werden dort für die Welpen gedruckt und auch das Zuchtbuch wird dort zusammengestellt.

Aus dem Datenbestand werden drei- bis viermal pro Jahr Zuchtwerte aktualisiert und bei manchen Rassen Genotypwahrscheinlichkeiten errechnet. Der Klub bestimmt zuvor, welche Merkmale für seine Zuchtziele wichtig sind. Für Jagdhundevereine, z.B. Kleine Münsterländer, sind es neun Merkmale aus den Jagdprüfungen, Schussfestigkeit, Hüftqualität und Größe. Für andere Rassen sind Exterieurmerkmale, Gaumenspalte, Rückbiss oder Epilepsie wichtig. Jede Rasse hat ihre eigenen Sorgen und eigenen Ziele.

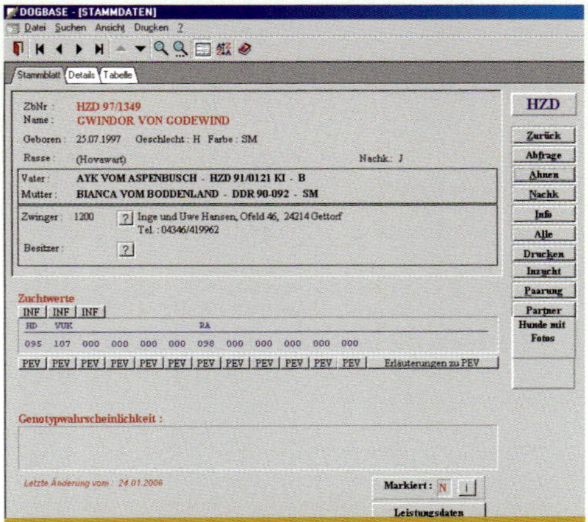

Für jeden im Verein gezüchteten Hund, also auch für jede Zuchthündin und für jeden Deckrüden kann im Programm ein so genanntes Stammdatenblatt aufgerufen werden, aus dem alle den betreffenden Hund kennzeichnenden Daten hervorgehen.
Unter der Überschrift »HZD« sind dann die Einzeldaten/Aktionsschalter wie Ahnen oder Nachkommen genauso abrufbar wie der Grad der Inzucht oder die Paarungsplanung mit einem gewünschten Zuchtpartner.

Computerunterstützte Zuchtplanung

Züchter brauchen Zugriff auf diese Daten, wenn die Forderung nach verantwortlicher Zucht auch ernsthaft unterstützt sein soll. Daher hat der TG-Verlag ein Programm entwickelt, DOGBASE, das auf dem normalen Home-PC läuft In dieses Programm werden alle den Klub betreffenden Daten aus dem Zentralrechner hinein geladen und dem Züchter zur Verfügung gestellt. Damit hat er ein zeitgemäßes Medium und alles, was jemals über die Hunde gespeichert wurde. Jagdterrier haben Zugriff auf über 80000 registrierte Hunde und deren Daten, auch Leistungsprüfungen, seit 1945, um nur ein Beispiel zu nennen. Jagdterrier gehören zu den Pionieren in Sachen EDV und Zuchtbuchführung. Alle drei Monate erhält der Züchter im Abonnement ein Update der Daten mit aktualisierten Zuchtwerten. Es ist nicht nur, dass Züchter ihre nächsten Würfe damit planen, sie beobachten auch, was aus den Welpen geworden ist, wie sie auf Prüfungen abschneiden, wie sich ihre Zuchtwerte einpendeln. Durch Dogbase wird Zucht auch spannend.

Viele Zuchtvereine haben ihre EDV, evtl. auch etwas Vergleichbares für ihre Züchter, daher soll Dogbase nur als ein Beispiel genannt sein.

Beispiel: Das Dogbase-Programm des TG-Verlages

Dogbase-Programm

Die Hovawart-Zuchtgemeinschaft stellt seit dem Jahre 2005 das Dogbase-Programm seinen Züchtern zur Verfügung. Die nachfolgenden Beispiele basieren auf den Daten dieses Vereins bzw. aus der Demoversion mit Musterdaten.

Die Basis des Programms bildet der Einblick in die Stammdaten eines Hundes. Über seine Zuchtbuchnummer, den Namen oder einen Teil seines Namens kann er aus der fast 7000 Hunde umfassenden HZD-Datenbank herausgesucht werden. In dem Stammdatenblatt finden sich neben dem Geburtsdatum, den Eltern und der Farbe des Hundes auch Zuchtwerte und, bei anderen Rassen, verschiedene Genotypwahrscheinlichkeiten zu definierten Merkmalen. In der Detailansicht werden alle vorliegenden Zusatzinformationen, sortiert nach den Kategorien Titel, Prüfungen, Diagnosen und Sonstiges ausgewiesen. Man kann sich zu jedem Hund eine Art Karteikarte zum Hund erstellen, auf der alle Informationen aus dem Stammdatenblatt und aus der Detailansicht zusammengefasst sind. Dies wird gern Welpenkäufern an die Hand gegeben, oder Interessenten, die einen Deckrüden ins Auge gefasst haben. Zuchtberater im Verein (Zuchtwarte) nutzen diese Möglichkeit auch

Per Mausklick ist aus dem Aktionsschalter des Stammdatenblattes eines Hundes seine Ahnentafel abrufbar. Hier kann der Züchter so viele Ahnentafeln möglicher Paarungspartner seiner Zuchthündin abrufen, wie er es wünscht. Die Auswahl eines passenden Paarungspartners wird durch die computerunterstützte Zuchtplanung wesentlich erleichtert und deutlich transparenter.

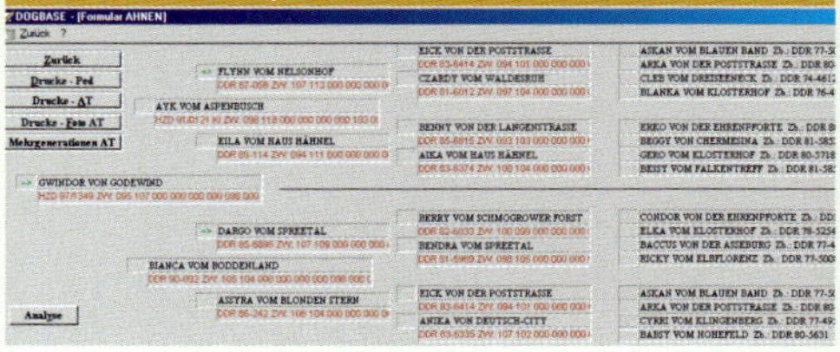

gern, um ihre Empfehlungen zu belegen, denn auch Zuchtwerte sind auf diesem Blatt aufgeführt.

Zu allen Hunden lässt sich auf Knopfdruck eine Ahnentafel in verschiedenen Formaten und unterschiedlichen Inhalten erstellen, die dann wiederum nach unterschiedlichen Informationen analysiert werden kann. Welche Ahnen sind HD-frei, welche haben Augenuntersuchungen usw. Die Ahnen, auf die das Analysekriterium zutrifft, werden markiert. Toll ist bei dieser Ahnentafel, dass man mit der Maus jeden Ahn anklicken kann und wiederum alle seine Informationen abrufen kann.

Ausgehend vom Stammdatenblatt eines Tieres kann neben den Ahnen auch eine Nachkommenliste erzeugt werden. In dieser Liste erscheinen dann auch alle Eintragungen zu diesen Nachkommen. Man sieht wer geröntgt ist, natürlich auch das Ergebnis. Man sieht Knickruten, Stenosen, Lebershunt, Zahn und Kieferfehler, aber auch Prüfungen, Körungen usw. In einer Nachkommen-Spezialliste sind die Tiere wurfweise geordnet und der jeweilige Paarungspartner ist mit aufgeführt. Bei Rüdennachzuchten stehen somit die jeweiligen Hündinnen mit dabei, ebenfalls mit ihren Zuchtwerten.

In dem Stammdatenblatt sind auf der rechten Seite die zum Teil. bereits schon erwähnten Aktionsschalter abgebildet, die es ermöglichen, Abfragen und Analysen mit den Daten durchzuführen. Die wichtigste Aufgabe übernimmt hierbei das Abfragemodul, durch welches aus der Datenbank Zusammenstellungen von Hunden nach definierten Kriterien vorgenom-

Nachkommenliste

GWINDOR VON GODEWIND mit 16 registrierten Nachkommen

		HD	VUK				
Vater: BUSTER VON GRYPSWULD HZD 94/0561 KI - Wurfdatum: 10.04.2000 HD-Frei GEKÖRT (HZD) Züchter: Inge und Uwe Hansen, Ofeld 46, 24214 Gettorf		095	104	000	000	000	000
HZD 00/2397	HERDIS VON GODEWIND	094	106	000	000	000	000
HZD 00/2396	HANNAH VON GODEWIND	094	106	000	000	000	000
HZD 00/2395	H.. VON GODEWIND	095	106	000	000	000	000
HZD 00/2394	HELOS VON GODEWIND	094	106	000	000	000	000
HZD 00/2393	HALVAR VON GODEWIND	094	106	000	000	000	000
HZD 00/2392	HALLDOR VON GODEWIND	094	104	000	000	000	000
HZD 00/2391	HAKON VON GODEWIND	092	104	000	000	000	000
HZD 00/2390	HÄGAR VON GODEWIND	094	106	000	000	000	000
Vater: OKITO VON DEN HANSEATEN HZD 96/1068 - Wurfdatum: 13.05.2001 HD-Frei GEKÖRT (HZD) Züchter: Inge und Uwe Hansen, Ofeld 46, 24214 Gettorf		096	099	000	000	000	000
HZD 01/2757	IRA VON GODEWIND	096	103	000	000	000	000
HZD 01/2756	INJA VON GODEWIND (V)	096	103	000	000	000	000
HZD 01/2755	IVO-MERLYN VON GODEWIND	095	102	000	000	000	000
HZD 01/2754	ISKER VON GODEWIND	092	103	000	000	000	000
HZD 01/2753	INGOLF VON GODEWIND	095	103	000	000	000	000
Vater: BAYAR VOM FÜRSTENWALL 25238-98 - Wurfdatum: 25.02.2003 HD-Frei HZD 00/2486 JUGENDKÖRUNG (HZD) NB [illegible] GEKÖRT (HZD) Züchter: Inge und Uwe Hansen, Ofeld 46, 24214 Gettorf		102	099	000	000	000	000
HZD 03/3308	JARA VON GODEWIND	094	102	000	000	000	000

Die Nachkommen eines Hundes sind die aussagekräftigste Quelle von Zuchtinformationen. Über jeden Zuchthund, der Nachkommen hatte, kann eine Nachkommenliste, hier die Nachkommen-Spezialliste, erstellt werden. Hier sind die Nachkommen wurfweise geordnet mit Angabe des Vatertieres und seiner Daten. Diese Liste enthält auch die Zuchtwerte aller Nachkommen und gibt einen guten Überblick über die Nachzucht dieser Hündin.

men werden können. Durch eine Selektion nach Farben, nach Zuchtwerten, nach Textteilen (zum Beispiel HD-frei) oder aber auch nur nach der Vorgabe des Geschlechtes und des Geburtsdatums können beliebige Abfragen durchgeführt werden. Auch Negativabfragen sind hierbei möglich, was zum Beispiel bei der Suche nach dem potentiellen Paarungspartner hilfreich sein kann. Wird zum Beispiel ein passender Rüde für die Hündin gesucht, kann mit Hilfe dieses Moduls eine Liste potentieller Kandidaten nach den eigenen Kriterien zusammengestellt werden. Durch die Vorgabe von Geschlecht und Alter wird bereits der Kreis der in Frage kommenden Rüden eingeschränkt. Im Folgenden können weiter Kriterien wie zum Beispiel HD im Feld Diagnosen oder Körung im Feld Sonstiges eingetragen werden. Besteht bei der zu paarenden Hündin bereits ein Risiko zur Vererbung von VUK (verkürzter Unterkiefer, Rückbiss), könnte auch schon über den Zuchtwert VUK das Vererbungsniveau beim gesuchten Rüden, möglichst unter 100, vorgegeben werden. Durch die Möglichkeit der Negativabfrage ist hierbei im Vorfeld auszuschließen, dass zum Beispiel Rüden mit dem Vermerk Lebershunt mit in die Liste der potentiellen Deckrüden geraten. Auf diese Art erhalten Sie eine persönlich gestaltete Deckrüdenliste, die Sie sich ausdrucken oder speichern können.

In einem nächsten Schritt können Sie diese hinterlegten Rüden über den Aktionsschalter »Partner« mit Ihrer Hündin durchspielen. Hierbei gibt es wieder die Möglichkeit, Grenzen bei den Zuchtwerten an die gedachte Nachzucht festzulegen, eine max. Grenze beim Inzuchtkoeffizienten anzugeben, oder auch einen speziellen Vererber aus dem Pedigree auszuschließen oder einzubeziehen.

Eine interessante Aktion verbirgt sich hinter dem Aktionsschalter »Paarung«, den man verwenden kann, wenn die Partner für einen geplanten Deckakt schon feststehen. Der Computer erstellt die Ahnentafel und berechnet dann die Erwartungen in den Zuchtwertmerkmalen, berechnet den Inzuchtkoeffizienten und die erwartete Ausgeglichenheit des Wurfes (Homogenitätskoeffizient). Für Erbfehler wird das Auftrittsrisiko ausgewiesen.

Es ist sicher nicht möglich, die ganze Palette der Möglichkeiten dieses Programms hier darzulegen, aber es soll vermittelt werden, dass alles, was von einem guten Züchter erwartet wird, durch dieses Programm unterstützt wird. Es ist klar, dass Dogbase nur Informationen anbieten kann, die auch verfügbar sind. Daher ist es umso mächtiger, je mehr Daten systematisch gesammelt werden. Diese Informationen müssen natürlich einen züchterischen Sinn haben, sonst sind sie nur Ballast und unnötiger Füllstoff.

Nett, aber doch auch wichtig wenn es um Typ und Gesamteindruck geht, sind Fotos: Bild schlägt Wort! Züchter bzw. Besitzer können von ihren Hunden Bilder einschicken, die in die Datenbank aufgenommen werden. Eine Foto-Ahnentafel ist dann beeindruckend, aber auch Bilder von bereits fotografierten Nachkommen eines Deckrüden lassen erahnen, was man einmal in der Wurfkiste vorfinden wird.

Wenn Dogbase länderübergreifend Daten mehrerer Vereine der gleichen Rasse beinhaltet, erhält Zucht eine internationale Dimension. Dann ist auch das Schöpfen aus anderen Quellen interessant, denn man ist durch Transparenz und gemeinsam formulierte Ziele vor Blendern mit wohlklingenden Titeln besser geschützt.

5. Läufigkeit

Läufigkeitsintervalle

Läufigkeitszyklus bei mehreren Hündinnen

Läufigkeit

Anöstrus

Hitze der Hündin

Die Geschlechtsreife der Wölfe tritt erst mit etwa zwei Jahren ein. Wölfe werden nur einmal im Jahr läufig (monöstrisch). Die Läufigkeit setzt im auslaufenden Winter ein, so dass die Welpen zum Frühjahr hin mit einer dadurch besseren Überlebenschance geboren werden.

Hündinnen werden in der Regel zwischen dem sechsten. und dem 18. Monat (bis zu 24 Monaten möglich) erstmals läufig. Die erste Hitze ist meist schwächer und noch nicht so ausgeprägt wie die folgenden. Die Stärke der Blutung ist von Rasse zu Rasse und auch dort noch von Hündin zu Hündin sehr verschieden. Meine erste Zuchthündin wurde erstmals mit sieben Monaten läufig und blutete von Anbeginn an so stark, dass sie im Hause immer einen »Hundebikini« mit einer Einlage tragen musste, woran sie sich sehr schnell gewöhnte. Meine zweite Hündin, die aus einer ganz anderen Zuchtlinie derselben Rasse entstammte, wurde genau mit zwölf Monaten erstmals läufig. Sie blutete nur wenig und war so sauber, dass außer einem kleinen Blutströpfchen, das sie verlor, wenn sie beim Klingeln an der Haustür aufsprang, im Hause nichts von ihrer Läufigkeit zu bemerken war.

Die Dauer zwischen den Läufigkeiten schwankt ebenfalls beträchtlich. Manche Hündinnen werden bereits vier Monate nach der letzten Hitze erneut läufig, andere haben Intervalle von einem Jahr (siehe Wolf). Am häufigsten bei unseren domestizierten Haushunden sind Läufigkeitsintervalle von sechs bis sieben Monaten, d.h. Hunde werden in der Regel zweimal im Jahr heiß (diöstrisch). Die Läufigkeiten liegen überwiegend im Frühjahr und im Herbst.

Der Zeitraum zwischen den Hitzen einer Hündin ist nicht immer konstant und kann durch Stress, jahreszeitliche Einflüsse usw. stark schwanken. Meine erste Hündin hatte einen Zyklus von fast auf den Tag genau sechs Monaten. Wir sagten immer, man könne nach ihr die Uhr stellen. Dann bekamen wir einen sehr frühen Wintereinbruch, die Hündin hätte im November heiß werden müssen, sie verschob ihre Läufigkeit jedoch bis in den Februar hinein, wurde belegt und tragend und nahm ihre alten Läufigkeitsintervalle von sechs Monaten wieder wie gewohnt auf.

Eine weitere Besonderheit im Verlauf des Zyklus kann durch das Halten von zwei oder mehr weiblichen Tieren ausgelöst werden. Die Hündinnen gleichen dann ihre Läufigkeiten aneinander an, das heißt, sie werden in der Regel gemeinsam heiß. Dies kann in den Fällen zu Schwierigkeiten führen, wenn wie in der Zuchtordnung der HZD festgelegt, nicht zwei oder mehrere Würfe, auch nicht verschiedener Rassen, gleichzeitig aufgezogen werden dürfen. Diese Vorschrift soll in jedem Falle eine sehr gute Welpenaufzucht mit ausreichender menschlicher Sozialisation durch den Züchter sichern, da dies bei einer doppelten Welpenanzahl kaum gegeben ist.

Hündinnen werden ihr Leben lang läufig. Hier gibt es keinen Zeitpunkt, zu dem der Läufigkeitszyklus der gesunden, alten Hündin endet. Alte Hündinnen sind deshalb weiterhin während der Hitze gut zu überwachen, damit sich kein ungewollter Nachwuchs einstellt, der die alte Hündin schwer belasten würde.

Wolfsrüden sind wie die weiblichen Wölfe nur einmal jährlich, nämlich im Frühjahr zur Zeit der Brunst der Wölfinnen, deckbereit (Synchronisation der Fortpflanzungsbereitschaft). Unsere Haushundrüden dagegen sind das gesamte Jahr hindurch paarungsbereit.

Läufigkeitszyklus

Der Läufigkeitszyklus (Sexualzyklus) der Hündin ist in verschiedene Stadien (Phasen) unterteilt:

a) Ruhephase oder Anöstrus
kann sehr unterschiedlich lang sein, die Dauer kann von einem Monat bis zu 24 Monaten variieren. Sie beträgt im Mittel jedoch vier Monate und ist die Zeit der ovariellen Inaktivität. Die Dauer wird wie oben angeführt zum Beispiel durch jahreszeitliche Einflüsse, Rasse, Haltung mehrerer Hündinnen usw. beeinflusst.

b) Vorbrunst oder Proöstrus
dauert durchschnittlich neun Tage (drei bis 17 Tage). Viele Hündinnen zeigen ihrem Besitzer diesen Zeitpunkt durch Veränderungen des Felles an. Meine erste Zuchthündin hatte zum Zeitpunkt des Beginns der Blutungen ein wunderschönes Fell, ihr »Hochzeitskleid« angelegt. Meine zweite Zuchthündin sah jedes Mal zu diesem Zeitpunkt abgehaart »wie eine Ratte« aus. Die Hündinnen setzen sehr häufig Harn in kleinen Mengen ab, der mit Duftstoffen angereichert ist, um die Aufmerksamkeit der Rüden auf sich zu ziehen. Die Schamlippen (Labien) der Hündin schwellen an, aus der Scheide tritt blutig-seröser Ausfluss aus. Die Menge des Ausflusses variiert stark, so dass zum Teil schützende Maßnahmen (Hundebikini) angewandt werden müssen, oder der Ausfluss bei anderen Hündinnen kaum bemerkt wird, da sie ihn durch Lecken entfernen. Die Intensität der Blutung (Menge des Ausflusses) hat keine klinische Bedeutung. Zu diesem Zeitpunkt der Läufigkeit bleibt die Hündin beim Herankommen von Rüden nicht stehen, um sich decken zu lassen (Wegbeißen der Rüden).

c) Brunst oder Östrus
Vorbrunst und Brunst werden als Läufigkeit oder Hitze bezeichnet. Die Brunst dauert durchschnittlich neun Tage (drei bis 21 Tage). Sie beginnt, wenn die Hündin den Deckakt zulässt und endet, wenn sie dies nicht mehr duldet. Die Vulva (Scham) der Hündin wird jetzt kleiner und weicher, der Ausfluss lässt nach und enthält weniger Blut (fleischwasserfarben). Das Aussehen (Erscheinungsbild) des Ausflusses ist jedoch nicht konstant. Bei einigen Hündinnen ist während des gesamten Proöstrus und Östrus die Blutung gering, so dass kaum Veränderungen wahrgenommen werden können, bei anderen hingegen ist ein übermäßig blutiger Ausfluss festzustellen, der auch nach der Deckung anhält und sich zum Teil sogar wieder verstärkt. Die Ovulation (der Eisprung) erfolgt normalerweise zu Beginn des Östrus (zweiter bis vierter Tag der Brunst). Der Eisprung kann auch bereits sieben Tage nach Beginn des Proöstrus (Vorbrunst) stattfinden, ebenso erst 23 Tage nach Beginn des Proöstrus. Die Hündin kann zu dieser Zeit immer noch aufnehmen. Der Ovulationszeitpunkt kann bei derselben Hündin in aufeinander folgenden Zyklen unterschiedlich sein. Meine Hündin Orscha war immer genau zwischen dem 10. und 11. Tag der Läufigkeit deckbereit, davor und danach niemals; meine Hündin Bianca war zweimal zwischen dem 18. und 20. Tag deckbereit, danach zwischen dem 13. und 15. Tag, dann wieder zwischen dem 18. und 20. Tag. Deshalb ist die Bestimmung des richtigen Deckzeitpunktes so wichtig! Der Eisprung (aller absteigenden Eier) findet normalerweise in einer Zeitspanne von 72 Stunden statt.

Proöstrus

d) Nachbrunst oder Metöstrus (Diöstrus)
Die Nachbrunst setzt ein, wenn die Hündin den Deckakt verweigert. Die Schwellung der Vulva geht allmählich zurück und der blutige Ausfluss wird weniger und hört dann gänzlich auf. Die Nachbrunst dauert etwa 60 Tage und endet, wenn die Progesteronkonzentration im Blut ihren niedrigsten Stand erreicht. Während des späten Metöstrus entsteht oft eine Scheinträchtigkeit.

Metöstrus

Erkennen der Läufigkeit

Östrus

Die Frage des Erkennens des Beginns der Läufigkeit ist für jeden Hündinnenbesitzer und erst recht für jeden Zuchthündinnenbesitzer von entscheidender Bedeutung. Unser Deckrüde Baldur war so instinktsicher, dass er uns das Läufigwerden unserer Hündinnen meist bereits sechs Wochen vor der einsetzenden Blutung anzeigte. Er kontrollierte die Hündin von diesem Zeitpunkt an meist mehrfach täglich durch Beschnuppern der Analregion, lief mit ihr »Tandem«, d.h. seine Nase folgte der Hündin und er reagierte sehr unwillig auf die Schnupperversuche anderer Rüden. Zu Beginn der Läufigkeit fing er dann immer mit seinen »Arien« an, er fiepte, jammerte und jaulte, dass es einem den Nerv töten konnte. Er fraß in der Zeit der Läufigkeit »seiner« Hündin fast überhaupt nicht und nahm bis zu fünf Kilogramm an Gewicht ab. Auf Kommandos oder Anrufe reagierte er kaum oder erst, wenn man sehr massiv wurde. Die Hündinnen kümmerten sich bis zur Deckbereitschaft nicht um ihn, sie bissen ihn ab, versuchten aber dann bei fortgeschrittener Läufigkeit, zu ihm zu gelangen.

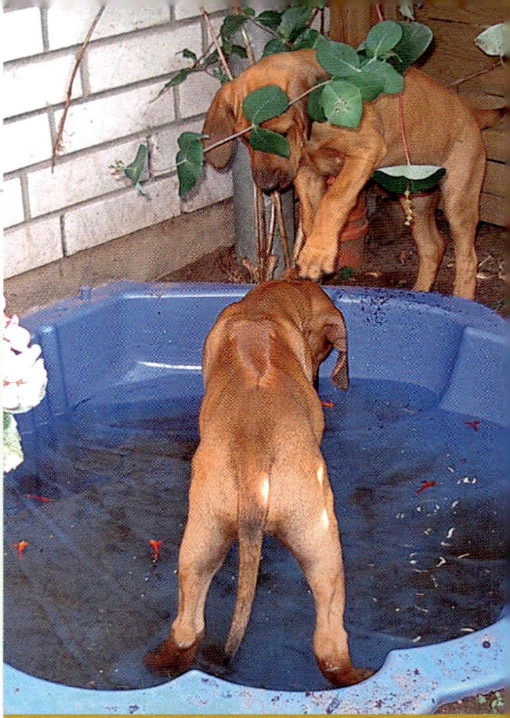

Gesunde Hündinnen werfen gesunde Welpen wie diese muntere Rhodesian Ridgeback-Hundekinder, die zu ihrer Entwicklung all also auch Wasser, kennen lernen sollen.

Läufigkeitsbeginn

Der Beginn der Läufigkeit kündigt sich durch vermehrtes Harnen der Hündin rechtzeitig vor Einsetzen der Blutung an. Die Hündin versucht durch ihre häufig gesetzten Duftmarken, die Rüden auf sich aufmerksam zu machen, was ihr ja auch immer gelingt. Die Hündinnen verhalten sich jetzt fast wie Rüden, markieren dauernd, auch wenn es nur wenige Tropfen sind. Einige Hündinnen setzen sich beim Harnen auf erhöhte Gegenstände wie Grasbüschel, Baumstämme usw. Einige heben dabei wie Rüden das Bein.

Läufigkeitsblutung

Kurz vor dem Auftreten des ersten Blutstropfens vergrößern sich die Schamlippen, die Labien. Der erste Blutstropfen wird vom Hundebesitzer meist gar nicht bemerkt, weil die Hündinnen sich dauernd an der Scheide lecken. Um den Beginn der Blutung einigermaßen genau feststellen zu können, sollten Sie das Lager der Hündin mit einem weißen Tuch oder Laken auslegen. Haben Sie keinen Korb oder festen Lagerplatz, so empfiehlt es sich, mehrmals täglich zum vermuteten Läufigkeitsbeginn hin die Scheide vorsichtig mit einem weißen Taschentuch oder ähnlichem abzutupfen. Der Beginn der Läufigkeit ist für Ihren geplanten Deckakt von größter Bedeutung!

Die Blutung selbst ist zu Beginn leicht bräunlichrot, aber bereits wenige Stunden später von einem kräftigen Rotton, der sich im weiteren Verlauf noch dunkler färben kann (so rot, als käme das Blut direkt aus einer Ader). Die Schamlippen sind jetzt stark vergrößert und ödematös (geschwollen). Bei leichtem Darüberstreichen fühlen sie sich hart und geschwollen an. Je weiter sich die Läufigkeit dem Termin des Eisprungs nähert, desto heller wird die Blutung. Zum Zeitpunkt des Eisprungs ist in dem ausgeschiedenen Scheidensekret kaum noch Blut, es nimmt ein fleischfarbenes Aussehen an. Die Schamlippen werden jetzt weich und nehmen im Umfang etwas ab. Wir nähern uns dem Deckzeitpunkt (Östrus). Da dieser sich von Rasse zu Rasse sehr unterschiedlich darstellt und auch noch innerhalb einer Rasse von Linie zu Linie und von Hund zu Hund sehr stark variiert, wird im nächsten Kapitel die Ermittlung des richtigen Deckzeitpunktes beschrieben.

Hormonumstellung

Bis zum Zeitpunkt des Eisprunges (Ovulation) ist die läufige Hündin keineswegs deckbereit. Nähern sich ihr zu dieser Zeit Rüden, versuchen gar ihre Genitalien zu lecken oder auf zureiten, so beißt die Hündin sie heftig ab. Sie erscheint zickig. Auch zu anderen Hündinnen ist sie unfreundlich bis aggressiv. Dies hängt mit der Hormonumstellung im Körper der Hündin zusammen. In der Zeit der Läufigkeit und danach bestimmen unterschiedliche Hormone wie Gonadotropin, Östrogene, Progesteron, Prolaktin und Androgene die Abläufe und Funktionsumstellungen der Organe der Hündin. Alles muss genau aufeinander abgestimmt funktionieren, alles greift wie ein Uhrwerk ineinander. Die hormonellen Abläufe sind sehr kompliziert und in ihren Funktionen und dem Zusammenwirken noch nicht ausreichend erforscht und geklärt.

Wegspritzen der Läufigkeit

Manche Hündinnenbesitzer tragen sich, oft in der Zeit ihres Erholungsurlaubs oder anderer geplanter Aktivitäten, mit dem Gedanken, die Läufigkeit ihrer Hündin durch Hormongaben »wegspritzen« zu lassen. Sie vergleichen dies mit der Konzeptionsverhütung durch Hormone beim Menschen. Die Menstruation beim Menschen hat eine völlig andere Funktion als die Läufigkeit beim Hund. Beim Menschen erfolgt die Blutung nach dem Follikelsprung und dient der

Ablösung der Gebärmutterschleimhaut bei nicht eingetretener Schwangerschaft, während die Blutung der Hündin ca. zehn bis zwölf Tage vor dem Follikelsprung einsetzt und der besseren Durchblutung der Genitalien der Hündin dient (jeweils anderer Zyklusablauf bei Mensch und Hund mit unterschiedlichen Funktionen des Blutungsgeschehens).

Ein direkter Vergleich der Blutungsfunktion bei Mensch und Hund kann deshalb nicht gezogen werden. Die Verhütung oder Unterdrückung der Läufigkeitserscheinungen der Hündin ist durch die Verabreichung sehr unterschiedlicher Hormone möglich. Die Auswirkungen können sofort in Form von Nebenwirkungen wie Unruhe, vermehrter Speichelproduktion, Erbrechen oder Durchfällen u.a. sichtbar werden. Einige Hormongaben können sogar die Funktion des Knochenmarks unterdrücken, was zu schweren Anämien (Blutarmut) führen kann. Andere Hormone dürfen auf keinen Fall bei bestehenden Nieren- oder Lebererkrankungen gegeben werden. Die Liste der Gefahrenpunkte lässt sich beliebig fortsetzen.

Die Anwendung von Gestagenen kann vor allem an der Gebärmutter zu Nebenwirkungen und Veränderungen führen. Eine Applikation (Verabreichung) von Gestagenen gegen Ende des Proöstrus (Vorbrunst) kann durch den vermehrten Gestageneinfluss die Anfälligkeit für eine Pyometra (Gebärmuttervereiterung) erhöhen, da der Gebärmuttermund (Zervix) zu dieser Zeit geöffnet ist und wegen der fehlenden Abwehrbereitschaft unter Gestageneinfluss Bakterien in die Gebärmutter eindringen und Schädigungen und Erkrankungen (Pyometra) bewirken können. Auch Veränderungen in den Brustdrüsen bis zu Mammatumoren können die Folge sein.

Für eine Zuchthündin sind die Auswirkungen auch einmaliger Hormongaben zur Verhütung oder Unterdrückung von Läufigkeiten, zur Vermeidung einer Konzeption (Aufnahme) nach ungewollter Paarung oder gar ein Trächtigkeitsabbruch furchtbar und nicht reparabel. Zuchthündinnen sollten deshalb niemals mit Hormongaben (Spritzen oder Tabletten) zur Verhinderung einer Läufigkeit oder Trächtigkeit behandelt werden.

Hormonbehandlung

Eine weitere schlimme Folge einer Hormonbehandlung, die sich erst viel später zeigt, ist der Einfluss auf das Zusammenwirken der unterschiedlichen für die Geburt und das Brutpflegeverhalten sowie die Milchproduktion verantwortlichen Hormone. Hierzu gibt es zurzeit keine Untersuchungen und gesicherte Aussagen. Wir hatten jedoch im Verein eine Hündin, die durch den mehrfachen Umzug der Besitzer mit Hormonen gespritzt wurde, um die anstehenden Läufigkeiten zu verhindern. Die Besitzer kamen aus Süddeutschland nach Norddeutschland zurück und stellten den Antrag auf Zuchteinsatz für ihre Hündin. Die Hündin hatte, als sie belegt wurde, nach dem mehrfachen Wegspritzen der Läufigkeiten wieder zwei normale Hitzen durchlaufen und war überaus gesund und vital. Warum sollte ihr ein Wurf bei Erfüllen aller Zuchtvoraussetzungen versagt werden? Das Ende dieser Geschichte war schrecklich. Die Hündin hatte einen gesunden Wurf mit acht Welpen, die hervorragende Geburtsgewichte hatten. Der Geburtsverlauf war unproblematisch und Mutter und Kinder wohlauf. Die Züchterin war unerfahren und die Erstwurfbesichtigung wurde für den zweiten Tag nach der Geburt angesetzt. Durch die schwere Krankheit unseres alten Rüden und seinen Tod kam ich erst fünf Tage nach der Geburt zum Züchter. Ich telefonierte ständig mit der Züchterin und erhielt immer wieder die Auskunft, die Hündin wolle nicht gern zu den Welpen und hätte nicht viel Milch. Ich veranlasste telefonisch einen Tierarztbesuch mit der Hündin. Die Hündin erhielt eine Spritze Oxytocin, um den Milchfluss anzuregen und der Züchterin wurde gute Welpenmilch mitgegeben, um ggf. bei den Welpen zufüttern zu können. Als ich am fünften Tag ankam, ging die Hündin überhaupt nicht mehr in die Wurfkiste, in der Nacht war ein Welpe verstorben und ich fand ganz fürchterliche, fast verhungerte »Biafra«-Kinder vor. So etwas habe ich nie wieder gesehen! Die Hündin hatte überhaupt keine Milch gehabt (trotz Oxytocin), kein Brutpflegeverhalten und benahm sich so, als gehörten die Welpen ihr gar nicht. Wir machten sofort Welpenmilch warm und versorgten die Welpen mit der Flasche. Einige waren fast zu schwach zum Saugen. Wir telefonierten nach einer Amme, konnten aber eine zeitlich passende (nicht über eine Woche Abstand beim Werfen) auch bei anderen Hunderassen in erreichbarer Nähe nicht

Unterdrückung der Läufigkeit

finden. Ein weiterer Welpe verstarb. Wir brachten die verbliebenen sechs Welpen zu einer Züchterin, deren Welpen fast drei Wochen älter waren, da wir keine andere Amme fanden und die Züchterin nach allem so mitgenommen und nicht in der Lage war, den Wurf zu versorgen. Den Welpen fehlte die Erstmilch, die Kolestralmilch, die sie mit Abwehrstoffen versorgt hätte. Die Amme nahm die Welpen an. In den nächsten zwei Tagen verstarben weitere vier Welpen. Es überlebten nur zwei. Was war geschehen? Durch das häufige Wegspritzen der Läufigkeit war es zu einer Trennung der verschiedenen Hormonkreise gekommen. Der Geburtsablauf war ja normal, jedoch setzten die Hormone, die die Brutpflege und den Milchfluss auslösen sollten, nicht ein. Die Welpen waren zum Tode verurteilt. Die Hündin entstammte übrigens einer Linie, in der sonst nie Geburts- oder Nachgeburtsschwierigkeiten auftraten, so dass davon ausgegangen werden muss, dass es durch das Eingreifen in den Hormonhaushalt zu erheblichen Störungen mit den beschriebenen Auswirkungen gekommen war.

Regulierung der Läufigkeit

Ich kann Sie deshalb nur warnen, bei einer Hündin oder noch schlimmer bei einer Zuchthündin die Läufigkeit oder Trächtigkeit durch Hormongaben verhindern zu wollen. Die Folgen sind nach meinen Erfahrungen für Ihre Hündin gesundheitsschädigend.

Wie Sie sich im Falle einer Fremdüberdeckung verhalten sollten, was Fremdüberdeckung überhaupt bedeutet usw. wird unter S. 102 ausführlich beschrieben.

Medikamente als Dilution (flüssig) können auf einem Löffel abgezählt und mittels einer Einmalspritze in den Fang oder die Lefzenschleimhaut eingebracht werden.

Homöopathische Regulierung der Läufigkeit

In der Natur sind ohne äußere Einflüsse oder Erkrankungen durch Viren oder Bakterien keine Abtreibungen oder Läufigkeitsunterdrückungen bekannt. Die Naturheilmittel der Phytotherapie (Pflanzenheilmittel) oder der Homöopathie kennen keine Mittel gegen die Fruchtbarkeit.

Zur Regulierung der Läufigkeit dagegen bestehen in den homöopathischen Mitteln gute Möglichkeiten, ohne Schaden für die Hündin heilend und ausgleichend in das Zyklusgeschehen einzugreifen. Viele Störungen im Läufigkeitszyklus der Hündin gehen auf hormonelle Eingriffe (Wegspritzen der Hitze), auf hormonelle Störungen oder auf psychische Belastungen zurück. Deshalb ist es so wichtig, dass durch das Beheben der äußeren und inneren Ursachen dieser Hormonstörungen die Unregelmäßigkeiten im Läufigkeitsablauf ausgeglichen werden.

Der Geschlechtstrieb sowie die Läufigkeit werden durch Hormone und deren Zusammenspiel bzw. deren Aufeinanderfolge im Körper gesteuert. Am Fortpflanzungsgeschehen der Hündin sind im We-

Dosierung der homöopathischen Mittel	
Größe des Hundes	**Dosierung: entspricht 1 Dosis**
Welpe oder Hund einer Zwerghunderasse	2 Globuli oder 2 Tropfen oder ¼ Tablette
Kleine Hunde (bis ca. 15 kg Körpergewicht)	5 Globuli oder 5 Tropfen oder ½ Tablette
Mittlere und große Hunde (über ca. 15 kg Körpergewicht)	10 Globuli oder 10 Tropfen oder 1 Tablette

sentlichen die Organe Eierstöcke, Gebärmutter und die Hypophyse im Gehirn, die »Steuerzentrale« des Hormonhaushaltes, beteiligt. An diesen drei Organen müssen die homöopathischen Mittel regulierend eingreifen, die bei Problemen mit der Läufigkeit eingesetzt werden sollen.

Die zeitlichen Abläufe, ein unregelmäßiger Zyklus sowie die Stärke der Hitze können durch die folgende Zusammenstellung beeinflusst werden:

Pulsatilla D 3
Aristolochia D 12 und
Apis mellifica D 3

Diese Mittel werden dreimal täglich 5–10 Tropfen (oder Globuli) oder dreimal täglich eine Tablette von jeder Arznei drei Wochen lang gegeben. Für kleine Hunderassen sind 5 Tropfen oder Globuli ausreichend, bei großen Hunderassen sollten 10 Tropfen oder Globuli gegeben werden. Am wirkungsvollsten ist der Einsatz der Mittel nach Abklingen der letzten Läufigkeit. Man setzt dadurch einen Impuls in der Hypophyse, der die nächste Läufigkeit regulär auslösen wird. War die Läufigkeit stark gestört, sollte man diese Kur jeden Monat zehn Tage lang weiter fortführen, bis die Läufigkeit normal einsetzt.

Dauerläufigkeit

Ein weiteres Läufigkeitsproblem kann das der Dauerläufigkeit sein, das heißt die Hündin »riecht« auch nach Abklingen der Läufigkeitssymptome durch einen Scheidenausfluss für Rüden sehr interessant und wird ständig von Rüden bestiegen. Dies ist für den Hündinnenbesitzer genauso unangenehm wie für die Rüdenbesitzer. Wenn keine Gebärmutterentzündung oder andere Entzündungen im Genitalbereich der Hündin vorliegen (durch Tierarzt abklären lassen!), kann hier mit den Mitteln:

Platinum D 200 und
Aristolochia D 12

geholfen werden. Platinum wird einmalig verabreicht (5–10 Tropfen oder Globuli) und Aristolochia sollte bis zum Abklingen der Symptome einmal bis dreimal täglich je nach Stärke der Erscheinungen (5–10 Tropfen oder Globuli oder 1 Tablette) gegeben werden.

Homöopathisches Mittel	Anwendung u. Dosierung [1]	Zeitpunkt
Pulsatilla D3	3 x täglich 1 Dosis	Jedes Mittel nacheinander jeweils 3 Wochen lang, beginnend nach der letzten Läufigkeit
Aristolochia D12	3 x täglich 1 Dosis	
Apis mellifica D3	3 x täglich 1 Dosis	

[1] Dosierung s. Kasten Seite 67

Homöopathische Behandlung von Fruchtbarkeitsstörungen

Unfruchtbarkeit

Die Behandlung der Unfruchtbarkeit der Zuchthündinnen ist ein Gebiet, das in vieler Hinsicht sowohl die praktizierenden als auch die Fachtierärzte und natürlich besonders die Züchter vor erhebliche Probleme stellt. Von der Wissenschaft werden immer neue, meist hormonelle Mittel herausgebracht, die eine Regulierung und eine Verbesserung der Fruchtbarkeit der Hündinnen bewirken sollen. Die wichtigen Erkenntnisse auf dem Gebiet der Hormonforschung sollen nicht verkannt werden. Für die Unfruchtbarkeit eines Hundes aber sind weitaus mehr Faktoren verantwortlich, als durch die Eingabe einzelner Hormone (Substitution hormoneller Art) reguliert werden kann.

Alterserschlaffung der Organe

Die homöopathische Behandlung der Fruchtbarkeitsstörungen geht von den Arzneimittelprüfungen und Erfahrungen der Humanmedizin aus, wo gerade für die Zyklusstörungen einige Mittel bekannt sind, die tief in das organische und psychische Sexualgeschehen eingreifen und eine Veränderung bewirken können. Bei der Therapie der Unfruchtbarkeit ist ausschlaggebend, dass der normale Ablauf der Läufigkeitszyklen wieder hergestellt und nicht nur eine einmalige Trächtigkeit erzielt wird, die bei der nächsten Hitze eine erneute Behandlung erfordert.

Zu den Mitteln, die spezielle Erkrankungen der weiblichen Geschlechtsorgane zum Abheilen bringen, seien hier zwei Hauptmittel genannt:

hormonell bedingte Störungen

Pulsatilla und
Sepia

Sterilitätsbehandlung

Pulsatilla ist in der Sterilität ein breit angreifendes Mittel, das seine Wirksamkeit nicht nur bei einer lokalen Uteruserkrankung zeigt, sondern sich auch nach Art der Hormone in das Zusammenspiel von Hypophysenhormon (hier: FHS = follikelstimulierendes Hormon) und Ovarien (Eierstöcke) einschaltet. Zusätzlich führt Pulsatilla zu einer lang anhaltenden und intensiven Durchblutung (Hyperämie) der Beckenorgane, was bestehende Schleimhautentzündungen günstig beeinflusst. Pulsatilla kann durch die Anregung der Follikelentwicklung eine Läufigkeit auslösen, sie bringt aber keine Ovulation (Eireifung) zustande. Für eine Pulsatillabehandlung ist ausschlaggebend, dass die Hitze unregelmäßig auftritt, niemals zu früh, eher etwas zu spät, die Läufigkeit nicht sehr ausgeprägt ist und eine erhöhte Neigung zu Entzündungen der Vagina (Scheide) und/oder der Gebärmutter besteht.

Sepia ist für eine Behandlung der dunklen, mageren, eckigen Tiere geeignet, deren Muskulatur locker ist und deren Beckenorgane schlaff in die Bauchhöhle hineinhängen. Sepia wirkt besonders gut bei lange bestehenden chronischen Erkrankungen, nach häufigen Geburten oder bei Alterserschlaffung der Organe. Sie behebt neben einer hormonalen Störung auch bestehende Blutstauungen im Beckenbereich. Hierbei kann wegen der Schwere und Dauer der Dysfunktion des Körpers keine Heilung innerhalb weniger Wochen erwartet werden, sondern es muss versucht werden, mit viel Geduld die Reaktionsfähigkeit des Körpers wiederherzustellen.

Anwendung der Mittel:

Pulsatilla D 4 oder D 6: 3 x täglich 1 Dosis (5–10 Tropfen/Globuli oder 1 Tablette), 3 Wochen lang oder

Sepia D 6: 3 x täglich 1 Dosis (5–10 Tropfen/Globuli oder 1 Tablette), 3 Wochen lang

jeweils vor dem Beginn der dem Rhythmus nach zu erwartenden Läufigkeit.

Bei überwiegend hormonell bedingten Störungen der Läufigkeit (unregelmäßige Hitze, teils zu früh, teils zu spät, regelmäßige Brunst ohne anschließende Trächtigkeit) sollte zusätzlich zu Pulsatilla oder Sepia die hormonregulierende Wirkung von Aristolochia clematis genutzt werden. Aristolochia erzielt eine hormonähnliche Wirkung, der die Ovulation (Eireifung) folgt.

Anwendung:
Aristolochia D 11 oder D 12: 2 x täglich 1 Dosis (5–10 Tropfen/Globuli oder 1 Tablette) ebenfalls 3 Wochen lang zusätzlich zu Pulsatilla oder Sepia.

Ein Mittel, das eingesetzt werden sollte, wenn durch die bisherige Behandlung noch keine Läufigkeit ausgelöst wurde, ist Cimicifuga. Cimicifuga kann die Follikelentwicklung anregen (in einem späten Stadium) und einen Eisprung und die Bildung des Gelbkörperhormons begünstigen. Cimicifuga wird gegeben, wenn unter der Wirkung der anderen Mittel eine Läufigkeit eintritt oder wenn es nach drei Wochen Pulsatilla noch zu keiner Läufigkeit gekommen ist.

Anwendung:
Cimicifuga D 3 bis D 6: 3 x täglich 1 Dosis (5–10 Tropfen/Globuli oder 1 Tablette), 3 Wochen lang.

Für die angesprochenen Mittel gilt, dass sie bei Jungtieren, die noch gar keine Hormontätigkeit haben, ohne Wirkung sind und nicht eingesetzt werden sollten.

Ein wirkungsvolles Mittel bei Ovarialzysten (Eierstockzysten), vor allem für rechtsseitige, ist Apis mellifica. Die Zysten können durch Apis zum Verschwinden gebracht werden. Durch Apis werden Erkrankungen der Ovarien (Eierstöcke) wie klein- und großkammerige Zysten, entzündlich-oedematöse Schwellungen und der Eileiter günstig beeinflusst und zur Abheilung gebracht. Damit ist aber die funktionelle Tätigkeit noch nicht wieder hergestellt. Hierzu ist Aristolochia D 12 erforderlich, das mit Apis kombiniert Fälle fast aussichtslos erscheinender Sterilität mit ovarieller Schädigung noch zur Heilung bringen kann.

Anwendung:
Apis D 3 und Aristolochia D 12: 3 x täglich je 1 Dosis (5–10 Tropfen/Globuli oder 1 Tablette) 14 Tage lang, nach Nachuntersuchung ggf. wiederholen.

Bei der Behandlung mit homöopathischen Mitteln ist es wichtig, die biologische Reaktion des Körpers für die Therapie zu nutzen, bei nicht schnell einsetzendem Heilerfolg nicht ungeduldig zu werden und dem Körper und seinen Reaktionen zu vertrauen. Zu schnelles erneutes oder sogar falsches Eingreifen kann den gesamten Heilerfolg in Frage stellen.

Welpenkisten können auch wie hier für einen Wurf Rhodesian Ridgeback-Welpen aus einer starken Plastikwanne bestehen.

Anregung der Follikelentwicklung

Eierstockzysten

Homöopathisches Mittel	Anwendung u. Dosierung [1]	Zeitpunkt
Pulsatilla D6	3 x täglich 1 Dosis	Alle drei Mittel gemeinsam 3 Wochen lang vor der nächsten Läufigkeit
Aristolochia D12	2 x täglich 1 Dosis	
Cimicifuga D6	3 x täglich 1 Dosis	

[1] Dosierung s. Kasten Seite 67

6. Deckzeitpunkt

Bestimmen des Deckzeitpunktes bei der Hündin

Die Wölfe werden mit dem beginnenden Frühjahr läufig, da die Welpen ja in einer Zeit aufgezogen werden müssen, die ihnen ein Überleben gewährleisten soll. Das Bestimmen des richtigen Deckzeitpunktes geschieht im Wolfsrudel durch ständiges Kontrollieren des Genitalbereiches der Alpha-Wölfin durch den Alpha-Rüden in der Brunst (die feinen Nasen können genau riechen, wann es soweit ist) und danach durch das Dulden des Deckaktes durch die Wolfsfähe.

Scheidenbewegungen

Bei unseren domestizierten Haushunden ist meist nur eine Hündin im Besitz des Züchters, der zum ausgewählten Deckrüden oft Hunderte von Kilometern fahren muss. Dafür sind Absprachen mit dem Rüdenbesitzer zu treffen, ggf. ist Urlaub einzuplanen usw., usw. Der genaue, richtige Deckzeitpunkt ist deshalb von entscheidender Bedeutung.

Eireifung Ovulationszeitpunkt

Wenn sich die Läufigkeit der Hündin dem Zeitpunkt der Eireifung (Ovulation) nähert, verändert sich die Farbe des Ausflusses in ein helles Rosa bis nahezu farblos. Die zuvor prallen und wie geschwollen wirkenden Schamlippen (Labien) werden weicher und kleiner. Die Hündin beginnt, den Deckakt zu dulden und durch die Veränderung der äußeren Genitalien wird überhaupt erst ein Eindringen des Penis des Rüden ermöglicht. Beim Aufsteigen des Rüden würde die Hündin jetzt die Rute deutlich in charakteristischer Weise zur Seite drehen, um den Deckakt zu erleichtern. Dieses Anzeichen des Wegdrehens der Rute werten viele Züchter als Höhepunkt der Brunst und damit »richtigen« Deckzeitpunkt. Dieses Verhalten zeigen viele Hündinnen auch beim Kraulen in Höhe der Schwanzwurzel. Da die Hündinnen meist während eines längeren Zeitraumes innerhalb der Läufigkeit bei derartigen Berührungen die Rute seitwärts drehen, ist diese Beobachtung zwar ein möglicher Hinweis, mehr aber auch nicht. Dieses Verhalten zeigt Ihnen in keinem Falle den konkreten, richtigen Decktermin an.

Rutenwegdrehen

Beim leichten Streicheln der Hündin im Bereich der Schamlippen oder etwas oberhalb davon, wird bei Annäherung an den Deckzeitpunkt von der Hündin die Scheide deutlich von unten nach oben angehoben. Sie haben beim Beobachten den Eindruck, als versuche die Hündin, mit diesen Scheidenbewegungen dem erwarteten Rüden entgegenzukommen. Diese Bewegung der Scheide zeigen die Hündinnen erst während der Hochbrunst. Neben der Färbung des Ausflusses (hellrosa) und dem Weicherwerden der Schamlippen ist diese Scheidenbewegung ein deutliches Hilfssignal, dass der Zeitpunkt der Eireifung nahe rückt.

Benutzen Sie diese Veränderungen an Ihrer Hündin neben den möglichen veterinärärztlichen Verfahren zur Bestimmung des richtigen Decktermins, um die Wahrscheinlichkeit eines erfolgreichen Deckaktes zu erhöhen.

Die Bestimmung des richtigen Deckzeitpunktes ist sehr schwierig, da die Variationsbreite des Zeitpunktes der Ovulation (Eisprunges) bei unseren Haushunden sehr starken Schwankungen unterworfen ist. In fast allen Veröffentlichungen wird der 10.–13. Tag der Hitze als der »richtige Deckzeitpunkt« angegeben. Bei vielen Hunden mag dies auch zutreffen. Die Abweichungen hierbei sind jedoch erheblich. Ein mir bekannter Tierarzt wurde von einem Boxerzüchter konsultiert, der dreimal mit seiner Hündin erfolglos am 10. Tag der Hitze zum Decken fuhr, da die Mutter und Großmutter der Hündin jeweils an diesem Tage gedeckt wurden und gute Würfe brachten. Abstriche bei der nächsten Hitze der Hündin ergaben, dass der Züchter am 5. Tag der Blutung zum Decken fahren sollte. Tierarzt und Züchter standen diesem Ergebnis skeptisch gegenüber. Der Züchter fuhr am 5. Tag zum Decken, was erfolgreich verlief und hatte zum Geburtstermin einen gesunden Sechserwurf. Eine Tochter meiner Hündin Bianca wurde nach durchgeführtem Progesterontest am 29. Tag der Läufigkeit erfolgreich gedeckt.

So weit können also die Angaben für einen »richtigen« Deckzeitpunkt auseinander liegen.

Meine Hündin Orscha war mit schöner Regelmäßigkeit nur in einer kurzen Spanne von etwa 6 Stunden zwischen dem 10. und 11. Tag deckbereit. Hier musste jeweils zeitlich sehr eingeschränkt gehandelt werden. Die Hormonumstellung im Körper setzte bei ihr nach dem Decken offensichtlich sehr schnell ein, denn sie ließ sich bei erfolgreicher Deckung niemals nachdecken. Ließ sie sich jedoch nachdecken, so war das Decken erfolglos und wir erhielten keine Welpen. Der Zeitpunkt der Deckbereitschaft war bei ihr immer gleich und verschob sich im Laufe ihres Lebens nicht.

Deckzeitpunkt

Ganz anders bei der Hündin Bianca. Ich wählte bei der ersten Belegung der Hündin zur Bestimmung des Decktermins meinen Dorftierarzt, der zu diesem Zeitpunkt noch unerfahren mit dem Progesterontest war. Er schickte mich am 13. und 14. Tag der Läufigkeit auf die Reise zum Deckrüden. Der Deckrüde stand 750 km entfernt und wir mach-

Islandhund-Welpe, eine seltene Rasse in unseren Breitengraden.

ten uns in schrecklicher Julihitze auf die mehr als achtstündige Reise. Ich fand den Termin schon recht spät. Als wir beim Deckrüden ankamen, spielte Bianca freundlich mit ihm, knurrte ihn auch einmal an, wenn er aufdringlich wurde, aber mehr geschah während der Dauer von gut zwei Tagen nicht. Der Rüde, der Erfahrung beim Decken hatte, fand Bianca zwar nett, aber Aufsteigen oder gar Decken schien er wirklich nicht für angebracht zu halten. Wir fuhren frustriert und genervt nach Hause. Am 19. und 20. Tag der Läufigkeit waren wir auf einer Veranstaltung, auf der auch der als zweiter Deckrüde im Deckschein ausgewiesene Rüde anwesend war. Wir machten »nur einmal so« einen gemeinsamen Spaziergang mit beiden Hunden. Bianca stand hervorragend und der Rüde Strolch deckte sie nach kurzem Vorspiel erfolgreich. Biancas Decktermine schwankten immer sehr stark. Bei der nächsten Belegung im folgenden Jahr ließ sie sich wieder erst am 19. und 20. Tag der Läufigkeit decken. Wir hatten anschließend einen gesunden 9-er Wurf. Bei der nächsten Belegung wurde sie erfolgreich am 13. und 14. Tag gedeckt. Es folgte bei der nächsten Belegung wieder der 19. und 20. Tag der Läufigkeit. Diesmal blieb Bianca trotz Duldens der Deckung leer. Der nächste »richtige« Deckzeitpunkt waren der 13., 14. und 15. Tag der Läufigkeit bei eindeutiger Bestimmung des ersten Tages der Hitze.

Testrüde

Sie sehen an diesen Beschreibungen, wie stark die Deckzeitpunkte bei den Hündinnen differieren und wie groß zum Teil sogar die Schwankungen bei einer Hündin sein können. Damit der Züchter nicht unnötige Wege zum Deckrüden auf sich nimmt, die dann vielleicht erfolglos verlaufen, sollten die bekannten Verfahren zur Bestimmung des Decktermins genutzt werden, die heute möglich sind:

1. Testrüde
2. Klinische Untersuchung/Vaginoskopie
3. Scheidenabstrich/Vaginalzytologie
4. Progesterontest/Schnelltest
5. Hormonanalyse/Bluttest Progesteron

Diese Verfahren werden in den nächsten Kapiteln ausführlich beschrieben.

Bestimmung durch »Testrüde«

Unsere Hunde haben meist einen ebenso feinen Geruchssinn wie die Wölfe und können am Geruch des Scheidenausflusses der läufigen Hündin feststellen, wie weit die Brunst fortgeschritten ist. Unser erfahrener Rüde Baldur, der mehrfach zum Decken eingesetzt war, kontrollierte die ihm zugeführte läufige Hündin durch Beriechen und Belecken der Scheide. Biss ihn eine Hündin ab oder verhielt sie sich »zickig«, so beeindruckte ihn dies wenig. Er überzeugte sich selbst, wie weit die Läufigkeit fortgeschritten war. War es zu früh (oder zu spät), so sah er uns an, als wollte er sagen: Merkt ihr Menschen denn nicht, dass es nicht so weit ist? Er machte dann, wenn wir ihn weiter stark animierten, einen oder auch zwei Aufreitversuche, die aber jeweils sehr halbherzig ausfielen und legte sich dann nieder oder entfernte sich von der Hündin. Wir lernten, ihm zu vertrauen, denn er behielt immer Recht. Seine Instinkte waren noch sehr ursprünglich und stark ausgeprägt und veranlassten uns, ihm bedenkenlos in seinem Urteil zu folgen. Wir baten in solchen Fällen die Hündinnenbesitzer, am nächsten oder ggf. übernächsten Tag erneut wiederzukommen.

Die Versuche, eine Deckterminbestimmung über einen erfahrenen Rüden herbeizuführen, sind nicht ungefährlich. Ist der Rüde, der als Testrüde und nicht als Deckrüde gedacht ist, nicht an der Leine, haben Sie ganz schlechte Karten. Die Rüden sind so schnell, dass Ihnen keine Zeit mehr zum Wegnehmen der Hündin bleibt! Seien Sie also bei Testversuchen mit Rüden sehr, sehr vorsichtig! Beide Hunde müssen in einem solchen Fall unbedingt an die Leine und Sie sollten zu mehreren Personen sein, um sofort eingreifen zu können. Ist der Rüde erst eingedrungen, können Sie die Hunde nicht mehr trennen. Durch die Anatomie des Rüden (Penisknochen und Schwellkörper) ist ein Auseinanderreißen der Hunde zu diesem Zeitpunkt unmöglich, auch wäre es sehr schmerzhaft und für beide Partner mit schweren Verletzungen verbunden. Seien Sie also bei solchen Experimenten überaus vorsichtig!

Die Hunde sind zum Erreichen des Deckaktes sehr erfindungsreich. Im Nachbarhaus neben uns wohnte ein niedlicher, kleiner Zwergdackel. Fränzchen, so hieß er, kam gern durch den Zaun auf unser Grundstück und Orscha, meine recht große Hovawarthündin, liebte ihn und spielte sehr vorsichtig und sehr gern mit ihm. Als sie ihre »Stehtage« in der Läufigkeit hatte, legte sie sich – und ich traute meinen Augen kaum und rannte schnellstens aus dem Haus – auf den Rasen, damit der Zwergdackel Fränzchen sie decken konnte! Ich war zum Glück schneller, aber zukünftig natürlich gewarnt.

Baldur, unser Rüde, schaffte es, als »seine« zum Rudel gehörende Hündin Orscha in der Hochbrunst war, einen 2,20 Meter hohen Zaun aus dem Stand zu überspringen, obwohl er nicht einmal Anlauf nehmen konnte! Er war draußen in der Zwingeranlage und die läufige Hündin im Haus. Baldur stand vor der Terrassentür und stimmte ein fürchterliches Geheul an und Orscha versuchte ebenfalls, zu ihm zu gelangen.

Sie sollten erfahren sein, wenn Sie eine Deckterminbestimmung mit einem anderen Rüden machen wollen. Sie werden gar nicht so viel Phantasie haben, wie die Hunde, die immer einen Weg finden, Hindernisse zu überwinden oder Sie auszutricksen. Wenden Sie deshalb dieses zwar sichere, aber nicht ungefährliche Verfahren nur mit sehr viel Bedacht an.

Klinische Untersuchung/Vaginoskopie

Das Verhalten der Hündin sowie sichtbare Veränderungen am Genitalbereich der Hündin stellen weitere Möglichkeiten der Eingrenzung des richtigen Deckzeitpunktes dar.

Der Tierarzt führt nach eingehender Betrachtung der Scham der Hündin ein Scheidenspekulum ein und kann dann mit Hilfe einer Lichtquelle die Farbe und die Beschaffenheit der Scheidenschleimhaut beurteilen. Nähert sich der Zeitpunkt der Ovulation (Eisprung) so ist die Scheidenschleimhaut blass und sehr stark gefältelt, da sie im Abschwellen begriffen ist. Der Läufigkeitsausfluss ist jetzt matt, blassrosa und bereits verringert.

Auch hierfür gilt, dass anhand einer einzigen Untersuchung keine Aussage zum richtigen Deckzeitpunkt möglich ist und nur durch die Kombination mit den folgenden Verfahren sowie wiederholter Untersuchungen der annähernd richtige Decktermin eingegrenzt werden kann.

Bestimmung durch Scheidenabstrich/Vaginalzytologie

Scheidenabstrich

Bei der Bestimmung des »richtigen« Decktermins durch einen Scheidenabstrich (Vaginalabstrich oder Vaginalausstrich) ist es sehr wichtig, dass Ihr Tierarzt mit diesem Abstrich viel Erfahrung hat und den Ausstrich schon häufig und vor allem erfolgreich angewendet hat. Er wird Sie sonst unweigerlich zu einem falschen Termin zum Deckrüden schicken. Stellen Sie deshalb unbedingt genaue Fragen (zu denen Sie dieses Buch befähigt) und lassen Sie sich nicht durch ausweichende Antworten abspeisen. Sollte Ihr Tierarzt bereits nach einem Abstrich den genauen Termin bestimmen können, so sollten Sie erhebliche Zweifel anmelden, denn solche Aussage ist nach nur einem Abstrich eine Momentaufnahme und deshalb wirklich nicht aussagekräftig.

Für die Deckterminbestimmung führt der Tierarzt einen Tupfer (ein langes Wattestäbchen) möglichst weit in die Vagina der Hündin ein und entnimmt dabei Exsudat (Ausfluss). Dieses muss sehr sorgsam und vorsichtig durchgeführt werden, um die Hündin im Inneren der Vulva nicht zu verletzen. Die Tupferprobe wird sodann sorgfältig auf einem vorgefärbten Objektträger (kleine Glasplatte) abgerollt. Der Ausstrich soll dann antrocknen und wird unter dem Mikroskop ausgewertet. Die Veränderungen der Zellen in der Zusammensetzung des Scheidenabstriches zeigen, wie weit die Hündin im Zyklusgeschehen fortgeschritten ist.

Der erste Abstrich durch Ihren Tierarzt sollte am fünften Tag nach den ersten beobachteten Anzeichen der Läufigkeit gemacht werden. Erneute Proben müssen alle zwei bis drei Tage entnommen und die Veränderung der Zellen durch den Einfluss der

Hormone bis zum Eisprung (Ovulation) genauestens verfolgt und bestimmt werden.

Der Ausstrich ist in der Vorbrunst (Proöstrus) durch einen schlierig-schmutzig wirkenden Hintergrund gekennzeichnet. Die zu Beginn in Haufen liegenden, vielfach gefältelten Zellen zeichnen sich durch einen intakten, kaum sichtbaren Zellkern aus. Rote und weiße Blutkörperchen liegen zu diesem Zeitpunkt in großer Menge vor.

Mit zunehmender Dauer der Vorbrunst und zeitlicher Nähe des Eisprunges werden die Zellkerne der Epithelzellen, die nun immer mehr vereinzelt und glatt liegen, deutlich sichtbarer und kleiner (pyknotisch), was den nahenden Tod dieser Zellen ankündigt.

Der Hintergrund des Ausstriches wird immer klarer und erscheint zum Zeitpunkt des Eisprunges völlig sauber. Rote und weiße Blutkörperchen fehlen nun fast vollständig.

Die Verhornung der meisten Epithelzellen sowie das fast vollständige Fehlen der roten Blutkörperchen zeigt den Zeitpunkt der Ovulation (Eisprung) an und macht das Decken in den nächsten zwei Tagen sinnvoll und erforderlich.

Je näher der Decktermin mit dem genauen Zeitpunkt der Ovulation (Eisprung) zusammenfällt, um so höher ist die Wahrscheinlichkeit, nach erfolgreichem Deckakt einen Wurf und vielleicht sogar einen möglichst großen Wurf zu erhalten.

Ein Welpenspielgarten soll den Welpen möglichst viele Untergrundmöglichkeiten bieten wie hier in einer Sandkuhle. Hier können die Rhodesian Ridgeback-Welpen ausgiebig buddeln.

Progesterontest/Schnelltest

Für den Progesterontest gilt ebenfalls, dass der Tierarzt mit dieser Methode sehr genau vertraut sein muss, den Test möglichst häufig mit gutem Erfolg durchgeführt hat und sehr korrekt arbeiten muss. Der Test erscheint, wie die Bestimmung von Zucker bei Diabetikern, sehr einfach, er hat jedoch seine Tücken und nur geringste Abweichungen bei der Durchführung des Tests können zu Unstimmigkeiten und dadurch zu Falschaussagen bezüglich des Zeitpunktes der Ovulation (Eisprung) führen.

Progesteron ist das Gelbkörperhormon in den Eierstöcken. Während der Vorbrunst (Proöstrus) findet an den Eierstöcken die Follikelreifung statt. Die damit einhergehende zunehmende Bildung von Östrogenen (Hormone) bewirkt über die Blutbahn die Veränderungen der Läufigkeit wie Schwellung der Scheide (Vulva), Blutungen aus der Gebärmutter usw. In der Brunst (Östrus) folgt dann (etwa am Tag zwei des Östrus) die Freisetzung der Eizellen aus den herangereiften Follikeln (Eisprung oder Ovulation). Bereits vor der Ovulation wird unter dem Einfluss eines von der Hirnanhangdrüse (Hypophyse) gebildeten weiteren Hormons (luteinisierendes Hormon LH) die Umbildung der Östrogen bildenden Follikel in Progesteron bildende Gelbkörper eingeleitet. Unter dem zunehmenden Einfluss von Progesteron quillt die Scheidenschleimhaut allmählich ab und der Scheidenausfluss wird blasser. Die aus den Follikeln freigesetzten Eizellen gelangen nun in die Eileiter, wo sie zunächst weitere Reifungsprozesse durchlaufen müssen.

Die aufgezeigten schwierigen, ineinander greifenden und sich gegenseitig beeinflussenden Zusammenhänge des hormonellen Geschehens in der Hündin zur Zeit der Läufigkeit machen deutlich, wie kompliziert und auch wichtig die »richtige« Deckterminbestimmung ist. Beim Progesterontest (Target CANINE OVULATION TIMING KIT) machen wir uns den Anstieg des Progesterons im Blut zunutze. Die genaue Vorhersage der Ovulation (Eisprung) gelingt durch die Erkennung des Progesteronanstiegs. Während der Vorbrunst ist der Progesteronspiegel niedrig (erster Bluttest am fünften Tag nach den ersten Läufigkeitsanzeichen) und der Test ergibt ein kräftig blaues Ergebnis (Grundprogesteronwert). Der Grundprogesteronwert schwankt individuell stark, ist also von Hündin zu Hündin unterschiedlich. Deshalb ist es unerlässlich, diesen Grundwert zu kennen, um die weitere Entwicklung der Werte des Progesteronanstieges besser einschätzen zu können. Der Test muss nun alle zwei Tage wiederholt werden, bis ein hellblaues Testergebnis vorliegt. Die Farbveränderung zeigt den Beginn des Progesteronanstieges an. Jetzt muss täglich weiter getestet werden, bis ein schwach blaues Farbresultat vorliegt. Zwei Tage danach ist das Konzeptionsoptimum, d.h. der »richtige« Deckzeitpunkt. Zwei Tage nach dem Erzielen des schwach blauen Ergebnisses sollte die Hündin erstmals belegt werden. Die Belegung soll nach zwei Tagen wiederholt werden. Ist das Testergebnis bereits weiß, muss die Belegung der Hündin sofort durchgeführt werden.

Der Hersteller des Testverfahrens weist darauf hin, dass die Auswertung der Testergebnisse in Abstimmung mit allen verfügbaren Informationen über den Zyklusverlauf der Hündin durchgeführt werden muss.

Hormonanalyse/Bluttest Progesteron

In der tierärztlichen Praxis sind alle bedeutenden Hormone, die bei der Fortpflanzung eine wichtige Rolle spielen, bestimmbar. Manche dieser Hormone können allerdings nur in Speziallaboren festgestellt und in ihrer Höhe bestimmt werden. Für die Bestimmung des optimalen Deckzeitpunktes ist heute besonders bedeutsam das Hormon Progesteron, das »Schwangerschaftsschutzhormon«. Progesteron wird in den reifen Follikeln in geringer Anzahl, in den so genannten Gelbkörpern in großer Menge und bei der tragenden Hündin im Mutterkuchen (Plazenta) gebildet. Beim Progesteron-Bluttest macht man sich die vor der Eizellfreisetzung im Blut bereits nachweisbare Konzentration des Progesterons zunutze. Die Erstuntersuchung des Blutes auf die nachweisbare Höhe des Progesterons muss möglichst frühzeitig (Grundwert) in der Läufigkeit vorgenommen werden. Danach ist eine mehrfache Testung erforderlich, um den Anstieg des Hormons Progesteron im Blut zu verfolgen. Der Eisprung (Ovulation) der Hündin liegt bei Werten zwischen 3 und 10 ng/ml Blutplasma, bei der Mehrzahl der Hündinnen jedoch zwischen 5 und 8 ng/ml Blutplasma. Die Mehrfachtestung ist erforderlich, um den Hormonverlauf zu erfassen. Diese Art der Testung ist durch die mehrfach notwendige Blutentnahme teurer (höhere Kosten). Diese höheren Kosten erscheinen jedoch durch die deutlich größere Genauigkeit der Untersuchungsergebnisse gerechtfertigt.

Progesteron-Bluttest

Hormonverlauf

Viele Tierärzte nutzen neben dieser Methode andere der vorgestellten diagnostischen Möglichkeiten zur Erhöhung der Sicherheit der Aussagefähigkeit zur Bestimmung des optimalen Deckzeitpunktes. Ich weise Sie nochmals darauf hin, dass eine Einzeluntersuchung in der Regel für eine genaue Aussage über den »richtigen« Deckzeitpunkt nicht ausreicht.

Fazit

Abschließend ist zu den letztgenannten beschriebenen Testverfahren anzumerken, dass sie letztlich, jedes für sich, nur so genau sein können, wie die Erfahrung des durchführenden Tierarztes dies zulässt. Im Idealfall kann die Durchführung aller oder mehrerer Tests parallel ein Höchstmaß an Sicherheit bieten; im ungünstigsten Fall (wenn Ihr Tierarzt mit den Verfahren nicht vertraut ist) kann natürlich auch dieser »Idealfall« nur zu einem Höchstmaß an Unsicherheit führen. Versuchen Sie vor diesem Hintergrund deshalb im Vorfeld abzuklären, mit welchem Testverfahren Ihr Tierarzt bestens vertraut ist und bitten Sie ihn daraufhin, mittels eben dieses oder dieser Verfahren den optimalen Deckzeitpunkt für Ihre Hündin zu ermitteln.

Wir haben einmal mit zwölf Menschen und fünf erfahrenen Deckrüden versucht, eine Hündin zu decken, von der der behandelnde Tierarzt, der dreimal den Progesteronschnelltest durchgeführt hatte, behauptete, dies und kein anderer Tag wäre der richtige Decktag! Die erfahrenen Rüden zeigten uns einer nach dem anderen an, dass der Zeitpunkt nicht richtig sein konnte. Die Züchterin fuhr dann zwei Tage später nochmals zu einem der fünf Rüden, der die Hündin sofort problemlos deckte. Er deckte am Folgetag nach und es wurde ein schöner, gesunder Wurf mit acht Welpen geboren. Der Tierarzt gab nach Befragen zu, dass er den Test vorher noch niemals durchgeführt hatte.

Befragen Sie Ihren Tierarzt genau und nutzen Sie dann die Möglichkeiten solcher Befunderhebungen auch bei Hündinnen mit außergewöhnlichem Läufigkeitsgeschehen (z.B. verlängerte Vorbrunst, vorzeitiges Einsetzen der Paarungsbereitschaft), um so die wichtigste Voraussetzung für eine Trächtigkeit zu schaffen.

Abstrich auf Bakterien

Bakteriologische Untersuchungen werden von Züchtern immer mehr geschätzt und angewandt. Hierdurch kann eine Übertragung von Krankheitskeimen auf den Rüden und danach vom Rüden auf folgende weitere Hündinnen vermieden werden. Die durch Deckinfektion (Übertragung mit Sperma) gefährlichste Erkrankung ist die Hundebrucellose (überwiegend in Nordamerika vorkommend). Alle anderen bakteriellen Erreger haben keine Organspezifität, das heißt, sie können durch Lecken aus der Maulhöhle (z.B. Zahnstein), Ohrenentzündungen, Analbeutelinfektionen usw. herrühren.

Die Scheide der Hündin besitzt eine normale Bakterienflora, eine Mischflora mit zwei bis fünf Spezies (Arten). Es handelt sich um Bakterienarten wie Streptokokken, Staphylokokken, Escherichia coli und andere. Es gibt keine Beweise dafür, dass eine bakterielle normale Besiedelung der Scheide einen Einfluss auf den Deckakt (Koitus) hat.

Anders ist die Situation, wenn durch einen Scheidenabstrich (etwa am vierten oder fünften Tag der Läufigkeit) eine einzige Bakterienspezies überwiegt. Die Hündin ist nach solchen Feststellungen mit dem passenden Antibiotikum zu behandeln. In England wird eine solche Antibiotikabehandlung vorsorglich vor jedem Deckakt durchgeführt, um die Fruchtbarkeitsrate der Hündinnen zu erhöhen.

Zu Beginn meiner Züchtertätigkeit bin ich davon ausgegangen, dass das Überwiegen einer Bakterienart bei einer sonst gesunden Hündin, die fast ununterbrochen im Haus unter optimalen hygienischen Bedingungen gehalten wird, eigentlich nicht vorkommen kann. Die Untersuchungsergebnisse meiner Zuchthündinnen, die ich immer auf bakterielle Infektionen durchtesten ließ, ergab, dass alle Hündinnen, wenn auch bei unterschiedlichen Bakterienarten, Abweichungen zeigten und deshalb vor dem Deckakt mit Antibiotika behandelt werden mussten.

Ich rate Ihnen deshalb dringend, zu Beginn der Läufigkeit die bakterielle Flora des Genitalbereiches Ihrer Hündin untersuchen zu lassen und eine antibakterielle Behandlung nach durchgeführtem Resistenztest vor dem Deckakt vorzunehmen. Die Voraussetzungen für einen erfolgreichen Deckakt werden damit erheblich optimiert.

Bakterienabstrich

Deflorieren der Hündin

Deflorieren

Das Deflorieren von Hündinnen ist ein Reiz- und Tabuthema. Ich möchte aber auch zu einem so schwierigen Thema Aussagen machen. Die Anatomie der Hündin gleicht in diesem Punkt nicht der Anatomie des Menschen. Beim menschlichen Körper ist das Jungfernhäutchen vor dem ersten oder üblicherweise beim ersten Geschlechtsakt zu durchstoßen. Ein solches Jungfernhäutchen besitzen die Hündinnen nicht. Sie haben dafür einen Ring, der beim ersten Deckakt geweitet werden muss. Dieses erste Weiten ist meistens mit Schmerzen verbunden, weshalb die Hündinnen beim ersten Paarungsakt meist laut und fürchterlich schreien und sich dieses unangenehmen Gefühls oder Schmerzes zu entziehen versuchen.

Hier kann der geübte – und bitte nur der geübte – Tierarzt helfen, indem er bei der Läufigkeitsuntersuchung vor der ersten Paarung dieses Weiten vornimmt und somit den ersten Deckakt erleichtert. Das Weiten darf – wenn überhaupt – nur in der Läufigkeit erfolgen, da sich in dieser Zeit der Gebärmuttermund öffnet und ein solches Vorgehen überhaupt erst ermöglicht.

Wunderschöne und gesunde Flatcoated Retriever-Welpen in den Farbschlägen schwarz und braun.

7. Deckakt

Deckgenehmigung

Sprunggebühr

Jeder geplante Deckakt muss mit dem zuständigen Zuchtwart des Rassehundevereins ausführlich besprochen werden. Die Aufgabe des Zuchtwartes besteht in einer eingehenden Beratung des Züchters. Passende Linien müssen ausgesucht, weniger passende verworfen werden. Aufgetretene Mängel in den Linien müssen dem Züchter vor Augen gehalten werden, um die Entscheidung möglichst sachgerecht und unter Berücksichtigung aller Informationen treffen zu können. Liegen Indexwerte, Werte aus der Zuchtwertschätzung oder Möglichkeiten einer Paarungsplanung mittels Dogbase-Programms vor, müssen diese Werte mit den Werten der Zuchthündin verglichen und von Züchter und Zuchtwart gemeinsam eingeschätzt werden.

Der Züchter muss sich rechtzeitig vor der Läufigkeit der Hündin mit dem Zuchtwart und nach der Entscheidung über den Rüden ebenso rechtzeitig mit den vorgesehenen Rüdenbesitzern in Verbindung setzen.

Deckgenehmigung

Die Zuchtvereine erteilen nach der durchgeführten Beratung des Züchters eine (schriftliche) Deckgenehmigung.

Die Deckgenehmigung muss neben der Zuchthündin die vorgesehenen, abgesprochenen Deckrüden (HZD: in der vereinbarten Reihenfolge) sowie Angaben zur Deckentschädigung enthalten.

Deckentschädigung

Die Deckentschädigung ist von Verein zu Verein und von Rasse zu Rasse sehr unterschiedlich. Die VDH-Zuchtordnung verlangt, dass über die Höhe der Deckentschädigung vor dem Deckakt Einigung erzielt werden soll. Über kostenloses Nachdecken einer leergebliebenen Hündin bei der nächsten Hitze durch denselben Rüden sind schriftliche Vereinbarungen zu treffen.

Die Eigentümer von zur Paarung vorgesehenen Hunden einer Rasse haben sich vor dem Deckakt davon zu überzeugen, dass alle Voraussetzungen zur Zucht erfüllt sind.

Deckschein

Einige Zuchtvereine sehen neben der Deckentschädigung eine Sprunggebühr vor. Die Sprunggebühr ist eine Entschädigung für den durchgeführten Sprung, also den erfolgten Deckakt und ist direkt nach dem Decken fällig. Manche Vereine rechnen die Sprunggebühr auf die Deckentschädigung an und erheben die Deckgebühr erst nach dem Wurf für die aufgezogenen und eingetragenen Welpen. Es empfiehlt sich, in

Border Collie-Welpe

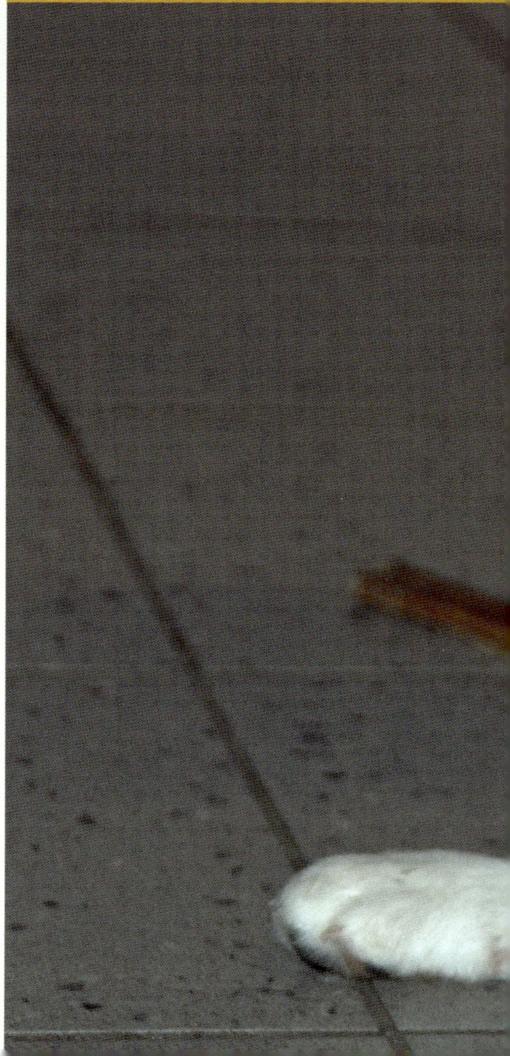

den Deckscheinen einen Zeitpunkt für die Zahlung der Deckentschädigung zu vereinbaren, damit später (z.B. bei nicht zeitgerechtem Verkauf der Welpen) keine Unstimmigkeiten zwischen Züchter und Deckrüdenbesitzer entstehen können.

Von dem vollzogenen Deckakt ist dem Rassehundezuchtverein unverzüglich Mitteilung zu machen (schriftlich; in der Regel durch Rücksendung des von beiden Besitzern der Paarungspartner ausgefüllten Deckscheines).

Deckschein

Die Rüdenbesitzer haben dem Rassehundezuchtverein gegenüber einen schriftlichen Nachweis über alle Deckakte ihres Rüden zu führen (Sprungbuch). Sehr gut eignet sich hierfür das VDH-Zwingerbuch, das direkt beim VDH bezogen werden kann.

Allgemeines zum Deckakt

Werbeverhalten der Wölfe

Unter Wölfen gibt es ausgiebiges Werbeverhalten und deutliches sexuelles Bindungsverhalten, das dem Paarungsakt vorangeht. Frau Dr. Feddersen-Petersen schreibt hierzu: »Wer Wölfe in der Vorranz beobachtet hat, muss fasziniert sein von den vielen ›zärtlichen‹ Schnauzenkontakten, dem gegenseitigen Lecken, den Spielen und dem gemeinsamen Heulen bei Körperkontakt. Die Sozialkontakte zwischen dem Paar sind so differenziert, dass etwa beim gemeinsamen Gehen oder Stehen die Schwänze gegenseitig eng um den Körper des Partners gelegt werden. Dieses Verhalten ist biologisch sinnvoll für den Zusammenhalt des Paares und dessen Funktion für den Zusammenhalt des Rudels.«

Bei unseren Haushunden bestimmen wir Menschen den Ort und den Zeitpunkt des Deckgeschehens. Die Deckpartner kennen sich meist überhaupt nicht oder nur kurz, so dass Rangfolgen oder gar Partnerbeziehungen kaum entstehen können. Die Hunde werden zusammengeführt, meist haben wir Menschen keine Zeit und alles soll möglichst zügig und problemlos ablaufen.

Deckakt

Erfahrene Züchter und Deckrüdenbesitzer wissen, dass das Deckgeschehen sehr kompliziert, sehr individuell, meist nicht vorhersehbar in den Komplikationen und ganz bestimmt nicht schnell und nur so eben in zwei Stunden nebenbei abläuft. Für den Deckakt müssen Sie sich viel Zeit nehmen (mehrere Tage), sehr viel Ruhe und Geduld aufbringen und den Hunden den Ablauf und die Ritualien des Deckgeschehens überlassen.

Das Fortpflanzungsverhalten der Haushunde gleicht noch in vielen Verhaltensmerkmalen wie dem Vorspiel, dem Werben, dem Aggressionsverhalten usw. dem Instinktverhalten der Wölfe. Um den Hunden einen erfolgreichen Deckakt zu ermöglichen, sind viele uns oft unwichtig erscheinende Gegebenheiten zu berücksichtigen.

Anatomie der Paarungspartner

Anatomie der Hündin

Genitalien der Hündin

Die Genitalien der Hündin bestehen aus:

Eierstöcken	Ovarien
Eileitern	Salpinx
Gebärmutter	Uterus
Gebärmutterhörnern	Uteri corni
Gebärmutterhals	Cervix
Scheide	Vagina
Scham	Vulva
Schamlippen	Labien
Brustdrüsen	Mamma

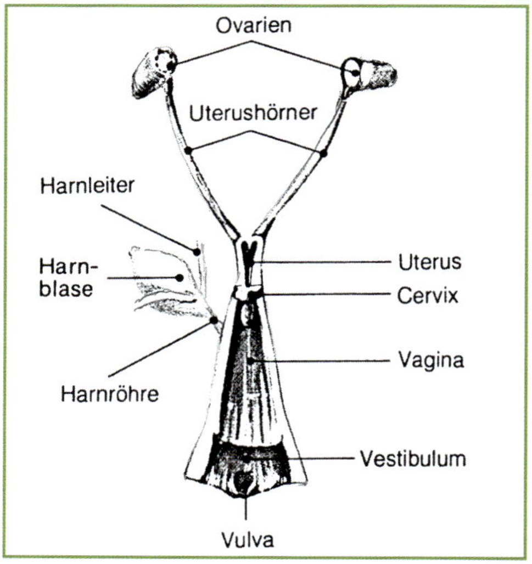

Genitalien der Hündin

Die Geschlechtsorgane der Hündin gleichen im wesentlichen denen des Menschen, so dass hier nur auf Unterschiede eingegangen wird.

Die Gebärmutter (Uterus) der Hündin ist Y-förmig und besteht aus einem kurzen Körper (Corpus) und zwei langen Hörnern (Cornua). In diesen Gebärmutterhörnern (nicht wie beim Menschen nur eine Gebärmutter) wachsen nach der Befruchtung in den einzelnen, voneinander abgeteilten Fruchtkammern die Föten (Welpen) heran.

Auffällig abweichend ist auch der weite Weg zwischen Vagina und Eileiter. Die Spermien des Rüden müssen beim und nach dem Decken diesen weiten Weg überwinden, da die Eizellen sich zu diesem Zeitpunkt im Eileiter befinden sollen, wo sodann die Befruchtung stattfinden wird (Eileiterbefruchtung). Der Deckakt und die Decktechnik (Kopulationstechnik) der Hunde sind auf diese Besonderheiten der Hundeanatomie ausgerichtet.

Anatomie des Rüden

Die Genitalien des Rüden bestehen aus:

männlichem Glied (Begattungsorgan)	Penis
Eichel	Glans penis
Penisknochen	Os penis
Vorhaut	Präputium
Schwellkörpern	Corpora cavernosa
Hoden	Testis
Hodensack	Skrotum
Nebenhoden	Epididymis
Samenleitern	Ductus deferens, ducti deferentia
Vorsteherdrüse	Prostata

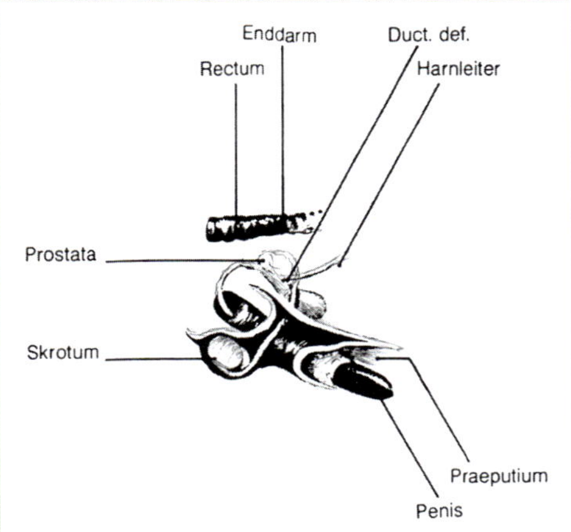

Genitalien des Rüden

Spermien

Die Produktion der Spermien/Samen (Spermatogenese) vollzieht sich in den Samenkanälchen der Hoden (Testis). Zellen, die man Spermatogonien und später Spermatozyten nennt, teilen sich und stellen die Vorläufer der Spermien/Samen dar. Bei der Teilung wird die normale Chromosomenzahl von 78 in den neu entstandenen Zellen auf 39 halbiert und das genetische Erbgut, das von den Eltern des Rüden stammt, wird gemischt. Die Spermatiden verwandeln sich durch eine komplexe Umstrukturierung in Spermien, die aus Spermienkopf, Mittelstück und Spermienschwanz bestehen. Die Spermatogenese (Samenbildung) kann nicht bei normaler Körpertemperatur ablaufen, sie benötigt eine niedrigere Temperatur. Deshalb liegen die Hoden (Testis) außerhalb des Körpers im Hodensack (Skrotum). Die Anordnung der Blutgefäße im Samenstrang ermöglicht es dem arteriell zufließenden Blut, durch den venösen Rückfluss aus den Hoden gekühlt zu werden. Krankheitszustände, die eine erhöhte Körpertemperatur verursachen wie Fieber oder Hitzschlag verhindern diese Kühlungsmechanismen und damit die Spermatogenese (Samenbildung).

Spermatogenese

Genitalien des Rüden

Die Spermien gelangen in unreifem Zustand in den Nebenhodenkopf. Während die Samen den Nebenhoden passieren, reifen sie. Der Vorgang der Spermatogenese von der Teilung bis zur Reifung dauert acht Wochen, die Reifung in den Nebenhoden dauert zwei von diesen insgesamt acht Wochen.

Fertilität

Die Fruchtbarkeit (Fertilität) eines Rüden hängt entscheidend davon ab, wie viele insgesamt, wie viele gesunde, bewegliche, nicht abnormale Spermien/Samen produziert werden. Aufschluss über die Spermaqualität eines Rüden erhält man über eine Sperma-Analyse (Tierarzt oder Tierklinik). Hierbei wird dem Rüden manuell Sperma entnommen und untersucht. Medikamente sowie Erkrankungen der Prostata können die Spermaqualität und damit die Fruchtbarkeit eines Rüden beeinflussen.

Beim Deckakt der Caniden (Hundeartigen) eregiert der Penis (Glied) des Rüden. Unter Erektion versteht man eine diffuse Anschwellung des Penis, die durch Blutansammlung im Gewebe infolge einer Verengung des venösen Abflusses des Blutes hervorgerufen wird. Bei Hunden kommt es vor dem Koitus (Geschlechtsakt) nur zu einer leichten Erektion. Das Einführen des Penis in die Scheide der Hündin wird durch die Steifheit und überhaupt erst durch das Vorhandensein des Penisknochens (Os penis) ermöglicht und erleichtert. Eine vollständige Erektion vollzieht sich erst, um den Penis in der Scheide der Hündin zu »fixieren«, d.h. der Rüde kann sein Glied nicht mehr aus der Vagina der Hündin herausziehen. Dieser Vorgang wird als »Hängen« bezeichnet.

Während des Deckaktes werden vom Rüden drei verschiedene Ejakulate in die Hündin abgegeben.

Während der ersten sexuellen Erregung, meist, wenn der Rüde heftige Stoßbewegungen ausführt, um seinen Penis in die Scheide der Hündin einzuführen oder bereits eingeführt hat, wird die erste Ejakulation ausgestoßen. Das Volumen dieser ersten Fraktion schwankt, beträgt aber normalerweise etwa 0,5 ml. Diese Flüssigkeit ist klar und von wasserheller Farbe und stammt aus der Prostata (Vorsteherdrüse). Da die Samenflüssigkeit auf ihrem Weg in die Vagina der Hündin die Harnröhre durchfließen muss, geht man davon aus, dass die Funktion des ersten Ejakulates der Reinigung der Harnröhre (Urethra) von Urinrückständen dient.

Dermatitis

Ejakulat

Erektion

Scheidenvorfall

Die zweite Ejakulation erfolgt normalerweise nach dem tiefen Eindringen des Penis in die Scheide, sobald die Stoßbewegungen des Rüden schwächer werden. Sie ist die wichtige, spermienreiche Ausschüttung, ein milchiges, weißliches, zähflüssiges Ejakulat, das aus den Samenleitern (Ducti deferentia) stammt und vom Rüden bei Beendigung der Erektion in der vorderen Hälfte der Vagina ausgestoßen wird. Das Volumen dieses Ejakulates beträgt im Schnitt 0,5–2,5 ml und soll mehr als 100 000 Spermien enthalten. Gleichzeitig vergrößern sich die Schwellkörper des Penis, die Scheidenmuskulatur der Hündin erstarkt und umschließt fest und untrennbar das Glied: das »Hängen« beginnt. Die Spermien bewegen sich jetzt mit schlängelnden, aktiven Bewegungen in Richtung der Eileiter, wo die Befruchtung der reifen Eizellen beginnt. Diese Kopplung und das Unvermögen der Hunde, sich zu trennen, verhindert mit größter Zuverlässigkeit den Rückfluss der Ejakulate.

Die dritte Ausschüttung stammt wiederum aus der Prostata (Vorsteherdrüse) und wird normalerweise frei, sobald die Hunde die »Po-an-Po«-Stellung eingenommen haben. Sie kann bis zu 20 ml betragen und fließt während der gesamten Dauer des »Hängens« in die Hündin hinein. Die Funktion dieser Fraktion besteht darin, die Spermien in den Uterus der Hündin zu spülen.

Die Beendigung der dritten Ejakulation wird vom Abschwellen und vom Herausziehen des Penis beim Rüden sowie vom Erschlaffen der Scheidenmuskulatur der Hündin begleitet. Die Dauer des »Hängens« beträgt im Allgemeinen zwischen 5 und 45 Minuten.

Gesundheitliche Beeinträchtigungen im Genitalbereich

Ernste Erkrankungen im Genitalbereich der Hündin oder des Rüden sind nicht sehr häufig. Trotzdem sollen hier einige Erkrankungen angeführt werden, die einen Deckakt beeinträchtigen oder sogar verhindern können.

Bei der Hündin:

a) Dermatitis (Hauterkrankung) in der Umgebung der Vulva (Scham)
Die Erkrankung verschlimmert sich durch das Belekken der Hündin und natürlich durch den Urin. Eine homöopathische oder tierärztliche Behandlung ist nur nach individueller Untersuchung möglich.

b) Prolaps (Vorfall) der Vagina (Scheide)
Meist tritt der Vorfall (Prolaps) der Scheide in der Vorbrunst (Proöstrus) oder Brunst (Östrus) der Läufigkeit der Hündin auf. Tritt er auf, so ist damit zu rechnen, dass der Prolaps auch bei weiteren

Welpen lernen gemeinsam im Welpenrudel auch mit schwierigen, unbekannten Situationen umzugehen wie hier Rhodesian Ridgeback-Welpen bei einer Fahrt im Bollerwagen.

Läufigkeiten immer wiederkehrt. Der vorgefallene Teil der Scheide ist als rosarote Kugel in der Scheidenöffnung sichtbar. Der Vorfall kann die gesamte Vagina (Scheide) betreffen, oft handelt es sich jedoch nur um den Scheidenboden. Ein Scheidenvorfall behindert den Deckakt erheblich.

Homöopathisch kann mit Sepia D 6, 3 x täglich 1 Dosis = 10 Tropfen (kleine Rassen 5 Tropfen) oder 1 Tablette oder 10 Globuli, 3 Wochen lang versucht werden, den Vorfall einzudämmen. Meist ist in solchen Fällen eine Operation nicht zu vermeiden. Die operative Entfernung des Prolapses muss im Östrus erfolgen, damit das Ausmaß des Vorfalles überblickt werden kann. Zur Nachbehandlung nach operativem Eingriff ist Sepia D 6 ebenfalls bestens geeignet (Dosierung wie angegeben). Ist ein Prolaps bei einer Hündin einmal aufgetreten, so kehrt er meist bei späteren Läufigkeiten immer wieder. Eine solche Hündin sollte nicht weiter zur Zucht eingesetzt werden.

c) Vaginaltumoren (Scheidentumoren)

Scheiden-tumoren

Viele Vaginaltumore sind gutartig und werden auch als Polypen bezeichnet. Sie treten an den Schamlippen auf, neigen zu Blutungen und sollten chirurgisch entfernt werden. Darüber hinaus gibt es übertragbare Vaginaltumoren, die durch Viren hervorgerufen und beim Geschlechtsakt (Koitus) übertragen werden und warzenähnliches Aussehen aufweisen. Auch diese Tumoren sollten operativ entfernt werden.

Scheidenentzündung

d) Vaginitis (Scheidenentzündung)

Die Diagnose einer Vaginitis ist schwierig, da Absonderungen aus der Vulva (Scham) der Hündin nicht ungewöhnlich sind, z.B. während der Nachbrunst und der Schwangerschaft, und oft nur auf vermehrte Schleimproduktion hinweisen. Ursachen für Scheidenentzündungen können im Deckakt, in Verletzungen der Scheide, in Infektionen oder übergreifenden Blasen- oder Gebärmuttererkrankungen liegen. Auch ein zu eiweißreiches und kalorienüberladenes Futter kann solche Entzündungen auslösen. Ebenfalls können nasses Wetter oder häufiges Schwimmen der Hündin Auslöser sein. Die Hündin leckt häufig den Genitalbereich, muss sehr verstärkt urinieren und hat oft braunes, kein hellrotes Blut im Urin. Im Gegensatz zu Gebärmutterentzündungen ist das Allgemeinbefinden bei der Vaginitis nur selten gestört. Zur Verbesserung der allgemeinen Abwehrkräfte sollte Echinacea D 4 als Basis neben Natrium muriaticum D 12 (bei sehr trockener Scheide) verabreicht werden. Auch Mercurius solubilis D 6 ist bei jungen Hündinnen, alle zwei bis drei Stunden angewendet, sehr hilfreich. Ältere Hündinnen können auch bei Vaginitis Sepia D 6 benötigen.

Pyometra

e) Pyometra (Gebärmuttervereiterung)

Die Pyometra kann im Anschluss an die Geburt, einen Abort oder 4–8 Wochen nach der Läufigkeit auftreten. Diese Erkrankung wird auf S. 192 behandelt.

f) Ovarialzysten (Eierstockzysten)

Beschreibung der Therapiemöglichkeiten auf S. 69, Ovarialzysten.

Beim Rüden:

Phimose

a) Phimose (Vorhautverengung)

Unter Phimose versteht man eine Verengung des Präputiums (Vorhaut), wobei der Penis des Rüden nicht ausgeschachtet werden kann. Hierdurch wird ein Deckakt unmöglich. In sehr schweren Fällen kann der Urin nicht abfließen und wird in die Umhüllung abgegeben und tropft aus der Vorhautöffnung. Eine chirurgische Erweiterung der Präputialöffnung muss durchgeführt werden. In leichteren Fällen wird der Penis ausgeschachtet, kann jedoch nicht mehr zurückgezogen werden (Paraphimose). Auch hier empfiehlt sich eine Operation, da der eregierte Penis sonst schnell trocken und entzündlich wird.

Vorhautentzündung

b) Balanitis (Vorhautentzündung) und Balanoposthitis (Vorhaut- und Penisentzündung)

Alle Rüden haben etwas Ausfluss oder eitrige Absonderungen aus der Vorhaut, dies ist in der Regel normal. Die Absonderungen können aus dem Präputium tropfen und werden meist vom Hund abgeleckt. Wenn die Eitermenge störend für den Besitzer des Rüden wird, sollte eine Behandlung eingeleitet werden. Meist werden Spülungen des Präputiums mit Antibiotika oder antiseptischen Lösungen durchgeführt. Diese örtliche Behandlung bewirkt nur eine vorübergehende Reinigung. Systematische Antibiotikabehandlungen sind meist nicht erfolgreich. Eine langfristige Besserung ist jedoch über eine innere homöopathische Behandlung möglich. Gegen eitrige Entzündungen der Schleimhäute ist Pulsatilla ein gut einsetzbares Mittel, dessen Wirkung durch die Kombination mit Hepar sulfuris optimiert wird. Die Anwendung besteht in Pulsatilla D 6 und Hepar sulfuris D 3 jeweils 3 x täglich 1 Dosis (5–10 Tropfen oder Globuli oder 1 Tablette) für die Dauer von 3 Wochen. Besteht zu der Vorhautentzündung parallel ein gesteigerter Geschlechtstrieb, so sollte Origanum majorana D 30, 1 x täglich eine Dosis (5–10 Tropfen/Globuli oder 1 Tablette) für die Dauer von 6–8 Wochen gegeben werden. Um den Therapieerfolg zu erhöhen, sollten tägliche, körperwarme Spülungen mit Echinacea-Tinktur (1:5 verdünnt) begleitend durchgeführt werden.

Kryptorchismus

c) Kryptorchismus (Ein- oder Kein-Hodigkeit)

Kryptorchismus wird in diesem Zusammenhang nicht besprochen, da dieser nach den geltenden VDH-Bestimmungen zuchtausschließend ist. Unilaterale Kryptorchiden (Einhoder) sind jedoch zeugungsfähig. Der im Bauchraum oder Hodenkanal verbliebene Hoden sollte unbedingt operativ entfernt werden, da diese nicht abgestiegenen Hoden sehr stark zu bösartigen Entartungen neigen (etwa im Alter von 1 1/2 Jahren operieren).

Hodensackekzem

d) Hodensackekzem

Beim Hodensackekzem ist das Skrotum (Hodensack) stark gerötet, sehr schmerzhaft und entzündlich verändert. Oft wird es durch feuchte Kälte hervorgerufen. Die Haut zeigt akneähnliche, eitrige Stellen. Der Hund kann kaum untersucht werden, weil er große Schmerzen hat, sich möglichst auf kühle Plätze legt und andauernd am Ekzem leckt. Durch die Erwärmung des Hodens (ständiges Belecken und entzündlich) werden die Samen geschädigt. Kortisonhaltige Präparate und Salben werden abgeleckt und führen nicht zur Heilung. Ist nur die Hodensackhaut betroffen, liegen keine Störungen des Allgemeinbefindens vor, besteht keine Temperaturerhöhung sowie keine Umfangsvermehrung des Hodens, so haben sich die homöopathischen Mittel Croton tiglium oder Rhus toxicodendron (bei Bläschenbildung), je 3 x täglich 1 Dosis (5–10 Tropfen/Globuli oder 1 Tablette) für die Dauer von 3 Wochen sehr gut bewährt.

e) Orchitis (Hodenentzündung) und Epididymitis (Nebenhodenentzündung)

Die Orchitis bildet sich nach Verletzungen (z.B. Beißereien), Quetschungen, Erkältungen oder Infektionen (z.B. der Ohrspeicheldrüse). Der oder die betroffenen Hoden sind schmerzhaft geschwollen, der Hund vermeidet Bewegung oder geht breitbeinig. Die Hodenhaut ist nicht mit betroffen, weshalb das Lecken entfällt. Diese Erkrankungen gehen einher mit einer merklichen Störung des Allgemeinbefindens, mit Appetitlosigkeit, meist mit Temperaturerhöhung (Fieber) und mit ein- oder beidseitiger Umfangsveränderung des Hodens. Die Erkrankung ist sofort als schwer einzustufen und unbedingt einem Tierarzt vorzustellen. Begleitend kann nach der Diagnose durch einen Tierarzt, und nur nach Absprache mit ihm, homöopathisch gelindert werden. Um die akute Entzündung zu beruhigen, kann versucht werden, durch kalte Hamamelis-Tinktur-Umschläge (1:3 verdünnt) zu helfen. Um die Schmerzen bei einem Trauma (Verletzungen, Quetschungen) sowie die Schwellung zu verringern, sollte das homöopathische Mittel Arnika D 6 bis zu 6 x täglich angewendet werden. Sind die Hoden stark gerötet und sehr heiß, sollte zusätzlich Pulsatilla D 6 in gleichen Dosen verabreicht werden.

f) Hodentumoren

Diese Tumoren treten meist erst im fortgeschrittenen Alter auf. Sie sind an einer derben, schmerzlosen Schwellung zu erkennen und führen aufgrund einer Hormonumstellung zur Feminisierung des Rüden. Die Erkrankung geht oft mit Haarausfall (Alopezie) in der Lendengegend, Verfettung und einem Anschwellen der Brustdrüsen einher. Im fortgeschrittenen Stadium können Gewebswucherungen und Geschwüre auftreten und den Gang sowie bestimmte Körperhaltungen behindern. Eine Vorstellung des Hundes beim Tierarzt sowie eine genaue Diagnosenstellung sind unumgänglich. Homöopathisch kann unterstützend, und nur unterstützend, mit Zincum metallicum D 12, 1 x täglich 1 Dosis (5–10 Tropfen/Globuli oder 1 Tablette) gelindert werden. Zusätzlich sollte 1 x wöchentlich 1/2 Ampulle Hypophysis-Organpräparat sowie 3 x täglich 1 Esslöffel Terrakraft gegeben werden. In der Regel sollten durch chirurgischen Eingriff die Hoden entfernt werden, da die Samenproduktion (Spermatogenese) durch diese schwere Erkrankung zum Stillstand gekommen ist.

Hoden-entzündung

g) Prostataerkrankungen

Prostata-erkrankungen

Die Prostata ist eine Drüse, die je nach Rassengröße im Normalzustand walnuss- bis pflaumengroß ist. Erkrankungen können Prostatitis (Prostataentzündung), Prostatahypertrophie (Prostatavergrößerung), Prostatazysten und Prostataadenom (Prostatageschwulst, meist gutartig) oder Tumoren sein. Hierbei vergrößert sich die Prostata erheblich und verursacht enorme Schmerzen. Man kann die Erkrankung an zunehmenden Stuhlabsatzbeschwerden (Bleistiftstühle), Blut und Eiter aus der Harnröhre, in akuten Phasen an Fieber, steifem, breitbeinigem und schwerfälligem Gang, Vermeiden von Treppensteigen und Springen und ggf. plötzlichem, heftigem Aufschreien erkennen. Jede sexuelle Erregung ist für den Rüden mit Schmerzen und dadurch Unbehagen verbunden. Ein Deckakt wird so unmöglich und häufig stellt sich Unfruchtbarkeit ein. Eine Diagnose der verschiedenen Prostataerkrankungen ist über Röntgen- oder Ultraschalluntersuchungen möglich. Hormon- und Antibiotikatherapien sind angezeigt; oft ist ein operativer Eingriff unumgänglich. Homöopathisch kann bei der Prostatitis (Prostataentzündung) im akuten Stadium mit Belladonna D 6 und Pulsatilla D 6 stündlich im Wechsel geholfen werden. Ist die Entzündung zurückgegangen, sollte

Hoden-tumoren

mit Bryonia D 6, 3 x täglich 1 Dosis (5–10 Tropfen/ Globuli oder 1 Tablette) weiterbehandelt werden, bis die Vergrößerung der Prostata zurückgegangen ist (1 bis 2 Wochen). Bei Prostatazysten ist Apis D 4 das richtige Mittel, 3 x täglich 1 Dosis, bei Prostatahypertrophie (Prostatavergrößerung) sollte Pulsatilla D 30, 3 x täglich 1 Woche lang und ggf. Wiederholung nach 4 Wochen gegeben werden. Bei Prostataadenom (Prostatageschwulst) oder Tumoren kann Calcium fluoratum D 30, 3 x täglich 1 Dosis 3 Wochen lang angewendet werden.

h) Unfruchtbarkeit

Spermaqualität

Liegt die Unfruchtbarkeit eines Rüden an der schlechten Spermaqualität (Feststellung nach Spermaentnahme und Spermauntersuchung auf Strukturabweichungen der Samenzellen oder ungenügende Beweglichkeit der Spermien usw.) so kann mit den homöopathischen Mitteln Cimicifuga D 3 und Pulsatilla D 3, 3 x täglich je 1 Dosis (10 Tropfen/Globuli oder 1 Tablette) für die Dauer von 6 Wochen geholfen werden. Beide Mittel sollten bei Qualitätsabweichungen des Spermas während der Spermatogenese immer zusammen verabreicht werden. Eine erneute Spermauntersuchung nach erfolgter Behandlung sollte nach 6 Wochen durchgeführt werden.

Rückenerkrankungen

i) Rückenerkrankungen

Diese Erkrankungen werden hier nur angeführt, weil Bandscheibenvorfälle, Spondylose und andere Rückenerkrankungen den natürlichen Deckvorgang ebenfalls stark beeinträchtigen oder verhindern können. Starke Schmerzen im Rückenbereich machen ein Aufreiten des Rüden unmöglich, er gerät unter großen Stress, meist spuckt er dann vor Aufregung und Schmerzen und kann den Deckakt nicht mehr vollziehen.

Schon leichte Rückenschäden können Rüden vom Vollziehen des Deckaktes abhalten, auch wenn bei allen anderen täglichen Aktivitäten wie Laufen, Toben oder Fahrradfahren keine Schmerzreaktionen erkennbar sind.

j) Deckunlust

wird auf S. 94 besprochen.

Ernährung und Kondition der Paarungspartner

Ernährung der Paarungspartner

Für Zuchthunde sind richtige Ernährung und gute Kondition von entscheidender Bedeutung. Rüde und Hündin sollen ein nährstoff- und vitaminreiches, ausgewogenes Futter erhalten. Meine Hunde bekommen neben einem guten Trockenfutter (z.B. Lamm und Reis von guten Herstellern) einmal wöchentlich ein Eigelb und täglich einen Esslöffel Speiseöl (z.B. kaltgepresstes Distelöl) ins Futter. Daneben sollte Quark und ggf. etwas Honig nicht fehlen. Das Futter wird immer eingeweicht und lauwarm gegeben. Füttern Sie nur Trockenfutter und stellen eine Wasserschüssel zur Flüssigkeitsaufnahme daneben, so besteht bei großen Hunderassen die Gefahr einer Magendrehung durch Verklumpung des Futters und Wassers im Magen, die schnell tödlich verlaufen kann. Ich gebe dann noch zusätzlich eine Messerspitze Kieselerde täglich, um Haut- und Fellqualität zu verbessern. Als Leckerli habe ich mir angewöhnt, Bierhefetabletten anzubieten, was meine Hunde sehr mögen und der Neigung, dick zu werden, entgegenwirkt.

Fruchtbarkeit ist nur dann bei Rüde und Hündin gewährleistet, wenn die Paarungspartner nicht durch zu viel Körperfett belastet sind. Bei Rüden kann Fettsucht eine Kühlung der Hoden verhindern (Einfluss auf Spermatogenese). Bei Hündinnen wird durch Fettsucht ein Einnisten der Eier in die Gebärmutterhörner erschwert oder sogar ausgeschlossen.

Kondition

Die Kondition der Hunde ist ein weiterer wichtiger Faktor, der die Fruchtbarkeit und sogar den Deckakt selbst erleichtern oder gefährden kann. Gut durchtrainierte Hunde werden beim Deckakt aus körperlichen Gründen kaum Probleme haben, während fettleibige Hunde durch die starke Beanspruchung Herz- und Kreislaufschwierigkeiten bekommen können. Der Deckakt ist die größte körperliche und psychische Anstrengung für einen Hund. Ich fahre, wenn irgend möglich, täglich mit meinen Hunden Fahrrad. Dieses Training stärkt die Muskeln, den Kreislauf und das Herz und macht die Hunde auch vor einem Deckakt fit. Haben

Sie eine Hunderasse, die nicht am Fahrrad laufen kann, so sollten Sie durch viele Spaziergänge oder Ähnliches die Kondition Ihres Hundes stärken, damit er den Anstrengungen des Deckaktes gewachsen ist.

Ein guter Deckrüde muss gesund sein, Kondition haben durch viel Bewegung und schlank gefüttert sein wie dieser blonde Hovawartrüde, der problemlos Vater vieler Würfe wurde.

Zur Psychologie des Deckaktes

Viele äußere und innere Faktoren können einen normalen, unproblematischen Deckakt verhindern. Hier ist es wichtig, sich über verschiedene psychologische Komponenten vor dem Decken Gedanken zu machen.

Der Züchter fährt mit seiner Hündin für den Deckakt zum Rüden. Der Rüde fühlt sich in seiner gewohnten Umgebung stark und sicher und wird auf Aggressionstendenzen der Hündin meist nicht sehr beeindruckt reagieren. Wäre dies umgekehrt und der Rüde müsste auf das Territorium der Hündin, so würde er ihre Territorialansprüche respektieren, sie würde ihn wegbeißen und er müsste dieses Verhalten akzeptieren. Die Hündin soll sich zum Paarungsakt auf dem vertrauten Gelände des Rüden befinden. Hier hat er das »Sagen« und instinktiv erkennt sie sein Territorialverhalten meist recht uneingeschränkt an. Diese »psychologische Hilfe« ist gerade bei Erstlingsrüden sehr entscheidend, einem erfahrenen Deckrüden macht die Umgebung oft nicht mehr so viel aus, wobei einige Rüden schon besondere Vorlieben entwickeln.

Sympathie

Territorialverhalten

Unser Rüde Baldur durfte seinen ersten Deckakt in unserem geräumigen Keller ausführen, da es Winter war und wir nicht in der Kälte stehen wollten. Er verband diesen Ort Zeit seines Lebens mit dem Decken und lief automatisch in Richtung Keller, wenn ihm eine läufige Hündin zugeführt wurde. Das erste Deckerlebnis war für ihn sehr positiv und prägend und deshalb mit dem Deckort, hier dem Keller, verbunden.

Der Rüde Ayk veranlasste uns alle zum Schmunzeln. Sein erster Deckakt sollte im Garten stattfinden. Die Hündin Bella aber war dominant und ließ Ayk nicht zum Zuge kommen. Er war sehr aufgeregt und wollte die Ablehnung kaum hinnehmen. Nach 30 Minuten intensiven Werbens um die läufige Hündin, machten Züchter und Deckrüdenbesitzer eine Kaffeepause im Wohnzimmer und nahmen beide Hunde mit hinein. Jetzt fühlte Ayk sich stark, packte Bella auf dem Berberteppich, wo sie zwischen den Sesseln nicht weglaufen konnte und deckte sie mit großem Erfolg (10 Welpen). Seitdem deckte Ayk nur noch auf dem Berberteppich im Wohnzimmer.

Erstlingshündin

Diese beiden Beispiele sind Ausnahmefälle für Prägungen und Vorlieben von Deckrüden, die weitaus meisten Deckakte finden bei größeren Hunderassen normalerweise im Garten statt.

Sympathie und Antipathie können beim Decken eine große Rolle spielen. Diese Grundhaltungen sind nicht vom Menschen eingebildet, sondern können einen Deckakt unmöglich machen. Die Sympathie kann mit geruchlichen oder farblichen Gegebenheiten des Deckpartners zusammenhängen. Der blonde Rüde Dargo wollte die schwarze Hündin Corry auf keinen Fall decken. Er zeigte überhaupt kein Interesse an der überaus deckbereiten Hündin. Die Erklärung war relativ einfach. Die mit ihm zusammenlebende Hündin Una war ebenfalls schwarz und er durfte die eigene Hündin nur einmal decken, ansonsten wurde er ständig bei allen Läufigkeiten mit viel Geschrei von ihr ferngehalten und jede Annäherung zur Zeit der Hitze unterbunden. Er hatte seine Lektion gelernt und die hieß für ihn: schwarze Hündinnen sind auch in der Hochbrunst tabu. Die Hündin Corry wurde dann am nächsten Tag erfolgreich von einem anderen Rüden gedeckt, der sie kaum aus dem Auto steigen ließ. Dargo deckte zwei Tage später ebenfalls erfolgreich eine schwarzmarkenfarbige Hündin, für die das gesetzte Tabu nicht galt.

Nach unseren Erfahrungen ist es oft von großem Vorteil, eine Erstlingshündin einem erfahrenen Rüden zuzuführen und umgekehrt. Zwei unerfahrene Hunde benehmen sich oft so ungeschickt oder lassen sich noch so stark beeindrucken, dass ein Deckakt nicht zustande kommt.

Sehr wichtig ist auch das Verhältnis Besitzer und Hund. Viele Rüden decken im Beisein ihres Herrn dann nicht, wenn die Führungspositionen klar verteilt sind und der Mensch seine Rudelführerschaft sehr stark verdeutlicht. Unser Rüde Baldur stieg bei seinem ersten Deckakt immer wieder von der läufigen Hündin, sobald mein Mann, der Baldur in der Unterordnung sehr intensiv führte, einen Schritt auf die Hunde zu ging. Baldur verhielt sich meinem Mann gegenüber so, als wollte er dem Rudelführer beim Decken den Vortritt lassen. Ich schickte meinen Mann und die Hündinnenbesitzer hinaus. Die Türe war kaum hinter ihnen geschlossen, als Baldur aufstieg und den Deckakt vollzog. Das Ergebnis waren zwölf gesunde Welpen.

Hunde, die kaum Sozialkontakte zu anderen Hunden entwickeln konnten, können beim Decken ebenfalls Schwierigkeiten bereiten, weil sie andere Hunde nicht als Sozialpartner und damit auch nicht als Deckpartner erkennen und akzeptieren. Für sie ist der Mensch dann der alleinige Sozialpartner.

Hat man selbst mehrere Hunde einer Rasse, so kann das bei einigen Rassen ebenfalls zu Deckschwierigkeiten führen. Unsere Hündin Orscha ließ sich von dem Rüden Baldur, mit dem sie ständig zusammenlebte und der fast gleich alt war, nicht decken. Wir schafften es nur einmal, die Hündin zu überlisten. Wir gaben Baldur zu Beginn von Orschas Läufigkeit zu guten Freunden. Baldur war dort fast wie zu Hause, so wohl fühlte er sich. Zur Zeit der Hochbrunst der Hündin wurde er in den Keller geführt, da er dort am liebsten deckte. Orscha wurde hinuntergebracht und da er ausreichend Deckerfahrung hatte, bestieg er sie zügig und ohne Vorspiel. Orscha war empört und zeigte dies sehr deutlich. Sie bekam jedoch nach normal verlaufender Trächtigkeit sieben schöne Welpen, die alle ihrem Vater sehr ähnelten.

Ähnliche Erfahrungen mussten einige Züchter unseres Vereins machen, die wie wir Rüde und Hündin hielten. Entweder deckte der Rüde überhaupt keine andere Hündin als die eigene. Oder die Hündinnen ließen sich einfach nicht durch den eigenen Rüden decken. Es gibt so viele Variationen, dass man gar nicht alle aufzählen kann. Ich will durch diese Beispiele auch nur Ihre Sinne für Überlegungen dieser Art schärfen, damit Sie sich Gedanken um die Psychologie des Deckgeschehens machen, wenn der Deckakt nicht klappt und Sie keine Erklärung haben.

Rudelführerdominanz des Besitzers

Die psychische Belastung durch einen Deckakt ist für den Rüden gewaltig. Durch sein Wolfserbe in den Instinkten ist für ihn das Decken überhaupt das Wichtigste und Erstrebenswerteste, trägt er dadurch doch zur Arterhaltung bei und erhöht seine soziale Stellung, seine »Inklusive Fitness«. Viele Rüden erregen sich im Beisein der »heißen« Hündin so sehr, dass sie vor oder direkt nach dem Deckakt erbrechen müssen. Andere haben Durchfall und müssen vor Aufregung immer wieder. Der Rüde Ringo war durch die läufige Hündin sehr erregt, erbrach nach dem Decken stark und fühlte sich danach sehr schlecht. Er brauchte Ruhe und wurde intensiv gelobt und getröstet. Am nächsten Morgen war alles vergessen und er war wieder »feurig« und deckfreudig. Hier sind körperliche Fitness und Kondition sehr wichtig.

Deckschwierigkeiten

Der Rüde Tasso war bereits fast neun Jahre alt, als ich mit der Hündin Bianca zu ihm zum Decken fuhr. Er war in sich gefestigt, er ruhte in sich und war sich seiner Sache absolut sicher. Er war der »ökonomischste« Deckrüde, den ich je kennen lernte. Er beschnupperte die Hündin, leckte den Genitalbereich und überzeugte sich so, dass der »richtige« Deckzeitpunkt da war. Er machte einen Aufreitversuch, stieg wieder ab, schnupperte und leckte erneut, stieg wieder auf und schaffte das Decken sofort. Sein Herrchen durfte helfen, wie er es für richtig hielt, d.h. er konnte Tasso überall, auch im Genitalbereich anfassen, ohne dass Tasso sich beeindrucken ließ. Aber Tasso hatte Hilfe nicht nötig. Am nächsten Tag gelang ihm das Decken sofort beim ersten Aufreiten und die Hunde hingen jeweils 15 Minuten. Tasso war nach dem Deckakt weder psychisch noch physisch erschöpft, er lief kurz nach dem Decken über den Hof und suchte die läufige Hündin, die er trotz seines Alters problemlos sofort nochmals gedeckt hätte. Er spuckte nicht und zeigte keinerlei Anzeichen von Erschöpfung oder Stress.

Bei Strolch war alles besonders kompliziert. Schon auf dem kurzen Spaziergang mit der Hündin machte er einige Aufreitversuche, die ihn sichtlich übermäßig erregten und stressten. Er fiepte, wenn er es nicht schaffte und schien sich immer stärker aufzuregen. Im Garten bei den erlaubten Deckversuchen ließ er Herrchen oder Frauchen nicht in die Nähe, d.h. er stieg von der Hündin ab, wenn ihm jemand helfen wollte. Der Stress für ihn war erheblich. Plötzlich krümmte er den Rücken auf, stand wie ein Sägebock da, erbrach sich und an Decken war im Augenblick nicht mehr zu denken. Was war geschehen? Strolch hatte »Bräutigamsschmerz«. Der gesamte Hodenstrang war zusammengezogen und ließ den Rücken wie aufgezogen erscheinen. Sein Genitalbereich war verspannt und verkrampft. Er konnte nur ganz breitbeinig in den Hinterläufen gehen und war sehr erregt. Wir fuhren zum Tierarzt und ließen ihm eine muskelentkrampfende und entspannende Spritze geben. An Decken war an diesem Nachmittag nicht mehr zu denken. Strolch schlief und erhielt kein Futter. Am nächsten Morgen deckte er ohne Probleme und ohne Stress die Hündin im Garten, am Tag darauf ohne Schwierigkeiten erneut. Das Ergebnis waren neun hervorragende Welpen, denn Strolch war ein sehr guter Vererber. Er erregte sich durch den Geruch und die Signale der läufigen Hündin jeweils so stark, dass es zu Verkrampfungen und Verspannungen der Genitalien kam, dem sogenannten »Bräutigamsschmerz«, wodurch ein Deckakt zu diesem Zeitpunkt unmöglich wurde. Hatte er sich wieder entspannt, so deckte er unproblematisch und brachte mit sechs verschiedenen Hündinnen überdurchschnittlich gute, gesunde und erfolgreiche Nachkommen.

Bräutigamsschmerz

Der junge Rüde Aik war feurig wie ein Don Juan. Er wollte erst ausgiebig spielen und toben und hatte noch nie zuvor gedeckt. Die Hündin Orscha war ein Jahr älter und hatte schon Deckerfahrung. Sie fand ihn ziemlich albern und kindisch und bot sich ihm immer wieder an. Er versuchte zuerst, die Hündin von vorn und dann von der Seite zu besteigen. Sie verbat sich das durch Knurren und Wegdrehen und versuchte immer wieder, ihm durch richtiges »Stehen« zu zeigen, was er zu tun hatte. Sie schob ihn regelrecht in die richtige Position. Sie animierte ihn durch Aufreiten, sie spielte mit ihm und tobte, sie leckte seine Lefzen und Ohren und versuchte, ihn richtig in Stimmung zu bringen. Aik war unermüdlich, gut durchtrainiert und hatte eine tolle Kondition. Er begriff schnell und deckte ohne Komplikationen. Orscha schrie immer sehr während des Deckaktes, was Aik überhaupt nicht störte oder beeindruckte.

Das Schreien der Hündinnen ist für viele Rüden ebenso wie anfängliche leichte »Aggressionen« ein besonderer Stressfaktor. Junge, unerfahrene Rüden lassen sich davon oft sehr stark beeindrucken. Gerade »Jungfrauen« machen beim ersten Deckakt oft sehr lautes Geschrei. Andere wimmern nur, wieder andere schreien immer, als sollten sie »umgebracht« werden. Dieses Geschrei kann sich verstärken, wenn die Hündin merkt, dass ihr Besitzer darauf eingeht und mit ihr »leidet«. Solche menschlichen Reaktionen werden von den Hunden genau registriert und ausgenutzt und können so einen Deckakt verhindern. Auch eine hysterische Reaktion oder starke Anspannung ihres vertrauten Menschen bemerken die Hunde sehr wohl und sind in ihrem Handeln beeinträchtigt, da sie annehmen, sie machen etwas falsch und gleich wird geschimpft. Dagegen wirkt unsere Ruhe wohltuend auf die Hunde und zusätzliches, eingehendes Lob zeigt ihnen, dass wir den Deckakt, das Vorspiel und ihr gesamtes Verhalten akzeptieren und wünschen.

Eine weitere »Finte« der Hündinnen ist das Wegdrehen oder Hinsetzen. Jedes Mal beim Aufsteigen des Rüden drehen sie gekonnt ihr Hinterteil weg, so dass die Deckversuche des Rüden ins Leere gehen. Ganz raffinierte Hundedamen wissen, dass sie davonkommen, wenn sie sich hinsetzen, sobald der Rüde aufreitet. Sie haben bei jungen oder nicht so dominanten Rüden meist Erfolg mit dieser Methode, der Rüde ermüdet oder gerät unter Stress. Das Decken muss unterbrochen werden und die Hündin lernt, dass sie mit solchem Verhalten Erfolg hat. Deckerfahrene Rüden machen solches Gehabe nur kurz mit. Sie »greifen« sich die Hündin, ziehen sie dicht an sich heran und kümmern sich nicht um Geschrei oder Ausweichversuche. Sie knurren auch einmal zurück, um deutlich zu machen, dass sie nicht zu beeindrucken sind.

Es ist deshalb wichtig, die deckbereiten Hunde zu beobachten, alle Anzeichen, die einem normalen Deckakt zuwider laufen, zu deuten und wenn möglich, abzustellen. Hierbei ist Phantasie gefragt, denn viele Denkansätze sind möglich. Sie haben die lange Fahrt nicht gemacht, um vorschnell, unüberlegt und unverrichteter Dinge wieder abzureisen, wenn es Möglichkeiten gibt, den Deckakt erfolgreich ablaufen zu lassen. Auch, wenn Sie zu dem Schluss kommen, Sie selbst könnten der Störfaktor sein! Lassen Sie dem natürlichen Ablauf so viel Raum wie möglich und greifen Sie nur so weit ein, wie nötig!

Der Deckrüde und die Hündin sollten am Tag des geplanten Deckaktes auf keinen Fall gefüttert werden. Sie vermeiden damit Schwierigkeiten und Erbrechen beim Decken und tragen so zum guten Gelingen der Paarung bei.

Homöopathische Vorbereitung des Deckaktes

Viele junge Hündinnen sind vor ihrem ersten Deckakt »jungfräulich« und sehr zickig. Sie quieken und schreien schon bei der Annäherung des Rüden, verstecken sich hinter Frauchen oder Herrchen, drehen sich weg, wenn der Rüde aufreiten will oder setzen sich einfach hin. Alle Anwesenden sind bald genervt und dieser Unmut überträgt sich auf die junge, selbst sehr unsichere Hündin, die nicht weiß, was geschehen soll, wie sie sich verhalten muss und was ihre Menschen von ihr erwarten. Hier bietet die Homöopathie gute Möglichkeiten der Hilfe und Vorbereitung.

Wegdrehen der Hündin

Für solche junge Hündinnen ist Sepia D 6 oder D 8 in dieser Situation das richtige Mittel, ebenfalls bei einer Hündin, die in der Hochbrunst alle Rüden abbeißt. Sepia kann bei »jungfräulichen« oder besonders zickigen Hündinnen bereits 3 Tage vor dem Deckakt je 3 x täglich 1 Dosis (10 Tropfen/Globuli oder 1 Tablette) gegeben werden. Am Decktag vor der Fahrt zum Rüden erhält die Hündin ebenfalls 1 Dosis Sepia D 6. Dann wieder etwa 1 Stunde vor dem anstehenden Deckakt 1 Dosis. Klappt der Deckakt überhaupt nicht, kann Sepia bei weiterer Verweigerung der Hündin (vorausgesetzt, es ist wirklich der »richtige« Deckzeitpunkt) nach einer halben Stunde erneut verabreicht werden. Machen Sie nach reichlichen Deckversuchen eine längere Pause, um den beiden Hunden etwas Ruhe zu gönnen, so geben Sie Sepia D 6 nochmals eine halbe Stunde vor dem neuen Deckversuch. Sepia entfaltet seine Wirkung schon nach kurzer Zeit und Sie werden verblüfft sein, denn Ihre Hündin ist wie ausgewechselt und gibt sich willig dem Rüden hin.

Abbeißen des Rüden

Ich empfehle auch Deckrüdenbesitzern, sich Sepia D 6 vorsorglich zu besorgen, damit sie helfend eingreifen können, wenn der Deckakt am Verhalten der Hündin zu scheitern droht. Wir haben als Besitzer eines Deckrüden hiermit sehr gute Erfahrungen gemacht, die Nerven unseres Rüden geschont und so manchen Deckakt erleichtert.

Vorspiel

Deckunlust

Oft kommt es nicht zum Deckakt, obwohl die Hündin hervorragend steht, der Rüde jedoch kein oder wenig Interesse an der Hündin zeigt oder einfach nur beeindruckt ist oder aufgrund seiner Jugend ängstlich reagiert. Hier helfen die homöopathischen Mittel Damiana D 1 und Acidum phosphoricum D 6, sie machen den Rüden »stark und fähig«. Diese Mittel sollten z.B. bei jungen, noch »jungfräulichen« oder deckunlustigen Rüden ebenfalls 3 Tage vor dem anstehenden Deckakt 3 x täglich je 1 Dosis (10 Tropfen/Globuli oder 1 Tablette) morgens nüchtern, mittags eine halbe Stunde vor der Fütterung und abends spät verabreicht werden. Am Tag des Deckaktes morgens nüchtern wieder je 1 Dosis und etwa eine Stunde vor dem Ereignis erneut. Auch in einer Deckpause nach vergeblichen Aufreitversuchen können Damiana und Acidum phosphoricum erneut eingesetzt werden.

Bei bekannt deckunlustigen Rüden (die eigentlich nicht in die Zucht genommen werden sollten) kann mit den angeführten Mitteln vor einem geplanten Deckeinsatz drei Wochen vorher eine »Kur« in der angesprochenen Dosis gemacht werden. Unterstützend können Ginseng D 2 oder Yohimbinum D 3 jeweils 3 x täglich 1 Dosis drei Wochen lang verabreicht werden.

Vorspiel

Da unsere Haushunde wie ihre Vorfahren, die Wölfe, gesellige, soziale Lebewesen sind, gehen bei ihnen dem Deckakt viele Verhaltensweisen voraus, die die Paarungspartner sexuell stimulieren und die beiderseitige Deckbereitschaft erhöhen.

Vor dem Zusammenführen der Hunde ist unbedingt darauf zu achten, dass beide Deckpartner sich entleeren konnten.

Die Begegnung der beiden Paarungspartner wird meist durch gemeinsames oder simultanes Harnen eingeleitet. Der Rüde macht nach diesem demonstrativen Harnen heftige Scharrbewegungen und deutliches Imponiergehabe, was seinen Besitzanspruch auf die läufige Hündin eindeutig signalisiert. Die Hündin setzt ihren Harn ebenfalls gezielt und möglichst erhöht, teilweise mit angehobenem Bein und nicht wie sonst üblich, ab. Auch sie führt heftige Imponierscharrbewegungen aus. Danach fordert die Hündin durch intensives Spielverhalten, Quer-Aufreiten, Hüpfen und Springen, Hinterteilrempeln und Anstupsen des Rüden in der Schnauzenregion den Rüden zu aktivem, sexuellem Verhalten auf. Sie leckt ihm die Ohren oder sehr zärtlich die Mundwinkelregion und wirft sich im nächsten Augenblick vor ihm auf den Boden, lässt sich in der Genitalregion beschnuppern und springt plötzlich

Homöopathisches Mittel	Anwendung u. Dosierung [1]	Zeitpunkt
Hündin		
Sepia D6	3 x täglich 1 Dosis	3 Tage lang vor Deckakt
	1 mal 1 Dosis	Vor Abfahrt zum Rüden
	1 mal 1 Dosis	Vor Deckakt
	½ stündlich 1 Dosis	Falls Deckakt erfolglos
Rüde		
Damiana D1	3 x täglich 1 Dosis	3 Tage lang vor Deckakt
	1 mal 1 Dosis	Morgens am Decktag
	1 mal 1 Dosis	Vor Deckakt

[1] Dosierung s. Kasten Seite 67

wieder auf, rast davon oder fordert den Rüden in der »Vorderkörper-Tiefstellung« wiederholt zum Spielen auf. Sie wirft sich erneut auf den Rücken, springt auf und beschnuppert den Rüden ebenfalls sehr eingehend in der Genitalregion. Dazwischen steht sie mit zur Seite gebogener Rute, lässt den Rüden schnuppern oder lecken, zieht die Scheide hoch und wartet auf das Aufreiten.

Dieses intensive Vorspiel ist zur sexuellen Stimulation unbedingt erforderlich. Sie sollten dieses natürliche Paarungsverhalten ablaufen lassen und nicht durch Zeitmangel oder Ungeduld das Vorspiel und den Deckakt verhindern. Lassen Sie die Hunde gewähren, ermöglichen Sie dadurch ein Kennenlernen und gegenseitiges Akzeptieren der Deckpartner. Jeder Zeitdruck und Stress überträgt sich auf die Hunde und macht sie unsicher. Signalisieren Sie Ihrem Hund, dass Sie sein Verhalten billigen und sogar sehr gut finden, ermuntern Sie den Hund, loben ihn und zeigen Sie, dass Sie auch den Deckpartner akzeptieren. Die Hunde brauchen Ihren Zuspruch und das Wissen, dass Sie das Verhalten in der Decksituation begrüßen und fördern.

Dauer des Vorspiels

Stellt man nach etwa einer halben Stunde oder etwas länger fest, dass das aufgeführte Verhalten der Hunde überhaupt nicht abläuft, dass der Rüde sich nicht oder nicht ausreichend für die Hündin interessiert oder dass die Hündin keinerlei Interesse an dem Rüden zeigt, so sollte eine längere Pause (wenigstens 2 Stunden) eingelegt werden, in der die Hunde getrennt werden sollten. Der Rüde wird sich nach der Unterbrechung sehr viel »feuriger« der läufigen Hündin nähern, weiß er doch nun schon, was auf ihn zukommt.

Solche Deckunterbrechungen können mehrmals erforderlich werden. Seien Sie nicht ungeduldig und geben Sie den Hunden eine Chance. Brechen Sie nur dann ganz ab, wenn Sie über einen halben oder ganzen Tag mit Pausen keinen Fortschritt im Verhalten der Hunde sehen und Sie durch Testrüde, Vaginalabstrich und/oder Progesterontest sicher sind, dass der richtige Deckzeitpunkt da ist.

Das Vorspiel wie bei diesen beiden Hovawart-Hunden ist für den folgenden Deckakt sehr wichtig. Den Hunden ist dafür ausreichend Zeit einzuräumen, da Rüde und Hündin durch das Vorspiel erst stimuliert werden.

Deckakt

Unerfahrene Rüden werden von der deckbereiten Hündin immer wieder bestiegen, sie umkreist ihn, springt ihn an und fordert ihn massiv zum Sexualverhalten auf. Der Rüde leckt zuerst an den Harnspritzstellen, leckt dann immer wieder die Vulva der Hündin sehr ausgiebig und folgt ihr dicht in der »Tandem-Stellung«, seine Schnauze direkt an ihrer Genitalregion, wohin auch immer sie gehen mag.

Paarungsbereitschaft

Zunehmende Paarungsbereitschaft zeigt die Hündin durch häufigeres Stillstehen, seitliches Abdrehen, ja geradezu Abwinkeln der Rute und Anheben der Scheidenregion, sowie das Dulden der Deckversuche an. Unerfahrene Rüden steigen von der Seite oder von vorn auf, rutschen ab, verlieren den Halt oder werden sehr häufig von der erfahrenen Hündin weggestoßen. Sie dreht sich so zum Rüden, dass er sie von hinten besteigen kann, schiebt ihn auch schon einmal in die richtige Position und wartet geduldig. Manchmal reagiert sie auch unwirsch und knurrt, wenn er dann immer noch einmal von vorn

Aufreiten

oder von der Seite aufreitet. Hat der Rüde die Hündin dann von hinten bestiegen, umklammert er den Lendenbereich, macht den Rücken sehr krumm, umfasst mit den Vorderläufen die Hüfte der Hündin, zieht sie nochmals dichter an sich heran und verhindert so ein Abrutschen. Durch diesen festen Klammergriff kann die Hündin nicht mehr weglaufen oder sich wegdrehen. Die Hinterläufe des Rüden stehen jetzt außen neben denen der Hündin. Der Rüde versucht durch heftige Beckenstöße seinen Penis, der erst leicht eregiert ist, in die Vulva (Scheide) der Hündin einzubringen. Er »trippelt«, das heißt er bewegt sich mit schnellen Bewegungen von einem

Hängen

Hinterlauf auf den anderen. Erfahrene Hündinnen stehen jetzt ganz still. Hat der Rüde seinen Penis in die Scheide eingeführt, folgen einige weitere sehr heftige Stöße bis zum Augenblick der Ausschüttung des zweiten Ejakulats, worauf der Rüde seine Beckenstöße beendet, jedoch noch kurze Zeit in der Position des Aufreitens verbleibt. Danach versucht er, von der Hündin abzusteigen. Er setzt seine Vorderläufe auf eine Seite neben der Hündin, verharrt einen Augenblick so und versucht, einen Hinterlauf über den Rücken der Hündin zu schieben. Die Hunde »hängen« jetzt, sie stehen in der »Po-an-Po-Stellung« oder »Steiß-an-Steiß-Stellung«. Beide Hunde blicken in die entgegengesetzte Richtung mit einem typischen, angespannten Gesichtsausdruck. Einige Hündinnen schreien immer noch, andere speicheln stark, wieder andere sind still und blicken stur in die entgegengesetzte Richtung, als ginge sie dies alles nichts an. Auch während des Hängens kann es zum gegenseitigen Belecken der Ohren oder zu Schnauzenzärtlichkeiten kommen. Oft bewegen sich die Hunde während des Hängens hin und her, stehen etwa in dieselbe Richtung, drehen sich nebeneinander, stehen wieder Steiß-an-Steiß. Die Hündin vollführt immer wieder pumpende Bewegungen mit ihren Bauch- und Genitalmuskeln, sie stöhnt dabei heftig, so, als würde sie vor der Geburt von wellenartigen Wehenbewegungen durchlaufen.

Die Rüden zeigen vor und während des Deckaktes sehr unterschiedliche Verhaltensweisen. Unser Rüde Baldur lehnte jedes Eingreifen ab. Er wollte mit der Hündin allein sein und zeigte deutlich, dass er die Sache allein vollbringen konnte. Der Rüde Tasso ließ sich vor und während des Deckaktes auch im Genitalbereich anfassen, er fühlte sich dadurch überhaupt nicht gestört. Albert, ein blonder Rüde, ließ, wenn er schlecht gezielt hatte, Frauchen von hinten schieben, er deckte jedoch so sicher, dass wir spaßhaft sagten, er und sein Sohn Askan würden sogar eine »Drahtrolle« decken, so deckfreudig waren beide. Sie ließen sich auch von sehr zickigen, keifenden Hündinnen oder Jungfrauen nicht beeindrucken.

Ist die Vereinigung erfolgt und die Hunde hängen, dann sollte man die Hündin unbedingt von vorn festhalten, sie beruhigen, streicheln und darauf achten, dass sie das Hinterteil nicht versucht, wegzudrehen oder sich hinsetzt. Der Rüde steht nun abgedreht oder schräg seitlich zur Hündin oder in der »Po-an-Po-Stellung«. Diese Stellungen erscheinen uns Menschen qualvoll, den Hunden macht sie wegen der anderen Anatomie der Genitalien nichts aus, es ist die natürliche Kopulationsstellung der Caniden, der Hundeartigen. Man sollte deshalb keinesfalls versuchen, den Rüden wieder auf die Hündin zu heben. Die Rüden stehen meist sehr ruhig und gelassen, nicht so die Hündinnen. Sie sind erschrokken, durch die Ausdehnung der Schwellkörper entsteht unangenehmer Druck und sie versuchen, sich niederzuwerfen und zu entkommen. Deshalb sollte man sie unbedingt halten und beruhigen, da die Losreißversuche und nicht das Hängen selbst schmerzhaft sein können.

Während des Hängens erfolgt wie bereits ausführlich beschrieben nur noch die Abgabe einer größeren Menge wässrigen Ejakulates aus der Prostata (3. Ejakulat). Das Hängen der Hunde wird durch die Schwellkissen in der Scheide der Hündin und den knolligen Schwellkörper im Penis des Rüden bewirkt. Der Penis hat eine verhältnismäßig lange Eichel und im Schaft neben dem Penisknochen einen weiteren zusätzlichen Schwellkörper, der sich erst in der Scheide der Hündin auf taktile Reize hin mit Blut füllt. Würde er sich schon bei Beginn der Paarung außerhalb der Scheide füllen, wäre der Deckakt außerordentlich erschwert und dadurch ein vollständiges Eindringen unmöglich. Ist der Schwellkörper des Rüden in der Vulva angeschwollen, so wird er von den Schwellkissen in der Scheide der Hündin, die sich nun hinter dem Schwellknoten befinden, festgehalten. Ein Loskommen und Herausziehen des Penis ist erst nach Lockerung der Scheidenmuskulatur und Abschwellen des Knotens möglich.

In der Situation des »Hängens« ist es deshalb unmöglich, die Hunde zu trennen. Ein Trennen oder Auseinanderreißen würde bei beiden Deckpartnern große Schmerzen verursachen und schwere Verletzungen hervorrufen. Dabei wäre es sowieso völlig sinnlos, der Deckakt ist schon längst vollzogen, da die Samenflüssigkeit bereits vor Beginn des Hängens (2. Ejakulat) mit den heftigen Beckenstößen in die Hündin abgegeben wurde.

Bei der Hündin sind während des »Hängens« Pumpbewegungen zu beobachten. Diese Pumpbewegungen werden durch den taktilen Reiz des

Der Deckakt besteht aus verschiedenen Phasen: Beschnuppern der Genitalregion, Aufreiten, Klammern und Hängen.

Knotens in der Scheide ausgelöst und verstärkt. Sie transportieren das Sperma innerhalb kürzester Zeit zu den weit entfernten Eileiteröffnungen, wobei das 3. wässrige Ejakulat gewissermaßen nachspült. Der Knoten vor den Schwellkissen wirkt dabei wie ein Ventil und verhindert, dass Sperma wieder in die falsche Richtung zurückfließt. Ein einfacheres und dabei so sinnvolles Verfahren, um das abgegebene Sperma zügig zu den Eileitern zu transportieren, könnte sich niemand ausdenken.

Sollte beim Deckakt Hilfestellung geleistet werden und wie soll das Geschehen eigentlich ablaufen? Über die verschiedenen Vorlieben der Rüden für bestimmte Orte ist bereits berichtet worden. Der Paarungsakt sollte möglichst natürlich ablaufen. Meist ist der Garten der geeignetste Ort, da die Hunde nicht zu weit weglaufen sollten, da Sie sonst keine Hilfe leisten können. Die Dauer des Hängens müssen Sie verfolgen oder sogar eingreifen, wenn irgend etwas nicht so abläuft, wie es ablaufen sollte. Geeignet ist auch eine Wiese oder ein Acker, die möglichst eingezäunt sein sollten. Nicht geeignet ist die Rasenfläche vor Wohnblocks oder ein vielbegangener Park, denn ein Deckakt ist kein gesellschaftliches Ereignis. Sie haben sonst sofort eine Menschentraube an Zuschauern, die Sie fragen werden, was die Hunde dort machen oder ob sie helfen können. Andere Zuschauer werden ihre eigenen Hunde hinschicken, damit sie mitspielen können. Sie müssen sich beim Decken ganz auf die Hunde konzentrieren und dabei ist jede Störung eine schädliche Ablenkung. Versuchen Sie, den Hunden ein völlig ungestörtes, ruhiges Umfeld zu bieten.

Beim Vorspiel mit allen seinen Feinheiten und Ritualien sollten Sie so wenig wie möglich eingreifen. Ich achte lediglich darauf, dass die Hunde sich nicht zu weit entfernen und rufe sie ggf. dichter heran. Auch achte ich darauf, dass sie nicht im Gebüsch oder unter Hecken verschwinden, wo ich nach erfolgtem Deckakt keine Hilfestellung geben kann. Ich freue mich immer über die natürlich ablaufenden Verhaltensweisen wie ausgeprägtes Spielverhalten, Zärtlichkeiten wie Ohren- und Schnauzenlecken und andere Sozialkontakte, da sie mir anzeigen, dass der Deckzeitpunkt richtig sein muss. Zwischendurch ermuntere ich beide Hunde, ich lobe sie und sage ihnen, wie toll sie alles machen. Unterhalten Sie sich in dieser Phase möglichst wenig, sondern beobachten Sie intensiv die Hunde. Für Gespräche haben Sie nach erfolgtem Deckakt ausreichend Zeit!

Ist der Rüde aufgestiegen und hat heftige Beckenstöße ausgeführt, so nähere ich mich im Zeitpunkt des »Trippelns« des Rüden den Hunden. Jetzt ist der Rüde eingedrungen und ich halte die Hündin am Kopf fest und rede beruhigend und lobend auf sie ein. Der Rüde beendet seine heftigen Stöße und die Hunde »hängen«. Der Rüde steigt nach wenigen Augenblicken mit den Vorderläufen von der Hündin herunter, er steht jetzt seitlich und versucht, seinen zweiten Hinterlauf über die Hündin zu ziehen. Hier sollte der Deckrüdenbesitzer helfen und den Hinterlauf über den Rücken der Hündin auf den Boden setzen. Auch er sollte jetzt den Kopf des Rüden halten und beruhigend auf ihn einreden, damit die Hunde sich beim Auseinanderstreben keine Schmerzen oder Verletzungen zufügen. Die Hunde müssen auch jetzt so viel Bewegungsfreiheit erhalten, dass sie ihre Stellung »Po-an-Po« oder wie es sonst angenehm und erträglich ist, jeweils verändern können. Lediglich ein Auseinanderreißen soll verhindert werden. Nähert sich das »Hängen« dem Ende zu, werden die Hunde unruhig, versuchen sich zu drehen oder am Genitalbereich zu schnuppern. Kurz darauf haben sie sich getrennt.

Zwangsmaßnahmen

Alle Zwangsmaßnahmen beim Decken führen meist zu nichts. Sind solche Zwangsmaßnahmen wie Festhalten der Hündin, Zuhalten der Schnauze der Hündin oder Schlimmeres erforderlich, so ist es in der Regel nicht der richtige Deckzeitpunkt oder die Hündin lehnt den Rüden aus psychologischen Gründen ab. Solche Zwangsdeckungen sind nach meinen Erfahrungen meist erfolglos und können lediglich dazu führen, dass die Hündin den Deckakt mit unangenehmen Erinnerungen verknüpft, was jeden weiteren Deckversuch erschwert.

Dauer des Deckaktes

Dauer des Hängens

Der Vorgang des Hängens dauert in der Regel 5 bis 45, in Einzelfällen sogar 60 Minuten und mehr. Die Zeitdauer ist von Rasse zu Rasse verschieden und innerhalb der Rassen in den Linien ebenfalls sehr unterschiedlich. Die Dauer des »Hängens« hat kaum Einfluss auf die Fertilität (Fruchtbarkeit), sie scheint nur die Menge des 3. Ejakulates zu beeinflussen.

Sollten die Hunde den Deckakt vollzogen haben, sich dann losreißen oder Ähnliches und dadurch nicht hängen, so kann die Hündin trotzdem aufgenommen haben, wenn die 2. Ejakulation erfolgt ist. Sie erkennen dies meist daran, dass der Rüde, da er ja abgespritzt hat, nach dem Losreißen kein Interesse mehr an der läufigen Hündin zeigt. Hat er nur seine erste Fraktion abgegeben, wird er erneut versuchen, die Hündin zu besteigen.

Die Dauer des Hängens ist meist bei einem Rüden etwa gleich. Unser Rüde Baldur hatte immer Zeiten zwischen 12 und 15 Minuten zu verzeichnen, er wich nie davon ab. Der junge, feurige Rüde Aik wollte sich gar nicht wieder von der Hündin trennen. Bei ihm dauerte das Hängen immer 35 bis 45 Minuten. Die bei weitem häufigste Deckdauer liegt bei unserer Rasse Hovawart zwischen 10 und 20 Minuten.

Nachbereiten der Hunde oder »die Zigarette danach«

Hat der Rüde sein 3. Ejakulat in die Hündin abgegeben und der Vorgang des »Hängens« nähert sich dem Ende, werden die Hunde wie bereits beschrieben unruhig. Sie treten von einem Lauf auf den anderen, drehen sich und versuchen, die Genitalien zu belecken. Dann lösen sie sich plötzlich voneinander. Die Kopplung, das »Hängen«, ist beendet.

Nachbereiten der Hündin

Die Hündin versucht meist sofort nach der Kopulation (Vereinigung), ihre Scheide zu lecken. Andere versuchen durch heftiges Umherspringen, die angestaute Energie abzureagieren. Dies sollten Sie unbedingt verhindern. Es gibt verschiedene Meinungen darüber, ob sich die Hündin jetzt lösen soll oder nicht. Ich nehme meine Hündin nach dem Hängen ganz kurz ans Halsband und führe sie sofort zum Auto, ohne dass sie sich setzen und sich lösen darf. Wenn sie sich jetzt löst, wird ein Teil der Samenflüssigkeit mit herausgespült und genau das will ich ja verhindern. Sie steigt auch sofort ein, beginnt den Genitalbereich ausgiebig zu lecken und ist sehr mit sich selbst beschäftigt. Oft dreht sie sich heftig im Auto, um besser an alle Stellen im Scheidenbereich heranzukommen. Sie steht immer wieder auf, legt sich wieder, steht erneut auf und versucht oftmals, irgend etwas zu zerreißen. Ich setze mich ins Auto zu ihr, rede beruhigend auf sie ein und warte, bis sie sich abreagiert hat. Ich spreche immer weiter mit ihr, bis sie ruhiger wird und ich davon ausgehen kann, dass sie wegen der Schmerzen oder des Unwohlfühlens nicht mehr alles im Auto in Fetzen reißt. Sie hat jetzt unbedingt eine längere Ruhepause nötig.

Lösen

Alle Gespräche mit dem Rüdenbesitzer, die Sie ja vorher verschoben haben, weil Sie auf die Hunde achteten, können jetzt in aller Ruhe nachgeholt werden. Die Hündin benötigt etwa zwei Stunden Ruhephase, in der sie möglichst nicht gestört werden sollte. Diese Ruhephase soll den langen Weg der Spermien in die Eileiter störungsfrei gewährleisten. Wasser trinken lassen oder sich sonst um die Hündin kümmern können Sie nach Ablauf dieser zwei Stunden.

Rückreise

Die Rückreise im Auto ist ein weiterer wichtiger Grund, eine Pause nach dem Deckakt einzulegen. Das Stoßen und Schaukeln des sich bewegenden Autos wirkt sich negativ auf die Vorgänge in der Hündin nach dem Decken aus. Das gilt auch bei unseren heute eigentlich recht glatten, ebenen Straßen. Es gibt hierzu keine genauen Untersuchungen, jedoch bleiben Hündinnen nach Aussage erfahrener Züchter häufiger leer, die sofort nach dem Deckakt

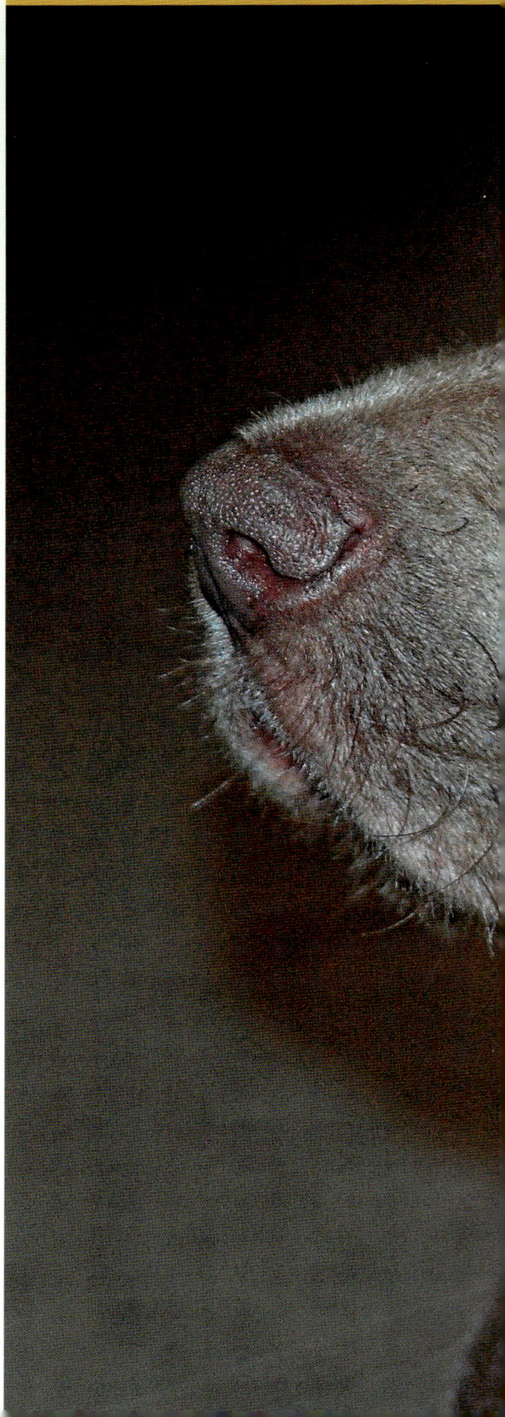
Slowakischer Rauhbart-Welpe

die Rückreise im Auto angetreten haben. Sie haben die Reise zum Deckrüden jedoch gemacht, um Erfolg zu haben! Dann sollte es auf diese zwei Stunden Wartezeit auch nicht mehr ankommen.

Nachbereiten des Rüden

Können sich die Hunde nach der Kopulation (Vereinigung) wieder voneinander lösen, so setzt der Rüde sich meist sofort, um seine Genitalien intensiv zu lecken. Das Lecken bewirkt das Wiedereinfahren des ausgeschachteten Penis. Oft läuft der Rüde auch noch umher, um an den Lösestellen der Hündin erneut zu schnuppern und zu lecken. Der Penis kann dabei noch ausgefahren sein. Dies muss Sie nicht beunruhigen, denn durch die Bewegung zieht sich das Glied dann irgendwann in die Vorhaut (Präputium) zurück.

Nachdecken

Der Rüde sollte ebenfalls eine Ruhepause haben. Wasser und Futter sind sofort nach den Aufregungen und Anstrengungen des Deckaktes nicht gut für ihn und sollten erst einige Stunden später oder am nächsten Tag gegeben werden. Der Rüdenbesitzer sollte seinen erfolgreichen Rüden ausgiebig loben. Für den Rüden ist dieses Lob wichtig und er wird den nächsten Deckakt freudig angehen, da er sich durch das Lob der Zustimmung seines Besitzers, des »Rudelführers«, zu seinem Paarungsverhalten und dem Deckakt sicher ist.

Fremdüberdeckung

Nachdecken

Wölfe paaren sich in der Hochbrunst der Wolfsfähe mehrfach. Frau D. Feddersen-Petersen vom Institut für Haustierkunde an der Universität Kiel beschreibt sogar, dass die dort gehaltenen Wölfe ihre Fähen bis zu achtmal am Tage deckten. Auch Erik Zimen beschreibt in der Ranzzeit der Wölfe ein zwei- bis dreimaliges Decken innerhalb von vierundzwanzig Stunden.

Unsere domestizierten Haushunde müssen gar nicht solche Höchstleistungen vollbringen. Um eine Überbeanspruchung des Rüden zu verhindern und die Sicherheit zu erhöhen, eine ausreichend gute Spermamenge und Spermaqualität zu erhalten, sollten die Deckrüden nur einen Deckakt am Tag ausführen, auch wenn nach wissenschaftlichen Untersuchungen die meisten Rüden genügend Sperma für zwei Ejakulate pro Tag produzieren.

Da der Zeitpunkt der Ovulation für das Eintreten einer Trächtigkeit nach erfolgtem Deckakt von entscheidender Bedeutung ist, sollte unbedingt in einem Zeitraum von 24 bis 48 Stunden nachgedeckt werden. Das schließt das Risiko des Leerbleibens weitgehend aus, da durch zwei Deckakte gewährleistet ist, dass über einen Zeitraum von 60 bis 70 Stunden in den Eileitern der Hündin gesunde, aktive Spermien zur Befruchtung vorhanden sind. Ob zweimaliges Decken eine erhöhte Fruchtbarkeitsrate (größere Würfe) mit sich bringt, ist nicht erwiesen, aber wahrscheinlich.

Meine Hündin Orscha ließ sich nie nachdecken, wenn die erste Paarung offensichtlich erfolgreich war. Bei ihr setzte die hormonelle Umstellung offensichtlich wenige Stunden nach erfolgreichem Decken ein. Die Hündin Bianca ließ sich immer nachdecken, war jedoch nicht jedes Mal trächtig. Sie müssen deshalb bei jeder Hündin neu herausfinden, was für sie und bei ihr richtig ist.

Fremdüberdeckung

Da die Befruchtungsfähigkeit der Hündinnen sich über einen längeren Zeitraum erstrecken kann, ist es möglich, dass Welpen mit verschiedenen Vätern in einem Wurf vorhanden sind. Hat nämlich ein anderer Rüde als der ursprüngliche und erstdeckende Rüde nachgedeckt, so sind in der Hündin Spermien beider Rüden zu finden. Die befruchtungsfähigen Eizellen können nun von den Spermien dieser unterschiedlichen Väter befruchtet werden.

Die Hündinnen sind deshalb nach erfolgtem Decken durch den von uns gewählten Rüden sehr sorgfältig »unter Verschluss« zu halten. Die Hündin kann nach dem Belegen wie auch vor dem Deckakt nur noch an der Leine ausgeführt werden. Sie sollten anderen Rüden als dem Deckrüden unbedingt ausweichen. Da viele Rüden in Ihrer Umgebung jedoch auch frei und ohne Aufsicht herumlaufen, empfiehlt es sich sogar, nach dem Deckakt noch einige Tage die Hündin nur in den Garten zu lassen. Und das auch nur unter Ihrer Aufsicht! Denken Sie daran, wie »findig« die Rüden sein können, wenn sie eine läufige Hündin riechen.

Ein Züchter hatte seine Hündin mit gutem Erfolg von einem für diese Hündin hervorragend passenden Rüden belegen lassen. Eine weiter entfernt stattfindende Familienfeier führte ihn und seine Frau in den Folgetagen von Norddeutschland nach Süddeutschland. Die fast erwachsenen Kinder sollten gut auf die gedeckte Hündin achten und sie in dieser Zeit betreuen. Nach Ablauf der Trächtigkeitszeit fiel ein gesunder Wurf mit 9 Welpen. Die Freude war groß. Der Wurf wurde unbeanstandet abgenommen und alle Welpen kamen zu ihren neuen Besitzern. Als die Welpen neun Monate alt waren, wurde für den Wurf eine Nachzuchtbeurteilung durchgeführt. Alle Welpen bis auf einen waren gekommen. Das Erschrecken des Züchters ist kaum zu beschreiben. Nur drei Hunde glichen im Erscheinungsbild einem Hovawart, der Rasse der Mutter. Die anderen Welpen waren ungewohnt kurzhaarig, hatten einen anderen Körperbau, die Größe stimmte nicht und die Schädelform wich auch erheblich vom Hovawart-Standard ab. Was war geschehen? Während der Abwesenheit der Eltern hatten die Kinder wohl doch nicht so gut auf die noch läufige Hündin geachtet. Im Dorf stromerte ein schwarzer Labrador herum und der muss wohl einen weiteren erfolgreichen Deckakt vollbracht haben. Da der Labrador äußerlich einem Hovawart nicht so unähnlich ist, konnte nach der Geburt und auch noch bei der Wurfabnahme nichts besonders Auffälliges festgestellt werden. Die Folgen waren schlimm. Fünf der Hundekäufer klagten gegen den Züchter, denn sie hatten offensichtlich keinen Rassehund, sondern einen Mischling erhalten und bezahlt. Der Züchter musste Geld erstatten. Die Käufer der drei Hunde, die wie ein rassereiner Hovawart aussahen, wollten eine Bestätigung, dass sie rassereine Hunde hatten. So etwas ist nach den VDH-Bestimmungen nur nach einem für jeden Einzelfall durchgeführten Vaterschaftstest möglich. Der eingetragene Vater des Wurfes war jedoch Monate vorher an einer Vergiftung verstorben. Vaterschaftstests konnten also über den Vater nicht mehr durchgeführt werden und Abstammungsnachweise (Vaterschaftstests) über Halbgeschwister (der ursprüngliche Rüde hatte noch andere Würfe), sind mit erheblichen Kosten und sehr viel Aufwand verbunden. Der gesamte Wurf wurde aus dem Zuchtbuch gestrichen, die Ahnentafeln mit sehr viel Arbeit und Schriftverkehr wieder eingezogen und der Züchter hatte viel, viel Ärger.

Vaterschaftsnachweis

So etwas sollten Sie sich ersparen. Den gleichen Ärger haben Sie natürlich auch, wenn ein Rüde der gleichen Rasse nachdeckt. Auch hier ist ja dann die Vaterschaft ungeklärt und Gewissheit nur über Vaterschaftsnachweis möglich. Die Vereine des VDH sehen in ihren Zuchtordnungen bei Fremdüberdeckung immer das Streichen des gesamten Wurfes aus dem Zuchtbuch vor. In der Zucht muss die Sicherheit bestehen, dass der angegebene Vater auch wirklich der Vater des Wurfes ist, da genetisch bei allen weiteren Zuchtplanungen die Abstammung eines Hundes die entscheidendste Rolle überhaupt spielt.

Der Vollständigkeit halber möchte ich darauf hinweisen, dass Vorstellungen, die eine Rassehündin für nicht mehr einsetzbar halten, wenn eine Mischlingsverpaarung stattgefunden haben sollte (Telegonie), ins Reich der Märchen gehören. Der entsprechende Wurf nach Fremddeckung (Mischlingswurf) erhält natürlich keine Papiere, der nächste Wurf der Hündin mit dem für sie bestimmten Deckrüden der Rasse jedoch selbstverständlich wieder.

Was soll ein Züchter also tun, wenn eine Fremddekkung oder Fremdüberdeckung stattgefunden hat? Auf keinen Fall sollte durch Hormongaben der kommende Wurf verhindert und weggespritzt werden. Die Folgen für die Hündin sind, wie Sie auf S. 102 nachlesen können, nach meinen Erfahrungen sehr gesundheitsschädigend. Die Hündin sollte den Wurf, für den es ja keine Papiere geben kann, bekommen und der Züchter sollte daraus den wichtigen Schluss ziehen, dass er künftig während der Läufigkeit noch viel besser auf seine Hündin achten muss, damit ihm diese ärgerliche Situation erspart bleibt.

Instrumentelle Samenübertragung/Künstliche Besamung

Künstliche Besamung

Die »Instrumentelle Samenübertragung« oder »Künstliche Besamung« ist eine weitere Möglichkeit, Welpen von einem ausgewählten hervorragenden Rüden zu erhalten. Die Ansichten zur künstlichen Besamung gehen sehr weit auseinander. Die Befürworter sehen eine Möglichkeit, Sperma eines anerkannt guten Vererbers weltweit einzusetzen. Wir haben in unserem Verein auf diese Weise z.B. mit den USA Zuchtaustausch gefördert. Besonders begründbare Einzelfälle (z.B. Rüde und Hündin beim gleichen Besitzer, kein natürlicher Deckakt dieser beiden Zuchttiere möglich, siehe auch S. 91) können eine Variante für künstliche Besamung sein. Bei Auslandsrüden kann die Vermeidung des Transports der Zuchttiere über Ländergrenzen hinweg bei großen Entfernungen oder veterinärgesetzlichen Vorschriften ebenso wie Nutzung genetisch wertvoller Rüden auch nach deren Tod Grund für eine instrumentelle Samenübertragung sein. Auch die Herabsetzung der Infektionsgefahr (Übertragung von spezifischen und unspezifischen Genitalinfektionen) über den Rüden von einer Hündin auf die andere können Erwägungen zur künstlichen Besamung sein.

Instrumentelle Samenübertragung

Die Gegner der künstlichen Besamung sehen in dem natürlich ablaufenden Deckvorgang die Gewähr für die Gesundheit unserer Rassehunde auch in der Zukunft.

Bevor eine Entnahme zur künstlichen Besamung für einen vorgesehenen Deckakt gezogen wird, sollte bei dem Rüden eine Probe entnommen werden, um die Qualität der Spermien zu prüfen und den Rüden mit dem Vorgang der Entnahme vertraut zu machen.

Die Rüden sind in der Regel nur dann zu stimulieren und zur Spermaabgabe und Ejakulation zu bringen, wenn eine läufige Hündin im späten Proöstrus (Vorbrunst) oder Östrus (Brunst) anwesend ist. Auch hierbei ist die Psyche und Einstimmung der Deckrüden sehr wichtig. Der Rüde wird ja in eine ihm fremde Umgebung gebracht, rutschige Böden müssen vermieden werden und Personal in weißen Kitteln darf während der Spermaabgabe nicht ständig störend ein- und ausgehen. Unerfahrene und sensible Rüden werden sonst unnötig blockiert und eine Spermaabgabe unmöglich.

Manche Tierarztpraxen arbeiten zur Spermagewinnung mit der sogenannten »Künstlichen Scheide«. Die »Künstliche Scheide« ist eine zylindrische Röhre, die mit warmem Wasser gefüllt wird. Ich halte diese Methode für unangebracht, weil sie beschwerlich anzuwenden ist, der verlängerte Kontakt zwischen Spermien und Latexauskleidung zu einem vollständigen Motilitätsverlust (Bewegungsunfähigkeit) der Spermien führen kann und Rüden (im Gegensatz zu Nutzvieh) diese Methode ablehnen (Blockade).

An Material zur Entnahme von Sperma benötigt der Tierarzt Trichter oder Schalen aus Glas oder Plastik, Reagenzgläser und Reagenzglashalter für das Wasserbad, das eine Temperatur von 37° Celsius beibehalten soll oder vorgewärmte, skalierte Wassermantelgefäße, Objektträger und Deckgläser,

Pipetten, Färbemittel, Mikroskop mit höherer Auflösung, Zählkammern und Material zur Verdünnung der Spermien.

Bei der Spermagewinnung muss der Tierarzt die natürlichen Gegebenheiten der Paarung weitgehend berücksichtigen, damit eine Ejakulation zustande kommt. Für viele Rüden wirkt die Anwesenheit vertrauter Personen stimulierend, für andere kann der Besitzer eher störend wirken. Die Anwesenheit einer läufigen Hündin macht den Absamvorgang meist erst möglich. Ebenso muss der Tierarzt die unterschiedlichen Abschnitte im Vorgang der Paarung wie Umsteigen und Knoten berücksichtigen. Das Ejakulat wird in drei unterschiedlichen Phasen (Prostataflüssigkeit – spermienreiche Fraktion – Prostataflüssigkeit) abgegeben, wovon nur die spermienreiche Fraktion von Bedeutung ist.

Die Spermagewinnung ist beim Hund nicht einfach und bedarf richtiger und wenn möglich geübter Abnahmetechnik. Ist eine läufige Hündin anwesend, so wird diese an Kopf und Hals richtig fixiert und der Sperma liefernde Rüde darf schnüffeln und die Scheide (Vulva) der Hündin belecken. Sobald der Rüde interessiert ist und vor dem Versuch, auf die läufige Hündin zu springen und aufzureiten, wird der Penis des Rüden normalerweise mit der rechten Hand und von der linken Seite des Rüden aus gehalten. Jetzt sollten Auf- und Abbewegungen des Präputiums (Vorhaut) die anfängliche Stimulation vertiefen. Ist der Bulbus (zwiebelartiger Knoten) geschwollen, so wird das Präputium (Vorhaut) zurückgeschoben, um den Penis ganz frei zu legen. Jetzt erfolgt Druck auf die Penisbasis, wobei der Rüde Friktionsbewegungen ausführt. Während dieser heftigen Stoßbewegungen ist der Versuch, Ejakulat zu gewinnen sinnlos. Es handelt sich dann auch um die erste spermienfreie Fraktion, eine klare Flüssigkeit. Nachdem die erste Fraktion ausgestoßen wurde, kommt es durch vier bis zehn starke

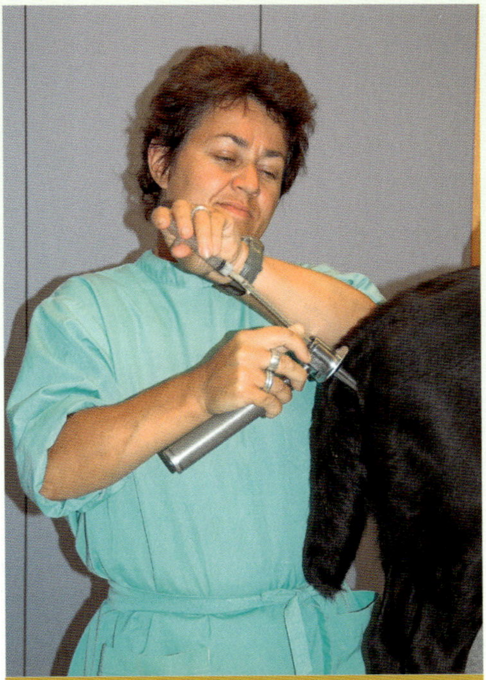

Die instrumentelle Samenübertragung ist nicht ganz einfach und erfordert besondere Gerätschaften wie dieses Besamungsgerät, das in die Scheide über die Schamlippen der zu besamenden Hündin eingeführt wird. Die Hündin wird bei der künstlichen Besamung am Becken gestützt, erhöht gehalten und das Sperma entleert.

Kontraktionen zur Ejakulation der zweiten, spermienreichen und weißen Fraktion. Wenn möglich sollte diese separat in einem zweiten Reagenzglas oder Schälchen oder Glastrichter

aufgefangen werden. Nach Abgabe der spermienreichen Fraktion kommt es zu mehreren unproduktiven Harnröhrenkontraktionen, bis die dritte Fraktion (klare Prostataflüssigkeit) ejakuliert wird.

gekühltes Sperma

Der Großteil der dritten Fraktion wird entweder in dem Behältnis, das die erste Fraktion enthält, aufgefangen, oder man lässt das Ejakulat des Rüden unkontrolliert ablaufen.

Spermagewinnung

Danach erfolgt die spermatologische Untersuchung der Probe auf Spermiendichte, Beweglichkeit, Anteil toter und missgebildeter Spermien usw. Die Probe muss warm gehalten werden, da eine Abkühlung zu einer Herabsetzung der Motilität (Beweglichkeit) oder sogar Schädigung der Spermien führen kann.

Gefriersperma

Die weitere Bearbeitung wie Spermabehandlung und/oder Konservierung hängt von der weiteren Verwendung ab. Bei der »Instrumentellen Samenübertragung/Künstlichen Besamung« unterscheidet man folgende Möglichkeiten:

1. Frischspermaübertragung
2. Übertragung gekühlten Spermas
3. Gefrierspermaübertragung

Frischspermaübertragung bedeutet, dass Rüde und Hündin bei dem Übertragungsvorgang anwesend sind und direkt nach Absamen des Rüden die Besamung der Hündin vorgenommen wird. Der Ovulations- (Eisprung) und damit der günstigste Deckzeitpunkt muss bei der Hündin sehr genau vorausbestimmt werden (wie bei einem natürlich ablaufenden Deckakt). Eine Voruntersuchung auf Bakterien bei Rüde und Hündin sollte durchgeführt werden. Beide Deckpartner müssen geschlechtsgesund sein und ein erblich bedingtes oder infektiöses Leiden muss ausgeschlossen werden. Bei der Frischspermaübertragung wird die spermienreiche Fraktion nach der ausführlichen Untersuchung des Spermas meist mit einem geringen Anteil an Seminalplasma (Prostatasekret) unverdünnt sofort nach der Gewinnung (möglichst innerhalb von 15 Minuten) inseminiert (künstlich befruchtet). Das Besamungsergebnis liegt hierbei bei ca. 85 % und damit nur geringfügig unter dem des natürlichen Deckaktes.

Gekühltes Sperma (flüssigkonserviertes Sperma) wird nach besonderen Haltbarkeits-/Kühlverfahren transportfähig aufbereitet und kann danach versandt oder an einen anderen Ort verbracht werden. Diese Probe sollte mindestens 24 und höchstens 48 Stunden später verwendet werden, das heißt, man kann es erst bestellen, wenn die Hündin in die günstigste Befruchtungsphase eintritt. Zwei Tage nach der Samengewinnung sind die Aussichten auf eine erfolgreiche Befruchtung bereits deutlich reduziert. Die Trächtigkeitsraten liegen bei 50–60 %.

Gefrorenes oder Gefriersperma (in flüssigem Stickstoff gefroren) ist jahrzehntelang haltbar. Soll

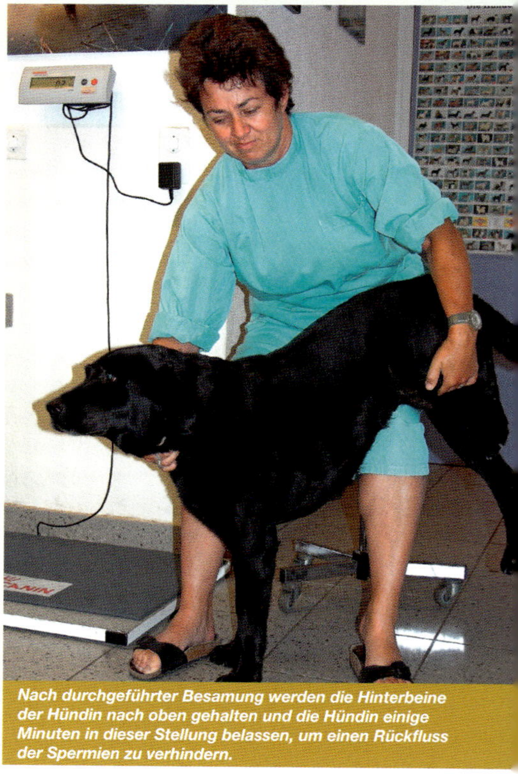

Nach durchgeführter Besamung werden die Hinterbeine der Hündin nach oben gehalten und die Hündin einige Minuten in dieser Stellung belassen, um einen Rückfluss der Spermien zu verhindern.

Sperma tiefgefroren werden, so muss ein Gefrierschutzmittel – Glycerin – zugesetzt werden. Das Tiefgefrieren ermöglicht, Nachkommen von einem Rüden auch nach vielen Jahren noch zu erzeugen. Einige Rüdenbesitzer sowie auch einige Vereine lassen das Sperma von Rüden mit besonders hohem züchterischen Wert in »Samenbanken« konservieren. Wegen der hohen Gefrierverluste muss hierbei eine größere Anzahl an Spermien beim Besamungsvorgang genutzt werden. Trächtigkeiten sind hierbei weniger häufig (teilweise unter 50 %).

Der Besamungsvorgang selbst ist nicht ganz einfach und erfordert bestimmte Gerätschaften wie Pipette oder Besamungsgerät. Man unterscheidet die intravaginale (innerhalb der Scheide erfolgende) und die intrauterine (im Innern der Gebärmutter erfolgende) Besamung. Die intravaginale Besamung wird mittels eines starren Plastikkatheders mit aufgesetzter Plastikspritze und ggf. einem Gummikolben oder einer Pipette durchgeführt, die in die Vagina (Scheide) über die Schamlippen eingeführt werden. Die zu besamende Hündin wird dabei am Becken gestützt oder auf einen hinten stark erhöhten Platz gestellt, die Hinterbeine der Hündin werden nach oben gehalten und das Sperma wird entleert. Die Hündin wird in dieser Stellung für einige Minuten gehalten. Eine Stimulation der Schamlippen ruft Kontraktionen der Vagina (Scheide) hervor, die die Passage der Spermien in die Gebärmutter unterstützen. Der Hündin soll nach durchgeführtem Besamungsvorgang für mindestens 10 Minuten der Harnabsatz (wie bei einem natürlichen Deckakt auch) verwehrt werden, da ein Reflux (Zurückfließen) einer großen Flüssigkeitsmenge jetzt eine schlechte Besamungsrate bedeutet. Wenn möglich sollten zwei künstliche Besamungen an verschiedenen Tagen durchgeführt werden, um die Chance einer normalen Trächtigkeitsrate zu erhöhen. Die intrauterine Besamung verläuft genauso, jedoch wird ein speziell für diesen Zweck entwickelter Doppelkatheder verwendet und weiter bis zum Gebärmutterhals durch die Vagina geschoben wird. Diese Methode liefert vor allem bei tiefgefrorenem Sperma bessere Resultate. Die öfter geäußerte Meinung, dass mit konserviertem Sperma missgebildete Nachkommen gezeugt werden können, trifft nicht zu.

Die VDH-Zuchtordnung lässt künstliche Besamung nach vorheriger Genehmigung des zuständigen Rassehundezuchtvereins zu. Die Genehmigung darf jedoch nur erteilt werden bei Übereinstimmung der Regelungen mit dem internationalen Zuchtreglement der FCI. Hier ist festgelegt, dass künstliche Besamung nicht bei Tieren angewandt werden darf, die sich nicht zuvor auf natürliche Weise fortgepflanzt haben.

Der Tierarzt, der dem Rüden das Sperma entnommen hat, muss in einem Attest für die jeweilige Zuchtbuchstelle bescheinigen, dass das frische oder tiefgefrorene Sperma von dem vereinbarten Deckrüden stammt. Der Tierarzt, der die Hündin besamt, hat der zuständigen Zuchtbuchstelle gegenüber zu bestätigen, dass die ausgewiesene Hündin mit dem Sperma des als Deckrüden vorgesehenen Rüden besamt worden ist. Er hat in seinem Attest Ort und Zeit der Besamung, Namen und Zuchtbuchnummer der Hündin sowie Namen und Adresse des Eigentümers der Hündin aufzuführen.

Die Kosten für die Spermaentnahme des Deckrüden sowie die Kosten für die Besamung der Hündin trägt der Eigentümer der Hündin. Der Eigentümer des den Samen liefernden Rüden muss dem Eigentümer der Hündin eine offizielle Deckbescheinigung ausstellen.

8. SCHEINTRÄCHTIGKEIT

Erscheinungsformen

Die Hündin Isa war eine lebhafte, liebenswerte Hundedame, die nach jeder Läufigkeit mit schöner Regelmäßigkeit scheinträchtig wurde. Die Hündin verhielt sich so, als wäre sie trächtig. Sie wollte nicht mehr herumtollen, sie wahrte ihre Würde als künftige (wenn auch eingebildete) Mutter, legte sich in die Sonne oder an die Heizung und Frauchen musste ordentlich Druck auf Isa ausüben, damit sie überhaupt zu einem Spaziergang zu bewegen war. Sie fraß viel und wurde zunehmend runder, sie ließ sich gern verwöhnen und zeigte in ihrem ganzen Verhalten, dass sie wohl bald Welpen bekommen würde. Ab etwa dem 56. Tag nach den so genannten »Stehtagen« waren ihre Milchleisten prall gefüllt und Milch tropfte auf den Boden. Jetzt begann Isa, Nester zu bauen. War gerade Sommer, so wurden im Garten »riesige Höhlen« gegraben, die Isa als Wurfplatz auserkoren hatte. Im Winter schleppte sie alle erreichbaren Tücher oder Ähnliches zusammen und baute Nester. In diese Nester brachte sie nun alles, was sie auch nur im entferntesten an einen Welpen erinnerte: Quietschtiere und Stoffpuppen, kleine Kissen und sogar Bälle, wenn sie nichts Besseres fand. Die Gegenstände wurden bewacht und geleckt, sie legte sich darauf oder schob sie unter ihren Leib und reagierte, als hätte sie Welpen zu versorgen. Wollte Frauchen an die vermeintlichen »Kinder«, so grummelte Isa schon einmal und rückte die »Welpen« nicht heraus. Nach genau 63 Tagen war der »Spuk« vorbei. Isas Bauchumfang ging zurück (bis auf den angefressenen Speck), die Milch ließ nach und verschwand und Isa wurde fast »schlagartig« wieder die alte, gewohnt lebhafte und liebenswürdige Hündin.

Scheinträchtigkeit

Die Besitzerin von Alexa hatte seit langer Zeit einen Urlaub geplant und gebucht. Am Tag vor der Abreise wurde Alexa läufig, obwohl die Hitze erst in acht Wochen erwartet wurde. Alexa war bei den Besitzern von Ares, einem prachtvollen Rüden, einquartiert. Dieser Besuch von Alexa war für alle Menschen keine Freude. Ares war jedoch glücklich, er hatte eine gut riechende, läufige Hündin direkt bei sich zu Hause! Da er schon vorher gedeckt hatte und Vater war, dachte er, man hätte das wundervolle Mädchen direkt zu ihm gebracht. Er beschnupperte Alexa, fand, dass es noch zu früh war und folgte ihr auf Schritt und Tritt, auch, wenn sie protestierte und ihn weg biss. Als die Stehtage näher rückten, wurden die Hunde getrennt. Ares heulte herzzerreißend, Alexa jammerte ebenfalls und beide versuchten, zusammen zu kommen. Die Besitzer von Ares gaben den Rüden für die Dauer der Stehtage der Hündin zu seinen Züchtern. Die Besitzerin von Alexa kam zurück und holte die Hündin wieder ab. Alexa verhielt sich so, als sei sie gedeckt worden, obwohl alle Stein und Bein schworen, die Hunde hätten keinen Deckakt vollbringen können. Sie war zu faul, um Spaziergänge zu machen, sie war liebebedürftig und sehr schmusig und machte Frauchen klar, dass man sie schonen müsste. Nach drei Wochen begann sie, mehrfach zu erbrechen. Der Bauchumfang nahm erheblich zu, die Zitzen vergrößerten sich und die Besitzerin von Alexa rief an und sagte, sie erwarte wohl Welpen und es wäre in der Unterbringungszeit bei Ares allem Anschein nach doch etwas »passiert«. Ich schickte die Besitzerin mit Alexa zum Ultraschall. Und Alexa war leer! Sie hatte sich lediglich eingebildet, Welpen zu bekommen und der Körper reagierte scheinträchtig mit allen Anzeichen einer Trächtigkeit.

Die Scheinträchtigkeit oder Pseudogravidität, auch Lactatio falsa genannt, wird durch Prolaktin, einem Hormon im Körper der Hündin, ausgelöst. Es ist schwer, für die Pseudogravidität bei Wölfen und Hunden eine Erklärung zu finden. Die Scheinträchtigkeit könnte ein Regulativ, ein primitiver Mechanismus sein, um bei Ausfall der Mutterhündin (oder Wolfsfähe) die überlebenden Welpen (im Rudel) aufzuziehen (Einsatz als Amme).

Einen schönen Beweis für diese Version lieferte die Hündin Chira. Sie lebte mit der Hündin Una beim gleichen Besitzer. Beide Hündinnen wurden immer zur gleichen Zeit läufig. Una war belegt worden und trächtig und warf einen gesunden Wurf mit zehn Welpen. Wenige Tage nach der Geburt trat am Gesäuge der Mutterhündin Una eine Entzündung auf, die Milch war von Bakterien durchsetzt und die

Welpen reagierten mit Durchfall, kränkelten und fünf der Welpen verstarben. Die Züchterin war verzweifelt. Chira, die ja zur gleichen Zeit wie Una läufig gewesen war, war scheinträchtig und hatte größere Zitzen als normal. Der Tierarzt sagte der Züchterin, sie könne die verbliebenen Welpen nicht bei der Mutterhündin lassen, sie würden sonst auch sterben. Die Züchterin machte einen Versuch und legte die Welpen bei Chira an. Die Hündin Chira nahm die Welpen an und entwickelte innerhalb der nächsten Stunden so viel Milch, dass sie die fünf Welpen versorgen konnte. Sie kümmerte sich rührend um die armen Kleinen und zog sie gesund auf.

Über die Scheinträchtigkeit bestehen viele Missverständnisse. Es wird behauptet, dass Hündinnen mit einem unregelmäßigen Zyklus öfter zu Pseudogravidität neigen. Dies ist nicht belegt oder erwiesen. Hündinnen, die scheinträchtig werden, sind nicht anfälliger für eine Pyometra (Gebärmuttervereiterung) als andere Hündinnen. Ebenso ist es falsch, dass eine Hündin, die einmal Welpen hatte, danach nicht wieder scheinträchtig wird. Die angesprochene Hündin Isa war der lebende Beweis dafür.

Die scheinträchtige Hündin sollte abgelenkt werden. Sie sollten sie vermehrt zu Spaziergängen animieren und ihr unbedingt ihre »Adoptivkinder« wegnehmen. Neben den Spaziergängen ist verstärktes Spiel angebracht, damit sie ihre »Welpen« vergisst. Sie dürfen ihr nicht gestatten, das Gesäuge, das bereits Milch enthält, verstärkt abzulecken, es sozusagen zu »melken«. Auch Sie dürfen die Milch möglichst nicht abdrücken, da durch Melken und Abdrücken der Milchfluss zusätzlich angeregt wird. Das Futter sollte viel Ballaststoffe und möglichst wenig Eiweißstoffe enthalten, Trinkwasser muss jedoch ausreichend zur Verfügung stehen.

Die ersten 8 Wochen beim Züchter sind die Hauptphase des Lernens. Hier wird Geschicklichkeit an einer Leiter von Rhodesian Ridgeback-Welpen geübt.

Homöopathische Hilfe bei Scheinträchtigkeit

Behandlung der Scheinträchtigkeit

Die Scheinträchtigkeit einer Hündin ist ein natürlicher Zustand im hormonellen Geschehen, der keine Krankheit im eigentlichen Sinne darstellt. Bei einigen Hündinnen geht dieser Zustand ohne weitere Folgen wieder vorbei. Die Pseudogravidität ist allerdings wegen der lästigen Begleiterscheinungen wie Charakterveränderungen mit Unruhe und Hysterie oder übersteigerter Liebebedürftigkeit, ausgeprägtem Mutterinstinkt und vor allem der Milchproduktion für den Besitzer und den Hund selbst ausgesprochen problematisch. Sollte deshalb eine Behandlung erforderlich werden, so sollten zunächst die guten Möglichkeiten der Homöopathie genutzt werden.

Die Mittel, die bei Scheinträchtigkeit die lästigen Begleiterscheinungen zum Abklingen bringen, sind:

Pulsatilla,
Ignatia,
Asa foetida
Phytolacca.

Pulsatilla sollte bei Hündinnen, deren Gesäuge nicht verhärtet, aber deutlich angebildet ist und die in ihrem Wesen sehr liebebedürftig und anschmiegsam sind, gegeben werden. Die Hündin will am liebsten nur im Haus bleiben und möchte nicht hinaus. Sie ist meist träge, schläft viel und frisst kaum. Sie ist eifersüchtig und erscheint uns mollig und weich. Ihr Zyklus kann verzögert sein und dauert oft sieben bis neun Monate. Die Hündin riecht für Rüden wenig attraktiv und lässt sich nicht gern decken. Man erreicht mit Pulsatilla einen schnelleren Ablauf der hormonellen und physiologischen Vorgänge und ein sanftes, mildes und sicheres Abklingen der unangenehmen Erscheinungen.

Anwendung:
Pulsatilla D 30, 3 x täglich 1 Dosis (5–10 Tropfen/Globuli oder 1 Tablette) in der Akutphase für die Dauer von 7 Tagen, danach bei noch weiteren Anzeichen von Scheinträchtigkeit ggf. 1 x täglich 1 Dosis weitere 2 Wochen lang.

Ignatia benötigen Hunde, die sonst sehr lieb, aber in der Scheinträchtigkeit reizbar, ungehorsam und sogar aggressiv sind. Die Hündin erscheint introvertiert und will in Ruhe gelassen werden. Die Milchdrüsen sind kaum geschwollen und haben kaum Milchabsonderung. Ignatia ist ein auf die Psyche wirkendes Mittel, das die enormen Stimmungswechsel der Hündin ausgleichen soll. Die Hündin ist unberechenbar; sie leidet still, jammert und wimmert und macht einen kläglichen Eindruck oder ist im nächsten Augenblick unerträglich hysterisch und aggressiv. Sie empfindet Trächtigkeit, Geburt und Welpenpflege in übersteigerter Form nach. Durch Ignatiagaben lassen sich diese Verhaltensweisen abkürzen und auf ein erträgliches Maß zurückführen.

Anwendung:
Ignatia D 30, 1 x täglich 1 Dosis (5–10 Tropfen/Globuli oder 1 Tablette), 2 bis 3 Wochen lang.

Asa foetida ist bei Hündinnen angezeigt, die leicht hysterisch, ängstlich und sehr unruhig sind. Sie winseln und jaulen, laufen und hüpfen den ganzen Tag um ihren Besitzer herum und machen sich selbst und ihre Besitzer ganz verrückt. Die Läufigkeit ist meist zu früh und der Zyklus kurz. Die Hündin ist, auch wenn sie nicht läufig ist, für Rüden attraktiv. Sie ist dicklich und hat meist viel Milch in ihren Zitzen. Im Freien und an der frischen Luft bessert sich ihr Zustand.

Anwendung:
Asa foetida D 4 oder D 6, 3 x täglich 1 Dosis (5–10 Tropfen/Globuli oder 1 Tablette) über die Dauer von 2 Wochen.

Phytolacca ist das Mittel zum Abstillen bei hartem, geschwollenem und bereits gestautem Milchdrüsengewebe. Hierbei sollten Sie immer einen Tierarzt konsultieren. Die Verhärtungen können zu Knoten werden und sich entzünden. Die Rückbildung des Gesäuges sollte nach wenigen Tagen eintreten und die Zitzen wieder weich werden.

Anwendung:
Phytolacca D 3, 3 x täglich 1 Dosis (5–10 Tropfen/Globuli oder 1 Tablette) für die Dauer von bis zu 3 Wochen.

Die aufgeführten Mittel führen in den meisten Fällen dazu, die Scheinträchtigkeit für den Besitzer und die Hündin erträglich zu machen. Sie kürzen die Dauer der Symptome erheblich ab und oft tritt eine Scheinträchtigkeit danach überhaupt oder eben nur sehr abgeschwächt wieder auf. Die vorbeugende Behandlung mit Hochpotenzen sollten Sie erst nach Rücksprache mit Ihrem Tierarzt oder Tierheilpraktiker in Angriff nehmen, ebenfalls bei sehr starker Übersteigerung aller Erscheinungen oder dem Nichtgreifen der Homöopathie, wenn eine Behandlung mit Hormonen erwogen wird. Die letzte Möglichkeit, die nach jeder Hitze scheinträchtig werdende Hündin von allen lästigen Symptomen zu befreien, ist eine Totaloperation, eine Ovariohysterektomie, eine Entfernung der Gebärmutter und der Eierstöcke.

Homöopathisches Mittel	*Anwendung u. Dosierung* [1]	*Zeitpunkt*
Pulsatilla D30 bei Milchfluss	3 x täglich 1 Dosis	7 Tage lang
	1 x täglich 1 Dosis	Ggf. 2 weitere Wochen lang
Ignatia D30 bei Wesensveränderung	1 x täglich 1 Dosis	2–3 Wochen lang
Asa foetida D6 bei Unruhe	3 x täglich 1 Dosis	2 Wochen lang

[1] Dosierung s. Kasten Seite 67

Totaloperation

Total-operation

Die Totaloperation (Ovariohysterektomie) bedeutet immer die Entfernung der Gebärmutter (Uterus) und der beiden Eierstöcke (Ovarien) und ist eine endgültige Maßnahme. In vielen Tierarztpraxen oder Kliniken gehören solche Eingriffe zu den Routineoperationen. Untersuchungen belegen, dass Hündinnen, die vor der ersten Läufigkeit kastriert worden sind, fast überhaupt nicht mehr an Gesäugetumoren (Mammatumoren) erkranken.

Hündinnenbesitzer, die mit ihrem Hund nicht züchten, sondern viel mehr arbeiten wollen oder solche, die z.B. auf dem Lande die Hündin in der Zeit der Läufigkeit schlecht unter Verschluss halten können und ungewollte Trächtigkeiten vermeiden müssen oder andere, die mehrere Hunde halten und ebenfalls weder züchten noch ständig aufpassen wollen, sollten einen solchen Schritt der Entfernung von Gebärmutter und Eierstöcken erwägen. Ständige Scheinträchtigkeiten können endgültig über eine solche Operation verhindert werden. Auch bei Hündinnen, die zu Gebärmuttervereiterungen (Pyometra) neigen, ist eine Totaloperation oft lebensrettend.

Probleme, die im Zusammenhang mit einer Ovariohysterektomie auftreten können, sind Inkontinenz oder das Unvermögen, den Harnabsatz zu steuern sowie Fettleibigkeit. Der Fettleibigkeit kann der Besitzer durch eingeschränkte Futtermengen sowie

Eine Totaloperation wie bei dieser Hovawart-Hündin stellt einen großen operativen Eingriff dar. Die Hündinnen versuchen nach der OP an der Wunde zu lecken, was z.B. durch das Überziehen eines T-Shirts verhindert werden kann.

viel Bewegung entgegenwirken. Die mir bekannten Fälle von Inkontinenz bei operierten Hündinnen beschränken sich auf Ausnahmen.

Die Hündin Corry benahm sich nach der Operation so, als hätte sie einen »zweiten Frühling«. Sie war auffällig munter, spielfreudig und fühlte sich offensichtlich hervorragend. Bonny und ihr Frauchen waren ein überragendes Team beim Turnierhundesport und natürlich nach der Operation ohne Einschränkung in allen Aktivitäten. Sie starteten zusammen 100-mal in verschiedenen Turnierhundedisziplinen und liefen gemeinsam über 4000 km bei Gelände- und Volksläufen und waren sehr erfolgreich. Bonnys Fell war schon immer sehr schön gewesen, nach der Ovariohysterektomie jedoch wurde ihr Haarkleid geradezu üppig. Beide Hündinnen waren vor der Operation ausgeprägt selbstbewusst, sie zeigten dies anderen Hündinnen immer sehr deutlich und gingen einem Streit nicht unbedingt aus dem Wege. Nach der Operation war das übertriebene Interesse an anderen gleich starken Hündinnen gedämpft, sie mussten sich nicht mehr beweisen und gingen mit anderen Hündinnen sehr viel gelassener um.

Ich persönlich habe immer, wenn erforderlich, solche Operationen befürwortet, da für mich die geringen möglichen Nachteile von den Vorteilen mehr als aufgewogen wurden.

Nach einer Totaloperation wächst das Haarkleid der Hunde stark wie bei dieser Hovawart-Hündin zwei Jahre nach der Kastration.

09. Trächtigkeit

Verlauf und Anzeichen

Nach der Paarung umschwärmen viele Samenzellen die Eizellen, die Sie sich wie ein Ei mit einer Hülle, statt mit einer festen Schale vorstellen können. Die Eizelle besteht aus dem Zellkern, der den halben Chromosomensatz der Mutter enthält und viel Zellplasma in eben jener Hülle. Die Samenzellen, die den halben Chromosomensatz des Vaters enthalten und die mit ihrem Kopf und beweglichen Schwanz wie kleine Kaulquappen aussehen, versuchen nach Erreichen der Eizelle, sich mit dem Kopf und unter Zuhilfenahme eines Enzyms durch die Eihülle zu

Plazenta

bohren. Die Membran der Eizelle verhärtet sich sofort, wenn es einer Samenzelle gelungen ist, einzudringen. Weitere Samenzellen können nun nicht mehr eindringen. Beim Eintritt in die Eizelle wird der geißelförmige Schwanz der Samenzelle abgeworfen; die Zellkerne bewegen sich aufeinander zu, vereinigen sich zu einem neuen Zellkern mit doppeltem, vollständigem Chromosomensatz: damit ist die Befruchtung abgeschlossen.

Befruchtung

Nach der Befruchtung beginnt sich die Zelle zu teilen: erst in zwei, dann in vier, dann in acht, in sechzehn Zellen usw. Diese Zellhaufen haben jetzt das Aussehen winziger Brombeeren, die wieder blasenförmige Gestalt annehmen, ihren Weg allmählich in die Gebärmutter suchen und dort als so

Keimblasen

genannte Keimblasen (Morula, später Blastula) Kontakt zur Gebärmutterschleimhaut aufnehmen und

Nidation

sich einnisten (Nidation). Den Keimblasen wachsen kleine Zotten, die gewissermaßen »Wurzeln« in der Gebärmutter schlagen und den Beginn der eigentlichen Trächtigkeit darstellen. Dieser Zeitpunkt liegt bei den Hunden in der dritten Woche nach dem Deckakt, der dritten »Trächtigkeitswoche«.

Da die Keimblasen sich ungeordnet an jeder Stelle der Gebärmutterhörner einnisten können, manchmal sehr dicht nebeneinander oder an anderer Stelle vielleicht gar keine Keimblasen sich niederlassen und einwurzeln, so könnte es bei der weiteren Entwicklung leicht zu einer Katastrophe kommen, da die Embryonen jeder für sich eine Fruchtkammer in den paarigen Uterushörnern beanspruchen. Die Natur hat hier einen sinnvollen Mechanismus erdacht, der die eingenisteten Eier, die zuviel auf einer Strecke sind, absterben lässt. Dies geschieht, bis die Platzverhältnisse in der Hündin endgültig geregelt sind. Die abgestorbenen Föten werden in der Gebärmutter ohne die Gefahr einer Infektion resorbiert, da der Uterus zu dieser Zeit fest verschlossen und keimfrei ist.

Die Gebärmutterschleimhaut beginnt an der Stelle, wo sich die Zotten der Keimlinge eingenistet haben, zu wuchern: Es bildet sich für jeden Keimling eine Plazenta, ein Mutterkuchen. Die Plazenta überwuchert auch die Keimblase und bildet einen gürtelförmigen Ring um die Mitte des eine bohnenförmige Gestalt annehmenden Keimlings. Die mit feinsten Blutgefäßen aus der Gebärmutterschleimhaut gefüllte und jetzt voll entwickelte Plazenta beherbergt auch die Zotten des Keimlings. Beide Blutgefäßsysteme, die Kapillaren der Plazenta mit dem Blut der Mutter und die Zotten mit dem Blut des heranwachsenden Welpen, sind getrennt, berühren sich aber und führen durch die Gefäßwandungen hindurch den Austausch der Nährstoffe einerseits und den Abtransport der Abfallprodukte des Welpen andererseits aus. Der Welpe hat also seinen eigenen Blutkreislauf mit einer oft von der Mutter abweichenden Blutgruppe und ist nicht an den Blutkreislauf der Mutter direkt angeschlossen.

Für den mütterlichen Organismus tritt oft eine gewisse Unverträglichkeit der Stoffwechselprodukte der Welpen auf. Dies äußert sich im Erbrechen der Hündin für einige Tage nach der Nidation der Föten in der dritten Trächtigkeitswoche. Dieses Unverträglichkeitserbrechen ist nicht mit dem Schwangerschaftserbrechen beim Menschen vergleichbar. Einige Hündinnen erbrechen auch nicht, sie speicheln nur und man merkt ihnen an, dass sie sich nicht gut fühlen.

Der Welpe hängt jetzt an der Nabelschnur wie ein Raumfahrer im Weltall und bewegt sich frei in der mit Fruchtwasser gefüllten Blase, der Amnionshöhle, deren Wände eine Fortsetzung der äußeren Haut der Nabelschnur darstellen. Die innere Haut

Der Leibesumfang der trächtigen Hündin nimmt ab der fünften oder sechsten Trächtigkeitswoche zu und die Zitzen beginnen, sich auszubilden, wie bei dieser Labrador Retriever-Hündin.

ist mit den Blutgefäßen durchzogen und bildet eine weitere Blase, das Chorion, auf welcher der Plazentagürtel sitzt. Im freien Raum zwischen beiden Blasen, der Allontoishöhle, sammelt sich im Laufe der Trächtigkeit der Urin des Welpen. Der Welpe ist phantastisch stoßgesichert, denn er schwimmt frei in einer mit Fruchtwasser gefüllten Blase, die wiederum in einer weiteren mit Flüssigkeit gefüllten Blase schwimmt.

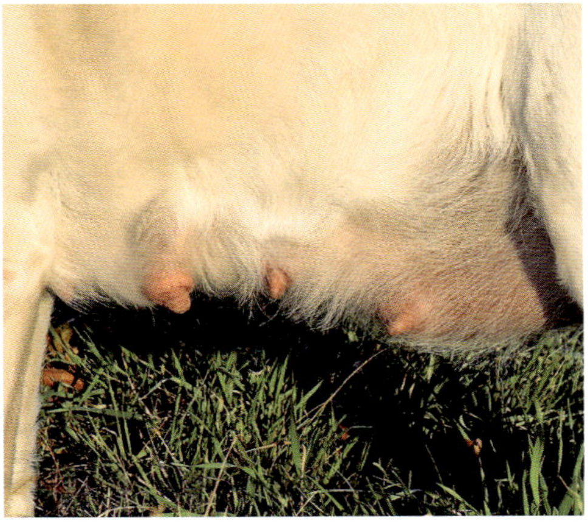

Fötus

Der Fötus macht so in den nächsten Wochen gut geschützt die Entwicklungsgeschichte der Lebewesen von der Urzelle bis zu dem Tier, das er werden soll, durch. Die Embryonen wachsen zunächst mit erstaunlichem Tempo, gleichmäßig verteilt in den

Uterushörnern und fast völlig von den anderen Föten getrennt in ihren Fruchtkammern. Die Knochen sind anfangs zwar schon als Gewebe vorhanden, aber erst in der siebenten Woche beginnt das Skelett ganz allmählich zu verkalken. Der Keimling, der Fötus, hat sich zum Welpen entwickelt und ist nach Ablauf von neun Wochen bereit für die Geburt.

Die wichtigste Frage eines jeden Züchters nach dem Deckakt ist nun, ob die Hündin überhaupt trächtig ist. Die Läufigkeitsblutung geht in den meisten Fällen nach dem Decken weiter. Bei der Hündin Orscha wurde die Blutung sehr schwach. Als sie älter wurde, blieb die Blutung nach dem Deckakt aus. Bei der Hündin Bianca war die Blutung nach dem Decken wieder sehr stark. Aus solchen Gegebenheiten können keinerlei Schlüsse auf eine erfolgte Befruchtung gezogen werden.

Trächtigkeitsfrühdiagnose

Eine Trächtigkeitsfrühdiagnose bei Hunden gibt es zurzeit noch nicht, die Hormone Progesteron und Östrogen sind in den Konzentrationen in der Trächtigkeit und im Metöstrus (Nachbrunst, Dauer zirka 60 Tage) gleich oder sehr ähnlich, so dass sich daraus keinerlei Schlüsse ziehen lassen. Die Hormone Relaxin und Prolaktin verändern sich jedoch in den Konzentrationen, so dass hieraus in der Zukunft vielleicht Aussagen möglich werden (Prolaktin steigt jedoch auch bei Pseudogravidität). Manche Züchter behaupten, Wesensveränderungen fast sofort nach dem Deckakt an ihren Hündinnen feststellen zu können. Die Hündinnen »guckten« so verträumt und anders und hätten einen typischen, veränderten Gesichtsausdruck. Ich fürchte, hier wird durch den massiven Wunsch nach Welpen etwas »hineingesehen«, was vielleicht gar nicht da ist. Meine Hündinnen wurden schon in den ersten Wochen nach dem Decken sehr, geradezu auffällig schmusig und liebebedürftig (dieses Verhalten würden auch scheinträchtige Hündinnen zeigen). Sie wollten nicht mehr so intensiv laufen wie sonst, spielten plötzlich kaum noch mit anderen Hunden und wollten weder springen noch toben. Dieses Verhalten ist sicher typisch für trächtige Hündinnen. Ich muss Sie allerdings enttäuschen, denn meine Hündinnen zeigten dieses Verhalten auch, wenn sie belegt waren, jedoch leer blieben. Einige Hündinnen legen sich in der Trächtigkeit sehr gern in die Sonne oder an die Heizung und schlafen viel. Andere beginnen sehr schnell Unmengen zu vertilgen und sind regelrecht verfressen. Viele trächtige Hündinnen werden in der dritten Trächtigkeitswoche (Zeitpunkt der Nidation der Embryonen) gelben Schleim erbrechen. Aber auch dies ist höchstens ein Indiz, mehr nicht, denn auch scheinträchtige Hündinnen erbrechen. Danach folgt eine Spanne, in der die Hündinnen oft weniger oder fast gar nichts fressen. Dies sollte Sie nicht beunruhigen, denn die Hündin wird wieder fressen, wenn ihr Körper Nahrung braucht.

Leibesumfang

Der Leibesumfang der trächtigen Hündinnen nimmt erst ab der fünften oder sechsten Trächtigkeitswoche zu. Die Zunahme beginnt hinter den Rippenbögen und die Hündin erscheint hier merkwürdig breit. Ich messe deshalb nach vier Wochen den Bauchumfang meiner Hündinnen nicht am Bauch, sondern hinter den Rippen und nehme diesen Wert als meinen Grundwert. Der genaue Wert wird mit Datumsangabe und Angabe des Trächtigkeitstages in mein Trächtigkeitstagebuch eingetragen. So ein Buch führe ich für jede Hündin und für jede Läufigkeit und Trächtigkeit dieser Hündin. Alle Daten der Läufigkeiten mit aufgetretenen Besonderheiten, Verfärbungen des Blutes an welchem Tag der Hitze, Veränderungen der Scheide usw. Alle zum Deckakt gehörenden Dinge wie durchgeführte Tests, Ergebnisse der Tests, Deckakte mit Deckverhalten, Dauer des Hängens und genaue Datums- und Uhrzeitangaben werden eingetragen. Ebenso alle Veränderungen in der Trächtigkeit wie Verhaltensauffälligkeiten mit genauen Angaben über den Trächtigkeitstag, Erbrechen und alle anderen Veränderungen oder »Anzeichen«. Der Leibesumfang wird von der fünften Trächtigkeitswoche zweimal wöchentlich gemessen und vermerkt. Erfolgt die Zunahme des Leibesumfangs stetig und kontinuierlich, so stehen die Chancen auf einen Wurf recht gut. Stagniert die Zunahme wieder, so muss meist davon ausgegangen werden, dass keine Welpen unterwegs sind. Der Leibesumfang ist bei jungen Hündinnen, die ihren ersten Wurf haben, meist geringer, da die Bänder und Sehnen noch straff sind und nicht geweitet, während bei älteren Hündinnen ein kräftiger Umfang oft viele Welpen vortäuschen kann.

Beispiel für die Zunahme des Leibesumfangs:	
Grundwert	25.07
Bauch/Brustumfang:	84 cm 5. Woche
27.07.	87 cm
03.08.	90 cm
10.08.	96 cm
12.08.	98 cm
16.08.	102 cm
17.08	Geburt mit 9 Welpen

Hans Räber schreibt in seinem Buch Brevier neuzeitlicher Hundezucht, er »habe immer und immer wieder nach absolut sicheren Zeichen einer Trächtigkeit gesucht und dabei herausgefunden, dass bei allen unseren Hündinnen ein zäher, glasiger Ausfluss aus der Scheide ein absolut sicheres Zeichen ist. Scheinträchtige Hündinnen hatten diesen Ausfluss, der etwa von der dritten Woche weg beobachtet werden kann, nie.«

Ich konnte bei meinen Hündinnen diesen geschilderten Ausfluss ebenfalls beobachten und bin immer froh, wenn ich diese Anzeichen bei der Hündin entdecken kann. Ob ein solcher Ausfluss auch bei sehr kleinen Hunderassen feststellbar ist, wird von einigen Züchtern dieser Rassen bestritten bzw. begründet, dass hier wohl die Menge des Ausflusses zu gering sei, um daraus Zeichen einer Trächtigkeit zu erkennen.

Etwa von der fünften Trächtigkeitswoche an beginnen die Zitzen sich zu vergrößern, sie röten sich etwas, die Haare um die Zitzen fallen aus, es bildet sich ein »Hof« um die Zitzen herum und bei einigen Hündinnen kommt schon wenig wässriges Sekret.

Alle diese Anzeichen sind Vorboten und Hinweise, mehr aber nicht. Blieben meine Hündinnen leer, so konnte ich oft trotz aller Erfahrung bis zur achten Woche nicht beantworten, ob sie trächtig waren oder nicht. Ist es wichtig, wegen der nicht unerheblichen Planungen vor einer Geburt genauer als bisher geschildert zu wissen, ob es Welpen geben wird oder nicht, so müssen andere Verfahren gewählt werden, um Aufschluss oder sogar Sicherheit für einen kommenden Wurf zu erhalten. Solche Verfahren sind: Palpation, Ultraschall und Röntgen.

Palpation

Palpation

Palpation bedeutet Abtasten des Leibes der trächtigen Hündin und das Ertasten der Fruchtkammern durch die Bauchwand. Diese Art der Trächtigkeitsdiagnose sollte nur – und ich betone nur – durch einen geübten Tierarzt durchgeführt werden. Versuchen Sie nie, selbst an der Hündin herumzumanipulieren. Sie können die Hündin oder die Embryonen verletzen und die Chance, wirklich und aussagekräftig etwas festzustellen, ist gleich Null. Die Palpation sollte nicht vor der dritten Woche (21. Tag) und nicht nach dem 35. Tag nach dem Decktermin durchgeführt werden. Der Tierarzt benötigt hierfür sehr, sehr viel Erfahrung, sonst sind die Aussagen fehlerhaft und Falschdiagnosen vorprogrammiert. Die Hündin muss bei der Untersuchung kooperativ sein, d.h. nicht verängstigt und deshalb angespannt oder unruhig und natürlich nicht zu fett. Die Möglichkeit eines Irrtums, einer Fehldiagnose ist sehr groß und diese Methode deshalb nicht ausreichend sicher.

Ausfluss

Ultraschall

Ultraschall

Eine Diagnose über Ultraschall ist bedeutend sicherer als das Palpieren. Beim Ultraschallverfahren werden Ultraschallwellen auf die zu untersuchenden Stellen des Körpers, hier den Bauchraum, gerichtet, wo sie je nach Beschaffenheit des Gewebes unterschiedlich reflektiert werden. Dichtes Gewebe wie zum Beispiel Knochen reflektieren viel und erscheinen auf dem Bildschirm weiß, während weniger dichtes Gewebe wie zum Beispiel Flüssigkeit (Harnblase oder Fruchtblasen) keinen Schall reflektieren und deshalb schwarz erscheinen. Die Methode des Ultraschalls ist für die Hündin und vor allem die Föten ungefährlich. Damit der Schallkopf Kontakt mit der Haut der Hündin hat, ist meist ein Rasieren des Fells am Unterbauch erforderlich. Auf den Schallkopf wird ein Gel aufgebracht, das den Hautkontakt herstellt. Die Hündin wird auf den Untersuchungstisch gelegt, damit der Bauchraum entspannt abgetastet werden kann.

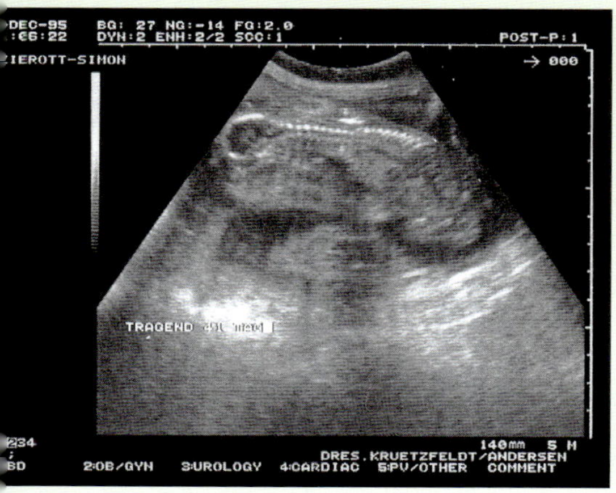

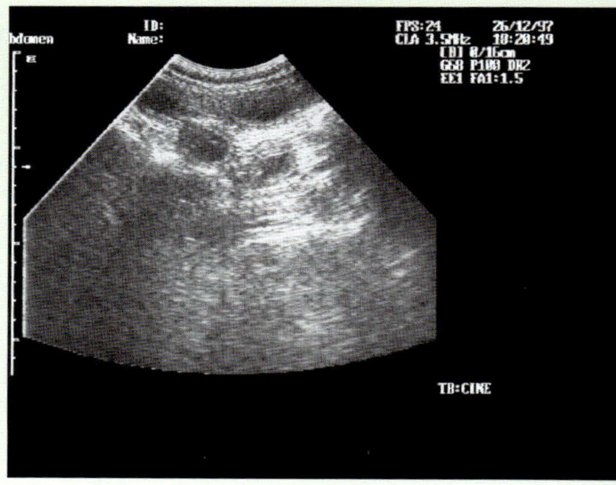

Das Ultraschallverfahren kann frühestens nach dem 21. Tag nach der Paarung durchgeführt werden. Der beste Zeitpunkt, eine Trächtigkeitsdiagnose durchführen zu lassen, ist der 28./29. Tag nach dem Deckakt. Nach dem 35. Tag ist eine Aussage über eine bestehende Trächtigkeit wegen der anatomischen Veränderungen im Uterus nicht mehr möglich. Eine nur halbwegs zutreffende Aussage zur Anzahl der kommenden Welpen ist auch mit diesem Verfahren nicht gegeben.

Röntgen

Der dieses Verfahren durchführende Tierarzt sollte auch hierbei Erfahrung in der Diagnosestellung haben, da die Bewertung der Ultraschallbilder nicht einfach ist. Oft wurden eine genaue Anzahl von Welpen oder Ähnliches prognostiziert und später stellte sich dieses als nicht zutreffend heraus. Es ist auch möglich, dass am 28. Tag Welpen erkennbar waren, die dann später resorbiert wurden.

Ich selbst halte von einer Diagnosestellung mittels Ultraschall sehr viel. Ich kann über diese Methode relativ sicher, und früher als ich selbst in der Lage bin, zum Beispiel über kontinuierliche Zunahme des Leibesumfangs oder über Welpenbewegungen feststellen, ob Welpen zu erwarten sind oder nicht und meine Planungen darauf ausrichten. Sind keine Welpen erkennbar und der Tierarzt ist hinreichend erfahren, so ist mit sehr großer Wahrscheinlichkeit davon auszugehen, dass die Hündin nicht trächtig ist.

Röntgen

Röntgenaufnahmen während der Organogenese (Entwicklung der Organe) haben aller Wahrscheinlichkeit nach einen schädigenden Einfluss auf die Embryonen und sollten in dieser Entwicklungsphase auf keinen Fall durchgeführt werden. Erschwerend kommt hinzu, dass die Hündin oftmals anästhesiert (in Narkose gelegt) werden muss, um eine Röntgenaufnahme guter Qualität zu erhalten. Auf dem Röntgenbild sichtbar und gut erkennbar sind erst die mineralisierten Skelette der Föten. Eine Röntgenaufnahme sollte deshalb nicht vor dem 50. Tag nach der Paarung erfolgen. Eine genau zutreffende Aussage über die Anzahl der zu erwartenden Welpen ist auch bei dieser Methode nicht möglich. Der Tierarzt kann Ihnen jedoch meist die Frage beantworten, ob Sie mit vielen Welpen oder mit einer Einfrüchtigkeit rechnen müssen.

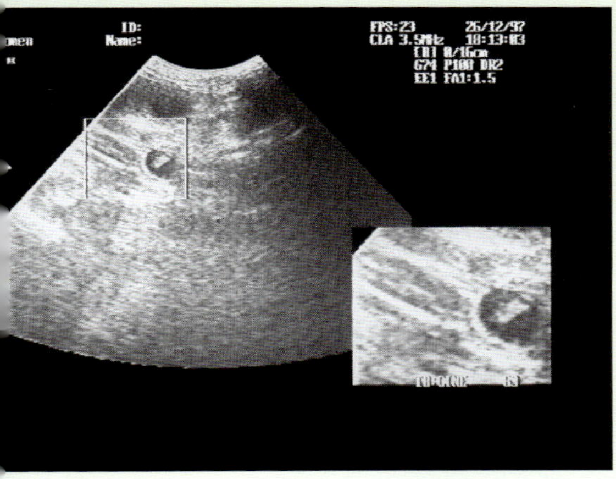

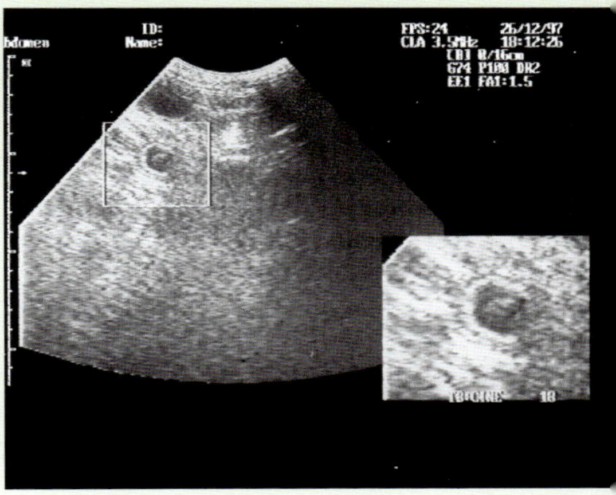

Einfrüchtigkeit

Die Frage einer eventuell vorliegenden Einfrüchtigkeit ist wegen der zu erwartenden Geburtskomplikationen von sehr großer Bedeutung und für mich fast der einzige Grund, eine Röntgenaufnahme während einer Trächtigkeit durchführen zu lassen. Unfälle oder Beißereien der Hündin während der Gravidität können weitere Indikationen fürs Röntgen sein. Gehen Sie also mit dieser Methode sehr gezielt um und prüfen Sie für sich die Notwendigkeit einer solchen Maßnahme. Reine Neugier sollte kein ausreichender Grund sein!

Welpenbewegungen

In der achten Woche der Trächtigkeit, manchmal bereits am Ende der siebten Woche, sind Welpenbewegungen spürbar. Welche Freude! Legt man die Hand vorsichtig, ohne den geringsten Druck auf die Hündin auszuüben, auf die Bauchdecke, wenn sie ganz entspannt auf der Seite liegt, dann spürt man zuerst sehr zaghafte und danach immer kräftiger werdende Welpenbewegungen. Der Züchter darf sich anfangs von den Eigenbewegungen der Gebärmutter oder den Darmbewegungen nicht täuschen lassen, denn die ersten Stoßbewegungen der Welpen sind von diesen nur schwer zu unterscheiden. Warten Sie also lieber noch einige Tage, dann sind die Welpenbewegungen unverwechselbar und recht kräftig. In der neunten Woche können Sie solche Bewegungen nicht nur fühlen, sondern auch schon deutlich durch die Bauchdecke sehen.

Welpenbewegungen

Meine Hündin Orscha mochte es immer sehr, wenn ich an ihrer Trächtigkeit teilnahm. Sie ließ sich pflegen und »betütteln« und kam zu mir, wenn sie selbst die Welpenbewegungen spürte. Sie legte sich flach auf die Seite, um mir zu ermöglichen, an ihren Wahrnehmungen teilzuhaben. Ich streichelte ihren Bauch, lobte sie ausgiebig und fühlte selbst. Wie freuten wir uns beide, wenn sich mir durch die Bauchdecke ein winziges Füßchen oder ein kleiner, runder Kopf entgegenstreckte! Dann wusste ich sicher, dass Welpen da waren und strampelten, also lebten. Meine Hündin Bianca zeigte mir auch gern ihren Babybauch. Sie war zufrieden, wenn ich sie betastete und mit ihr von den Babys sprach, da sie dann wusste, ich würde rechtzeitig zur Geburt zur Stelle sein.

Islandhund – Mutter mit Welpe

Ernährung der trächtigen Hündin

Im Wolfsrudel ist die Wolfsfähe nach erfolgter Paarung darauf angewiesen, sich in den ersten Wochen ihrer Trächtigkeit Reserven anzufressen, da sie im letzten Drittel der Gravidität nicht mehr in der Lage sein wird, ausreichend Beute zu machen. Sie muss von diesen Reserven zehren, wenn sie wegen des vergrößerten Bauchumfangs und der damit verbundenen Unbeweglichkeit in den letzten Wochen kaum noch jagen kann. Zum Zeitpunkt der Geburt sind die Wölfinnen dann wieder schlank und mager und die Geburt entsprechend unbelastet und leicht.

Futterreserven

Unsere Hündinnen entwickeln in den ersten Wochen der Trächtigkeit oft eine nie gekannte Fressgier, die sie alles Erreich- und Fressbare gierig verschlingen lässt, ein Relikt aus der Wolfszeit, obwohl unsere Hunde es ja heute nicht mehr nötig haben, sich Reserven anzufressen, da sie ja die gesamte Trächtigkeit über ausreichend und bestens gefüttert werden.

Fressgier

Sie dürfen dieser Fressgier auf gar keinen Fall nachgeben! Füttern Sie Ihre Hündin bis zur sechsten Woche ganz normal, eher etwas weniger. Je fetter sie bei der Geburt ist, desto mehr Schwierigkeiten haben Sie zu erwarten. Geben Sie der Hündin neben den sonst üblichen Mahlzeiten nichts, auch, wenn sie noch so sehr bettelt. Die Föten sind in den ersten fünf Wochen noch so klein und haben einen so geringen Nahrungsbedarf, dass die Ansicht, die Hündin müsse ja nun für die Welpen mitfressen, nicht gilt und der Hündin nur schadet. Auch das Herummäkeln der Hündin etwa in der dritten Trächtigkeitswoche sollte von Ihnen hingenommen werden und nicht dazu führen, dass Sie ihr ihre Lieblingsgerichte und Besseres kochen, nur um sie zum Fressen zu animieren. Wenig ist hier viel und Sie sollten das Verwöhnen der »Schwangeren« sich nur in der Qualität des Futters und nicht in der Quantität niederschlagen lassen.

Futterqualität

In der Zeit der Trächtigkeit sollten Sie hochwertiges und eiweißreiches Futter geben. Die Futtermittel-

Zusatzstoffe

industrie bietet in sehr vielen Futtersorten kaum mehr Überschaubares an. Ich versuche schon beim täglichen Füttern, aber wenigstens in der Zeit der Trächtigkeit, viel natürliche, aufbauende und abwechslungsreiche Nahrung anzubieten.

Ab der fünften Woche erhält die Hündin morgens – sofern sie dies mag und verträgt und damit sichergestellt ist, dass sie genug Flüssigkeit aufnimmt – Milch (Kuhmilch oder Dosenmilch oder auch schon Welpenmilch) verdünnt mit Wasser, mit einem Löffel Honig »versüßt« und mit etwas Quark angereichert. Meine Hündinnen mögen dies sehr. Mittags wird das Futter dann gehaltvoller. Es sollte aus Flocken (zum Beispiel Hundeflocken verschiedener Hersteller oder normale Haferflokken), Gemüse (selbst zubereitet oder zum Beispiel Trockenmöhren o.ä.) und natürlich Fleisch (frischer grüner Pansen o.ä.) bestehen. Flocken sollten auch einmal durch Reis oder Nudeln ersetzt werden, damit das Futter abwechslungsreich wird. Dazu gehört in diese Mahlzeit ein Esslöffel kalt gepresstes, gutes Speiseöl (zum Beispiel Diestelöl), eine Messerspitze Kieselerde und natürlich ein Esslöffel Knochenmehl. Ab der sechsten Trächtigkeitswoche wird zweimal wöchentlich ein Eigelb unter das Futter geschlagen. Diese Mittagsmahlzeit gebe ich dann, wenn auch in einer kleineren Portion, am frühen Abend nochmals. Die Mengen sind natürlich für jede Hunderasse unterschiedlich und auch dann noch für jeden Hund. Meine Hündin Orscha erhielt relativ große Portionen, sie war ein schlechter Fresser und wurde auch in der Trächtigkeit nie fett. Bei der Hündin Bianca mussten die Portionen viel kleiner ausfallen, obwohl sie sehr viel verfressener war und »schon vom Futter ansehen« fett wurde. Sie dürfen auch zweimal wöchentlich eine kleine Prise Kochsalz ins Futter geben. Abends vor dem Schlafengehen erhalten meine Hündinnen zwei- bis dreimal wöchentlich einen schönen Knochen (meist Kalbsknochen oder Sandknochen vom Rind), allerdings nicht mehr in den letzten Tagen vor der Geburt.

Seien Sie vorsichtig mit der Fütterung von Zusatzstoffen. Da alle industriellen Futtersorten sehr hohe Dosen an Vitaminen enthalten, sollten Sie außer den genannten natürlichen Stoffen keine Vitamingaben zusätzlich verabreichen. Sie schaden nur. Sollten Sie das von mir verwandte Knochenmehl nicht erhalten, so müssen Sie auf Mineralstoffmischungen des Futterhandels umsteigen. Achten Sie darauf, dass Sie nur speziell auf Hunde abgestellte Mischungen verwenden (wegen des Verhältnisses 2:1 von Calcium zu Phosphor sehr wichtig) und nicht auf alle Haustiere wie Vögel, Katzen und Hunde ausgerichtete Mischungen.

Futtermenge

Eine Steigerung der Futtermenge nehme ich kaum vor. Es ist wichtig, der Hündin in der Zeit des Wachstums der Föten (siebte und neunte Woche der Trächtigkeit) sehr gehaltvolles Futter anzubieten. Sie werden in den Fütterungstabellen der Futtermittelindustrie eine Steigerung des sogenannten Erhaltungsbedarfs um den Zusatzbedarf in der Zeit der Trächtigkeit finden. Ich richte mich nicht danach, sondern versuche jeweils, meine Hündinnen zum Zeitpunkt der Geburt eher etwas schlanker als zu fett zu halten. Ich bin damit stets besser gefahren, als wenn ich durch zu hohes Gewicht die Hündin zusätzlich vor der Geburt belaste.

Anders ist das in der Zeit der Laktation, darüber wird aber an der entsprechenden Stelle ausführlich gesprochen.

Die Woche vor der Geburt ist in der Fütterung nochmals besonders zu betrachten. Ich stelle von diesem Zeitpunkt an als erstes die abendlichen Knochen ein. Dafür kann eine getrocknete Pansenstange gegeben werden. Die Mittags- und Abendmahlzeiten werden zwei Tage lang stark reduziert. Drei bis vier Tage vor der Geburt gebe ich nur noch zwei Milch-Quark-Mahlzeiten, die mit Honig, Knochenmehl, Diestelöl und Kieselerde angereichert werden. Hat die Hündin darüber hinaus noch Hunger, bieten Sie ihr zusätzlich nur noch eine breiige Flockenmahlzeit mit wenig Fleisch an. Ein bis zwei Tage vor der Geburt sollten Sie nur noch die verbesserten Milch-Quark-Mahlzeiten geben. Außerdem sollten Sie darauf achten, dass die Hündin möglichst viel trinkt. Nimmt sie weder Wasser noch Milch, so sollten Sie Traubenzuckerwasser oder Honigwasser versuchen. Sie sollten sich jedoch keine Gedanken machen, dass die Hündin in diesen letzten Tagen vor der Geburt weniger frisst, als sie für die heranwachsenden Welpen braucht, denn Ihre immer gut gehaltene Hündin hat weitaus mehr Reserven aufgebaut, als sie zum Ausgleich benötigt. Jedes Gramm zuviel belastet den ohnehin ausgefüllten Bauchraum und ist für Ihre Hündin mit Sicherheit weitaus schlimmer.

Bewegung der Hündin

Ausreichende Bewegung ist während der Tragezeit genauso wichtig wie richtige und qualifizierte Ernährung. Es ist völlig falsch, die Hündin zu sehr zu schonen und sie nur noch, ihrem Ruhebedürfnis entsprechend, in ihrem Korb oder auf ihrer Decke liegen zu lassen. Die Hündin muss für die Geburt körperlich fit sein, der Kreislauf und das Herz müssen stark sein, die Lungen kräftig und die Muskeln sollen trainiert und funktionstüchtig sein. Aber bitte nicht ins andere Extrem verfallen und der Hündin täglich Höchstleistungen abverlangen! Der Mittelweg ist auch hier das Richtige. Sie sollten der Hündin so viel Bewegung zumuten, wie sie es aus der Zeit vor der Trächtigkeit gewöhnt war, nicht mehr, aber bis zur achten Woche möglichst auch nicht weniger.

In der ersten Hälfte der Trächtigkeit gelten, bis auf eine leichte Schonung in der dritten Woche (Einnistung oder Nidation der Embryonen), keine Einschränkungen auf Spaziergängen. Sie sollten lediglich die Dauer und das Tempo dem Stand der Gravidität anpassen. Ich fahre mit meiner Hündin auch noch in der ersten Hälfte der Trächtigkeit mit dem Fahrrad, allerdings sind auch hier Tempo und Tourenlänge den veränderten Bedingungen angeglichen. Wichtig sind lediglich die gleichmäßige Bewegung und Belastung.

Flüssigfutter

In der zweiten Hälfte der Gravidität müssen die Hündinnen ebenfalls zu täglichen Spaziergängen »überredet« werden. Der Kreislauf muss in Schwung bleiben, die regelmäßige Ausscheidung von Harn und Kot ist ganz wichtig und muss funktionieren. Hierbei hilft Bewegung hervorragend. Ich laufe mit meinen Hündinnen bis zum letzten Tag; auch wenn ich vorwurfsvolle Blicke meiner »Trächtigen« ernte, sie muss mit. Die Hündin Orscha war bei ihrem Elfer-Wurf so rund, dass ich sie bedauerte. Sie konnte sich nur noch schwer bewegen und wir beide zockelten im »Kur-Schritt« durch die Siedlung. Der Spaziergang wurde ihr aber bis zum letzten Tag nicht erspart. Orscha lief nicht gern neben dem Fahrrad, sie war nicht gut durchtrainiert und musste sich bei den Geburten immer sehr anstrengen. Die Kraft zum Pressen ließ leicht nach und homöopathische Hilfe hat ihr einmal sogar das Leben gerettet. Die Hündin Bianca war ein Kraftpaket, lief gern und lange neben dem Fahrrad und war entsprechend gut auf die Geburten vorbereitet. Die Hündin Corry liebte ebenfalls große Fahrradtouren, sie liebte Bewegung im großen Stil und bekam ihren Wurf »im Vorbeigehen«, so gut war ihre körperliche Verfassung.

Bewegung in der Trächtigkeit

Tragezeit oder Trächtigkeitsdauer

Trächtigkeitsdauer

Die Tragezeit bei Wölfen beträgt durchschnittlich 62,4 Tage. Die mittlere Trächtigkeitsdauer beträgt beim Hund wie meist in der Literatur angegeben 63 Tage. Frau Dr. Feddersen-Petersen beschreibt Trächtigkeiten je nach Rasse und individueller Variabilität zwischen 51 und 74 Tagen, wobei die meisten Geburten nach einer Tragezeit von 60 bis 63 Tagen (C. Naaktgeboren) erfolgen. Die Extremwerte machen nur einen Anteil von 0,94 % aller Würfe aus, also nicht einmal 1 %. Ein Zusammenhang scheint zwischen der Wurfstärke und der Tragezeit zu bestehen, denn kleine Würfe kommen später und große Würfe früher zur Welt. Da die Wurfgröße rassebedingt ist, ist diese Aussage relativ zu bewerten, da vier oder fünf Welpen für eine Zwerghündin ein sehr großer Wurf sind, bei mittleren und großen Rassen jedoch eher einen kleinen Wurf bedeuten. Bei Riesenrassen (Bernhardiner) kommen Wurfgrößen bis zu 20 Welpen vor, während bei Kleinstrassen (Chihuahua) der Mittelwert der Würfe bei 2,4 Welpen liegt und vier Welpen hier schon eine große Ausnahme darstellen.

Die Tragezeit und Wurfgröße variieren innerhalb einer Rasse auch noch linien- oder familienbedingt. Es ist deshalb bei Erstgebärenden immer sinnvoll, den Wurftag und die durchschnittlichen Wurfgrößen der Mutterhündin zu kennen.

Nach C. Naaktgeboren werden Würfe mit hohen Wurfzahlen (über 10 Welpen) meist zwischen dem 59. und 60. Tag geworfen, sehr kleine Würfe (unter 3 Welpen) werden meist länger als 63 Tage ausgetragen. Ein besonderes Problem stellt in diesem Zusammenhang die Einfrüchtigkeit dar, die zu Tragezeiten von über 70 Tagen führen kann.

Trächtigkeitskalender

Beleg- und Wurftage

Berechnet auf 63 Tage Tragezeit

Jan.	März	Febr.	April	März	Mai	April	Juni	Mai	Juli	Juni	Aug.	Juli	Sept.	Aug.	Okt.	Sept.	Nov.	Okt.	Dez.	Nov.	Jan.	Dez.	Febr.
Belegd.	Wurfd.	Belegd.	Wurfd.	Belegd.	Wurfd.	Belegd.	Wurfd.	Belegd.	Wurfd.	Belegd.	Wurfd.	Belegd.	Wurfd.	Belegd.	Wurfd.	Belegd.	Wurfd.	Belegd.	Wurfd.	Belegd.	Wurfd.	Belegd.	Wurfd.
1	5	1	5	1	3	1	3	1	3	1	3	1	2	1	3	1	3	1	3	1	3	1	2
2	6	2	6	2	4	2	4	2	4	2	4	2	3	2	4	2	4	2	4	2	4	2	3
3	7	3	7	3	5	3	5	3	5	3	5	3	4	3	5	3	5	3	5	3	5	3	4
4	8	4	8	4	6	4	6	4	6	4	6	4	5	4	6	4	6	4	6	4	6	4	5
5	9	5	9	5	7	5	7	5	7	5	7	5	6	5	7	5	7	5	7	5	7	5	6
6	10	6	10	6	8	6	8	6	8	6	8	6	7	6	8	6	8	6	8	6	8	6	7
7	11	7	11	7	9	7	9	7	9	7	9	7	8	7	9	7	9	7	9	7	9	7	8
8	12	8	12	8	10	8	10	8	10	8	10	8	9	8	10	8	10	8	10	8	10	8	9
9	13	9	13	9	11	9	11	9	11	9	11	9	10	9	11	9	11	9	11	9	11	9	10
10	14	10	14	10	12	10	12	10	12	10	12	10	11	10	12	10	12	10	12	10	12	10	11
11	15	11	15	11	13	11	13	11	13	11	13	11	12	11	13	11	13	11	13	11	13	11	12
12	16	12	16	12	14	12	14	12	14	12	14	12	13	12	14	12	14	12	14	12	14	12	13
13	17	13	17	13	15	13	15	13	15	13	15	13	14	13	15	13	15	13	15	13	15	13	14
14	18	14	18	14	16	14	16	14	16	14	16	14	15	14	16	14	16	14	16	14	16	14	15
15	19	15	19	15	17	15	17	15	17	15	17	15	16	15	17	15	17	15	17	15	17	15	16
16	20	16	20	16	18	16	18	16	18	16	18	16	17	16	18	16	18	16	18	16	18	16	17
17	21	17	21	17	19	17	19	17	19	17	19	17	18	17	19	17	19	17	19	17	19	17	18
18	22	18	22	18	20	18	20	18	20	18	20	18	19	18	20	18	20	18	20	18	20	18	19
19	23	19	23	19	21	19	21	19	21	19	21	19	20	19	21	19	21	19	21	19	21	19	20
20	24	20	24	20	22	20	22	20	22	20	22	20	21	20	22	20	22	20	22	20	22	20	21
21	25	21	25	21	23	21	23	21	23	21	23	21	22	21	23	21	23	21	23	21	23	21	22
22	26	22	26	22	24	22	24	22	24	22	24	22	23	22	24	22	24	22	24	22	24	22	23
23	27	23	27	23	25	23	25	23	25	23	25	23	24	23	25	23	25	23	25	23	25	23	24
24	28	24	28	24	26	24	26	24	26	24	26	24	25	24	26	24	26	24	26	24	26	24	25
25	29	25	29	25	27	25	27	25	27	25	27	25	26	25	27	25	27	25	27	25	27	25	26
26	30	26	30	26	28	26	28	26	28	26	28	26	27	26	28	26	28	26	28	26	28	26	27
27	31	27	Mai 1	27	29	27	29	27	29	27	29	27	28	27	29	27	29	27	29	27	29	27	28
28	Apr. 1	28	2	28	30	28	30	28	30	28	30	28	29	28	30	28	30	28	30	28	30	28	Mrz. 1
29	2			29	31	29	Juli 1	29	31	29	31	29	30	29	31	29	Dez. 1	29	31	29	31	29	2
30	3			30	Juni 1	30	2	30	Aug. 1	30	Sept. 1	30	Okt. 1	30	Nov. 1	30	2	30	Jan. 1	30	Febr. 1	30	3
31	4			31	2			31	2			31	2	31	2			31	2			31	4

Hierauf wird im Zusammenhang mit der Geburt und Geburtsschwierigkeiten näher eingegangen.

Homöopathische Unterstützung und Eugenische Kur

Die Eugenische Kur (Eugenik = Wissenschaft von der günstigen Auslese) soll der vorgeburtlichen Behandlung der trächtigen Hündin zur Verbesserung des Erbgutes sowie einer bestmöglichen Entwicklung der Welpen im Mutterleib dienen. Diese Kur sollte nur von erfahrenen Tierärzten oder Tierhomöopathen angewandt werden, da die Krankheiten der Vorfahren bekannt sein müssen, eingeordnet werden sollen und danach eine individuell zusammengestellte Kur in Hochpotenzen in genau festgelegter Reihenfolge verabreicht wird.

Der Züchter sollte lediglich die homöopathischen Mittel Sulfur D 200 zwei Wochen nach dem Decken und drei Tage später Calcium carbonicum D 200 anwenden, um die Konstitution der Hündin und der Welpen zu verbessern. Es ist wichtig, dass diese Hochpotenzen direkt in die Lefzenschleimhaut zwischen den Mahlzeiten und nicht mit Futter vermischt gegeben werden.

Um eine normale Geburt gut vorzubereiten und der Hündin die Geburt zu erleichtern sowie eventuellen Fehllagen der Föten vorzubeugen, sollte die trächtige Hündin eine Woche vor der Geburt 2 x täglich 1 Dosis (5–10 Tropfen oder Globuli oder 1 Tablette) Pulsatilla D 6 erhalten. Ich habe damit sehr gute Erfahrungen gemacht und durch diese Anwendung keinerlei Komplikationen bei den Geburten gehabt.

Impfen und Entwurmen der trächtigen Hündin

Impfen der Trächtigen

Sicher ist Ihre Hündin gut »durchgeimpft« und Sie haben sich um das Impfen im Zusammenhang mit dem bevorstehenden Deckakt bisher keine Gedanken gemacht. Die Hündin sollte jedoch, auch wenn die Einjahresfrist bis zum nächsten Impftermin noch nicht verstrichen ist, vor dem Belegen (bis zu vier Wochen vorher) erneut geimpft werden. Eine Impfung während der Trächtigkeit sollten Sie vermeiden. Die Hündin gibt an ihre Welpen weit mehr Antikörper weiter, je dichter am Belegtermin die Impfung durchgeführt wurde.

Eugenische Kur

Entwurmen der Trächtigen

Und wie ist es mit dem Entwurmen? Auch hier sollte die Hündin vor dem anstehenden Deckakt entwurmt werden. Nach dem 40. Tag der Trächtigkeit sollte nochmals entwurmt werden, und zwar mit den neuen Anthelmintika (Wurmmitteln), und zwar mit einem für die Trächtigkeit zugelassenen Mittel. Vor diesem Zeitpunkt ist die Wirkung der Wurmmittel nicht garantiert, da erst bei einem bestimmten Hormonniveau der Hündin die Wurmlarven zu wachsen beginnen und auf die Welpen übertragen werden.

Diese Vorsorgemaßnahmen entbinden Sie jedoch nicht davon, die Welpen spätestens nach etwa zehn Tagen bereits zu entwurmen. Warum? Die Wurmlarven gelangen aus dem mütterlichen Blutkreislauf durch die Plazenta in den Blutkreislauf der Welpen, und zwar auch bei einer Mutterhündin, bei der keine Würmer im Darm festgestellt werden können. Während der Trächtigkeit werden die in jeder Hündin ruhenden Wurmlarven aktiviert und gelangen in den Blutkreislauf der Welpen, nachdem sie sich durch die Gefäßwände gebohrt haben.

Homöopathisches Mittel	Anwendung u. Dosierung [1]	Zeitpunkt
Sulfur D200	1 mal 1 Dosis	2 Wochen nach Deckakt
Calcium carbonicum D200	1 mal 1 Dosis	3 Tage nach Sulfur D200

[1] Dosierung s. Kasten Seite 67

10. Leerbleiben der Hündin

Allgemeine Gründe

Leerbleiben

Die Gründe für das Leerbleiben der Hündinnen sind vielfältig und oft nicht nachvollziehbar. Wichtig ist, dass Sie alles bisher Angesprochene zur Vermeidung des Leerbleibens Ihrer Zuchthündin unternommen haben. Sie haben die Hündin von einem kompetenten Tierarzt vor der Läufigkeit gründlich untersuchen lassen. Zu Beginn der Hitze haben Sie einen Abstrich auf Bakterien machen lassen und ggf. ein Antibiotikum verabreicht. Der Hormonhaushalt Ihrer Hündin ist unauffällig und als normal zu bezeichnen. Sie haben eine Deckterminbestimmung durchführen lassen. Nach dem Deckakt haben Sie Ihre Hündin sofort und ohne vorheriges Urinieren ins Auto gebracht und sie zwei Stunden vor der Heimfahrt ruhen lassen. Jetzt müssen Sie der Natur ihren Lauf lassen.

Die häufigste Ursache für das Leerbleiben der Hündinnen ist falsche Deckterminbestimmung.

Absterben/Resorption der Föten

Fruchtresorption

Ob eine Hündin aufgenommen und dann resorbiert (aufgelöst) hat oder von Anfang an leer geblieben ist, ist in den ersten drei bis vier Wochen der Trächtigkeit kaum festzustellen. Der Implantation (Nidation oder Einnistung) der Embryonen vorausgehende Störungen der Embryonalentwicklung entziehen sich jeder tierärztlichen Diagnostik und können nur verdachtsweise angenommen werden.

Embryonale Fruchtresorbtionen sind sonographisch (durch Ultraschalluntersuchung) zwischen der dritten und fünften Woche (Tag 24 bis 35) nach der Ovulation (Eisprung) sicher nachweisbar. Nach dem Tod der Föten wird die Flüssigkeit resorbiert und gelangt in den maternalen (mütterlichen) Kreislauf. Das Gewebe (Fruchthüllen usw.) wird dehydriert (entwässert) und unterliegt einer Autolyse (Selbstauflösung). Die betroffenen Fruchtkammern weisen anders als normal entwickelte Fruchtkammern eine gewellte Gebärmutterwand und Plazenta auf dem Ultraschallbild auf. Die mit Fruchtwasser gefüllte

Ein Wurf gesunder Welpen wie diese Bayerischen Gebirgsschweißhunde ist der Stolz jeden Züchters.

Fruchtampulle ist kleiner und embryonale Strukturen fehlen oder stellen sich lediglich als diffuse Masse dar. Nach außen werden Anzeichen der Fruchtresorption an der Hündin nicht sichtbar.

Spätresorption fötaler Fruchtanlagen setzt frühestens nach der vierten Trächtigkeitswoche (ab Tag 28 nach der Ovulation/Eisprung) ein. Sonographisch ist ein Sistieren (Stehenbleiben) der Fötalentwicklung und anhand des Herzstillstandes der Fruchttod auszumachen. Dieser Prozess wird oft durch den Abgang bräunlich-rötlich gefärbten Ausflusses aus der Scheide begleitet. Ein so gefärbter Ausfluss ist ein deutliches Alarmsignal.

Die Ursachen von Fruchtresorptionen sind vielfältig. Mögliche Ursachen können sein:

- Infektionen durch Viren, zum Beispiel Canines Hepatitisvirus, Staupevirus, Herpesvirus
- Infektionen durch Bakterien, zum Beispiel E. coli, Salmonellen, hämolisierende Streptokokken, Clostridien, Brucella, Toxoplasma gondii usw.
- Missbildung der Föten
- Chromosomendefekte, genetische Anomalien
- Allgemeinerkrankung der Hündin, zum Beispiel Leber, Nieren usw.
- Trauma durch Unfall, Beißerei, Sprung usw.

Belastung/Beißereien/Stoß/Fall

Übergroße Anstrengungen und starker Stress sollten der trächtigen Hündin auf keinen Fall zugemutet werden. Hierzu zählt der sonst gewohnte Gang auf den Hundeplatz in der zweiten Trächtigkeitshälfte, das Ablegen von Prüfungen mit dem Hund sowie der Besuch von Ausstellungen. Die VDH-Zuchtschauordnung verbietet deshalb auch das Verbringen von sichtbar trächtigen Hündinnen (zweite Trächtigkeitshälfte) auf das Zuchtschaugelände. Die Gefahr von Infektionen ist an allen Plätzen gegeben, an denen viele Hunde zusammentreffen. Sie sollten solche Infektionsquellen unbedingt meiden und Ihren kommenden Wurf und die Mutterhündin nicht durch Unachtsamkeit oder Leichtsinn gefährden.

Beißereien

Aborte (Fehlgeburten) drohen auch unweigerlich durch Beißereien. Besitzer mehrerer Hündinnen müssen während der Trächtigkeit verstärkt darauf achten, Beißereien auszuschalten. Frau Ilse Sieber, Verfasserin des Buches »Hundezucht naturgemäß« beschreibt sehr eindringlich die Beißerei ihrer beiden Boxerhündinnen und die verheerenden Folgen. Sie gefährden durch eine Beißerei nicht nur die kommenden Welpen, sondern natürlich viel schwerwiegender die Gesundheit der Mutterhündin. Jede Narkose oder notwendige Antibiotika schaden der Hündin und führen zum Tod oder zu Missbildungen der Welpen. Sind durch Beißereien Welpen im letzten Trächtigkeitsdrittel umgekommen, so können diese die Hündin vergiften, einen vorzeitigen Kaiserschnitt auslösen oder Ähnliches. Alles hat gleichermaßen furchtbare Folgen!

Ebensolche Folgen können durch Stoß, Sprung oder Fall ausgelöst werden. Die Hündin sollte in der zweiten Trächtigkeitshälfte vom Springen abgehalten werden, auch wenn sie es selbst noch tun würde. Der Sprung von einer Mauer ist genauso tabu wie die Hürdenwand auf einem Hundeplatz. Auch das Herausspringen aus dem hochgelegenen Liegeplatz eines Kombi-Fahrzeuges oder Vans/Jeeps sollte vermieden werden. Achten Sie jetzt verstärkt auf Ihre »Schwangere« und muten Sie ihr nur das zu, was Sie wirklich verantworten können.

Abort

Die Ursachen, die zu Aborten oder Resorptionen führen können, sind in den vorhergehenden Kapiteln beschrieben worden. Hat ein Teilabort stattgefunden, so sollte das Vorkommen noch lebender Welpen durch Ultraschallaufnahmen bestätigt werden. Sind Bakterien die Ursache eines Teilabortes, so dürfen keine Tetrazykline (Antibiotika) verabreicht werden. Während einer Trächtigkeit sollten – wenn überhaupt notwendig – nur Ampicillin oder Amoxicillin (spezielle Antibiotika) zum Einsatz kommen.

Nach einem vollständigen Abort sollte die Hündin immer mit Antibiotika behandelt werden. Eine Behandlung mit Breitbandantibiotikum ist nach Aborten ratsam, bis die Ergebnisse der bakteriologischen Untersuchung vorliegen. Durch eine solche Behandlung wird einer sonst ggf. drohenden Unfruchtbarkeit der Hündin vorgebeugt.

Homöopathische Möglichkeiten

Bei Hündinnen, die unspezifische Fehlgeburten (Aborte) schon mitgemacht haben, sollte durch eine Behandlung mit Sepia D 30 über drei Monate hinweg, bevor die Hündin erneut belegt werden soll, einmal monatlich 1 Dosis (10 Tropfen/Globuli oder 1 Tablette) vorgebeugt werden. In den ersten beiden Wochen der Trächtigkeit nach der Paarung wird dann eine einzige Gabe Viburnum opulis D 30 gegeben, um einem Abort entgegenzuwirken. Caulophyllum D 30 entfaltet seine Wirkung in der zweiten Hälfte der Trächtigkeit und sollte bei drohendem oder vorangegangenem Abort ab der vierten Woche im Abstand von einer Woche in zwei Gaben (je 1 Dosis = 10 Tropfen/Globuli oder 1 Tablette) gegeben werden.

Abort

Sollte der Frühabort durch Beißereien, Stoß, Quetschung oder gar einen Unfall (Traumen) ausgelöst worden sein, so sollte mit Arnica D 3 in halbstündlichem Abstand je 10 Tropfen (bis zu 12 x täglich) versucht werden, die Gefahr zu bannen.

Nach einer Fehlgeburt tritt meist Ausfluss in unterschiedlichen Erscheinungsbildern und Ausprägungen auf. Hier wird dann mit verschiedenen homöopathischen Mitteln eingegriffen.

Sabina D 6: Bei mit hellrotem Blut durchsetztem Ausfluss. Kann den Abort ggf. verhindern und die Ablösung der Plazenta zurückhalten.

Secale D 30: Das ausströmende Blut ist dunkel und die Hündin wirkt verschrumpelt bzw. die Extremitäten sind eiskalt.

Behandlung bei Fehlgeburten

Lilium tigrinum D 30: Wirkt bei dunklem, geronnenem und zähem Ausfluss, wenn begleitend Pressen und Durchfall hinzukommen.

Sollten Aborte vermutet werden, so ist in jedem Fall ein Tierarzt zu Rate zu ziehen.

Homöopathisches Mittel	Anwendung u. Dosierung [1]	Zeitpunkt
Sepia D30	1 x monatlich 1 Dosis	3 Monate vor nächster Belegung
Viburnum opulis D30	1 mal 1 Dosis	1. oder 2. Woche nach dem Belegen
Caulophyllum D30	2 mal 1 Dosis im Abstand von einer Woche	Nach der 4. Woche der Trächtigkeit

[1] Dosierung s. Kasten Seite 67

11. Vorbereitung auf die Geburt

Homöopathische Vorbereitung der Hündin

Homöopathische Geburtsvorbereitung

Namengebung

Die wichtigste und bestens bewährte homöopathische Arznei zur Vorbereitung der Hündin auf die Geburt ist Pulsatilla. Pulsatilla erweitert die so genannten weichen Geburtswege (Gebärmutterhals, Scheide und Schamlippen) und greift regulierend und fördernd in die Geburtsvorbereitung ein. Solcherart vorbereitete Hündinnen werfen leichter und in kürzerer Zeit. Einer evtl. Fehllage (fehlerhafte Stellung) des Fötus und einer vielleicht auftretenden Wehenschwäche wird hervorragend vorgebeugt. Die Geburt verläuft so vorbereitet glatt und Komplikationen oder die Notwendigkeit eines Kaiserschnittes kommen fast überhaupt nicht vor. Mit Pulsatilla vor der Geburt behandelte Hündinnen neigen weniger zu Gebärmutterentzündungen im Anschluss an die Geburt.

Anwendung:
Pulsatilla D 6, 8 Tage vor dem errechneten Geburtstermin beginnend 2 x täglich 1 Dosis (5–10 Tropfen/Globuli oder 1 Tablette) geben.

Bei Hündinnen, bei denen von der vorangegangenen Geburt bekannt ist, dass sie zu Wehenschwäche neigen, kann 1 Tag vor der Geburt oder am Tage der Geburt Caulophyllum D 6 gegeben werden. Caulophyllum fördert den Beginn der Geburt, den folgenden Ablauf und sogar die Wehentätigkeit, ohne dass es zu einer Gefährdung von Welpen oder Mutterhündin kommen kann wie bei zu frühem Einsatz von Oxytocin (Wehenspritze).

Namensliste für Welpen

Bei meinen ersten Planungen des nächsten kommenden Wurfes beginne ich alsbald, mir Gedanken über mögliche Namen für Rüden und Hündinnen zu machen und lege mir jeweils eine Liste an. Auf Seite 33 ist beschrieben, dass der Zwingername der Zuname eines Hundes ist und die Würfe eines Züchters jeweils mit den Buchstaben des Alphabets, beginnend mit A, B, C usw. bezeichnet werden. Beim Buchstaben »A« ist alles ja noch relativ einfach, bei »C« wird es schon schwieriger und stellen Sie sich bitte vor, Sie wären bereits bei »X« oder gar bei »Y« angekommen!

Wo finden Sie nun schöne, klangvolle und vielleicht sogar nicht zu häufig verwendete Namen? Ein guter Weg hierzu sind alte Zuchtbücher. Hier finden Sie meist Namen, die für die Rasse, die Sie züchten wollen, gebräuchlich sind. Unser Zwinger heißt »von Godewind«. Passende Rüdennamen waren aus unserer Sicht: Arthos, Ares, Amos, Andor usw. Bei den Hündinnen enthielt die Liste Namen wie Ayka, Andra, Alexa, Asra, Anja usw. Wir bevorzugen zweisilbige, leicht zu rufende Namen und hoffen darauf, dass die Welpen diese Namen dann auch tragen dürfen und von ihren neuen Besitzern nicht umbenannt werden. Dies ist jedoch nicht immer der Fall. Sie müssen wie wir auch damit leben, dass Sie dann plötzlich drei Hunde mit Namen Balu in einem Wurf haben, wenn dieser Name gerade gebräuchlich und beliebt ist, Sie jedoch diesen Namen nur einmal vergeben haben und weitere Hunde einfach umbenannt wurden. Ich habe zu

Homöopathisches Mittel	Anwendung u. Dosierung [1]	Zeitpunkt
Pulsatilla D6	2 x täglich 1 Dosis	1 Woche vor der Geburt, bei vorangegangenen Schwierigkeiten bereits 2 Wochen vor der Geburt

[1] Dosierung s. Kasten Seite 67

Eine Liege im Welpenspielgarten ist ein tolles Spielgerät, auf das man Krabbeln oder unter dem man sich verstecken kann wie diese Rhodesian Ridgeback-Welpen.

Beginn meiner Züchtertätigkeit den Käufern die Möglichkeit eingeräumt, sich einen Namen selbst auszuwählen. Wir hatten für unseren A-Wurf ein junges Ehepaar dabei, die eineinhalb Jahre bei uns auf einen Welpen warteten und sich den Namen Albert (nach Albert von Holstein) ausgewählt hatten. Wir fanden den Namen nicht so schön, gingen jedoch auf den Wunsch der Käufer und künftigen Besitzer des Welpen ein. Der blonde Rüde erhielt in den Zuchtpapieren den Namen »Albert von Godewind« und wurde nach 8 Wochen mit vielen guten Wünschen und Ratschlägen dem jungen Ehepaar übergeben. Wir fuhren nach der Abgabe der Welpen für zwei Wochen nach Dänemark in Urlaub. Als wir zurückkamen, erhielten wir von einer guten Bekannten, die selbst eine Hovawarthündin hatte, einen dringenden Anruf, denn sie hatte jetzt den Welpen Albert. Was war geschehen? Der jungen Frau, die so lange auf diesen Welpen gewartet hatte und halbtags berufstätig war, war die Situation mit einem Welpen trotz guter Vorbereitung durch uns als Züchter über den Kopf gewachsen und der Hund musste sofort weg. So kam Albert zu unserer Bekannten. Sie hatte sich inzwischen so an den liebenswerten kleinen Kerl gewöhnt, dass sie ihn nicht mehr hergab und selbst behielt. Für Albert war dies ein Glücksfall, denn er hatte es dort sehr gut, er wurde ein hervorragender, ausgebildeter Gebrauchshund und ebenso guter Deckrüde. Seinen Namen, der ja in seinen Papieren ausgewiesen war, behielt er zeitlebens und auch wir als Züchter gewöhnten uns an den Namen Albert. Wir entschlossen uns jedoch nach diesem Erlebnis, künftig die Namen für unsere Welpen selbst auszusuchen.

Eine weitere Möglichkeit, Namen herauszufinden, sind Namensbücher, die es überall in den Buchhandlungen gibt. Auch Märchen- und Sagenbücher sowie Lexika sind gute Fundstellen für Namen.

Welpeninteressenten

Welpenvermittlung

Die Welpenvermittlung läuft bei uns überwiegend über den Verein. Der Verein hat regional ausgewiesene Welpenvermittlungsstellen, die den Züchter mit Kaufinteressenten versorgen. Meist klappt dies auch hervorragend, so dass der Züchter selbst kaum Verkaufsanzeigen in Hunde- oder Tageszeitungen unterbringen muss. Dies ist jedoch in jedem Verein unterschiedlich organisiert und läuft wohl auch sehr unterschiedlich. Der Verkauf der Welpen hängt natürlich sehr stark von der Rasse ab, die Sie züchten wollen und dann natürlich von der Beliebtheit und dadurch bedingt von der Nachfrage nach Hundewelpen dieser Rasse. Je beliebter eine Hunderasse ist, desto schwieriger ist der Verkauf an wirklich gute Käufer für Ihre Welpen. Sie haben mit Ihrem Wurf die Verantwortung für süße, hilflose Hundekinder und bei jedem Baby für hoffentlich 14 Jahre Hundeleben übernommen und Sie wollen für Ihre Hundekinder nur das Beste und mit Sicherheit keinen Besitzerwechsel, der den kleinen Hundeseelen schaden würde.

Welpenkäufer

Seien Sie deshalb besonders sorgfältig bei der Auswahl »passender« Leute für Ihre Hundekinder. Ich lege mir nach den Interessentenanrufen eine Liste an und sortiere hierbei schon einmal vor. Sind beide Ehepartner an dem Hund interessiert? Wer wird sich überwiegend um den Kleinen kümmern und wer soll ihn erziehen? Will eine Einzelperson den Welpen haben und wie stellt sie sich das Zusammenleben neben der Berufstätigkeit vor? Bleibt neben der Berufstätigkeit und den sonstigen Interessen noch genügend Zeit für einen Hund? Was soll im Urlaub mit dem Hund werden? Wie steht es ggf. mit Kindern? Sind die Eltern in der Lage, dem Hund wie den Kindern gegenseitige Rechte und Ruhephasen einzuräumen? Wird der Hund ein »echtes« Familienmitglied werden? Die Liste der Fragen an eventuelle Käufer ist lang und mir geht es vorwiegend darum, eine sehr gute Unterbringungsmöglichkeit für meine Welpen zu finden und niemals um einen schnellen Verkauf.

Die Interessenten, die die Befragungsaktion am Telefon positiv durchlaufen und einen Platz in meiner Interessentenliste bekommen haben, werden dann zu uns nach Hause oder zu einem Treffen auf den Hundeplatz eingeladen. Persönliches Kennenlernen ist sehr wichtig. Welpenkäufer müssen meinem Mann und mir zusagen und wir tauschen uns hierüber sehr eingehend aus. Außerdem haben wir uns angewöhnt, unsere Hunde mit ihren feinen Sinnen und Instinkten mitentscheiden zu lassen. Hovawarte sind große Hunde und deshalb dürfen Menschen, die dauerhaft gut mit so großen Hunden zurechtkommen wollen, keine ausgesprochene Angst haben oder müssen wenigstens in der Lage sein, diese Anfangsangst zu überwinden. Denn Welpen gefallen allen Menschen. Probleme gibt es immer erst dann, wenn die Hunde groß, erwachsen und nicht mehr so niedlich sind wie Welpen! Deshalb werden die Interessenten eingeladen, bevor die Babys da sind. Wenn es dann läutet und der »Besuch« kommt, beginnt für uns alle der Test. Die Hunde bellen laut, die Tür wird geöffnet und die Kaufinteressenten stehen den Hunden gegenüber und werden hereingebeten. Wir verschaffen uns einen ersten Eindruck, die Hunde schnuppern und wir sehen, wie beide Seiten miteinander zurechtkommen.

»Mitsprache« der Mutterhündin

Unsere Hündin Orscha war in ihrem Urteil fast unfehlbar. Mochte sie jemanden, so zeigte sie dies deutlich, ließ sich streicheln und bemühte sich sichtlich, ihrerseits einen guten Eindruck zu hinterlassen. Mochte sie jemanden nicht, so zeigte sie dies ebenso deutlich und behielt eigentlich immer Recht. Ein junges Ehepaar wollte unbedingt bei uns einen Hund haben. Sie erzählten, wie gut sie sich mit Hunden auskennen würden, sie hätten draußen einen Mischling, zu dem der Hund als

Die Auswahl »passender« Leute für die Hundekinder ist schwer, fordert sie doch eine Entscheidung für ein ganzes hoffnungsvolles Hundeleben wie bei diesen Berner Sennenhund-Welpen.

Kamerad dazukommen sollte. Auf alle Fragen hatten sie eine Antwort, alles verlief positiv und wir hatten uns zur Abgabe eines Welpen fast entschieden. Anders Orscha! Sie legte sich neben den jungen Mann, beobachtete ihn sehr genau, wich seinen Streichelversuchen aus, was uns sehr überraschte, und ging sogar soweit, leise zu knurren, wenn der junge Mann sich bewegte. Dieses Verhalten war für Orscha sehr ungewöhnlich und wir hatten zunächst keine Erklärung. Nach etwa zwei Stunden ausführlicher Unterhaltung wollten wir uns trennen und einen neuen Termin vereinbaren. Wir waren noch etwas unentschlossen, ließen die Hunde im Haus und begleiteten die jungen Leute zu ihrem Auto, denn wir wollten uns ihren Hund ansehen. Unsere Überraschung war groß, als der junge Hund an langer Leine aus dem Auto geholt wurde. Er war ein Bild des Jammers, hatte schreckliche Angst vor seinem eigenen Herrn und wich Herrchen aus, so weit die Leine reichte. Wir hatten genug gesehen! In solche Hände würden wir ganz sicher keinen Hund geben und wir bewunderten Orschas feine Instinkte, die wohl besser als wir gespürt hatte, dass diese Menschen für Hunde ungeeignet waren und hatte sich durch Worte natürlich nicht täuschen lassen. Wir sagten sofort den Hundeverkauf ab und lobten unsere Hündin und vertrauten ihr künftig mehr.

Absage an Kaufinteressenten

Ich habe keine Bedenken, Interessenten ggf. auch noch nach dem fünften oder sechsten Besuch zu sagen, dass ich sie als Käufer für die von mir gezüchtete Rasse als ungeeignet ansehe und sie deshalb von mir keinen Hund erhalten. Dies ist nicht immer ohne Probleme. Ich trage jedoch die Verantwortung dafür, dass meine Welpen ein gutes Zuhause für viele, viele Jahre haben werden. Wenn jemand beim fünften Besuch immer noch mit Sonntagskleidung und Stöckelschuhen kommt und glaubt, dass er so einem erwachsenen Hund oder einem großen Hund in der Flegelphase gerecht werden kann, so muss ich ihm deutlich und unmissverständlich meine Meinung hierzu sagen. Jemand mit einem solchen Verhalten ist bestimmt besser mit einem Stofftier gedient, aber bestimmt nicht mit einem unerzogenen Welpen, einem flegelhaften Junghund oder einem großen, wehrhaften Hund, der weiß, wozu er seine Zähne hat und auch vor Frauchens Sonntagsstaat nicht halt machen wird. Hier stehen die Vereine und auch der VDH hinter ihren Züchtern und unterstützen sie darin, Hunde verantwortungsbewusst abzugeben. Ein Professor, Leiter einer großen Klinik, wollte mich gerichtlich belangen, weil ich mich weigerte, seiner 16jährigen Tochter, die ihren Lebens- und Berufsweg mit möglichem Wohnortwechsel usw. ja noch vor sich hatte, einen Hund zu verkaufen. Hier müssen Sie unbedingt konsequent handeln und bei nur kleinstem Zweifel den Welpen lieber etwas länger behalten und neue, gute Leute für ihn suchen.

Käuferbefragung

Die Reihenfolge, in der die Welpen vergeben werden, bestimme ich als Züchter. Anfangs war ich überzeugt davon, dass jemand, der schon einmal einen Hund hatte, auf jeden Fall besser sei, als jemand ohne Hundeerfahrung. Diese Ansicht kann stimmen, muss aber nicht richtig sein. Hinterfragen Sie unbedingt die Bedingungen, unter denen ein bisheriger Hund gehalten wurde. Wie alt ist er geworden und woran ist er gestorben? Wo lebte er? Durfte er als Familienmitglied mit im Hause leben oder wurde er im Zwinger gehalten oder weggesperrt? Lebte er nur im Keller oder in einem kleinen Flur? Auch geäußerte Zuchtabsichten müssen später nicht stimmen und sind nicht in jedem Fall ein Garantieschein für ein gutes Zuhause. Werden noch Kinder erwartet oder sind die Kinder gut erzogen und trauen Sie der Mutter zu, dass sie neben den vier Rabauken, die sie schon hat, noch einen Welpen erziehen kann, ohne dass Kinder oder Hund zu kurz kommen? Oft werden Hunde zuerst als Kindersatz gehalten und fürchterlich verhätschelt. Eine junge Frau schmuste und verwöhnte ihren Hund, der eine sehr starke Bindung zu ihr hatte. Zwei Jahre später kamen kurz hintereinander zwei Kinder und der jungen Frau wurde die Arbeit zu viel und der geliebte Hund rückte in den Hintergrund. Dies wollte der Hund so nicht hinnehmen, denn er verstand den Wechsel im Verhalten seines Frauchens nicht. Es gab Probleme und der Hund sollte weg. Dies geht nicht, denn eine einmal übernommene Verpflichtung muss für das Hundeleben halten und dazu müssen die Käufer bereits intensiv befragt werden. Ich hoffe, Sie haben immer eine gute Hand und finden für Ihre Welpen ein lebenslanges, gutes Zuhause.

Wurfzimmer/Welpenzimmer

Wurfzimmer

Beim Welpenverkauf sollten alle häuslichen und familiären Bedingungen genau erfragt werden, damit der Welpe später nicht umplaziert werden muss. Dieser Labrador Retriever-Welpe hat ein liebevolles Frauchen gefunden.

Welpenaufzuchtraum

Ich verkaufe den Welpen immer nur an eine Person, nicht an zum Beispiel ein Ehepaar. Das Ehepaar muss sich entscheiden, wer Besitzer des Hundes sein soll und das beinhaltet dann auch der Kaufvertrag. Aus schlechten Erfahrungen in Scheidungsfällen möchte ich in einer solchen Situation einen konkreten Ansprechpartner und nicht zwei sich streitende Parteien haben.

Das Wurfzimmer sowie das Welpenzimmer sind der Raum, in dem die Welpen auf die Welt kommen und in welchem sie ihre ersten Lebenswochen verbringen werden. Dieser Raum ist von Rasse zu Rasse natürlich unterschiedlich groß. Er sollte allerdings immer in Hör- und Sichtweite für Sie sein, so dass sich naturgemäß ein Raum im Hause besonders anbietet. Wir nutzen unser »Fernsehzimmer« als Welpenzimmer oder auch einmal nach dem Auszug unseres Sohnes aus dem Hause sein ehemaliges Kinder- und Jugendzimmer. Besonders gut eignet sich auch ein beheizbarer Wintergarten, sofern Sie so etwas am Hause haben. Ein Kellerraum möglichst mit normal großen Fenstern und ebenfalls beheizbar und belüftbar sowie mit Außenzugang ist genauso gut geeignet wie ein Anbau am Hause, der alle geforderten Voraussetzungen erfüllt wie Licht, Luft und Heizung, und der sich in Hör- und Sichtweite befindet.

Der Bodenbelag sollte leicht zu reinigen sein. Teppichboden scheidet aus, da die werfende Hündin und später die Welpen nicht wieder gut zu machenden Schaden anrichten, von der nicht möglichen Hygiene ganz abgesehen. Haben Sie in einem solchen Raum dennoch Teppichfußboden, der nicht herausnehmbar ist und später weiter verwendet werden soll, so empfiehlt es sich, über den Teppichfußboden in der Größe, in der später die Welpen herumkrabbeln dürfen, Linoleum oder Ähnliches auszulegen. Darüber lege ich dann Bettücher, die besonders gut aufsaugen und hervorragend zu reinigen sind.

Der Welpenaufzuchtsraum muss gut beheizbar und zugfrei belüftbar sein. Gutes Tageslicht ist unabdingbare Voraussetzung. Dunkle, kalte Kellerräume ohne Tageslicht sowie Ställe, die weitab vom Wohnhaus liegen, sind wirklich ungeeignet und entsprechen nicht den heutigen Anforderungen an eine gute Welpenaufzucht. Sie wollen Ihren Hundekindern doch möglichst beste Startmöglichkeiten für ein gesundes, verhaltens- und prägungsmäßig bestens vorbereitetes Leben bieten.

Im Welpenaufzuchtsraum sollte ebenfalls Platz für eine Liege für den Züchter sein, da Sie ja vor und während der Geburt und meist noch eine Woche danach auch nachts bei Ihrer Hündin sein werden.

Wurfkiste

Im Handel werden die verschiedensten Wurfkisten angeboten, die meist sehr brauchbar sind. Darüber hinaus gibt es mehr oder minder perfekte Anleitungen zum Selbstbau. Der Phantasie sind keine, dem handwerklichen Können meist jedoch Grenzen gesetzt. Was tun, wenn man sich keine fertige Wurfkiste kaufen kann oder will und das handwerkliche Geschick zum Selbstbau nicht oder doch nicht so ganz ausreicht? Eine hervorragende Gelegenheit, wenn der eigene Haushalt dies nicht hergibt, sich eine gute Wurfkiste kostenlos zu besorgen, bieten die Sperrmülltage. Suchen Sie sich aus dem reichhaltigen Angebot an Schränken, Kommoden und Unterschränken das in der Größe für Ihre Hunderasse passende Modell aus. Die Grundfläche sollte rechteckig und so breit sein, dass Ihre Hündin sich bequem darin ausstrecken kann. Die Tiefe des Schrankes soll ungefähr der Schulterhöhe der Hündin entsprechen, eher etwas mehr als weniger, damit die Welpen genügend Platz haben, um in Reih und Glied zwischen den ausgestreckten Läufen der Mutterhündin zu saugen. Alle scharfen Kanten müssen entfernt oder mit Sandpapier gerundet werden, damit sich die Welpen nicht verletzen können.

Wurfkiste

Unsere erste Wurfkiste war so ein alter, ausgedienter Schrank, der uns gute Dienste geleistet hat und von unserer Hündin gern angenommen wurde.

Wurfkistenmaße

Wenn Sie sich doch entschieden haben, eine Wurfkiste selbst zu bauen, hier einige Tipps. Die Größe der Wurfkiste ist natürlich von Rasse zu Rasse unterschiedlich, wird aber in jedem Fall in Länge und Höhe durch die Maße Ihrer Hündin bestimmt. Bei unserer Rasse beträgt das Idealmaß 140 x 120 cm. Die Hündin soll voll ausgestreckt liegen können, zusammengekauert liegen zu müssen, behagt ihr auf Dauer nicht und es ist für sie bedeutend einfa-

Die Wurfkiste ist von Rasse zu Rasse unterschiedlich und wird immer in Länge und Höhe durch die Maße der Hündin bestimmt. Der Distanzrahmen schützt die Welpen vor dem Erdrücken durch die Mutterhündin.

Der Welpenaufzuchtsraum sollte möglichst im Hause sein, damit die Mutterhündin mit ihrem Wurf immer in der Nähe des Züchters ist.

Wird ein Welpe aus der Wurfkiste genommen und z.B. gewogen, so sollte er der stolzen Hundemutter immer zum Ablecken hingehalten werden, bevor er wieder angelegt wird.

cher und bequemer, wenn sie sich beim Säugen ausstrecken und gut drehen kann. Über die Höhe der Wurfkiste gibt es unterschiedliche Ansichten. Ideal ist auch hier sicherlich etwa die Schulterhöhe Ihrer Hündin. Ist die Kiste zu hoch, hat die Hündin Schwierigkeiten, auch einmal von außen einen Blick auf die schlafenden Welpen zu werfen. Auch für meinen Rücken ist es bedeutend besser, wenn die Wände nicht zu hoch sind und ich jederzeit bequem in die Kiste hineinlangen kann. Damit sind wir bei der Frage nach einem Deckel für die Kiste.

Wurfkistendeckel

Ich lehne einen Deckel entschieden ab, da ich mit Deckel nicht mehr die Möglichkeit habe, alle Geschehnisse in der Wurfkiste zu verfolgen und jederzeit ggf. helfend einzugreifen. Hinzu kommt, und dies dürfte bei einigen Rassen gar nicht so abwegig sein, dass eine geschlossene Kiste Ihrer Hündin verstärkt das Gefühl einer Höhle vermittelt und sie wird es dann gar nicht so gern haben, wenn Sie versuchen, in dieser Höhle ihre und nur ihr gehörenden Welpen anzufassen. Auch ein abnehmbarer oder aufklappbarer Deckel ändert an diesen psychologischen Gegebenheiten nichts. Ich möchte jederzeit an alle Welpen herankommen können und so gibt es bei uns keinen Deckel.

Der Boden der Kiste sollte rundherum auf einer Bodenleiste aufliegen, damit Luft unter der Kiste entlangströmen kann und sich die Bodenkälte nicht überträgt. Drei Seiten der Kiste sind bei uns fest miteinander verbunden, für die Vorderseite sollten Sie eine Gleitschiene vorsehen, damit Sie dem jeweiligen Alter der Welpen entsprechend eine oder später mehrere Leisten einschieben können, um den Welpen den Ausgang zu verwehren (z.B. nachts oder wenn Sie zum Einkaufen sind und nicht wollen, dass die Welpen ungehindert herumkrabbeln).

Ausstiegsöffnung

Das Brett soll so hoch sein, dass die Welpen, auch wenn sie übereinander krabbeln und -kriechen, keinesfalls darüber hinweg und damit hinauskullern können. Die Höhe der einsetzbaren Leisten soll allerdings jederzeit der Mutterhündin erlauben, ohne Sprung und ohne Schwierigkeiten zu den Welpen zu gelangen. Ist das Brett so hoch, dass die Mutterhündin ohne sehen zu können darüber springen muss, so bedeutet dies eine unnötige Gefahr für die Welpen.

Auch kann die Mutterhündin sich an den prallen Zitzen leicht verletzen. Ohne Leiste oder Barriere müssen Sie allerdings mitunter mehrmals täglich herausgerollte Welpen im Wurfraum suchen und zurück in die Kiste legen.

Sie können bei Ihrer Wurfkiste auch alle Wände einschiebbar gestalten, so dass Sie die Wurfkiste nach dem Wurf vollständig auseinander bauen können und dadurch das Aufbewahren der Kiste bis zum nächsten Wurf erleichtert wird.

Damit die Welpen vor der Mutter immer sicher sind und nicht totgedrückt werden können, empfiehlt es sich, in der Wurfkiste einen Distanzrahmen für die ersten 14 Tage bis drei Wochen nach der Geburt vorzusehen. Sie müssen die Breite der Latten jedoch zu der Gesamtfläche hinzurechnen, um den Raum für die Hündin dadurch nicht zu sehr zu verkleinern. Der Distanzrahmen soll verhindern, dass ein Welpe zwischen dem Rücken der Mutter und der Wurfkistenwand eingequetscht werden kann. Nun brauchen Sie allerdings keine zu große Angst davor zu haben, dass Ihre Hündin die Welpen einfach totdrücken wird. Eine instinktsichere Hündin tut das nicht, weder während der Geburt noch irgendwann danach. Zu ihrem Schutz ist allen Welpen ein wirkungsvolles Signal angeboren: Jeder Welpe schreit und fiept jämmerlich, wenn er festen Druck verspürt. Hört die Mutterhündin diesen Schrei, so steht sie reflexartig auf. Eine instinktsichere Hündin verharrt lieber in einer noch so unbequemen Stellung, als dass sie sich direkt auf ihre Welpen legt. Sie können hiermit die Instinktsicherheit Ihrer Hündin testen. Berühren Sie einen Welpen mit etwas stärkerem Druck. Sobald sein Signalschrei ertönt, ist die Mutterhündin auf den Beinen. Ist der Schrei verstummt, beschnuppert sie ihre Welpen und legt sich wieder sehr vorsichtig zu ihnen. Beobachten Sie einmal, wie vorsichtig sie sich niederlässt, stets bereit, sofort wieder aufzustehen.

Zwerghundewelpen sind durchaus in der Lage, das in bezug auf ihre Größe nicht allzu bedeutende Gewicht der Mutterhündin kurzfristig auszuhalten. Bei Welpen großer Rassen ist dies schon etwas schwieriger. Deshalb ist der Einbau eines Distanzrahmens trotz der Instinktsicherheit Ihrer Hündin eine gute Vorsichtsmaßnahme und wird Sie beruhigen. Bei uns besteht der Distanzrahmen aus ca. acht cm dicken Rundhölzern, die an den Verbindungsstellen auf ebensolchen hölzernen Beinen stehen und ist etwa 20 cm hoch. Der Rahmen ist herausnehmbar, so dass nach Ablauf der Schutzzeit die Wurfkiste wieder in der vollen Größe Mutterhündin und Welpen zur Verfügung steht.

Ausstattung der Wurfkiste

Distanzrahmen

Über den Holzboden der Wurfkiste lege ich eine Schicht Linoleum, das an allen Wänden einige Zentimeter hoch steht. Auf diese Weise wird verhindert, dass während der Geburt Blut, Geburtspech oder später durch die Welpen Kot und Urin direkt an die Kiste kommen. Das Holz wäre nicht so gut und hygienisch zu reinigen wie das Linoleum. Natürlich muss die Wurfkiste dann noch eine Einlage bekommen, die weder zu weich noch zu voluminös sein sollte. Federkissen und Felle sind denkbar ungeeignet, die Einlage muss sich leicht auswechseln und gut waschen und kochen lassen. Primitivunterlagen wie Stroh, Holzwolle oder Hobelspäne sind ebenfalls absolut ungeeignet. Diese Materialien können die empfindlichen Welpen, besonders an den Augen, verletzen oder Kleinteile der Späne können eingeatmet werden. Ich kenne zwei erwachsene Hunde, die als Welpen im Stroh aufwachsen mussten und die jeweils auf einem Auge durch Strohverletzungen blind geworden sind. Gewiss, man kann diese Materialien nach Gebrauch wegwerfen. Aber das ist heute nicht mehr so wichtig, da jeder Haushalt eine Waschmaschine hat.

Wurfkistenunterlage

Ausdrücklich möchte ich Sie davor warnen, wie fast überall empfohlen, als Wurfunterlage Zeitungspapier zu verwenden. Die heute gebräuchlichen Rotationsfarben und Lösungsmittel der Zeitungsindustrie sind giftig und deshalb nicht ungefährlich. Diese Stoffe können über die offene Nabelschnur in die Welpen gelangen und dort Nabelentzündungen und Nabelvereiterungen verursachen. Dies trifft besonders auf frische Zeitungen vom gleichen oder vom Vortag zu.

Wurfutensilien

Eine optimale Lösung bieten deshalb alte Bettbezüge und Laken. Wenn im eigenen Haushalt fast nur neues Bettzeug vorhanden ist, das man Hundekrallen bei der Geburt nicht aussetzen möchte, so findet sich ja vielleicht im Verwandten- und Bekanntenkreis noch manches ältere Wäschestück, das noch nicht weggegeben wurde. Auch Nachlassauflösungen bieten eine gute Möglichkeit, preiswert altes Bettzeug zu erwerben. Sie werden sich wundern, wie viel Bettzeug Sie in der Zeit der Welpenaufzucht benötigen. Ich habe drei Säcke voll Bettzeug für meine Welpen stehen, das in der Aufzuchtsphase alles in Gebrauch ist.

Bettzeug

Bei der Geburt wird von der Hündin unterschiedlich viel Bettzeug zerrissen, so dass ich hierfür die schadhaftesten Stücke verwende. Während der Geburt wechsle ich so oft wie nötig die Laken. Ist die Geburt dann endlich abgeschlossen und Mutter und Kinder sind gereinigt und versorgt, so lege ich über das Bettzeug in die Wurfkiste ein sogenanntes Dry-Bed oder Vet-Bed. Dies ist eine Unterlage aus dem Krankenhausbereich, die ursprünglich gegen das Durchliegen der Kranken entwickelt wurde. Die Unterlage ist aus Kunststoff, fellähnlich und lässt sich in der Waschmaschine kochen. Auf dieser Unterlage liegen die Welpen jederzeit ideal trocken, da die Feuchtigkeit durchsickert. Die Unterlage wird von den Hundemüttern bevorzugt, sie ist wärmeregulierend und einfach wunderbar.

Die Laken unter dem Vet-Bed werden täglich mehrfach, das Dry-Bed selbst täglich meist nur einmal gewechselt.

Wurfutensilien

Zu den Wurfutensilien gehören die Dinge, die Sie sich rechtzeitig vor der Geburt zurechtgelegt haben und die alle in erreichbarer Nähe zur Wurfkiste möglichst auf einem kleinen Schränkchen oder Tisch bereitliegen sollten.

Hierzu gehören:

- ein Stapel gekochtes Bettzeug
- eine sehr gute Waage mit Grammanzeige (möglichst eine Digitalwaage) mit sauberer Auflage
- mehrere Küchenpapierrollen
- mehrere Schüsseln oder Eimer (für Sagrotanwasser für Hände und zum Ab- oder Aufwischen und einmal klares Wasser)
- reichlich Wischtücher
- eine Schere (antibakteriell abwischen)
- ein Nagelknipser (Nail-Clip) (antibakteriell abwischen)
- Sagrotan-Spray oder Ähnliches
- eine neue, saubere Garnrolle
- ein Fläschchen starkfarbiger Nagellack
- ein Schreibblock
- vorbereitete Welpenblätter
- mehrere Bleistifte, Kugelschreiber usw.
- Babykorb, Wäschekorb oder Karton (Weideneinkaufskorb, mit frischem Laken ausgelegt)
- Wärmflasche
- Frotteehandtücher (1 x auf die Wärmflasche, 1 x zum Zudecken des Korbes)
- Einmalhandschuhe
- Vaseline
- ein Fieberthermometer (möglichst ein Digitalthermometer)
- ein Fläschchen hochprozentiger Alkohol (zum Beispiel Brandy oder Whisky) oder Respirot-Tropfen

- ein Eimer Welpenmilch (Erstlingsmilch)
- ein Flaschenwärmer
- mehrere Babyflaschen und Sauger oder Milchpipetten
- ein Glas mit frischem Wasser und ein Esslöffel
- homöopathische Arzneimittel, die auf Seite 144ff beschrieben werden

Hier noch einige Erläuterungen zu den Wurfutensilien:

Den Nagelknipser brauchen Sie zum eventuellen Durchtrennen der Nabelschnur. Er eignet sich hierfür besser als die oft empfohlene Schere, die Sie lediglich zum Abschneiden von Fäden der Garnrolle zum Abbinden der Näbel benötigen. Der Nagelknipser kneift die Nabelschnur ab und verschließt gleichzeitig die Blutgefäße, was die Hundemutter sonst mit den Zähnen macht. Den starkfarbigen Nagellack brauchen Sie zum Kennzeichnen gleichfarbiger, gleichgeschlechtlicher Welpen. Gerade geborene Welpen, die von der Mutterhündin bereits geleckt wurden und ggf. schon einen ersten Schluck Milch bei der Mutter gesaugt haben, kommen bei der Geburt des nächsten Welpen in den Babykorb oder Karton. Auf den Boden des Korbes wird eine Wärmflasche gelegt, die mit etwa 40 Grad Celsius warmem Wasser gefüllt ist und die in ein Frotteehandtuch gewickelt wird. Ein weiteres Frotteetuch wird über den Korb gedeckt, damit es im Korb wohlig warm und zugfrei ist. Die Waage brauchen Sie zum Feststellen der exakten Geburtsgewichte und danach täglich zum Wiegen der Welpen. Eine Waage mit hoher Schale und schneller, klarer Anzeige ist am besten geeignet, damit die sehr lebendigen, krabbelnden Welpen nicht von der Waage fallen, während Sie ihr Gewicht ablesen wollen. Sehr nützlich können die sterilisierten Einmalhandschuhe und die Vaseline sein, wenn Sie während der Geburt helfend eingreifen müssen. Der Alkohol (stets mit der gleichen Menge Wasser verdünnt) kann einem Welpen den Weg ins Leben eröffnen, wenn der erste Schrei auf sich warten lässt. Die gleiche Wirkung haben Respirot-Tropfen. Alkohol auf die kleine Zunge geträufelt, kann Wunder bewirken.

Temperatur im Wurfzimmer/ Welpenzimmer

Wärmebedürfnis der Welpen

Neugeborene Welpen haben ein ausgesprochen hohes Wärmebedürfnis. Jeder neugeborene Welpe ist von der Wärme abhängig, die seine Mutter ausstrahlt, um die eigene Körpertemperatur aufrecht zu erhalten. Einen Tag nach der Geburt beträgt die Körpertemperatur bei einem gesunden, trockenen Welpen 35,6 +/- 0,8°C, danach sollte die rektale Temperatur jeden Tag ansteigen, bis sie sich der Temperatur der erwachsenen Hunde angleicht.

Körpertemperaturen von Hundewelpen:

1. Lebenswoche	34,4–37,2°C
2. Woche	35,0–37,8°C
3. bis 4. Woche	36,1–37,8°C
später wie erwachsener Hund	38,3–38,8°C

Unterkühlung

Ein neugeborener Welpe verliert Körperwärme durch Wärmeleitung, Wärmeübertragung (an Umgebung), Wärmestrahlung und Verdampfung. Die geringe Menge von Fettgewebe, die kleinen Ausmaße des Körperinneren und der Wärmeaustausch an der Körperoberfläche reduzieren die Möglichkeit, Körperwärme zu speichern. Ein gesunder Welpe kann Unterkühlung bis zu 12 Stunden überleben, wenn er langsam (z.B. Innentasche eines lose sitzenden Kleidungsstückes) wieder aufgewärmt wird. Eine zu rasche Erwärmung mit Heizkissen oder Wärmelampe belastet den Stoffwechsel des Welpen so stark, dass dabei der Tod eintreten kann.

Wärmelampe

Mutterlose Hundewelpen benötigen in den ersten 7 Lebenstagen eine Umgebungstemperatur (Raumtemperatur) von 29 bis 32°C. Danach kann die Raumtemperatur stufenweise vom 8. bis 28. Tag auf 26 bis 27°C, vom 29. bis 35. Lebenstag auf 22 bis 24°C und nach dem 35. Tag auf 21 bis 22°C abgesenkt werden.

Zeitpunkt	Temperatur
Geburt bis ca. 25. Tag	24 °C–28 °C (nicht über 30 °C)
25. Tag bis ca. 35. Tag	22 °C–24 °C
Nach dem 35. Tag	21 °C–22 °C

Wurfzimmertemperatur

Die Temperatur im Wurfzimmer bei einem gesunden Wurf sollte zwischen 24 und 28°C liegen. Einige Züchter halten auch 30°C für eine angemessene Temperatur. Andere Züchter sind Verfechter der »natürlichen« Gegebenheiten und glauben, wenn sie alles so machen, wie es bei Wölfen oder Wildhunden in freier Wildbahn abläuft, so sei es das Beste. Hier kann ich Sie nur sehr warnen. Wir Menschen leben heute auch nicht mehr in Höhlen und warum sollten die mit uns in enger Gemeinschaft lebenden Hunde solchen Bedingungen unterworfen werden? Ich kontrolliere die Temperatur im Wurfzimmer und später im Welpenzimmer ständig. Sehe ich, dass die Welpen, wenn sie allein in der Wurfkiste sind, alle nach außen streben und die Mutterhündin stark hechelt, so kann die Temperatur etwas heruntergefahren werden. Kriechen die Welpen allein ganz dicht zu einem Knäuel zusammen, so ist dies ein Beweis dafür, dass es im Zimmer etwas wärmer sein müsste.

Viele Züchter lassen die Temperatur im Welpenzimmer relativ niedrig und hängen über die Wurfkiste eine Wärmelampe, eine sogenannte Infrarotlampe. Das Wichtigste bei der Verwendung solcher Lampen ist der richtige Abstand zu den Welpen. Auch hier zeigen die Welpen durch ihr Verhalten an, ob der gewählte Abstand von der Lampe zu den Welpen richtig ist: Kriechen die Welpen auseinander und streben sie unter dem direkten Wärmekegel weg, so ist der Abstand zur Lampe zu gering, kriechen die Welpen ineinander, so hängt die Lampe zu hoch und wärmt deshalb nicht ausreichend. Ich selbst bin gegen die Verwendung von Infrarotlampen. Die Verwendung dieser Lampen kann zu schweren Augenschäden bei den Welpen bis hin zur Blindheit führen, da die Abstände zu den Welpen sehr oft vom Züchter falsch eingeschätzt werden. Zusätzlich wird durch die Wärmelampe der sozial unbedingt wichtige Lernprozess des Wärmequelle »Mutter oder Geschwister« –Suchens unterbunden und damit das für das spätere Leben so wichtige »Kontaktliegen« durch ständige gleichbleibende Wärme nicht notwendig (siehe hierzu auch das Kapitel »Wärmelampen« im Buch Rosemarie Wild, Aufzucht junger Hunde, Verlag Müller-Rüschlikon).

Da ich mich ja überwiegend selbst im Welpenzimmer aufhalte, halte ich die vorgeschlagene Temperatur für die ersten drei Lebenswochen der Welpen für sehr ideal und ich drossele die Temperatur in der vierten Woche etwas, da die Welpen nun ja anfangen herumzukrabbeln und ihre kleinen Körper beginnen, selbst eine gewisse Wärmeregulierung und Wärmespeicherung vorzunehmen.

Gewöhnung der Hündin an Wurfzimmer/Welpenzimmer

Je enger die Bindung Ihrer Hündin an Sie ist, um so mehr wird sie versuchen, ihre Welpen in Ihrer Nähe und natürlich in Ihrem Beisein zur Welt zu bringen. Auch der Platz, an dem sich die Geburt vollzieht, wird oft ein Platz sein, der an sich Ihnen gehört oder an dem Sie sich oft mit der Hündin aufhalten. Sie will damit sich und ihre Welpen in Ihren Schutz stellen. Nur Hündinnen, die ihrer Familie nicht vertrauen, verkriechen sich und lassen Herrchen oder Frauchen nicht einmal an ihre Welpen heran. Auf diese Weise wird jede Geburtshilfe schwierig, oft sogar unmöglich, denn jedes Nähern bedeutet eine Störung oder sogar Bedrohung und kann alles nur noch verschlimmern. Der fatale Rat, man solle die Hündin bei der Geburt allein und in Ruhe lassen, kann schwerwiegende Folgen haben und stammt von Züchtern, die kein enges Verhältnis zu ihrer Hündin haben und deren Hunde im Zwinger aufwachsen.

Viele Züchter stellen die Wurfkiste vor der Geburt in ihr Schlafzimmer, um noch einige Nächte halbwegs ruhigen Schlaf zu haben und alle Veränderungen an der Hündin mitzubekommen. Wenn wirklich etwas nicht in Ordnung sein sollte, hat die Hündin es leicht, Sie zu wecken und zu Hilfe zu holen. Sie machen sich schreckliche Vorwürfe, wenn durch Ihre Schuld ein Welpe sterben muss oder der Mutterhündin etwas passiert, was durch Ihre Anwesenheit oder Ihr Eingreifen hätte verhindert werden können. Ein guter und verantwortungsvoller Züchter ist während der gesamten Geburt anwesend und ist eine Hilfe für seine werfende Hündin.

Ich stelle die Wurfkiste meist bereits zwei Wochen vor dem errechneten Geburtstermin im Wurfzimmer/Welpenzimmer auf und zeige sie meiner Hündin. Ich lasse sie alles neu abschnuppern und rede mit ihr über die kommenden Hundekinder. Dann weiß sie, alles ist für sie und die Welpen vorbereitet. Wenn sie mag, darf sie auch jetzt schon in der Wurfkiste schlafen oder einfach nur darin liegen. Sie erhält in der Wurfkiste auch einmal Futterbröckchen, geht deshalb gern hinein und oft habe ich das Gefühl, als kontrolliere sie täglich, ob alles für sie gerichtet ist.

Wurfzimmergewöhnung

Ob die Hündin jedoch in der Wurfkiste ihren Nachwuchs zur Welt bringen wird, das können Sie nur hoffen und sollten es durch die beschriebene Gewöhnung erleichtern. Sicher ist dies keinesfalls. Die Mutterhündinnen haben oft recht eigenartige Vorstellungen von dem Ort, an dem sie ihre Welpen zur Welt bringen wollen. Man muss sie, wenn irgend möglich, gewähren lassen, denn jede Störung kann ein Stocken des Geburtsvorganges bedeuten.

Hündinnen können nämlich wie viele hundeartige Raubtiere den Geburtsvorgang aufgrund unerwünschter Störungen unterbrechen. Dies ist an sich ein phantastisch von der Natur eingerichtetes Regulativ. Wenn Ihre Hündin sich in den Vorwehen irgendwo niederlässt, um dort, weil sie es für den richtigen Platz ansieht, zu werfen, hat der Geburtsvorgang längst begonnen! Jede Störung kann jetzt ein Stocken der Geburt bedeuten und das ist in diesem Stadium bereits gefährlich und wird leider viel zu wenig beachtet. Viele Komplikationen wie Aussetzen oder Unterbrechen der Wehen oder gar Steckenbleiben eines Welpen haben letztlich in solchen Störungen ihre eigentliche Ursache. Mit Wehenspritzen sind solche psychisch bedingten Wehenstörungen meist nicht zu beheben.

Da trotz aller Rechnerei der wirklich genaue Geburtstermin oft nicht so eindeutig ist, haben mein Mann und ich uns jeweils ab dem 60. Tag mit dem »Rund-um-die-Uhr-Betreuen« unserer werfenden Hündinnen abgewechselt. Bei unserem ersten Wurf war ich morgens in den Dienst gefahren und mein Mann hatte die Wache bei der trächtigen Hündin übernommen. Gegen 09.00 Uhr hatte er das Gefühl, die Geburt könne wohl beginnen und ging vom Wurfzimmer ins Wohnzimmer, um mich anzurufen. Dies fand die werdende Mutterhündin Orscha überhaupt nicht gut. Sie folgte ihm ins Wohnzimmer und warf dabei bereits im Flur den ersten Welpen!

Nach einer Bandscheibenoperation habe ich Probleme beim längeren Bücken und könnte meine Hündin beim Werfen nur sehr eingeschränkt betreuen. Ich habe deshalb jetzt im Wurfzimmer neben der Wurfkiste eine Liege stehen. In den Tagen vor der Geburt schlafe ich auf der Liege bei meiner »Dicken«. Zur Geburt wird die Liege mit einer Auflage und natürlich mehreren Laken abgedeckt und meine Hündinnen finden, dieses »Bett« sei zum Werfen die beste aller Möglichkeiten. Ich kann auf einem Stuhl neben der Liege sehr bequem sitzen und alle Geburtsvorgänge beobachten und überwachen. Wegen der Höhe der Liege und der Gefahr des Herunterfallens von Welpen ist in einem solchen Fall jedoch größte Vorsicht und Aufmerksamkeit erforderlich.

Nach abgeschlossener Geburt zieht dann allerdings die saubere, gut versorgte und zufriedene Hundefamilie immer in die Wurfkiste um.

Berner Sennenhund-Welpe

12. Homöopathische Begleitung der Geburt

Arzneimittelwahl

Geburtsarzneimittel

Rechtzeitig mit dem Bereitstellen der Wurfutensilien und der Wurfkiste sollten Sie in Ihrer Apotheke die homöopathischen Arzneimittel in flüssiger Form als Dilutionen

Caulophyllum D 6,
Secale cornutum D 6,
Podophyllum (Podophyllinum) D 4 sowie
Arnica D 6

besorgen.

Arzneimitteleingabe

Caulophyllum

Alle Naturheilmittel sollen möglichst direkt in die Lefzenschleimhaut gegeben werden, da sie von ihr aufgenommen und nicht vom Magen resorbiert werden. Die in flüssiger Form als Dilution zu verabreichenden homöopathischen Mittel schmekken etwas nach Alkohol, was manche Hündinnen nicht sehr schätzen. Die Tropfen sollten deshalb mit etwas Wasser verdünnt in die Lefze gegeben werden. Ich zähle die Tropfen in einen mit Wasser fast aufgefüllten Esslöffel und gebe die Mischung in die Lefzenschleimhaut meiner Hunde. Gelingt dies nicht, so kann man die Mischung auch auf eine Einmalspritze ohne Nadel aufziehen, die Lefze der Hündin leicht anheben und in die Maulschleimhaut einspritzen. Manche Hündinnen schlabbern die Tropfen mit etwas Wasser vermischt auch ohne Probleme auf.

Im Zusammenhang mit der Geburt verwende ich ausschließlich Dilutionen (Tropfen), da die Wirkung sehr schnell und direkt eintritt.

Sie sollten sich diese genannten homöopathischen Mittel rechtzeitig in der Apotheke bestellen, denn meist dauert es einige Tage, bis die Apotheken die Mittel vom Großhändler erhalten. Stellen Sie die Fläschchen vor der Geburt griffbereit mit einem Glas Wasser und einem Esslöffel zu den anderen Wurfutensilien.

Wirkungsweise und Einsatzzeitpunkt der Einzelmittel

In der Homöopathie wird der veränderte oder gestörte Organismus aktiv in das ablaufende oder krankmachende Geschehen einbezogen. Die Reaktionslage des Körpers, die sich durch die bestehende Abweichung ergibt, wird durch die Medikation genutzt. Der Patient, unsere gebärende Hündin, wird angeregt, die eigene Kraft gegen die Schwäche, hier zum Beispiel die Wehenschwäche, einzusetzen, ohne den Organismus zu stark zu belasten, um so die Reaktionsfähigkeit des Körpers zu erhalten und zu nutzen.

Die homöopathischen Arzneimittel im Einzelnen:

Caulophyllum D 6
Der Hauptwirkungsbereich von Caulophyllum ist seine regulierende Wirkung beim Ablauf der Geburt. Verschwindet die Fruchtblase immer wieder, ohne dass der Welpe im Geburtskanal vorankommt, so sind die Geburtswege noch nicht genügend geweitet oder gar verkrampft. Dies kommt vor allem bei erstgebärenden Hündinnen beim ersten Welpen vor. Die Wehen können unregelmäßig auftreten oder auch wieder aussetzen. Sie sind ungeordnet, nicht gleichmäßig und daher unwirksam zum Austreiben des Welpen. Es kann auch eine völlige Wehenschwäche bestehen. Hier setzt die Wirksamkeit von Caulophyllum ein, Caulophyllum regt die Wehentätigkeit an und die Wehen kommen unmittelbar. Neben der Wehen auslösenden Wirkung beeinflusst Caulophyllum auch die Uterusmuskulatur. Der starre, verkrampfte Gebärmutterhals öffnet sich und der Welpe kann ausgetrieben werden.

Nach der Verabreichung macht sich die wehenanregende Wirkung von Caulophyllum etwa 15 bis 20 Minuten später bemerkbar. Die Wehentätigkeit setzt sanft und langsam ein und steigert sich dann zum normalen Fortgang der Geburt.

Nach der Verabreichung von Caulophyllum muss nicht mit Störungen im Milchfluss gerechnet werden. Auch psychische Störungen lassen sich günstig beeinflussen.

Steckt ein Welpe im Geburtsgang und die Wehen haben aufgehört oder sind nach anfänglichem Pressen wieder schwächer geworden und damit für den Fortgang der Geburt wirkungslos, so müssen Sie versuchen, die Wehen mit Caulophyllum wieder in Gang zu bringen. Caulophyllum ist auch angezeigt, wenn nach einer Pause die Wehen nicht wieder voll und kräftig einsetzen wollen.

Sollte kein Erfolg eintreten, so nehmen Sie das weitere homöopathische Arzneimittel zu Hilfe:

Secale Cornutum D 6

Die Wirkung von Secale cornutum erstreckt sich auf den Uterus (Gebärmutter) und die Gefäßnerven und besonders auf die Gefäßwand. Hier wirkt es aktivierend bei Wehenschwäche und den damit im Zusammenhang stehenden Problemen.

Wenden Sie die homöopathischen Mittel Caulophyllum und Secale Cornutum mehrfach in halbstündigem Wechsel an. Sollte kein Erfolg eintreten, so können Sie die Abstände zwischen den Gaben auf viertelstündlich verkürzen. Haben Sie nach dieser Verabreichung keine einsetzenden Wehen oder keinen Fortgang der Geburt, dann sollten Sie umgehend den Tierarzt verständigen. Bis zu seinem Eintreffen geben Sie die homöopathischen Arzneimittel Caulophyllum und Secale cornutum weiter, vielleicht kommt die Geburt ja doch wieder in Gang.

Podophyllum (Podophyllinum)

Podophyllum

Dieses Mittel benötigen wir meist nur ein einziges Mal nach dem Werfen oder 3 x täglich in den ersten Tagen nach der Geburt. Es verhindert die furchtbaren Durchfälle nach dem Verzehren der Nachgeburten. Podophyllum hat nicht nur eine gute Wirkung auf den Dünndarm, sondern auch eine große Beziehung zum Leber-Galle-System. Der Durchfall nach dem Auffressen der Nachgeburten schießt in hohem Bogen gussartig aus dem After (sog. »Hydrantenstuhl«). Meist gehen bei der Darmentleerung gleichzeitig heftige Darmgase ab. Danach sind die Hündinnen sehr erschöpft, pressen weiter, obwohl kein Kot mehr kommt und trauen sich so nass und dreckig kaum noch zu ihren Kindern. Meist lässt Podophyllum diese heftigen Durchfälle gar nicht erst aufkommen.

Secale Cornutum

Arnica

Arnica

Ist die Geburt abgeschlossen, geben wir der Hündin Arnica D 6. Das Indikationsgebiet von Arnica umfasst Traumata insbesondere an den weichen Körpergeweben und ist dann am effektivsten, wenn neben den Nervenendigungen auch die Kapillaren (kleinste Blutgefäße) betroffen sind. Arnica fördert die Rückbildung des Uterus (Gebärmutter) nach der Geburt und behebt traumatisch bedingte Störungen, die in der Folge von Geburten direkt am weiblichen Geschlechtsapparat auftreten wie

Homöopathisches Mittel	Anwendung u. Dosierung [1]	Zeitpunkt
Caulophyllum D6	1–4 mal 1 Dosis als Dilution (Tropfen)	Geburt kommt nicht in Gang
	1–4 mal 1 Dosis als Dilution (Tropfen)	In Wehenpausen
Secale cornutum D6	½ stündlich 1 Dosis als Dilution (Tropfen) im Wechsel mit Caulophyllum (ggf. auf ¼ stündlich verkürzen)	Bei stockendem Geburtsverlauf oder zu langen Pausen

[1] Dosierung s. Kasten Seite 67

Dosierung

zum Beispiel Hämatome (Blutergüsse), Uterusblutungen usw.

Bei einer normal abgelaufenen Geburt soll in den nächsten drei folgenden Tagen Arnica 3 x täglich und den Rest der Woche 1 x täglich gegeben werden.

Bei ausgesprochenen Schwergeburten sollte Arnica zunächst stündlich gegeben werden. Beginnt die Hündin sich zu erholen und der Milchfluss hat voll eingesetzt, verringert man auf 3 x täglich. Diese Dosierung sollte dann noch eine Woche beibehalten werden, in der folgenden Woche geben Sie Arnica dann nur noch 1 x täglich.

Arnica normalisiert die überdehnten und überbeanspruchten Geburtswege und verhindert das oft nach der Geburt auftretende Fieber. Ihre Hündin erholt sich schneller von den Anstrengungen der Geburt und sogar der Milchfluss setzt sogleich voll ein.

Dosierung

Während der Geburtsphase sollten die homöopathischen Arzneimittel als so genannte Dilution, d. h. als Tropfen verwandt werden. Die Aufnahme der Tropfen über die Lefzenschleimhaut ist die direkteste und wirksamste Art.

Kleinere Hunderassen sollen als Dosierung 5 Tropfen je Anwendung erhalten, große Hunderassen erhalten jeweils 10 Tropfen.

Da die Tropfen (Dilutionen) nach Alkohol schmekken, sollten sie immer mit wenig Wasser (zum Beispiel 1 Esslöffel voll) gegeben werden. Nimmt der Hund die Tropfen in dieser Form nicht an, so können die Tropfen auch auf wenig Brot oder besser noch Zwieback geträufelt werden oder auf eine Einmalspritze aufgezogen und ohne Nadel in die Lefze gegeben werden.

Homöopathisches Mittel	*Anwendung u. Dosierung* [1]	*Zeitpunkt*
Podophyllum D4	1 mal 1 Dosis	Nach dem Werfen
	1–3 x täglich 1 Dosis	Bei dünnem Stuhl (Hündin)
Arnica D6	3 x täglich 1 Dosis (bis zu 6 x täglich)	Nach abgeschlossener Geburt 3–7 Tage lang
	1 x täglich 1 Dosis	Daran anschließend 1 weitere Woche lang

[1] Dosierung s. Kasten Seite 67

Dosierung homöopathischer Mittel	
Größe des Hundes	**Dosierung: entspricht 1 Dosis**
Welpe oder Hund einer Zwerghunderasse	2 Globuli oder 2 Tropfen oder ¼ Tablette
Kleine Hunde (bis ca. 15 kg Körpergewicht)	5 Globuli oder 5 Tropfen oder ½ Tablette
Mittlere und große Hunde (über ca. 15 kg Körpergewicht)	10 Globuli oder 10 Tropfen oder 1 Tablette

Grenzen der Homöopathie

Eine homöopathisch gut vorbereitete Geburt sollte ohne jede Hilfe und ohne Gefahr für die Gesundheit der Hündin ablaufen. Die vorstehend aufgezeigten Mittel sollen nur dann eingesetzt werden, wenn Störungen oder Regelwidrigkeiten wirklich und tatsächlich vorliegen. Prophylaktisch sollten diese Arzneimittel nicht gegeben werden, denn sie regulieren nur die Störung. Liegt aber keine Störung oder Regelwidrigkeit vor, so können die Tropfen nichts regulieren und man sollte den Geburtsvorgang normal und natürlich ablaufen lassen. Vertrauen Sie Ihrer Hündin und den ursprünglichen Instinkten und greifen Sie erst ein, wenn Hilfe erforderlich wird.

Haben Sie bei Störungen im Geburtsablauf mit den angeführten homöopathischen Mitteln und nach Verkürzung der Abstände zwischen den Arzneimittelgaben auf viertelstündlich keinen Erfolg, so ist die Störung tief greifender und es ist ratsam, den Tierarzt zu verständigen.

Bis zum Eintreffen des Tierarztes können Sie weiterhin Caulophyllum und Secale cornutum in viertelstündlichem Wechsel geben. Vielleicht kommt in der Zwischenzeit der Geburtsvorgang doch wieder in Gang und der Tierarzt braucht dann nicht einzugreifen.

Welpen lernen von der Mutter soziales Verhalten, Futtervorrang oder wie hier Beutespiel einer Hovawart-Hündin mit ihren Welpen.

13. Die Geburt

Jetzt haben Sie alles Notwendige für die bevorstehende Geburt zusammen. Die Wurfkiste steht bereit, die Wurfutensilien liegen im Wurfzimmer griffbereit und die Hündin ist dick und rund und wartet wie Sie auf die Welpen. Die wichtigste Frage bleibt jedoch noch zu beantworten: Wann wird das große Ereignis stattfinden?

Wie auf S. 123 über die Tragezeit beschrieben, wird die Geburt meist zwischen dem 58. und 65. Tag der Trächtigkeit stattfinden. Mit dieser Zeitspanne können Sie jedoch wenig anfangen, denn sie umfasst immerhin acht Tage und so lange können Sie nicht ununterbrochen zusammen mit Ihrer Hündin auf die Welpen warten, und dies tagsüber und nachts! Ebenso hilft es nur wenig weiter, zu wissen, dass größere Würfe früher und kleinere Würfe später zur Welt kommen. Wie Sie aus dem Kapitel über die Trächtigkeit bereits wissen, ist es sehr schwierig, über die Wurfgröße vor der Geburt zutreffende Aussagen zu machen. Darüber hinaus sagt auch der Leibesumfang Ihrer »Dicken« wenig über die Größe des Wurfes aus. Relativ große Fruchtblasen oder eine für die Geburt sehr ungünstige Fettschicht können einen großen Wurf vortäuschen. Eine junge Hündin mit straffer Bauchdecke und strammen Bändern kann umgekehrt nur wenig Umfang zeigen und trotzdem viele Welpen bekommen. Alle diese statistischen Aussagen sind zwar sehr interessant und sicher Anhaltspunkte, sie helfen dem auf die Geburt wartenden Züchter jedoch kaum oder überhaupt nicht weiter.

Bordeaux Doggen-Welpe

Anzeichen für das Nahen der Geburt

Dr. C. Naaktgeboren, E. Trumler und Frau Dr. D. Feddersen-Petersen haben Symptome und Verhaltensweisen zusammengestellt, die auf das Nahen der Geburt oder die beginnende Geburt hinweisen:

- zunehmende Unruhe
- Lagerbildung
- vermehrtes Graben und Scharren an verschiedenen Stellen (Garten, unter Büschen, auf dem Teppich
- wiederholtes Aufsuchen der gegrabenen Höhlen oder des Wurflagers
- häufiges Hinauswollen
- vermehrtes Urinieren (Harnen)
- verstärkte Anhänglichkeit an »ihre« Menschen
- Kriechen unter Bänke, Betten und anderes Sich-Verkriechen.

Haben sich alle diese oder einige der angesprochenen Merkmale verstärkt, so zeigen die folgenden Merkmale die bevorstehende Geburt oder sogar schon die Eröffnungsphase an:

- Einfallen der Flanken
- zunehmend häufiges Belecken der Vulva

- leichte Vulva-Ausscheidungen (Schleimabsonderungen)
- unvermutetes Winseln
- zeitweiliges verstärktes Hecheln
- raschere Atmung
- Belecken des Lagerbodens
- Ausreißen bzw. Verlieren der Bauchhaare
- unsicherer Ausdruck, abwesender Blick
- Unruhe bei Sich-Entfernen des vertrauten Menschen
- häufiges Aufstehen und Wiederhinlegen
- krampfhaftes Scharren
- intensive Schluckbewegungen
- Futterverweigerung
- Absinken der Körpertemperatur
- wiederholte Kreisbewegungen auf dem Wurflager (Umherdrehen)
- Zittern
- Vorwehen
- Beine gegen den Wurfkistenrand stemmen
- Krümmung des angehobenen Schwanzes

Die aufgeführten Kriterien müssen nicht alle eintreffen. Sie sollen lediglich Anhaltspunkte für Sie darstellen, die auf die nahende Geburt hinweisen.

Alle vorgenannten Veränderungen und äußerlichen Merkmale sowie Verhaltensmerkmale sind hormonell bedingt. Ein oder manchmal auch zwei Tage vor der Geburt fällt die Hündin in den Flanken ein, die Gebärmutter »sackt ab«. Während Ihre Hündin vorher rund und prall aussah, beginnen die Bänder nun unter dem Einfluss des Hormons Relaxin zu erschlaffen. Die durch die Welpen stark gefüllte Gebärmutter senkt sich langsam und die Beckenknochen treten deutlich hervor. Die stehende Hündin sieht nun mit noch weiter herunterhängendem Bauch in der Lendengegend wie abgemagert aus.

In vielen Zuchtanleitungen findet man als sicheres Zeichen für die nahende Geburt den Hinweis, dass vor der Geburt die Körpertemperatur der Hündin um 1 bis 2°C langsam aber stetig absinkt. Die Normaltemperatur eines Hundes liegt bei 38°C, etwa 36–24 Stunden vor der Geburt erreicht die Körpertemperatur ihren Tiefststand, also ca. 36°C. Mit den ersten Wehen steigt die Temperatur wieder rapide auf den Normalstand an. Dieser Temperaturabfall und der dann folgende Wiederanstieg sind eine interessante Entdeckung der Wissenschaftler, für mich aber nicht mehr. Um damit den ungefähren Zeitpunkt der Geburt zu ermitteln und um zu aussagekräftigen Werten zu kommen, müssten Sie mindestens 3 x täglich etwa ab 58. Tag rektal (im After) die Temperatur messen. Das Einführen des Thermometers belastet die Hündin und meist hat keine Hündin dies gern. Vor allem nicht in den letzten Tagen der Trächtigkeit. Diese Manipulationen beunruhigen Ihre Hündin nur und gerade das sollten Sie so kurz vor der Geburt vermeiden. Auch könnte Ihre Hündin später, wenn Sie bei der Geburt helfen wollen, annehmen, Sie wollten schon wieder Temperatur messen und Sie nicht heranlassen oder sich gegen Ihre Hilfe sträuben. Das ist dann für den Welpen, der sich gerade im Geburtskanal befindet und ggf. sogar für die Mutterhündin lebensgefährlich.

Futterverweigerung

Ein für mich sicheres und deutliches Zeichen neben den aufgeführten Verhaltensänderungen insgesamt ist die Futterverweigerung. Sie sollten nach dem Einfallen der Flanken der Hündin in regelmäßigen Abständen den Appetit Ihrer »Trächtigen« kontrollieren. Solange Ihre »Dicke« wie gewohnt Interesse an Futter zeigt, solange haben Sie noch Zeit. Die Hündinnen verweigern 12 bis 24 Stunden vor der Geburt, manche »Unverbesserlichen« auch nur wenige Stunden vorher, jegliche Nahrung. Sie wenden, wenn Sie die Futterschüssel oder etwas besonders Leckeres aus der Hand anbieten, den Kopf ab und zeigen deutlich, dass Futter sie nun nicht mehr interessiert.

Gezeiteneinfluss

Absinken der Körpertemperatur

Noch ein kleiner Hinweis für Züchter, die im Küstenbereich von Nord- und Ostsee wohnen, wo die Gezeiten wirksam werden. Bei ablaufendem Wasser können Sie sicher sein, dass noch nichts passiert. Erst mit der Flut kommen die Welpen, weshalb ich mir immer aus der Tagespresse den Mondstand und die Gezeiten für die möglichen Geburtstage ansehe, um den Geburtszeitpunkt weiter eingrenzen zu können. Viele Hundegeburten haben dies bestätigt und Bauern gehen bei ablaufendem Wasser gar nicht erst in den Stall, wenn Kühe kalben oder Pferde fohlen sollen.

Umfeldbedingungen

Soziales Umfeld

Hygiene

Am wichtigsten für Ihre Hündin in der Stunde der Geburt sind Sie als Züchter. Die Hündin braucht Sie jetzt dringend und Ihre Anwesenheit lässt die Geburt normal und störungsfrei ablaufen. Eine Hundegeburt dauert lange (sie kann bis zu 36 Stunden dauern!) und deshalb wird kaum ein Tierarzt (auch, wenn es Sie beruhigen würde) die gesamte Zeit über dabeibleiben können. Jetzt sind Sie als Hundehalter gefordert, Ihrer Hündin mit viel Ruhe und Gelassenheit beizustehen. Unsere Hündinnen sind so an meinen Mann und mich gewöhnt, dass sie es schätzen, wenn wir beide zur Geburt anwesend sind und die Hündin unterstützen. Erst dann hat für sie alles seine richtige Ordnung.

Haben Sie noch kleinere Kinder, so sollten diese nicht unbedingt an der Geburt teilnehmen, da die Hündin in der Geburtsphase leicht erschrickt und die Geburt unterbricht, wenn zum Beispiel eines Ihrer Kinder juchzt oder schreit, wenn ein Welpe erscheint.

Noch viel weniger sollten Freunde der Kinder, Nachbarn oder Verwandte zu der Hundegeburt eingeladen werden. Eine Hundegeburt ist kein gesellschaftliches Ereignis! Vermeiden Sie zur Geburt jede Hektik, seien Sie selbst nicht nervös und halten Sie alle fremden Personen unbedingt von der Hündin fern.

Wie steht es mit anderen Hunden, die mit Ihnen zusammen leben? Von den anderen Hunden braucht man die Hündin, wenn die Geburtsstunde naht, nicht unbedingt zu trennen, wenn die Hunde eng miteinander leben und das Verhältnis der Hunde untereinander freundschaftlich und unbelastet ist. Unser Rüde Baldur mied allerdings in der Stunde der Geburt »seine« Hündinnen und guckte nur nach abgeschlossener Geburt vorsichtig um die Ecke, was die Hündinnen zum Heben der Lefzen und kurzem Androhen veranlasste. Er durfte die Babys immer erst später sehen und er fand den Geruch der »Milchbabys« scheußlich und deren Gemaunze beunruhigte ihn nur. Wir ließen jedoch immer alle Türen offen, damit die Hunde untereinander regeln konnten, wer wie weit ins Wurfzimmer kommen durfte.

Durchfallinfektion

Hygiene

Die Hygiene im Wurfzimmer und in der Wurfkiste ist von enormer Bedeutung. Die Wurfkiste wird von mir vor dem Bereitstellen mehrmals sehr gründlich mit Sagrotanlösung ausgewaschen, damit keine fremden Keime die Entwicklung der Welpen beeinträchtigen können. Wenn ich die Wurfkiste vorbereite, wird nochmals alles mit Sagrotan-Spray ausgesprüht. Neben der Wurfkiste steht zum Zeitpunkt der Geburt ein Eimer mit Sagrotan-Lösung zum Wischen bereit, eine Schüssel mit ebensolcher Lösung für meine, meines Mannes oder des Tierarztes Hände und ein Eimer mit klarem Wasser zum Abwischen der Hinterbatzen und der Schwanzregion der werfenden Hündin.

Alle bei der Geburt verwendeten Utensilien sollten gründlich antiseptisch behandelt werden. Ausreichende Wischtücher und Küchenrollen werden von Ihnen benötigt werden. Wechseln Sie immer Ihre Schuhe, wenn Sie den Wurfraum betreten. Auch alle anderen Personen, denen Sie Zutritt zum Wurfraum gewähren, müssen unbedingt die Schuhe wechseln, damit keine fremden Keime und Bakterien ins Wurfzimmer gelangen und Ihre Hündin und die Welpen gefährden.

Von den benötigten Betttüchern ist schon gesprochen worden und Sie haben ausreichend Vorsorge getroffen. Während der Geburt verliert die Hündin sehr viel Fruchtwasser, Blut und Nachgeburten, so dass Sie die Laken öfter wechseln müssen. Ich verbinde den Wechsel der Tücher meiner »Gebärenden« mit einem Gang in den Garten. Bewegung tut ihr in den Pausen zwischen den Welpen sehr gut und ein frisches Lager für Welpen und Hündin ist schnell wieder hergerichtet.

Sicher werden Sie alle diese hygienischen Maßnahmen etwas übertrieben finden. Ich habe anfangs ähnlich gedacht. Leider wird man jedoch durch die Praxis belehrt. Ich hatte in einem Wurf eine ganz schlimme Durchfallinfektion aller Welpen, weil ich nach einer Veranstaltung auf dem Hundeplatz vielen anderen Züchtern, Freunden und Besuchern die Möglichkeit bot, meine Welpen anzuschauen. Ich

Gesunde Welpen wie diese Berner Sennenhunde benötigen eine selbstbewusste, sozial intakte Hundemutter und eine hervorragende Aufzucht beim Züchter.

hatte natürlich nicht so viele Schuhe zum Wechseln, jeder nahm die süßen Kleinen auf den Arm und alle bewunderten den schönen Wurf. Drei Tage später hatte ich mein großzügiges Verhalten zu bereuen. Eine besonders niedliche, wunderschön gezeichnete Hündin begann mit dem Durchfall. Ich fuhr dreimal täglich mit meinen neun Welpen zum Tierarzt an den Tropf und zum Spritzen. Jedem Baby wurde eine Kanüle gelegt und eine Tropfinfusion gegeben. Was durch die Infusion hineinging, lief hinten wieder heraus! Es war zum Verrücktwerden und wir kämpften zäh und verbissen. Zwei Tage später war die kleine Hündin Effi tot. Der Wasserverlust war nicht aufzuhalten gewesen. Einar, ein schöner Rüde, sah ebenfalls wie ein Todeskandidat aus. Wir spritzten den Hundekindern Flüssigkeitsdepots unter die Haut. Und nur durch das Aufhalten des Wasserverlustes und durch tägliches Stagloban-Impfen (Immuninducer) retteten wir die restlichen acht Welpen. Aber können Sie sich vorstellen, was Sie empfinden, wenn ein Welpe nach dem anderen schrecklichen Durchfall hat und spuckt, nichts mehr zu sich nehmen kann und dem Tode näher ist als dem Leben? Sie beurteilen danach die Frage der Hygiene und der Besucher ganz anders!

Wir haben im Verein einige Würfe, die draußen aufgezogen wurden, durch Virusinfektionen verloren. Bei einer wie von mir beschriebenen Hygiene wären solche Verluste sicher vermeidbar gewesen. Die betroffenen Züchter haben dann die Zuchtstätte und den gesamten Wurfraum eingehend desinfiziert. Sie erreichen durch jede auch noch so gute Desinfektion nur leider nicht alle Bakterien oder Viren. Die nächsten Würfe verstarben in derselben Anlage ebenfalls. Sie müssten nach solchen Infektionen die gesamte Anlage abreißen und völlig neu aufbauen, wobei ein Bodenaushub ebenfalls erforderlich wäre.

Das alles ist bei ausreichender Hygiene vermeidbar. Seien Sie deshalb pingelig sauber und sehr konsequent mit sich selbst und mit Besuchern. Gehen Sie auf keinen Fall in der Zeit eines Wurfes mit ihren anderen Hunden zum Hundeplatz. Selbst, wenn Ihre Hündin dies übersteht, sind die Welpen immer gefährdet. Besucher müssen sich bei uns umziehen oder erhalten Krankenhauskittel zum Überziehen, bevor sie mit den Welpen in den ersten Wochen spielen dürfen.

Geburtsablauf

Im Kapitel 13 sind die von anerkannten Wissenschaftlern aufgezeichneten Anzeichen für das Nahen der Geburt beschrieben. C. Naaktgeboren unterteilt die Geburt in Phasen, die hier im Einzelnen genau angesprochen und vertieft werden sollen.

Die einzelnen Phasen der Geburt sind:

- die Vorbereitungsphase,
- die Eröffnungsphase,
- die Austreibungsphase und
- die Nachgeburtsphase.

Vorbereitungsphase

Vorbereitungsphase

Höhlenbauversuche

Die Vorbereitungsphase zeichnet sich durch Vorbereitungen der Hündin auf die kommende Geburt aus. Die Hündinnen scharren viel, versuchen zu graben. Im Garten werden richtige Höhlen mit großer Verbissenheit gebuddelt, wieder verworfen und ein neues, passenderes Plätzchen für die Welpen gesucht. Der Platz unter unseren Rhododendronbüschen war bei allen unseren gebärenden Hündinnen besonders beliebt, die Wurzeln der armen Büsche waren zum Geburtszeitpunkt immer freigelegt und eine tiefe Höhle bis an die Hausmauer hin entstanden. Besonders geschickt gewählt war der zweite Höhlenplatz unter einer

Zypresse vor unserer Terrasse. Hier hatten die Hündinnen wohl das Gefühl, uns Menschen nahe zu sein und dennoch ein verstecktes Plätzchen mit guter Übersicht zu haben

Ich habe die Hündinnen immer bis zu einem gewissen Grade in den Grabversuchen unterstützt, da ich das Gefühl habe, dieses Scharren und Graben beruhigt und entspannt die Hündin. Lässt man sie nicht gewähren, so werden Laken, Bettbezüge und alles sonst Erreichbare zerrissen und ein vermeintliches Lager gebaut. Dieses Höhlenbaugehabe ist ein Instinkterbe des Vorfahren Wolf und gehört zur Vorbereitungsphase einfach dazu. Da alle mit der Geburt im Zusammenhang stehenden Abläufe hormonell gesteuert sind, ist es sicher nicht ratsam, allzu sehr nach menschlichen Aspekten dieses Instinktverhalten und damit die hormonellen Abläufe und die daraus resultierenden Reaktionen zu unterbrechen oder gar zu verhindern.

Eröffnungsphase

Der Anfang der Eröffnungsphase kann vom Züchter meist nicht erkannt werden. Die Eröffnungswehen stellen die Vorbereitung auf die späteren, austreibenden Presswehen dar und dauern etwa 12 Stunden. Dies ist die Phase, in der die Hündin unruhig wird, die Beckenbänder sind jetzt erschlafft und das Becken erscheint eingefallen. Das Kreuzbein tritt sichtbar hervor, die Hündin hechelt stark und verliert aus der Scheide schleimiges Sekret. Die unruhige Hündin legt sich, steht wieder auf, läuft herum und probiert verschiedene Wurfplätze aus. Sie dreht sich, ändert dauernd ihre Lage und hechelt.

Meist enthält das Gesäuge jetzt schon Milch. Die Uteruskontraktionen (erste Wehen) sind anfangs nicht sehr häufig, die Cervix (Gebärmutterhals) ist noch geschlossen. Der Beginn der Uteruskontraktionen hängt sehr stark mit dem Abfall des Progesteronspiegels im Blut zusammen. Die Muskeln im Innern der Hündin entspannen sich, der Gebärmutterhals erschlafft allmählich, die Geburtswege erweitern sich. Wehen sind nicht durch den Willen steuerbar, sie ziehen sich hinter den Föten zusammen und schieben sie so immer dichter an den Uteruskörper, die Ausgangsposition, heran. Der Geburtsprozess wird durch das Hormon Oxytocin ausgelöst, welches auch den Milchfluss steuert.

Die Uteruskontraktionen werden jetzt allmählich stärker, besonders, wenn ein Welpe gegen den sich langsam öffnenden Gebärmutterhals gepresst wird. Der Zeitpunkt, zu dem sich die Cervix (Gebärmutterhals) vollständig öffnet, kann (auch von Ihrem Tierarzt) nicht sicher festgestellt werden, da die Vagina (Scheide) der Hündin relativ lang ist und sich damit der genauen Untersuchung entzieht.

Hier noch eine Warnung: Auch wenn Ihnen diese Eröffnungsphase sehr lang erscheint und Sie langsam ungeduldig werden, so dürfen Sie in dieser Phase auf keinen Fall in das Geburtsgeschehen eingreifen. Auch das Herbeiholen des Tierarztes nützt jetzt gar nichts und das Spritzen von Oxytocin zur Einleitung der Geburt zu einem Zeitpunkt, in dem die Cervix (Gebärmutterhals) noch nicht geöffnet ist, ist für Ihre Hündin sehr gefährlich! Gedulden Sie sich also und unterstützen Sie Ihre Hündin mit Streicheln und Worten, denn sie hat Ihren Zuspruch jetzt wirklich nötig, da sie ja selbst oft durch die Vorgänge in ihrem Inneren beunruhigt ist.

Eröffnungsphase

Flankeneinfall

Die Vulva (Scham) erweitert sich jetzt langsam. Sie ist nun feucht und gleitfähig, der austretende weißliche Schleim ist normal. Der Beginn der Anspannung der Bauchdecke (Abdomen) zeigt wie das Abgehen von Fruchtwasser oder das Erscheinen eines Welpen in der Vulva den Übergang von der Eröffnungsphase zur Austreibungsphase an.

Vorwehen

Austreibungsphase

Austreibungsphase

Die Eröffnungswehen haben die in den paarigen Gebärmutterhörnern liegenden Föten durch die immer stärker werdenden Uteruskontraktionen immer weiter in Richtung Cervix gepresst. Der Gebärmutterhals stellt eine Schwelle dar, die von den Welpen überwunden werden muss. Hierzu sind bedeutend stärkere Wehen als in der Eröffnungsphase erforderlich.

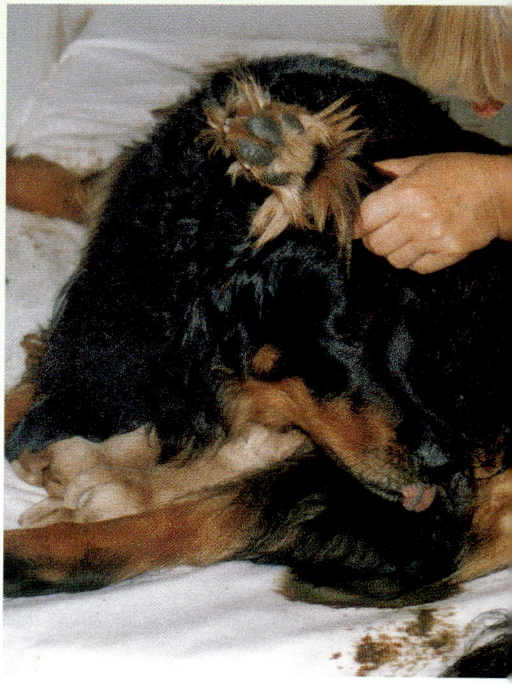

Presswehen

Jetzt werden nach vollständiger Cervixöffnung die Uteruskontraktionen, also die Austreibungswehen, kräftiger. Diese so genannten Presswehen sind nun auch für einen Laien oder ungeübten Züchter klar erkennbar. Sie treiben die Früchte von den Uterushörnern durch den Gebärmutterhals langsam in die Scheide. Die Presswehen ziehen sich wellenförmig durch den ganzen Unterleib der Hündin, durch die Dehnung setzt reflektorisch die Bauchpresse ein, um den Welpen durch das mütterliche, knöcherne Becken zu bringen, den kritischsten Engpass im gesamten Geburtsweg.

War die Hündin vorher sehr unruhig, drehte sich hin und her, leckte intensiv ihre Scheide, stand wieder auf, um sich erneut zu drehen und zu legen, so legt sie sich nun ruhig hin. Die Austreibung ist in vollem Gange, die Bauchmuskulatur zieht sich rhythmisch zusammen. Reden Sie beruhigend auf Ihre Hündin ein, streicheln Sie sie, beginnen Sie ebenfalls mit gepresster Stimme zu sprechen, wenn sie presst, so als würden Sie ihr helfen und ebenfalls mitpressen. Dadurch hat Ihre Hündin das Gefühl, Sie stehen ihr bei und helfen mit, sie weiß, sie ist in ihrer schweren Stunde nicht allein. Vermeiden Sie jede Hektik und Nervosität!

Viele Hündinnen stemmen sich jetzt mit dem Rükken und den Extremitäten (Läufen) gegen die Wände der Wurfkiste. Die Atemfrequenz erhöht sich stark (auf etwa bis zu 175 Atemzüge pro Minute), flacht wieder ab, die Hündin macht den Rücken krumm und nimmt die Defäkationshaltung ein, was den Anschein erweckt, als ob sie einen besonders harten Kot nicht herausbringen kann.

Kurz bevor der erste Welpe in der Vulva (Scheide) erscheint, richtet die Hündin die Rute steil auf (die Rute zeigt steil nach oben, wird an der Wurzel abgespreizt und knickt dann bogenförmig nach unten ab), als gäbe sie das Signal »Freie Fahrt«. Durch das Anheben des Schwanzes und das Stemmen der Läufe wird das Becken gehoben, der optimale Beckendurchgang erreicht und somit die Austreibung des Welpen erleichtert.

Jetzt erscheint in der Vulva eine grünliche Blase, die Fruchtblase. Die Hündin versucht, intensiv die Scheide zu belecken. Zügeln Sie Ihre Freude und schreien oder kreischen Sie auf keinen Fall! Noch ist der Welpe nicht da. Er hat noch den letzten und beschwerlichsten Teil seiner Geburt vor sich. Durch die Scheidenmuskulatur wird der Welpe nun starkem Druck ausgesetzt, damit die

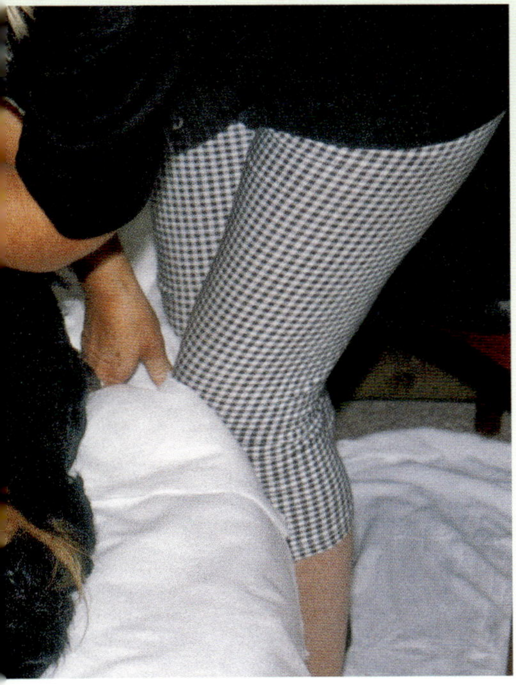

Der Geburtsvorgang läuft in verschiedenen Phasen ab. Erst in der Austreibungsphase werden die Welpen ausgepresst. Nach mehreren Presswehen sollte jeweils ein Welpe geboren werden.

Fruchtblase platzt, grünliche Flüssigkeit entleert sich und der Welpe gleitet mit der austretenden Flüssigkeit aus der Scheide.

Der Druck muss genau an der richtigen Stelle und im richtigen Augenblick erfolgen. Ohne jede Störung, die nur eine Verkrampfung und Stockung der Geburt zur Folge hätte. Das Fruchtwasser trägt zur besseren Gleitfähigkeit des Geburtsweges bei. Die Hündin braucht normalerweise für das Auspressen eines Welpen bis zu drei Wehen.

Gelingt es der Hündin nicht, den Welpen vollends herauszupressen, kann man jetzt ganz vorsichtig versuchen, den Welpen am Kopf oder je nach Lage an den Hinterbeinen zu fassen und im Bogen zum Bauch der Mutter hin hinauszuziehen. Aber immer nur während einer Wehe! Sie dürfen den Welpen auf keinen Fall nach hinten, also von der Hündin weg ziehen! Sie würden dem Welpen das Rückgrat brechen! Auch dürfen Sie nie das Schwänzchen fassen, Sie könnten auch hierbei das Rückgrat ausrenken.

Fruchtblase

Sie sollten auf keinen Fall zu früh, also an der intakten Fruchtblase versuchen, den Welpen herauszuziehen. Solange die Fruchtblase nicht aufgeplatzt ist, besteht für Ihre Mithilfe und für manuelle Geburtshilfe keine Notwendigkeit. Sie könnten eher schaden, da Sie nur die Fruchtblase zerreißen würden. Das wäre schlimm, denn das Fruchtwasser liefe vorzeitig ab, während der Welpe im Geburtskanal noch nicht weit genug vorangekommen ist, eingeklemmt wird oder sogar wieder zurückrutscht und dann ersticken muss, weil die Nabelschnur reißt oder eingeklemmt wird.

manuelle Geburtshilfe

Der neugeborene Welpe sollte in die Hand genommen, gewogen und auf gesundheitliche Mängel überprüft werden. Zusätzlich muss der Welpe von Geburt an Menschengeruchskontakt wie zu seiner Hundemutter haben, damit er auf die Arten Hund und Mensch geprägt wird.

Geburtsvorgang

Verschwindet die Fruchtblase immer wieder in der Scheide, ohne dass der Welpe vorankommt und werden die Wehen schwächer, sind die Geburtswege noch nicht ausreichend geweitet oder durch Angst und Unruhe der Hündin verkrampft. Das ist bei erstgebärenden Hündinnen beim ersten Welpen recht häufig. Hier hilft die Homöopathie und Sie nehmen von Ihrem Tischchen die homöopathische Arznei Caulophyllum D 6. Jetzt geben Sie bei kleinen Rassen 5 und bei großen Rassen 10 Tropfen auf einem Esslöffel mit etwas Wasser verdünnt in die Lefzenschleimhaut der Hündin. Wenige Minuten später ist der Welpe dann meist da.

Die Welpen kommen abwechselnd, also umschichtig, aus den beiden Gebärmutterhörnern. Das Durchtreten des Kopfes des ersten Welpen durch die Scheide kann bei Erstgebärenden Schmerz hervorrufen, der sich in einem Schrei der Hündin beim Durchtritt des Welpen äußert. Der Welpe liegt bei einer normalen Geburt mit dem Rücken gegen den Rücken des Muttertieres, so dass sich die normale Krümmung der Wirbelsäule des Welpen der Biegung anpassen kann, die durchwandert werden muss. Befindet sich der Welpe in der »unteren Lage«, so sind das Rückgrat des Welpen und der Mutter gegenläufig gestellt, was oft Komplikationen nach sich zieht.

Geburtsstellung

In welcher Stellung gebiert Ihre Hündin? Die meisten Geburten verlaufen im Liegen oder Sitzen oder einer Sitz-Lieg-Stellung, einer Stellung zwischen Sitzen und Liegen. Die Hündin verändert in der Geburt häufig ihre Lage, sie scharrt und dreht sich, zerreißt zum Teil die Laken und reagiert so auf die Wehen. Versuchen Sie nicht, sie von dem Wechsel in den Positionen abzuhalten, denn dieses Verhalten ist instinktgesteuert. Legen Sie nun bereits geborene Welpen, die bereits eifrig bei der Mutter gesaugt haben, in den vorbereiteten Korb, damit die Hündin bei ihren Drehungen keinen Welpen verletzen kann. Bei schweren Geburten stehen die Hündinnen bisweilen, dies ist jedoch eher selten.

Ganz wichtig im Vorgang der Geburt für den Fortgang der Wehen und das Anregen des Kreislaufes der Mutterhündin ist Bewegung. Bewegung hilft und erleichtert die Geburt. Ich gehe schon in der Eröffnungsphase in Abständen immer wieder mit meiner »Dicken« ins Freie. Sie werden sehen, dass die Hündin sich immer wieder in der Defäkationsstellung niedersetzt und drückt. Hier müssen Sie jedoch sehr vorsichtig sein, dass nicht dabei bereits ein Welpe geboren wird und Sie es nicht bemerken. Vor allem nachts sollten Sie immer mit einer Taschenlampe bewaffnet die Hündin beim Rundgang begleiten. Auch während des gesamten Geburtsvorganges sollten Sie immer wieder die Hündin zur Bewegung veranlassen, auch, wenn sie ihre Wurfkiste jetzt kaum mehr verlassen will. Hier ist der Welpenkorb sehr hilfreich. Bereits geborene Welpen kommen auf die Wärmflasche in den Korb, der Korb wird mit einem Handtuch abgedeckt und wir gehen mit dem Korb der Hündin voran in den Garten. So folgt sie Ihnen ganz sicher und erhält die notwendige Bewegung. Hierdurch wird die weitere Geburt angeregt und begünstigt, die Geburtsintervalle verkürzt und dadurch der gesamte Geburtsvorgang wesentlich auf natürliche Art beschleunigt.

Der Hinweis, die meisten Welpen würden in der Nacht geboren, ist von Wissenschaftlern nicht bestätigt. Da Tiere jedoch ihre Jungen vorwiegend in der Ruhephase bekommen, liegt auch bei unseren eigenen Geburten ein deutlicher Schwerpunkt nachts.

Die häufigste Stellung bei der Geburt ist die Sitz-Lieg-Stellung. Die Hündin verändert meist jedoch durch die Wehen bedingt häufig ihre Stellung.

Pausen

Die Welpen kommen nicht alle sofort hintereinander, sondern in zeitlichem Abstand auf die Welt. C. Naaktgeboren gibt nach Untersuchungen eine Minimaldauer für Würfe von zwei Stunden bis zu einem Maximum von 15 Stunden an. Der Abstand zwischen den Welpen beträgt im Allgemeinen 10 bis 30 Minuten (Durchschnittsdauer), jedoch sind Pausen von bis zu sechs Stunden Dauer noch als normal zu betrachten. Wir hatten auch schon Abstände von zwei Minuten zwischen zwei Welpen. Die Gesamtdauer der Geburt variiert natürlich je nach den dazwischen liegenden Pausen (Intervallen) und der Anzahl der Welpen. Störungen wie fremde Menschen oder unbekannte Geräusche sowie das Weggehen der der Hündin vertrauten Menschen können den Geburtsablauf empfindlich stören und verzögern sowie die Abstände zwischen den Geburten verlängern.

lange Pausen

Pausendurchschnittsdauer

Die Zeit zwischen zwei Welpen braucht die Hündin, um den neugeborenen Welpen zu versorgen und sich selbst wieder etwas zu erholen. Sie sollten sich deshalb nicht beunruhigen, wenn nach der Geburt eines Welpen zunächst keine weiteren Wehen einsetzen. Sie setzen erneut wieder ein, wenn es an der Zeit ist, den nächsten Welpen zu gebären. Nach etwa der Hälfte der Welpen legen die meisten Hündinnen eine größere Pause ein. Bei großen Würfen müssen Sie auch mit zwei größeren Pausen rechnen. Gönnen Sie Ihrer Hündin diese Verschnaufpausen!

Längere Pausen sind durch Ihre ruhige Hündin gekennzeichnet, sie leckt die Welpen, die intensiv saugen, schläft auch kurz und ist weder unruhig noch angespannt. Beginnt die Hündin wieder unruhig zu werden, dreht sich, hechelt verstärkt, so geht der Geburtsvorgang weiter. Die Länge der Pausen, die Intervalle zwischen den einzelnen Welpen und natürlich die gesamte Dauer des Geburtsvorganges hängen auch vom Alter Ihrer Hündin ab. Eine junge Hündin hat kräftige Wehen, starke Muskeln, straffe Bänder und schafft die Geburt meist in wesentlich kürzerer Zeit als eine ältere, vielleicht sogar bereits siebenjährige Hündin.

Bleibt die Hündin in einer Pause unruhig, hat sie Wehen und wirkt angestrengt, so kann auch ein Welpe im Geburtskanal stecken. Einen Welpen im Geburtskanal können Sie selbst fühlen. Sie halten die Hand auf die Bauchdecke der Hündin nahe der Scheide. Wenn Sie nun auf dem Stück zwischen Scheide und letztem Zitzenpaar den Körper eines Welpen gerade ausgerichtet in Richtung Scheide fühlen, so befindet sich der Welpe schon im Geburtsgang. Noch in der Gebärmutter befindliche Welpen liegen immer schräg zur letzten Zitze.

Geburtsabläufe

B-Wurf		**D-Wurf**		**E-Wurf**	
1. Welpe	06.30 Uhr	1. Welpe	21.45 Uhr	1. Welpe	17.15 Uhr
2. Welpe	07.10 Uhr	2. Welpe	22.20 Uhr	2. Welpe	17.25 Uhr
3. Welpe	07.45 Uhr	3. Welpe	22.45 Uhr	3. Welpe	17.50 Uhr
4. Welpe	07.55 Uhr	4. Welpe	23.15 Uhr	4. Welpe	18.40 Uhr
5. Welpe	09.30 Uhr	5. Welpe	23.55 Uhr	5. Welpe	18.55 Uhr
6. Welpe	10.30 Uhr	6. Welpe	00.30 Uhr	6. Welpe	19.10 Uhr
7. Welpe	11.45 Uhr	7. Welpe	01.20 Uhr	7. Welpe	19.20 Uhr
8. Welpe	13.45 Uhr	8. Welpe	02.10 Uhr	8. Welpe	19.50 Uhr
9. Welpe	14.45 Uhr			9. Welpe	20.10 Uhr
10. Welpe	18.50 Uhr				
11. Welpe	19.30 Uhr				

Haben die Wehen aufgehört oder sind nach anfänglich starkem Pressen der Hündin schwächer geworden und somit wirkungslos zum Austreiben des im Geburtsgang befindlichen Welpen, so müssen Sie unbedingt versuchen, die Wehen wieder kräftig in Gang zu bringen. Das gleiche gilt nach einer Pause von längerer Dauer, ohne dass die Wehen wieder voll einsetzen. Versuchen Sie zuerst durch Streicheln der Bauchdecke beiderseits zur Scheide in Form eines »V« die Wehen anzuregen. Oft hilft das schon. Wenn das Streicheln der Scheidenregion nicht ausreicht, so sollten Sie jetzt das homöopathische Mittel Caulophyllum D 6 verabreichen (je nach Größe der Hündin 5 oder 10 Tropfen). Kurz darauf setzen meist die Wehen wieder kräftig ein. Bringt das noch keinen Erfolg, so wiederholen Sie die Eingabe nach 15 Minuten, nach weiteren 15 Minuten folgt dann Secale Cornutum D 6 in gleicher Dosierung.

Wenn jetzt immer noch keine Wehen einsetzen, so ist die Störung tief greifend und Sie sollten den Tierarzt verständigen. Geben Sie jedoch im viertelstündlichen Wechsel bis zum Eintreffen des Tierarztes beide homöopathischen Mittel weiter, denn oft kommt die Geburt doch wieder in Gang und ein massives Eingreifen Ihres Tierarztes wird dadurch unnötig.

Vorderend-/Hinterendlagen

Welpen können nur entlang ihrer Längsachse geboren werden. Vorderendlagen (Kopflagen = wenn der Welpe mit dem Kopf voran geboren wird) sind in allen Rassen am häufigsten. Hinterendlagen (Steißlagen = wenn der Welpe mit Schwanz und Hinterextremitäten voran geboren wird) treten jedoch bei Hunden so häufig auf, dass sie als normal betrachtet werden. Das ist bei Hundeartigen anders, als es aus der Humanmedizin bekannt ist und deshalb sollten Sie sich nicht beunruhigen, wenn Ihre Welpen in der für Hunde natürlichen Hinterendlage zur Welt kommen. In Vorderendlage müssen Kopf und Hals gestreckt sein, d.h. der Welpe kommt mit dem Näschen voran auf die Welt.

Die Beinchen können bei einer normalen Geburt entweder gestreckt oder angewinkelt sein. Liegen die Beinchen eng am Rumpf an, so ist der Querschnitt des Welpen optimal gering und die Geburt wird dadurch erleichtert.

Es gibt Würfe, in denen alle Welpen in Kopflage oder andere, in denen alle in Steißlage geboren werden.

Wehen-anregung

Abnabeln

Sobald der Welpe durch den Geburtskanal hindurch und mit einer letzten kräftigen Wehe geboren ist, entwickelt die Hündin eine ungeahnte Aktivität. Sie weiß instinktiv, dass ihre Aktivitäten nun sehr schnell gehen müssen, damit der Welpe keinen Schaden erleidet. Sie muss mit dem gerade geborenen Welpen fertig sein, wenn die Wehen wieder einsetzen und der nächste Welpe kommt. Ist die Fruchthülle in der Geburt nicht zerplatzt, wird die Hündin diese mit den Schneidezähnen erfassen und öffnen.

Zerreißen der Fruchthüllen

Erstlingshündinnen können durch das ganze Geburtsgeschehen zunächst noch verunsichert und etwas hilflos sein. Oft weiß solch eine Hündin nicht so recht, ob diese unten liegende Blase (der noch nicht ausgepackte Welpe) ihr gehört und was sie damit anfangen soll. Halten Sie der Hündin den Welpen hin und animieren Sie die Hündin, zu lecken. Meist erwachen dann ihre Instinkte und sie erfüllt alle ihre Aufgaben selbst.

Kopflagen

Steißlagen

Vertrauen Sie auch hierbei Ihrer Hündin, die den Welpen häufig durch Anheben und Erfassen der Fruchthüllen mit den Incisivi (Schneidezähne) hin- und herschüttelt, bis zum Zerreißen der Fruchthülle und Herausgleiten des Welpen. Oder die Hündin beginnt sofort, die Amnionshülle zu lecken und zu fressen und eröffnet dabei die Fruchthülle. Zuerst reißt die Hündin die recht zähe innere Hülle ab, befreit den Welpen, leckt ihm sein Schnäuzchen sauber, damit er atmen kann und durchtrennt anschließend die Nabelschnur.

Abnabeln der Hündin Mit den Backenzähnen (Reißzähnen) nabelt die Hündin durch ein Durchkauen die Nabelschnur ab. Dieses Durchkauen der Nabelschnur bewirkt ein Schließen der Blutgefäße und verhindert so ein Verbluten des Welpen. Vorbeißende Rassen haben hierbei Schwierigkeiten, da die Schnauzenpartie der Hunde so extrem verkürzt sein kann, dass sie die Nabelschnur gar nicht erreichen und auch nicht mit den Zähnen erfassen können. Auch bei Hündinnen, die wegen der kurzen Intervalle zwischen den Welpen Schwierigkeiten haben, den Welpen aus der Fruchthülle auszupacken oder bei Hündinnen, die den Welpen an der Nabelschnur durch die Luft schleudern, sollte der Züchter helfend eingreifen.

Abnabeln des Züchters

Sollbruchstelle Viel Zeit darf der Züchter sich nicht lassen! Der Welpe ist nach der Geburt nicht mehr über die Plazenta mit der Mutter verbunden, so dass die Sauerstoffversorgung unterbrochen ist. Außerdem besteht die nicht zu unterschätzende Gefahr, dass der Welpe bei seinen ersten Atemversuchen Fruchtwasser in Nase und Mäulchen oder gar die Lunge bekommt und daran erstickt. Der Züchter muss jetzt die Fruchtblase vom Kopfende her öffnen, sofort das Fruchtwasser und den Schleim aus Nase und Mäulchen entfernen (mit einem sauberen Tuch oder dem desinfizierten Finger). Dann werden die Fruchthüllen ganz abgestreift und der Welpe abgenabelt.

Sehen Sie sich die Nabelschnur ganz genau an! Etwa einen Zentimeter vom Körper des Welpen entfernt erkennen Sie eine Verdickung (wie ein heller Ring). Das ist die so genannte Sollbruchstelle. Diese ist für Sie und Ihren Welpen ganz wichtig. Durchtrennen

Die Hundemutter wie diese Rhodesian Ridgeback-Hündin nimmt mit ihrem Körper eine U-Stellung ein. In dieser Stellung sind die Welpen in den ersten zwei bis drei Wochen optimal gewärmt, versorgt und geschützt.

Sie die Nabelschnur etwa fünf bis sechs Zentimeter vom Körper des Welpen entfernt mit dem Nail-Clip (der Nagelknipser kneift die Nabelschnur ab im Gegensatz zur Schere, die sie nur glatt durchtrennt, wonach Sie immer starke Blutungen haben). Sie müssen jetzt etwa ein bis zwei Zentimeter von der Sollbruchstelle entfernt (also vom Körper des Welpen etwa zwei bis drei Zentimeter weg), mit Ihrem bereitliegenden Faden abbinden (mindestens zwei bis drei Knoten). Danach nehmen Sie das Ende der Nabelschnur zwischen Daumen- und Zeigefingernagel und quetschen diese zuerst durch Hin- und Herbewegen der Nägel ab. Sie vollziehen also das nach, was die Mutterhündin sonst mit den Zähnen macht. Danach hört die Blutung auf. Das Abbinden ist deshalb so wichtig, weil das Blut des Welpen nach der Geburt noch nicht gerinnungsfähig ist und der Welpe sonst verbluten könnte. Außerdem können nach dem Abbinden keine Keime mehr durch die Nabelschnur in den Welpen gelangen und Infektionen hervorrufen. Auf Sauberkeit müssen Sie beim Durchtrennen der Nabelschnur größten Wert legen, denn Sie arbeiten an den Blutgefäßen des Welpen, was zur Vorsicht mahnt. Sie sollten darauf achten, nicht stärker an der Nabelschnur zu zerren, was meist nicht ganz einfach ist, da der Welpe ja nicht stillhält oder friedlich auf dem Rücken liegt, sondern sich krümmt und dreht, um der ganzen Prozedur zu entgehen.

Haben unsere Hündinnen den Welpen abgenabelt, so nabeln wir mit einem Faden alle Welpen nochmals ab und hatten dadurch noch nie Verletzungen, Infektionen am Nabel oder Nabelbrüche. Hat die Hündin instinktsicher abgenabelt, so leckt sie den Welpen trocken und animiert ihn durch Bauchmassage, sein »Kindspech«, das ist der erste Kot, abzusetzen. Blutet nun die Nabelschnur noch nach, so hat die Hündin wohl das Gefühl, sie müsse nochmals abnabeln. Sie erfasst dann den Welpen an der Abrissstelle und zieht und kaut, um die Blutung zu stillen. Hierbei kann es zu Verletzungen des Welpen bis hin zu offener Bauchdecke kommen. Das ist durch nochmaliges Abnabeln durch den Züchter vermeidbar, da nun ja nichts mehr nachblutet und garantiert Ihnen schöne Nabel, die schnell abtrocknen und abfallen und die sich nicht entzünden und keine Nabelbrüche werden.

Eintritt ins Leben

Zungenmassage

Ist die Fruchthülle von der Hündin eröffnet und der Welpe ausgepackt, so leckt die Mutterhündin intensiv den neugeborenen Welpen. Sie massiert mit ihrer Zunge das Neugeborene, um den Kreislauf anzuregen und den ersten Schrei hervorzubringen. Der erste Schrei füllt die Lungen mit Sauerstoff und ist das Signal, dass der Welpe lebt und atmet.

Abbinden

Wenn der Welpe keinen Schrei von sich gibt, ist wiederum schnelles Handeln angebracht. Rubbeln Sie neben der leckenden Hündin den Welpen kräftig, jedoch vorsichtig im Nackenbereich mit einem Frotteehandtuch! Meist erfolgt nun der erste Schrei. Dann ist alles in Ordnung.

Lebenszeichen

Gibt der Welpe kein Lebenszeichen von sich, rubbeln Sie etwas kräftiger. Danach heben Sie ihn auf und schütteln ihn mehrfach leicht nach unten aus, um eventuell eingedrungenes Fruchtwasser aus den Atemwegen zu bekommen. Oft hilft es auch, etwas kaltes Wasser über den Nacken laufen zu lassen. Hilft auch das nicht, tropfen Sie einen Tropfen Alkohol oder Respirot mit etwas Wasser verdünnt auf die kleine Zunge. Meist zieht der Welpe dann die Luft in die Lungen und tut seinen ersten Schrei.

Mund-zu-Mund-Beatmung

Wenn auch das nichts hilft, müssen Sie Mund-zu-Mund-Beatmung durchführen. Sie nehmen den Welpen an Ihren Mund und versuchen, aus Mund und Nase des Welpen das eingedrungene Fruchtwasser vorsichtig abzusaugen. Das abgesaugte Fruchtwasser wird ausgespuckt und dem Welpen ganz leicht etwas Luft eingeblasen (bitte mit großer Vorsicht!). Nun folgen Wiederbelebungsversuche durch leichten Druck auf den Brustkorb des Welpen und wieder Nachlassen des Druckes zur Entlastung der Lungen. Danach gegebenenfalls erneute Mund-zu-Mund-Beatmung und Pressen des Brustkorbes.

Sie sollten hierbei nicht zu zimperlich, jedoch immer vorsichtig sein, denn wenn Sie Ihre Hündin beim Auspacken der Welpen beobachten, so ist sie wahrhaftig nicht übervorsichtig. Ihre intensiven Versuche, einen lebensunwilligen Welpen doch ins

Leben zu rufen, sollten Sie nie zu früh aufgeben (versuchen Sie es ggf. bis zu 30 Minuten lang).

Nachgeburten

Bei normalem Geburtsverlauf wird die Hündin den Welpen nach seinem ersten Schrei und dem Verzehren der Nachgeburt trocken lecken und intensiv säubern. Der Welpe versucht jedoch meist, so schnell wie möglich an eine Zitze zu gelangen, um zu saugen. Freuen Sie sich über einen solchen Welpen, denn er hat die Anstrengungen der Geburt gut überstanden. Oftmals braucht vor allem der erste Welpe oder eine »Schwergeburt« etwas länger, bis er einer Zitze zustrebt. Solch einen Welpen lege ich an die Zitze an und meist erholt er sich danach schnell. Nehmen Sie einen Welpen in die Hand, halten Sie ihn bitte immer so, dass die Hündin ihn sieht. Geben Sie Ihrer Bewunderung für dieses Prachtbaby mit Worten wie »Ist das ein tolles Baby« oder ähnlichem Ausdruck und halten Sie den Welpen vor dem Zurücklegen immer der Hündin zum Belecken hin. Sie weiß dann, dass Sie ihre Mutterrechte und natürlich ihren Besitz an dem Welpen anerkennen und das wird ihre Angst um ihr Hundekind mildern. Durch solches Verhalten Ihrerseits wird Ihre Hündin auch später dulden, dass Sie die Welpen etwa zum Wiegen aus der Wurfkiste von ihr wegnehmen.

Nachgeburtsphase

Austreibungsphase

Die Nachgeburtsphase fällt in großen Teilen mit der Austreibungsphase zusammen, da Welpen und Nachgeburten meist abwechselnd ausgestoßen werden.

Ist der Welpe abgenabelt, verzehrt die Mutterhündin die Nachgeburt und die Fruchthüllen. Sie sollten sie gewähren lassen. Versuchen Sie, ihr die Nachgeburten wegzunehmen, wird sie eventuell knurren, da sie denkt, Sie wollten eines der Kinder wegnehmen und sie lässt Sie danach nur ungern an ihre Welpen. Oder sie ist dadurch, dass Sie ihr während des Werfens etwas wegnehmen wollen, so stark beunruhigt, dass sie die Geburt unterbricht. Das ist dann für die Hündin und die Welpen gleichermaßen gefährlich.

Die Hündinnen fressen die Nachgeburten, weil sie die darin enthaltenen Nährstoffe, Hormone und Vitamine, benötigen. Darüber hinaus ist das Vertilgen der Plazenta wehen- und laktationsfördernd.

Die Plazenten oder Nachgeburten (Allantochorion) werden nach der Geburt eines jeden Welpen nach ganz unterschiedlich langer Zeit ausgestoßen. Einige Welpen kommen sogar im Allantochorion zur Welt. Oft wird die Plazenta mit dem Welpen zusammen herausgebracht. Manchmal kommt nach einigen Presswehen eine Nachgeburt und kein Welpe. Wir hatten bei unseren Hündinnen auch noch am nächsten Tag eine oder sogar mehrere Nachgeburten, wenn die Geburt zum Beispiel in der Nacht beendet war. Es heißt immer, Sie sollten die Nachgeburten zählen, damit Sie wissen, ob alles aus der Gebärmutter herausgebracht wurde. Uns ist es nie gelungen, die richtige Anzahl von Nachgeburten anzugeben. Zum Teil sind die Hündinnen beim Auffressen der Nachgeburt so schnell, dass wir den Vorgang kaum bemerken.

Gibt es für das Fressen der Nachgeburten natürliche, sinnvolle Gründe? Neben den für die Hündin wichtigen Inhaltsstoffen ist das Vertilgen der Nachgeburten deshalb wichtig, weil bei den Wildcaniden das Liegenlassen dieser blutigen Gewebe wegen des sofort einsetzenden Fäulnisprozesses schlimme Infektionsquellen für Muttertier und Kinder darstellen würde. Deshalb gehört das Fressen der Nachgeburten zu den instinktgesteuerten Vorgängen rund um die Geburt.

Das Auffressen der Nachgeburten löst eigentlich immer am darauf folgenden Tag fürchterliche, schlimme Durchfälle aus. Hier hilft wieder die Homöopathie weiter. Geben Sie der Hündin nach dem Werfen Podophyllum (Podophyllinum) D 4 je nach Rassengröße 5 oder 10 Tropfen mit wenig Wasser verdünnt. Dadurch sollten diese gefürchteten Durchfälle gar nicht erst auftreten.

Wurfgröße/Geschlechtsverteilung

Wurfgröße

Der Stammvater Wolf weist eine durchschnittliche Welpenzahl von 5,83 Jungtieren pro Wurf auf (Prof. Herre). Wegen der überaus unterschiedlichen Körpergrößen und Gewichte unserer Rassehunde schwanken die Welpenzahlen natürlich beachtlich. Grundsätzlich gilt, dass kleine Rassen wenige Welpen haben und große oder gar Riesenrassen sehr viele. Die Welpenzahlen werden von Frau Dr. D. Feddersen-Petersen mit 1 bis 22 angegeben. Ich selbst kenne eine Bernhardinerhündin, die mühelos 16 Welpen warf und selbst bei unseren Hovawarten kommen Geburtszahlen von 12 bis sogar 14 Welpen vor.

Welpengeschlecht Hündin, Irischer Terrier.

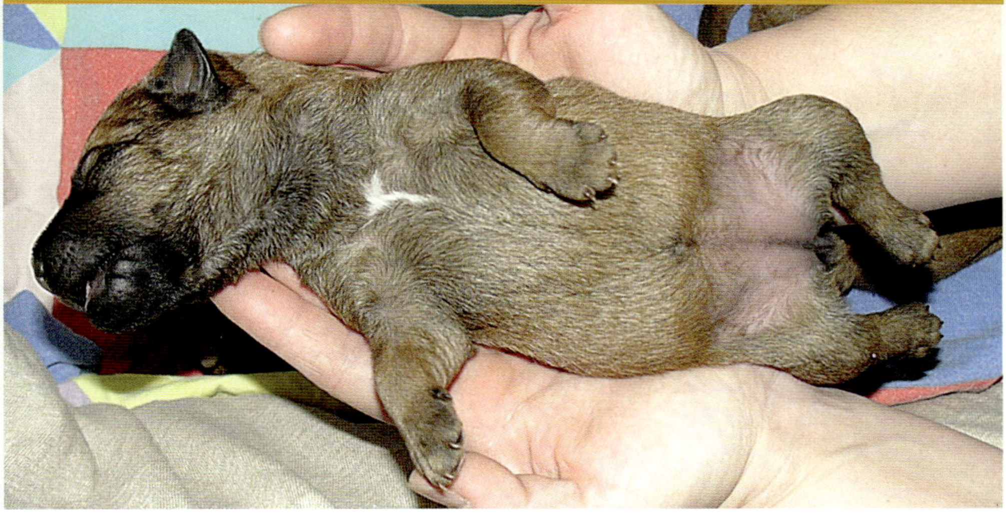

Welpengeschlecht Rüde, Bordeaux-Dogge.

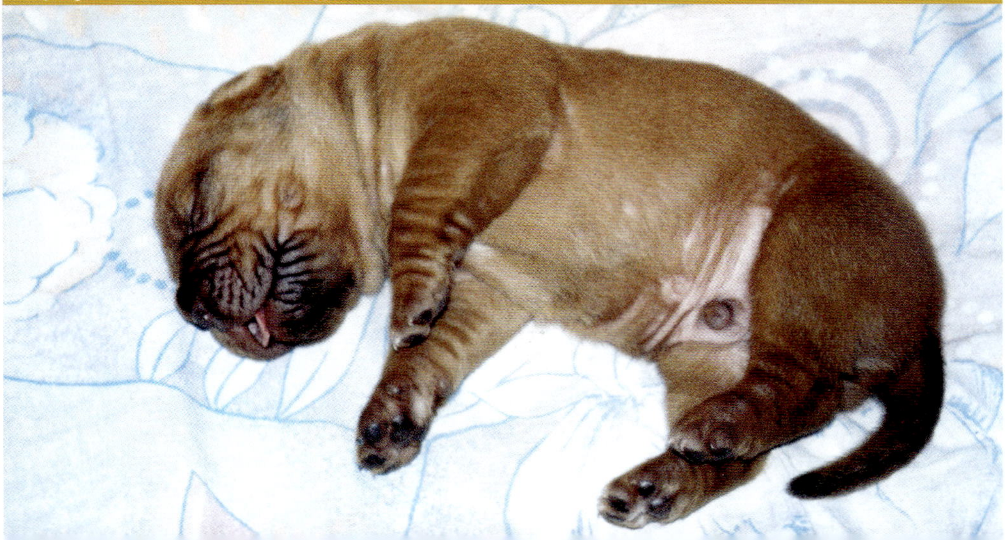

Welpeneinzelgewichte

Während die Gesamtgewichte der Würfe im Verhältnis zum Körpergewicht des Muttertieres von Wolf und Haushundrassen unabhängig von den Körpergrößen und Gewichten 11% betragen, so schwanken die Einzelgewichte der Welpen im Verhältnis zum Körpergewicht der Mutter erheblich. Sie betragen bei Doggen 1,03% und bei Zwergpinschern 6,2% des mütterlichen Körpergewichtes (D. Feddersen-Petersen). Große Rassen haben also viele und kleine Rassen im Durchschnitt wenige Welpen. Deshalb fallen Geburten bei großen Rassen meist unproblematischer aus als bei Kleinhundrassen.

Geschlechtsaufteilung

Die Verteilung der Welpen auf die Geschlechter ist fast hälftig mit einem leichten Übergewicht zu den Rüden. Diese Zahlen helfen Ihnen im Einzelfall jedoch überhaupt nicht weiter, da es reine Rüdenwürfe und auch reine Hündinnenwürfe gibt. Sie müssen der Natur bei der Geschlechteraufteilung ihren Lauf lassen und sich lediglich über einen gesunden Wurf und eine problemlose Geburt freuen.

Geburtsgewichte

Geburtsgewichte

Das Einzelgewicht der Welpen, auch eines Wurfes, kann erheblich schwanken. Bei Einfrüchtigkeit ist das Gewicht dieses Welpen meist unverhältnismäßig groß, bei großen Würfen sind die Einzelgewichte meist geringer. Der leichteste Hovawartwelpe, den ich kenne und der gesund aufgezogen wurde, wog 230 Gramm, der schwerste ohne Hilfen geborene Welpe 900 Gramm. Sie sehen an dieser Bandbreite schon, wie unterschiedlich Geburten verlaufen werden, abhängig auch vom Einzelgewicht der Welpen.

Die Geburtsgewichte der Welpen sind auch in einer Rasse in den unterschiedlichen Linien sehr stark abweichend. Unsere Hündin Orscha, die selbst immer sehr große Würfe, aber sehr wenig Milch hatte, hatte im Durchschnitt sehr hohe Einzelgewichte der Welpen. Die Hündin Bianca, eine wahre Milchkuh, hatte deutlich geringere Einzelgewichte der Welpen.

Tabelle Geburtsgewichte und Geschlechterverteilung

Hündin Orscha		**Hündin Bianca**	
B-Wurf	C-Wurf	D-Wurf	E-Wurf
R 600 g	R 630 g	R 560 g	R 530 g
R 550 g	R 660 g	R 550 g	R 540 g
R 570 g	R 640 g	R 570 g	R 560 g
R 600 g	R 570 g	R 460 g	H 520 g
R 570 g	R 650 g	R 570 g	H 520 g
R 580 g	R 550 g	H 520 g	H 480 g
H 570 g	H 570 g	H 450 g	H 440 g
H 600 g	H 550 g	H 460 g	H 480 g
H 570 g	H 650 g		H 540 g
H 570 g			
H 570 g			

Milchfluss

Oft haben die Hündinnen schon vor der Geburt Milch im Gesäuge. Bei einigen Hündinnen schießt die Milch während der Geburt ein und bei wieder anderen kommt der Milchfluss erst nach abgeschlossener Geburt in Gang. Die neugeborenen Welpen beginnen kurz nach dem Abnabeln und Trockenlecken oder bereits während dieser Vorgänge, nach den mütterlichen Zitzen zu suchen. Einige sind dabei ausgesprochen findungsreich und zielstrebig, andere stellen sich richtig »torfig« an und müssen an die Zitzen gelegt werden. Die kleinen Zungen schließen sich fest um die Zitzen, es entsteht ein Saugvakuum und der Welpe zieht mit ganzer Kraft. Die kleinen Vorderbeinchen treten heftig gegen die Zitzen, führen den so genannten »Milchtritt« aus und regen dadurch ebenfalls den Milchfluss an. Mit den Hinterbeinen wird sich abgestützt und kräftiger Gegendruck erzeugt.

Die Mutterhündin lässt diese Zieherei geduldig über sich ergehen, leckt dabei aufopferungsvoll die Kleinen und massiert mit der Zunge den Bauch, die Genitalregion und den After der Welpen. Dies ist für die Welpen lebensnotwendig, da ja das erste »Kindspech«, der erste schwarze Kot, und der erste Urin zum Abgehen gebracht werden müssen. Die Welpen sind in den ersten Tagen auf diese Zungenmassage ihrer Mutter angewiesen, da sie sich noch nicht selbständig entleeren können und ohne diese Hilfe schlimme Verdauungsprobleme bis hin zur Gefährdung des jungen Lebens auftreten können. Die Welpen saugen während der Massage durch die mütterliche Zunge meist kräftig weiter. Sie maunzen, da sie lieber weitersaugen wollen und nicht solche rabiate Zungenmassage über sich ergehen lassen mögen.

Unsere Hündinnen wussten immer genau, wer mit dem Lecken dran war und massierten ohne Rücksicht auf Maunzen und Proteste des Welpen so lange, bis der Welpe sich entleert hatte.

Beim Saugen und auch Massieren der Mutterhündin müssen Sie unbedingt genau darauf achten, dass alles wie von der Natur vorgesehen abläuft.

Milchflussüberprüfung

Prüfen Sie also zuerst den Milchfluss. Drücken Sie vorsichtig an einer oder mehreren Zitzen und vergewissern Sie sich, dass Milch wirklich ausreichend austritt. Eine unerfahrene Züchterin bemerkte den ausgebliebenen Milchfluss nicht und verlor sechs von acht Welpen! Die Welpen verhungerten regelrecht. Hat der Milchfluss nicht voll eingesetzt, geben Sie der Hündin nach der Geburt Arnica D 6. Der Milchfluss kommt danach meist in Gang und die Hündin kümmert sich dann auch rührend um ihre Welpen.

Milchfluss

Auch der Abgang von Kot und Urin der Welpen muss von Ihnen als Züchter kontrolliert werden. Oftmals wissen junge Hündinnen nicht gleich, was sie alles tun müssen. Halten Sie der Hündin den Welpen zum Belecken hin. Meist tut sie dann, was von ihr erwartet wird. Ist die Hündin zu nachlässig bei der Massage, müssen Sie eventuell zuerst mit einem Wattebausch helfen. Der Wattebausch wird mit körperwarmem Wasser angefeuchtet und Sie massieren leicht kreisend den Bauch und die Afterregion des Welpen.

Milchtritt

»Kindspech«

Ein Kletterhaufen aus Steinen und viel Sand zum Buddeln gehören wie dieser schöne Schattenplatz zur Ausstattung eines Welpenspielgartens hier für Hovawart-Welpen.

14. Geburtsschwierigkeiten

Wehenschwäche

primäre Wehenschwäche

Eine primäre Wehenschwäche liegt vor, wenn die Gebärmutterkontraktionen und daher auch die Eröffnungswehen ausbleiben. Die Cervix entspannt sich, jedoch treten keine Welpen in die Vagina ein und Anzeichen von Wehen fehlen. Ohne Behandlung würden die Welpen absterben.

Geburtshilfe

Primäre Wehenschwäche kann die verschiedensten Ursachen haben. Sie kann durch eine zu geringe Welpenzahl (ein oder zwei Welpen) hervorgerufen werden, da diese keine ausreichende Stimulierung des Uterus bewirken, um eine normale Geburt einzuleiten. Auch ein zu großer Wurf kann ursächlich sein, da zu viel fetale Flüssigkeit zu einer Überdehnung des Uterus führen kann und damit Kontraktionen verhindert. Auch eine Kalziumunterversorgung (Geburtseklampsie) durch Fehlsteuerung der Nebenschilddrüse kann vorliegen. Bevor Sie einen Tierarzt zur Abklärung der Ursachen hinzuziehen, prüfen Sie zuerst alle Faktoren, die eine nervöse Wehenhemmung auslösen könnten. Sind alle für die Hündin wichtigen Personen anwesend, so dass die Hündin die Geburt nicht aus solchen Gründen verhält? Legt die Hündin sich im Stadium der Eröffnungs- oder sogar der Presswehen nicht hin, um in Ruhe zu werfen, weil sie an einem ihr ungewohnten Ort werfen soll? Haben Sie das Gewöhnen der Hündin an Wurfkiste und Wurfzimmer ausreichend vor der Geburt eingeleitet? Vielleicht möchte Ihre Hündin nicht von Ihnen oder ihrer gewohnten Umgebung getrennt sein. Lassen Sie die Hündin in diesem Stadium ihre Welpen im Haus bekommen, wo sie will (Wurfkiste oder daneben usw.) und bleiben Sie während der gesamten Dauer des Geburtsvorganges bei Ihrer Hündin.

sekundäre Wehenschwäche

Eine sekundäre Wehenschwäche liegt vor, wenn die Hündin länger als eine Stunde unproduktiv presst und die Geburt nicht voran- oder weitergeht. Die Uteruskontraktionen stoppen wieder, nachdem sie begonnen haben. Die Hündin ist erschöpft, es liegt eine Geburtsstörung, die zu unproduktivem Pressen führt, vor. Die Geburtsstörung kann durch eine Fehlstellung eines Welpen, einem zu großen Fötus oder einer Blockade, deren Ursache nicht bekannt ist, liegen. Es ist auch für Tierärzte unmöglich, eine »normale« Zeitspanne der Inaktivität der Gebärmutter anzugeben.

Beachten Sie hierbei, dass der erste Welpe bis zu sechs Stunden nach den ersten Presswehen überleben kann, die weiteren Welpen sterben normalerweise nach zwei Stunden vergeblichen Pressens der Hündin im Geburtskanal. Sie müssen deshalb unbedingt versuchen, die Wehen wieder voll und kräftig in Gang zu bringen. Versuchen Sie zuerst, durch Streicheln der Bauchdecke beiderseits der Rippen zur Scheide in Form eines »V« die Wehen anzuregen. Haben Sie damit keinen Erfolg, brauchen Sie noch nicht zu verzweifeln, sondern geben der Hündin aus der bereitstehenden Flasche Caulophyllum D 6, 5 bis 10 Tropfen je nach Größe der Hündin mit Wasser verdünnt direkt in die Lefzenschleimhaut. Schon kurz darauf setzen die Wehen wieder voll ein. Wenn nun immer noch kein Erfolg eintritt, geben Sie der Hündin eine Viertelstunde später Secale Cornutum D 6 in gleicher Menge. Die Verabreichung der homöopathischen Mittel wiederholen Sie nun in viertelstündlichem Wechsel. Bleiben diese Mittel ebenfalls ohne Erfolg, müssen Sie mit einer tief greifenden Störung rechnen und den Tierarzt umgehend verständigen. Gründe dafür, dass der Welpe nicht durch das knöcherne Becken bzw. in die Vagina eintreten kann, können in einem zu großen Welpen (vor allem bei kleinen Würfen), in fetalen Missbildungen, in Querlagen, in einem toten Welpen o.a. liegen. Die aufgeführten homöopathischen Mittel können Ihrer Hündin auf gar keinen Fall schaden und vielleicht werden die Wehen dadurch doch wieder angeregt und setzen ein, so dass ein Eingreifen des Tierarztes vermieden werden kann.

Querlagen

Mitunter kann es Ihnen passieren, dass ein Teil der Welpen oder sogar fast alle schon geworfen sind, jedoch nun presst und presst die Hündin, ohne dass ein Welpe in der Vulva erscheint. Versuchen Sie, die Bauchdecke vorsichtig abzufühlen. Können Sie in der Nähe des zur Scheide hin gelegenen letzten Zitzenpaares den Körper eines Welpen entdecken, der quer zur Mittelfurche der Bauchdecke liegt und gewissermaßen dieses Zitzenpaar miteinander verbindet, so haben Sie eine Querlage des Welpen. Dies ist meist ein Fall für Ihren Tierarzt, der wohl einen Kaiserschnitt erwägen wird.

Kann Ihr Tierarzt nicht in relativ kurzer Zeit bei Ihnen sein, handeln Sie rasch und versuchen Sie das Umlenken des Welpen! Ertasten Sie den Welpen und das Ende, das nicht ganz so weit über die Mittellinie der Bauchdecke herüberreicht. Ihre Hündin kann einen Welpen in Querlage nicht ohne Hilfe auf die Welt bringen und presst, bis ihre Kräfte am Ende sind. Machen Sie sich behutsam und ohne Nervosität an die Arbeit, denn ihre Hündin hat ganz bestimmt noch Kraftreserven.

Merken Sie sich jetzt den Schnittpunkt zwischen Welpen und Bauchdeckenfurche, die Stelle also, wo der Welpe liegt. Nun legen Sie ihre Finger vor das nicht so weit herüberragende Ende des Welpen und warten, bis die nächste Wehe vorüber ist. Üben Sie noch keinen Druck aus! In der Wehenpause

Sind die Welpen größer und erreichen das Gesäuge der Hündin, so bleibt die Hundemutter wie diese Rhodesian Ridgeback-Hündin stehen und säugt den Wurf stehend.

versuchen Sie vorsichtig, den Welpen in das Gebärmutterhorn zurückzuschieben, in dem er zum größten Teil steckt. Beginnt die nächste Wehe, so hören Sie auf und halten den Welpen ganz leicht fest. Sie dürfen keinen Druck entgegen den Wehen ausüben, lieber kann der Welpe ein kurzes Stück zurückgepresst werden, was Sie ja in der nächsten Wehenpause wieder aufholen. Lassen Sie sich hierbei 2–3 Wehen oder mehr Zeit. Das Schieben während einer Wehe müssen Sie vermeiden. Nun schieben Sie den Welpen in der nächsten Wehenpause etwas über die Mittellinie hinaus und halten mit sanftem Druck Ihre Finger jenseits der Mittellinie, dort, wo der Welpe vorher lag. Auf diese Art und Weise versperren Sie das andere Uterushorn für den Welpen. Bei der nächsten Wehe wird er seinen Weg zum Ausgang sicher finden.

Wenn sich der Welpe nun in gerader Richtung zur Scheide bewegt, haben Sie es geschafft und Sie können sich gratulieren.

Dieses geschilderte Verfahren mag sich zunächst sehr kompliziert anhören. Wir haben jedoch mehrfach Welpen in der beschriebenen Art umgelenkt und waren immer erfolgreich. Eine Kaiserschnittgeburt konnte jeweils vermieden werden, was für die Gesundheit der Mutterhündin und der noch folgenden Welpen sehr wichtig war.

Tote Welpen

tote Welpen

Wenn die Geburt nicht fortschreitet, ist es sehr schwer zu beurteilen, ob tote Welpen den Geburtsablauf beeinträchtigen. Der Verdacht auf tote Welpen macht meist das Eingreifen eines Tierarztes erforderlich. Welpen können aus den unterschiedlichsten Gründen vor oder während der Geburt sterben. Hat Ihre Hündin kurz vor der Geburt eine schlimme Beißerei oder einen Unfall erlitten, so ist das Auftreten von toten Welpen wahrscheinlich.

Unproblematisch sind Welpen, die in einem ausreichend langen Zeitraum vor der Geburt aus nicht erkennbaren Gründen verstorben und mumifiziert sind. Solche Welpen befinden sich in den Eihäuten und werden wie Nachgeburten in der Regel ohne Komplikationen ausgestoßen.

Bei zu langen Pausen zwischen den Welpen können Föten im Mutterleib verenden. Ich hatte in einem Wurf sieben gesunde Welpen, die Hündin war sehr erschöpft, da sie eine Woche vor der Geburt einen schlimmen Durchfall hatte und ich hielt die Geburt zunächst für abgeschlossen. Die Geburt hatte um 20.35 Uhr begonnen und um 02.35 Uhr war der siebente Welpe auf der Welt. Die Hündin und wir waren erschöpft und gönnten uns einige Stunden Ruhe. Da mein damaliger Tierarzt nicht zu uns nach Hause kommen wollte (ich würde mir heute einen anderen Tierarzt suchen), packte ich Hündin und Welpen ins Auto und fuhr zur Praxis. Die Praxis war bereits geöffnet und trotz der zu dieser Zeit grassierenden vielen Infektionskrankheiten im Bereich dieser Praxis wollte der Tierarzt, dass ich im Wartezimmer (bei ganz vielen infektiös erkrankten Hunden) mit meiner Hündin, die die Geburt gerade beendet hatte, warten sollte. Ich weigerte mich. Daraufhin erschien der Tierarzt draußen vor der Praxis, fühlte den Leib der Hündin ab und sagte mir, da seien keine Welpen mehr. Er hielt es auch nicht für notwendig, ein wehenförderndes oder die Gebärmutter reinigendes Mittel (z.B. Oxytocin) zu spritzen. Ich fuhr wieder nach Hause.

Die Hündin hatte Fieber und wurde zunehmend unruhiger. Ich natürlich auch. Ich begann, ihr das homöopathische Arzneimittel Caulophyllum D 6 zu geben. Kurz darauf setzten wieder Wehen ein. Ich fühlte den Bauchraum ab und hatte eindeutig den Eindruck, etwas zu fühlen. Waren dies Welpen oder vielleicht nur Nachgeburten? Ich gab jetzt in viertelstündlichem Wechsel Caulophyllum und Secale Cornutum. Da! Endlich um 14.30 Uhr, 12 Stunden nach der als abgeschlossen betrachteten Geburt, wurde unter schwierigem Pressen endlich noch ein Welpe geboren. Und er lebte! Ich versuchte, ihn anzulegen, aber er war zu schwach zum Saugen. Ich war traurig und versuchte, ihn zum Saugen zu animieren. Vergeblich! Er schrie wie ein kleines Kind. Es war nicht zum Aushalten und ich fuhr zum Dorftierarzt, der ihn untersuchte, mir bestätigte, dass der Welpe keine Lebenschance nach so langer Geburt hatte und ich ließ ihm eine erlösende Spritze geben.

Wieder zu Hause, wiederholte sich das soeben Durchgemachte. Die Hündin hatte jetzt weiter hohes Fieber, war unruhig und ich konnte sie kaum bei den gesunden Welpen halten. Ich begann wieder homöopathisch zu behandeln. Beide Mittel, Caulophyllum und Secale cornutum, im halbstündlichen Abstand. Immer wieder setzten Wehen ein, ich merkte, dass noch etwas in der Hündin steckte. Die Hündin war sichtlich erschöpft, schlief immer wieder kurz und wurde erneut von Wehen geschüttelt. Dann endlich, am folgenden Tag um 09.15 Uhr presste die Hündin sehr stark. Da sah ich etwas aus der Vulva herausschauen! Es sah nach einem Füßchen aus. Ich packte zu und zog. Die Hündin schrie, ich ließ nicht los und konnte mit der nächsten Wehe einen großen, toten Welpen herausziehen. Wir waren danach beide erleichtert. Der Welpe war bereits steif und gelblich ums Schnäuzchen herum. Meine Hündin jedoch war gerettet und ihr Zustand begann sich nach und nach zu normalisieren.

Die Hündin brauchte nach dieser Geburt recht lange, um sich wirklich zu erholen und hatte noch lange, über mehr als sechs Wochen, schwarzen, übel riechenden Ausfluss.

Die Hündin hatte also erst 12 und dann nochmals 18 Stunden nach bereits abgeschlossener Geburt je einen Welpen geworfen. Hier hätte der Tierarzt eingreifen müssen und ein Kaiserschnitt bei der durch den vorhergehenden Durchfall bereits geschwächten Hündin wäre sicher angebracht gewesen. Der gleiche Tierarzt hatte auch den Durchfall der Hündin kurz vor der Geburt mit starken Antibiotika behandelt und kannte die Situation zur Geburt. Ich war froh und dankbar, dass mir die homöopathischen Mittel so gute Hilfe geleistet hatten.

Ob die Hündin ohne manuelle Geburtshilfe und ohne den Einsatz der Homöopathie in der Lage gewesen wäre, den toten Welpen herauszubringen, lässt sich nicht beantworten, ist jedoch sehr fraglich. Lassen Sie sich dieses Beispiel eine Warnung sein, früher helfend einzugreifen und ggf. massiver als ich es damals tat, den Tierarzt zum Handeln aufzufordern.

Fötale Missbildungen

Fötale Missbildungen haben meist ähnliche Auswirkungen auf die Geburt wie tote Welpen. Oft sind missgebildete Welpen auch bereits vor oder bei der Geburt tot. Wir hatten bei einer Züchterin einen Welpen, dessen Hals abgeknickt war und der deshalb einen viel größeren Umfang bei der Geburt hatte, als ein lebender, sich streckender Welpe. Die Hündin konnte ihn ohne Kaiserschnitt herauspressen. Sie benötigte natürlich auch hier viel mehr Wehen und Zeit als bei einer Lebendgeburt.

Missgebildete oder tote Welpen sind oft der Grund, wenn die Geburt nicht weiter geht.

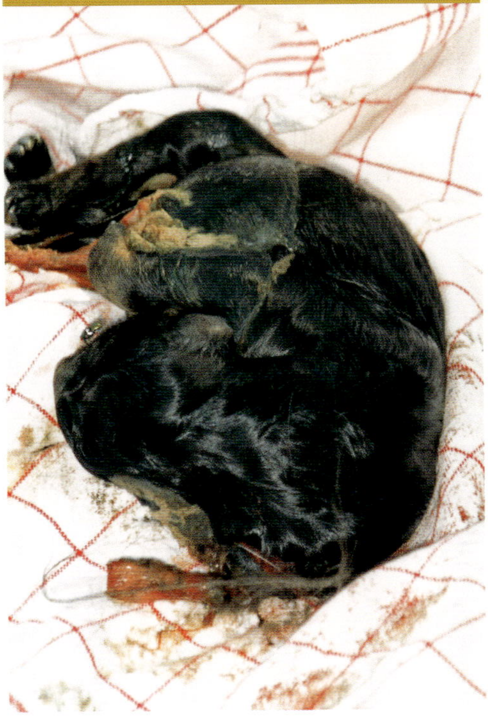

Solche Missbildungen sind zum Glück nicht allzu häufig. Man geht von etwa acht Prozent Missbildungen in der Hundepopulation insgesamt aus. Das Spektrum von Missbildungen ist groß. Nicht alle Missbildungen werden sogleich als solche erkannt und fallen erst später auf, obwohl sie bereits zum Zeitpunkt der Geburt vorhanden waren (zum Beispiel Speiseröhrenerweiterung oder Verengung, Herzmissbildungen, Lebershunt usw.). Sofort nach der Geburt offensichtliche Missbildungen sind zum Beispiel Spaltrachen/Gaumenspalten, Rutenverkrümmungen, Gliederverkrümmungen oder fehlende Gliedmasse, offene Bauchdecke, Wasserköpfe usw. Solche Welpen haben keine guten Lebenschancen, weshalb oft eine Euthanasie (Einschläfern) unumgänglich ist, da kein lebenswerter Zustand erreicht werden kann.

In aller Regel sollten Sie immer einen Tierarzt herbeiholen, wenn die Pausen überlang sind und Sie nicht wissen, was den Geburtsablauf behindert.

Einfrüchtigkeit und Enge des Beckens

Das Becken der Hündin ist die engste Stelle auf dem Geburtsweg. Bei Hündinnen mit normal gebautem Becken ist dies eigentlich relativ unproblematisch, von viel zu großen oder toten Welpen abgesehen. Der Hovawartwelpe mit 900 g Geburtsgewicht (Normalgewichte für Hovawarte sind 400–500 g) wurde auf natürlichem Wege ohne Kaiserschnitt geboren. Allerdings waren die Züchterin und ihre Hündin (keine erstgebärende Hündin) sehr erfahren. Bei Zwergrassen und vorbeißenden Rassen mit unverhältnismäßig großen Köpfen ist die Geburt sehr schwierig und oft nur noch mit Kaiserschnitt möglich, da die Maße der Welpenköpfe größer als die der Beckeninnenmaße sind. E. Trumler bezeichnet kaiserschnittabhängige Rassen als Tierquälerei. Nach dem Tierschutzgesetz sollten Rassen sich selbst und ohne tierärztliche Hilfe reproduzieren können.

Eine weitere Schwierigkeit bei der Geburt stellen fast immer Einfrüchtigkeit oder Einlingsgravidität dar. Haben Sie während der Trächtigkeit durch Ultraschall feststellen müssen, dass Ihre Hündin voraussichtlich nur einen Welpen trägt, sollte kurz vor der Geburt zur Sicherheit noch geröntgt werden. Der Tierarzt kann dann schon sehen, ob der Welpe unverhältnismäßig groß ist und deshalb ein Kaiserschnitt unvermeidbar ist. Bei Einfrüchtigkeit stellen Sie in den letzten Tagen vor der Geburt die Hündin bitte täglich Ihrem Tierarzt vor und überlassen Sie ihm die Entscheidungen.

Einfrüchtigkeit muss aber nicht unbedingt einen Kaiserschnitt auslösen. Wir haben auch bei Hovawarten ab und zu einmal Einfrüchtigkeit. Der Züchter muss natürlich in einem solchen Fall besonders darauf achten, dass nicht zu lange »übertragen« wird. Das kann den Welpen das Leben kosten! Allerdings gebären auch viele Hündinnen einen

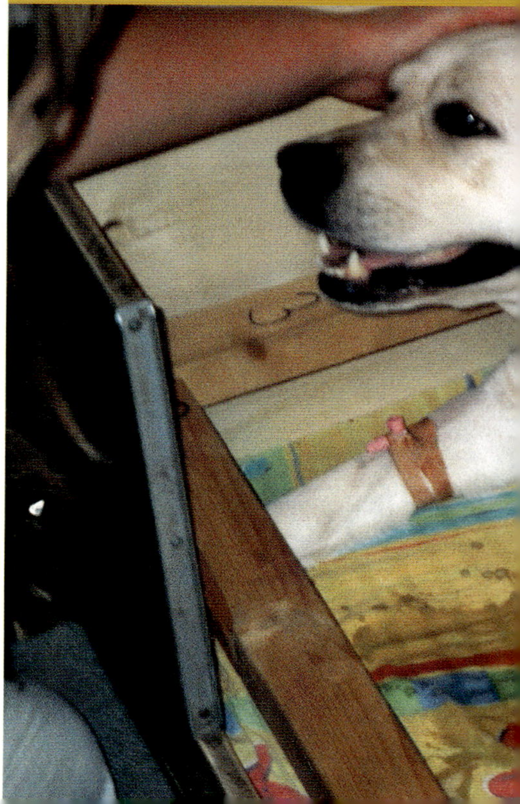

einzelnen Welpen völlig normal und problemlos. Ein einzelner Welpe löst jedoch in der Gebärmutter kaum Kontraktionen (Wehen) aus, so dass Sie die Tragezeit ohne ausdrückliche Anweisung Ihres Tierarztes nicht zu lange überschreiten sollten. Eine Geburtseinleitung sollte, wenn überhaupt, nur mit dem homöopathischen Mittel Caulophyllum erfolgen.

Kaiserschnitt

Ein Kaiserschnitt (Hysterotomie) kann angezeigt sein bei primärer oder sekundärer Wehenschwäche, bei fetalen Anomalien, bei toten Welpen im Geburtskanal, bei relativ zu großen Früchten und bei Einfrüchtigkeit.

Überlassen Sie Ihrem Tierarzt die Entscheidung hierüber. Ich will deshalb auch den Ablauf einer solchen Operation oder andere Besonderheiten und Schwierigkeiten gar nicht erst ausführen.

Wichtig neben der erfolgten Operation ist auch die Betreuung der herausoperierten Welpen. Und hier ist der Züchter wieder gefragt. Denn oft hat das Hilfspersonal in der Tierarztpraxis nicht so viel Ahnung von neugeborenen Welpen wie Sie als Züchter. Bleiben Sie also in der Praxis und helfen Sie mit, die Welpen ins Leben zu bringen, wie es bereits auf S. 161 beschrieben wurde. Nehmen Sie Ihren Welpenkorb und die Wärmflasche mit in die Tierklinik oder Tierarztpraxis, um die Welpen ruhig halten zu können, da Ihre Hündin voraussichtlich erst verspätet einsetzenden Milchfluss nach der Operation haben wird.

Kaiserschnitt

Ein Kaiserschnitt wie hier bei einer Labrador Retriever-Hündin ist immer eine schwerwiegende Geburtskomplikation. Der Kaiserschnitt wird meist unterbauchseitig und weniger häufig wie hier seitlich durchgeführt. Beim seitlichen Schnitt sinkt die Infektionsgefahr deutlich und die Milchleistung der Mutterhündin ist weniger beeinträchtigt.

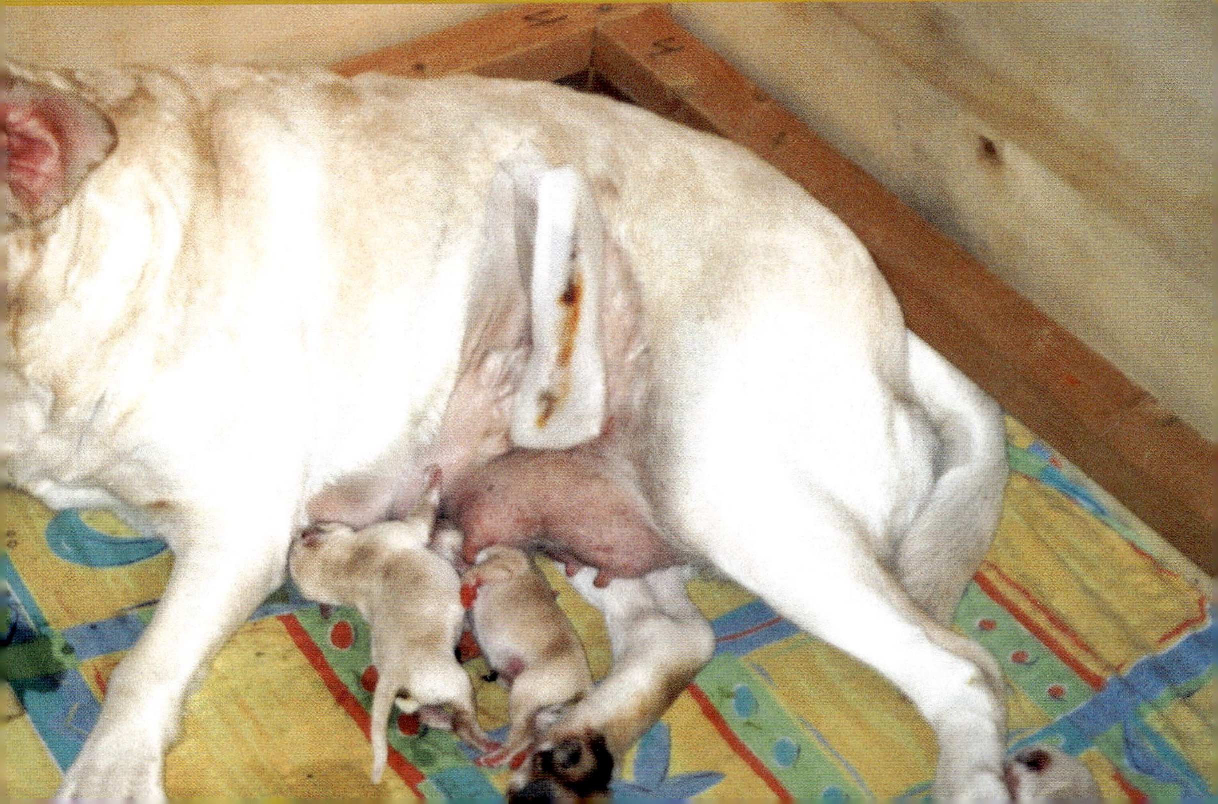

15. Betreuung der Welpen nach der Geburt

Wenden wir uns wieder unserer normal verlaufenden Geburt zu. Nachdem Ihre Hündin den gerade geborenen Welpen abgenabelt und gesäubert hat und er seine ersten Schlucke lebenswichtiger Kolestralmilch zu sich genommen und kräftig gesaugt hat, können Sie jeden Welpen auch schon kurz in die Hand nehmen, einen ersten Blick auf ihn werfen und ihn wiegen. Halten Sie den herausgenommenen Welpen aber immer so, dass Ihre Hündin ihn sieht. Geben Sie Ihrer Bewunderung für dieses Prachtbaby lautstark Ausdruck. Der Stolz Ihrer Hündin über ihr Baby ist meist größer als die Angst um ihren Welpen. Zumindest mildert der Stolz die Angst. Vor dem Zurücklegen halten Sie den Welpen der Hündin immer zum Belecken hin. Sie weiß dann, dass Sie ihre Rechte an dem Welpen anerkennen und wird nichts mehr dagegen haben, wenn Sie einen Welpen zum Beispiel. zum Betrachten oder Wiegen herausnehmen.

Der neugeborene Welpe wie dieser Berner Sennenhund-Welpe

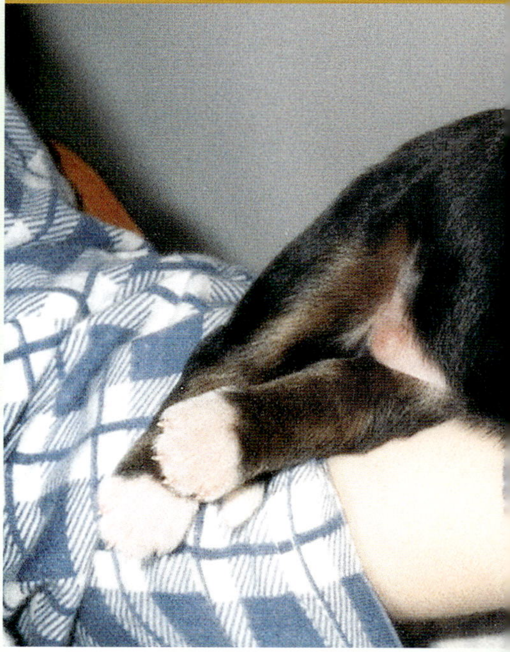

Überprüfen des Welpen auf gesundheitliche Mängel oder Missbildungen

Ein gesunder Welpe soll keineswegs mager, sondern gut genährt, rund und glatt sein. Wenn Sie den Welpen in der Hand halten, legen Sie ihn kurz auf den Rücken. Gesunde und kräftige Welpen krümmen sich nun wie Maden, während kranke oder schwächliche Welpen schlaff herabhängen und meist keinerlei Aktivität zeigen. Nach dem Trockenlecken durch die Mutterhündin soll das kurze Fellchen glänzen, dass die Funken sprühen. Kranke Welpen haben struppiges, glanzloses Fell.

Pigmentstop

Die Schnäuzchen sind nach der Geburt noch ganz kurz, die Welpen fast aller Rassen ähneln sich in den ersten Stunden und lange Fänge müssen in den nächsten Wochen und Monaten erst langsam wachsen. Die Ohren sind zuerst winzige Dreiecke, die entweder aufgeklappt eng am Kopf anliegen oder schon leicht umklappen. Dieses ist bei allen Rassen zuerst richtig so. Machen Sie es bitte nicht wie ein Erstzüchter, der von 13 Welpen fünf deshalb tötete, weil er glaubte, die aufgeklappten Öhrchen wären fehlerhaft und krank.

Weiße Fußspitzen, kleine weiße Brustflecke oder weiße Zehen bei Rassen, bei denen Weißzeichnung nicht erwünscht ist, verschwinden meist ebenfalls in den folgenden Wochen. Bei hellen Hunderassen oder Farbvarianten, die als erwachsene Hunde ein schönes Pigment aufweisen, finden Sie nach der Geburt rosa schimmernde Nasenspitzen und rosa Zehenballen und Zehennägel vor. Diese Farblosigkeiten sind nicht etwa fehlerhaft, sondern eine Folge des so genannten »pränatalen Pigmentstops«. Ebenfalls entwickelt sich das volle Haarpigment auch oft erst nach der Geburt. Dalmatinerwelpen werden weiß geboren und erst später entwickelt sich das rassetypische Tüpfelmuster.

Sinnesorganentwicklung

Alle Welpen werden mit geschlossenen Augen, also blind, geboren. Auch die Gehörgänge der Ohren sind noch durch eine Membran verschlossen. Die Augen und Ohren öffnen sich erst zwischen dem 10. und 13. Tag nach der Geburt. Ebenfalls

sollte unmittelbar nach der Geburt eingehend von Kopf bis Rute auf Mängel oder Ähnliches untersucht werden.

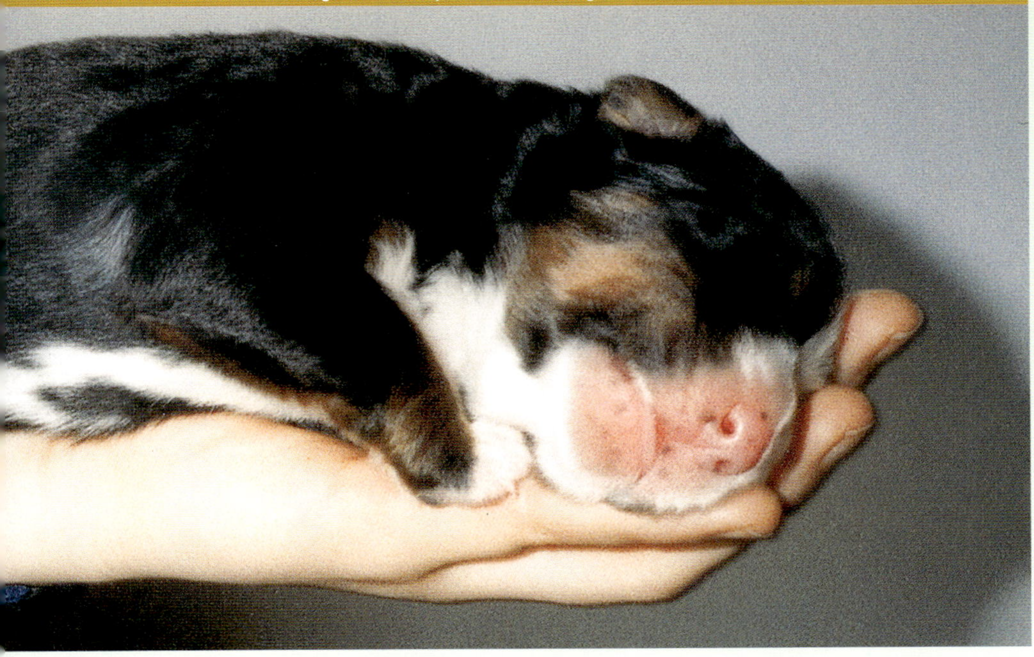

entwickelt sich die Empfindsamkeit, die Sensibilität und die Motorik nach der Geburt langsam von vorn nach hinten. Während der gesunde Welpe mit der Schnauze schon hervorragend nach der Zitze tasten und auch schon riechen kann, hat er in den Hinterbeinen und im Schwänzchen kaum Gefühl.

Die bisher geschilderten Feststellungen an Ihrem neugeborenen Welpen betreffen alle natürlichen, bei gesunden Welpen anzutreffenden, bei Hunden üblichen Gegebenheiten. Kranken und lebensschwachen Welpen fehlen die Lebens- und Antriebskräfte und sie zeigen meist keinerlei Aktivitäten. Während der neugeborene gesunde Welpe sich in der Hand krümmt und zappelt, bleibt der kranke, schwache Welpe ruhig und bewegungslos liegen, ja hängt sogar schlaff herab.

Betrachten Sie jeden einzelnen Welpen vom Kopf bis zu dem kleinen Schwänzchen sehr aufmerksam und genau. Ich gehe mit dem Zeigefinger (vorher desinfiziert) jedem Welpen durch das Mäulchen, um eventuelle Abweichungen wie Spaltrachen oder Ähnliches festzustellen. Der Kopf wird dann genau betrachtet, Augenlider und Öhrchen, Schädeldecke vorsichtig entlang streichen, danach Vorderpfoten einzeln, dann Abtasten der Hinterpfötchen. Hier sehe ich mir die Ballen an, prüfe, ob Afterkrallen (die fünfte, etwas höher liegende Kralle am Hinterlauf) vorhanden sind, zähle die Krallen und Ballen an allen Pfoten und begutachte den gesamten Bauch und die Geschlechtsteile und taste zum Abschluss das kleine Schwänzchen durch.

Gaumenspalte

Offene Bauchdecken erkennen Sie sofort. Solche Welpen haben keine Lebenschance und müssen alsbald von Ihrem Tierarzt erlöst werden. Auch Nabelbrüche müssen dem Tierarzt vorgestellt werden. Er entscheidet, ob es sich um eine Bruchpforte oder nur um eine ungefährliche Fettausstülpung handelt. Haben Sie an einem Gaumen beim Abtasten eine Unregelmäßigkeit festgestellt und sind selbst unsicher, ob eventuell sogar eine Gaumenspalte vorliegt, so beobachten Sie diesen Welpen an der Zitze beim Saugen. Wenn der Welpe beim Saugen die Milch wieder aus der Nase prustet, besteht der Verdacht auf eine Gaumenspalte. Ein solcher Welpe ist ebenfalls nicht lebensfähig und muss so schnell wie möglich von Ihrem Tierarzt eingeschläfert (euthanasiert) werden. Ebenso ist mit allen verkrüppelten Welpen zu verfahren.

Haben Sie im Einzelfall Zweifel bei irgendwelchen Feststellungen, ziehen Sie so bald als möglich Ihren Tierarzt und Ihren Zuchtwart zu Rate. Der Zuchtwart wird Sie über alle bei Ihrer Rasse vorkommenden Besonderheiten unterrichten können. Versuchen Sie nie, einen Welpen selbst töten zu wollen. Sie werden es bereuen! Neugeborene Welpen sind auch bei Missbildungen oder anderen körperlichen Mängeln erstaunlich vital. Sie rasch und schmerzlos zu töten, misslingt einem Laien eigentlich immer. So viel Tierliebe (und das Anerkennen der Bestimmungen des Tierschutzgesetzes) muss bei jedem Züchter vorhanden sein, um möglichst schnell den Tierarzt zu holen und den nicht lebensfähigen Welpen durch ihn schmerzlos töten zu lassen.

Sauerstoffmangel und Untertemperatur

Nach der abgeschlossenen Geburt sollte der Züchter möglichst umgehend den Tierarzt holen, um neben der unbedingt notwendigen Untersuchung der Hündin eine erste Untersuchung der Welpen vornehmen zu lassen. Neben den aufgeführten körperlichen Missbildungen können bei den Welpen Mangelzustände wie Atemdepression, Untertemperatur, Energiemangel usw. auftreten.

Sauerstoffmangel bei oder nach der Geburt (Atemdepression) tritt zum Beispiel. bei Frühgeburten (57 Tage und weniger) wegen unzureichender

Neugeborenenphase (1. Lebenswoche)/Krankheitsanzeichen

Gesundheitsstatus	Normalzustand	mögliche Krankheitsanzeichen
Körpertemperatur	34,4 oC bis 37,2 oC	unter 34 oC, über 37,5 oC
Geburtsgewicht	rassebedingt/rasseabhängig	zu niedrig gegenüber dem Rassedurchschnitt
Gewichtsentwicklung	tägliche Zunahme, nach 8–10 Tagen Geburtsgewicht verdoppelt	täglich Gewichte überprüfen, Abnahme sofort bedenklich, Stagnation des Gewichts ebenfalls
Saugreflex	zieht stark: Finger ins Mäulchen halten	fehlt oder nur scheinbar vorhanden
Saugvorgang	Milch wird abgeschluckt, Bauchdecke bewegt sich mit	Milch wird aus der Nase gepresst
Schluckreflex	ggf. mit Ersatzmilch aus Fläschchen prüfen	fehlt
Atmung	Ruhig	flach, »schnappend«
Schreien	nur, wenn keine Zitze, zu kalt, gedrückt; nach Anlegen Ruhe	ununterbrochen, mehr als 10 Minuten ununterbrochen
Rückenlage	krümmen, strampeln, zappeln	schlaff, keine Aktivität, ruhig, bewegungslos
Körperspannung	starke Körperspannung, Biotonus gut, strebt zur Zitze	schlaff, keine Körperspannung
Haut	straff, wie ausgefüllt	faltenbildend, lose
Fell	glänzend, weich, anliegend	struppig, kein Glanz
Kot	nicht ganz fest bis fest	blutig, stinkend, wässrig

Lungenreifung oder, und dies kann jederzeit bei Ihnen auftreten, nach Geburtsstörungen und Geburtsverzögerungen durch zu große Welpen oder ein zu enges Becken der Mutterhündin auf. Auch nach Kaiserschnitten müssen Sie mit Atemdepressionen rechnen. Der Welpe macht dann seinen ersten Atemzug noch im Geburtsgang, so dass es zu Fruchtwasseraspiration (Abatmung) und Erstickungssymptomatik kommt. Solche Welpen zeigen, wenn sie noch leben und bei vorhandener Herzaktion (Abhorchen) unzureichende Atmung bis keine Atmung, bläuliche, blasse Schleimhäute und dadurch Leblosigkeit (Schlaffheit). Sie sollten sofort handeln! Schütteln Sie den Welpen sanft aus, schwenken Sie ihn vorsichtig hin und her, versuchen Sie, den Schleim aus dem Näschen und Mäulchen durch leichtes Ziehen abzusaugen, reiben Sie kräftig (z.B. mit einem Frotteehandtuch) die Rückenpartie, lassen Sie ggf. kaltes Wasser über das kleine Genick laufen und geben Sie eventuell einige Tropfen hochprozentigen Alkohol als Atemstimulanzien auf die kleine Zunge! Ein Wiederbelebungsversuch sollte über wenigstens 15 bis 30 Minuten erfolgen.

Ein Züchter unseres Vereins legte nach einigen Wiederbelebungsversuchen einen tot geglaubten Welpen auf die nebenstehende Heizung, kümmerte sich um den weiteren Fortgang der Geburt und vergaß den Welpen. Nach gut 40 Minuten hörte er plötzlich ein klägliches Gemaunze von der Heizung. Der Welpe hatte durch die wärmende Heizung den Weg doch noch allein ins Leben gefunden und wurde ein ganz normaler, gesunder Hund.

Die kritische Überlebensphase bei Atemdepression dauert jedoch bis zu 36 Stunden nach der Geburt. Wenn Sie an dem Welpen horchen, hören Sie oft ein rasselndes Geräusch, was beim Atmen entsteht und anzeigt, dass sich zum Beispiel Fruchtwasser in den Bronchien oder sogar in der Lunge befindet. Solche Welpen sind infektanfällig und können auch nach diesem Zeitpunkt durch bakterielle Infektionen sterben. Sie sollten solchen Welpen Ihrem Tierarzt zur Untersuchung vorlegen, der dann ggf. über die Gabe eines Antibiotikums entscheidet.

Eine weitere Gefährdung des gerade geborenen Welpen kann durch Untertemperatur oder mangelnde Temperatur (Hypothermie) entstehen. Eine echte Unterkühlung nur infolge mangelhafter Fürsorge der Mutterhündin oder zu niedriger Umgebungstemperatur ist kaum möglich. Sie ist meist ein Zeichen anderer Erkrankungen, die mit Flüssigkeits- und Nahrungsmangel einhergehen und tritt oft im Endstadium von Infektionen auf. Ein gesunder Welpe hat 24 Stunden nach der Geburt eine Körpertemperatur von 36°C. Erst in der vierten Lebenswoche erreicht der Welpe die Körpertemperatur erwachsener Hunde. Die Hundemütter registrieren eine Unterkühlung des Welpen sehr genau und sortieren solche Welpen eigentlich immer aus. Die hierfür kritische Temperaturgrenze beträgt etwa 34°C.

Todeskandidaten

Lebensschwäche

Todeskandidaten

Instinktsichere Hündinnen erkennen genau, welche Welpen krank, deutlich untergewichtig oder aus sonstigen Gründen einfach lebensschwach sind. Die Hündin findet solche Welpen dadurch heraus, dass diese eine andere Körpertemperatur aufweisen als vitale, gesunde Welpen (siehe S. 174). Unsere Hündinnen schoben solche Todeskandidaten ganz entschieden immer wieder von den Zitzen weg und versuchten, sie unter den Tüchern zu vergraben. In unserem A-Wurf impften wir alle Welpen direkt nach der Geburt mit Duphapind, einem gerade von Frau Prof. Mayr-Bibrack neu entwickelten Impfstoff (Immuninducer: anschließend unter dem Namen Baypamun zugelassen, heute Zylexis genannt) gegen Welpensterblichkeit. Dieser Impfstoff war auf Eiweißbasis und Ace, ein kleiner schwarzmarkenfarbiger Welpe, vertrug den Impfstoff nicht wegen einer Eiweißunverträglichkeit in seinen ersten Lebenstagen. Wenige Stunden nach der Impfung begann er schlaff zu werden und saugte nicht mehr. Orscha, die Mutterhündin, schob den Welpen unter Tücher, als wollte sie ihn vergraben. Ich legte ihn immer wieder an und war verzweifelt. Orscha schob ihn konsequent unter die Tücher. Sie ließ sich auch nicht täuschen und bemerkte immer sofort, wenn ihr dieser Welpe erneut angelegt wurde. Ich fuhr zum Tierarzt, der dem Welpen mehrere Spritzen gab, die sein kleines Leben erhalten sollten. Wieder zu Hause angekommen, machte ich Welpenerstlingsmilch warm und versuchte, den Welpen vorsichtig mit einer Pipette zu füttern. Ich massierte sein Bäuchlein, fütterte ihn, wärmte ihn an meinem Körper und versuchte immer wieder, ihn der Mütterhündin anzulegen. Immer mit dem gleichen Ergebnis: sie erkannte den Welpen als Todeskandidaten, nahm ihn nicht an und versuchte, ihn zu vergraben, um ihren gesunden Wurf nicht zu gefährden. Dieses Bemühen zog sich über drei Tage hin, ich hatte kaum geschlafen, liebte diesen Welpen schon jetzt besonders und mühte mich krampfhaft, ihn am Leben zu erhalten. Am dritten Tag lag er plötzlich tot im Körbchen auf der Wärmflasche. Orscha hatte Recht behalten! Alle Bemühungen waren vergeblich gewesen und sie hatte es durch ihre Instinkte gewusst! Warum hatte ich meiner Hündin nicht vertraut? Ich weinte und trauerte um den kleinen Kerl.

So und ähnlich wiederholte es sich noch öfter. Orscha behielt immer Recht! Ich lernte, ihr zu vertrauen und machte es ihr und mir künftig nicht mehr so schwer. Welpen, die meine Hündinnen direkt nach der Geburt aussortieren, bekommen vom Tierarzt eine erlösende Spritze. So gewöhne ich mich nicht an den Kleinen, der doch keine Lebenschance hat.

Einer Züchterin, bei deren Hundegeburt ich anwesend war, erging es ähnlich. Die Hündin lehnte einen Welpen gleich nach der Geburt sehr entschieden ab. Ich erzählte der Züchterin von meinen Erfahrungen, aber sie wollte den Welpen unbedingt retten und glaubte mir wohl nicht. Der Ehemann fuhr mit dem Welpen zum Tierarzt. Es wurde alles unternommen, um das kleine Kerlchen durchzubringen wie Flaschenernährung, Sorge um den Kotabsatz und natürlich Körperwärme am menschlichen Körper. Nach zweieinhalb Tagen war auch dieser Welpe tot.

Diese instinktsicheren Hündinnen behalten immer Recht, auch, wenn wir Menschen es nicht wahrhaben wollen und versuchen, die Natur auszutricksen.

Hundemuttermilch und Milchsyndrom

Kolestralmilch

Das Wichtigste, was Ihre neugeborenen gesunden Welpen nach der Geburt erhalten müssen, ist die Erstlingsmilch oder Kolestralmilch. Diese Muttermilch der ersten Tage sichert Ihren Welpen ein bestmögliches Gedeihen und durch den hohen Anteil an maternalen Abwehrkörpern auch ein gesundes Überleben. Erhalten Welpen diese Milch der ersten Woche (wenigstens während zwei bis drei Tage nach der Geburt) zum Beispiel wegen des Todes der Mutterhündin nicht, so ist ihre Chance zu überleben, sehr gering. Die Kolestralmilch schützt den neugeborenen Welpen für etwa sechs bis acht (sieben bis zehn) Wochen vor Infektionen, so stark wirken die durch die Mutter weitergegebenen Abwehrkräfte. Deshalb auch der wichtige Rat, die Mutterhündin unabhängig vom nächsten normalen Impftermin unmittelbar vor dem Deckakt impfen zu lassen, denn die Hündin gibt diese aufgefrischten Antikörper an ihre Kinder weiter, so dass die Welpen nach der Geburt durch die durch Abwehrstoffe angereicherte Kolestralmilch optimal geschützt sind. Ohne diese Zufuhr von Antikörpern über das Muttertier würden die meisten Infektionen zu diesem Zeitpunkt für das Neugeborene und auch noch in den ersten Lebenswochen des Welpen sehr gefährlich bis tödlich werden.

Hundemilchzusammensetzung

Die Zusammensetzung der Hundemilch weicht ganz erheblich von der Zusammensetzung der Kuhmilch, die manche Züchter als Ersatz für Hundemuttermilch ihren Welpen anbieten, ab. Der Anteil Kilokalorien pro Kilogramm Hundemilch liegt mehr als doppelt so hoch als bei Kuhmilch (Kuhmilch ca. 600 kcal./kg, Hundemilch ca. 1280 kcal./kg). Sehr stark weicht auch der Fettgehalt der Milch voneinander ab, während Kuhmilch ca. 3,5–3,8% Fett enthält, hat die Hundemilch ca. 9,0–9,8% Fettanteil. Auch der Anteil an Mineralstoffen liegt bei der Hundemilch erheblich über den Werten der Kuhmilch.

Kuhmilch kann deshalb keine Hundemuttermilch ersetzen.

Durch die Rückbildung der Gebärmutter der Mutterhündin, die manchmal verzögert abläuft, sowie

Beim Saugen umschließen die Welpen wie diese Rhodesian Ridgeback-Welpen die Zitze vollständig mit ihrer kleinen Zunge, wodurch ein Saugvakuum entsteht.

leichter Entzündungen in der Gebärmutter (Uterus) entstehen toxische (krank machende) Zerfallsprodukte, die in die Milch gelangen können. Sie lösen das so genannte toxische Milchsyndrom bei den Welpen in den ersten beiden Lebenswochen aus. Die betroffenen Welpen schreien, haben aufgeblähte, dicke Bäuche oder sogar Durchfall. Meist erkranken die größten Welpen zuerst. Holen Sie sofort Ihren Tierarzt und trennen Sie die Welpen von der Mutter. Bestehen Sie auf der Untersuchung der Mutterhündin, da dadurch erst Aufschlüsse zur Ursache dieser Welpenerkrankungen geliefert werden können. Die Welpen müssen meist Elektrolytlösungen und künstliche Ernährung über einen bis mehrere Tage erhalten. Die Mutterhündin muss mit Antibiotika versorgt werden, damit sie bakterienfrei wird und die Versorgung der Welpen wieder übernehmen kann.

Flaschenernährung und Ammenaufzucht

Welpen-ersatzmilch

Zu den Wurfutensilien (s. Seite 138) gehören neben der industriellen Hundewelpenmilch Babyfläschchen und Sauger in verschiedenen Größen (aus der Apotheke oder dem Tierfutterhandel), ein Warmhaltebehältnis für Fläschchen und Pipetten oder Einmalspritzen.

Als Welpenmilch sollten Sie immer solche Milch wählen, die ausdrücklich vom ersten Tage nach der Geburt an verabreicht werden kann (zum Beispiel. MammiLac, Welpilac oder Ipevet oder ähnliche Welpenmilch), da diese in der Konsistenz so fein ist, dass sie im Sauger nicht klumpt und überhaupt durch die winzige Öffnung passt, ohne ständig das Loch zu verstopfen. Auch ist diese Milch in der Zusammensetzung der Hundeerstlingsmilch am meisten angeglichen, deshalb auch für Neugeborene eher verträglich und dadurch bekömmlicher. Die meist in Eimern angebotene, andere und preiswertere Welpenmilch ist erst nach dem 21. Lebenstag der Welpen verwendbar und in ihrer Zusammensetzung und Konsistenz als Ersatznahrung nach dem Abstillen oder zum Zufüttern zur Muttermilch gedacht. Die Milch wird nach den Herstellerangaben angerührt (bitte immer erst Wasser und dann die Welpenmilch einrühren, da Sie sonst immer Klumpen haben werden) und warm gehalten.

Flaschen-ernährung

Sehr schwierig ist die Frage des Loches im Sauger. Machen Sie das Loch zu groß, werden sich die Welpen beim Saugen verschlucken, was lebensgefährlich sein kann. Wenn nämlich Welpenmilch in die Lungen der Welpen gelangt, so sterben sie meist unweigerlich. Auch, wenn die Welpen nach dem Saugen fürchterlich zu husten anfangen, werden Sie Angst haben müssen. Ist das Loch zu klein, so sind die Welpen bald erschöpft, ohne ausreichend satt zu sein. Hier sind Fingerspitzengefühl und meist mehrere Sauger zum Probieren erforderlich.

Halten Sie Saugwelpen zum Saugen immer so, dass sie sich möglichst wie bei der Mutter abstützen und den Milchtritt sowie das Abstemmen mit den Hinterbeinchen durchführen können. Tierpsychologen haben festgestellt, dass Welpen, die künstlich (vom Menschen durch industrielle Welpenmilch) aufgezogen sind, oft ihr Leben lang »Saugbedarf« haben. Ich habe dies immer für stark übertrieben gehalten, bis ich einen Elfer-Wurf wegen Eklampsie der Mutterhündin mit der Flasche aufziehen musste. Die Welpen dieses Wurfes zeigten alle als erwachsene Hunde ein starkes Saugbedürfnis mit Ausführen des Milchtrittes, was sich darin äußerte, dass sie meist ein »Saugtuch« oder ein »Saugkissen« benötigten und sich suchten, das vorwiegend vor dem Einschlafen nicht fehlen durfte und auf dem sie auch im Schlaf »wie an Mutters Zitze« herumnuckelten und schmatzten. Dieses Verhalten konnte ich an Welpen, die ausreichend lange von der Mutter gesäugt wurden, nie beobachten.

Bei einer Flaschenernährung müssen Sie unbedingt auch an das Massieren der kleinen Bäuchlein in den ersten vierzehn Lebenstagen der Welpen denken. Haben Sie die Mutterhündin und ist diese nur für das Säugen der Welpen ausgefallen, so lassen Sie die Hündin die Pflegearbeit an den Welpen erledigen, indem Sie ihr die Welpen nach der Flaschenernährung zum Belecken hinhalten. Sie kann das mit ihrer rauen Zunge am besten. Ist die Mutterhündin insgesamt ausgefallen, so müssen die Bäuchlein alle massiert werden, bis Urin und Kot abgehen.

Ammenhündin

Ist Ihnen die Mutterhündin ganz ausgefallen, so sollten Sie sich nach einer Ammenhündin umsehen. Erkundigen Sie sich zuerst bei den Zuchtwarten Ihres Vereins, denn einige Vereine haben für Ammenaufzucht besondere Bestimmungen und Verträge.

Die Ammenhündin soll im Geburtstermin möglichst nah am Geburtstermin Ihrer Hündin liegen. Dies ist wegen der Zusammensetzung der Hundemilch und der Wichtigkeit von Kolestralmilch für die Ammenwelpen von entscheidender Bedeutung. Die Welpen müssen unbedingt Kolestralmilch erhalten, um eine Überlebenschance zu haben. Der Abstand zwischen Ihrem Wurf und der Geburt des Ammenwurfes sollte nie mehr als höchstens eine Woche betragen. Der Wurf einer Züchterin, deren Hündin überhaupt keine Milch hatte, musste zu einer Ammenhündin gegeben werden, deren Welpen bereits drei Wochen älter waren, da keine andere Amme zu bekommen war. Die Welpen hatten keine Kolestralmilch erhalten und von acht Welpen verstarben sechs trotz rührender Pflege der »Ammenzüchterin« und hervorragender hygienischer Bedingungen.

Ammenaufzucht

Die Ammenaufzucht ist nicht selbstverständlich und muss genau vorher geplant und durchgeführt werden. Manche Ammen nehmen die fremden Welpen nicht an und beißen sie ab oder sogar sofort tot. Ein Züchter, der zwölf Welpen hatte, gab fünf davon ohne Vorbereitung einer Ammenhündin (einer anderen Rasse), die sofort vier Welpen tot biss. Die Ammenhündin muss langsam und sehr vorsichtig an die neuen Kinder herangeführt werden. Ich empfehle immer, erst ein Tuch mit dem Geruch des Wurfes der Ammenhündin zu den Ammenkindern zu legen, damit diese ein wenig des neuen, der Ammenhündin aber vertrauten Geruches annehmen. Dann nehme ich erst einen Welpen und schiebe ihn vorsichtig unter die Schwanzregion der Ammenhündin, während der Züchter der Ammenhündin die Hündin am Kopf streichelt und beruhigend auf sie einredet. Dann erst lasse ich die Ammenhündin am ihr fremden, untergelegten Welpen schnuppern, der ja nun schon fast wie die eigenen Kinder riechen wird. Beginnt die Ammenhündin nun, den Welpen zu lecken, so haben Sie meist gewonnen. Wiederholen Sie diese Prozedur mit allen Welpen, die der Amme angelegt werden sollen und bleiben Sie auch danach für einige Stunden (wenigstens zwei Stunden) bei dem nun vergrößerten, aus eigenen und Ammenkindern bestehenden Wurf. Sollte doch noch etwas verkehrt laufen, so können Sie jederzeit eingreifen und die Welpen retten.

Auch mit dem Ammenbesitzer müssen genaue Absprachen (nach Abklärung über die jeweiligen Zuchtwarte) getroffen werden. Der Ammenbesitzer und der Welpenbesitzer sollten die Bedingungen, unter denen diese Aufzucht ablaufen soll, genau schriftlich festlegen. Wie lange sollen die Ammenkinder bleiben und zu welchem Preis pro Tag und Hund. Sterben in dieser Zeit Welpen, so kann der Besitzer der Ammenhündin nicht dafür eintreten müssen. Die Kosten des Tierarztes und eventuelle

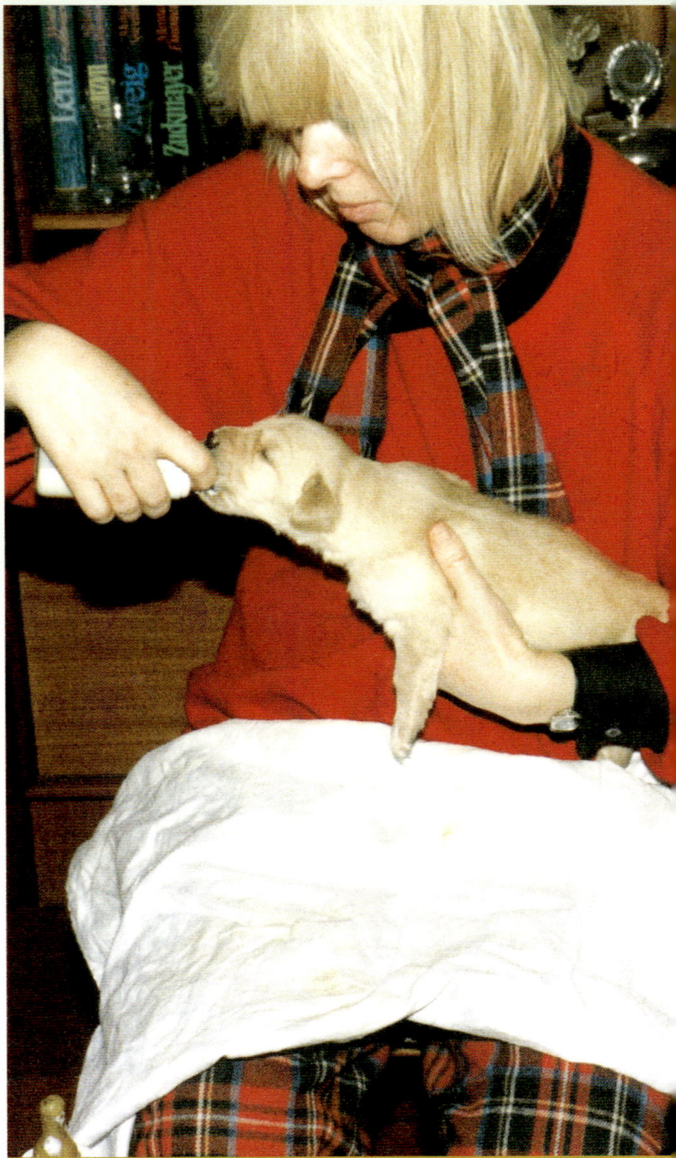

Die Aufzucht von Welpen mit der Flasche ist schwierig und zeitintensiv. Dieser Hovawart-Welpe wird so gehalten, dass er den Milchtritt ausführen und ausreichend beim Saugen ziehen kann, was für seine weitere Entwicklung von großer Bedeutung ist.

Ammenaufzuchtsvertrag

Hovawart Zuchtgemeinschaft Deutschland e.V. · Berlin (HZD)
gegr. 1959 · Zuchtbuchführender Verband im VDH

VERTRAG über AMMENAUFZUCHT

..............................,den ....

Zwischen dem Züchter ....,

wohnhaft .... und
dem Besitzer der Ammenhündin

....,

wohnhaft ....
wird folgender Vertrag über die Aufzucht von Welpen durch eine Amme geschlossen:

1. Der Züchter .... übergibt dem Ammenbesitzer am .... Welpen, die zur Zeit der Übergabe ....Tage alt sind.

2. Die übergebenen Welpen sind zum Zeitpunkt der Übergabe vom Tierarzt Dr. .... untersucht worden und als gesund bezeichnet worden, so daß eine Gefährdung der Ammenhündin (und ihres Wurfes) n i c h t besteht.

3. Der Ammenbesitzer kann keine Gewähr für das Überleben der Welpen übernehmen. Ansprüche wegen eventuell versterbender Welpen bestehen gegen den Ammenbesiitzer n i c h t .

4. Als Kostenentschädigung für die Betreuung der Welpen werden ....,-EURO pro Woche und Welpe vereinbart.

5. Der Verkauf der Welpen wird vom Züchter .... übernommen.

6. Entstehende Tierarztkosten trägt der Züchter ....
Aufkommende Futterkosten oder Beifutterkosten trägt der Züchter.

7. Die Aufzucht bei der Amme wird für ca. .... Wochen, längstens bis zum .... vereinbart.

....
Ort, Datum

....	....
Züchter	Ammenbesitzer
....	....
RG-Zuchtwart HZD	RG-Zuchtwart HZD

Postgiroamt Hamburg (BLZ 200 100 20) Kto.-Nr. 442 427-202

weitere Futter- oder andere Kosten müssen genau abgesprochen und geregelt werden.

Diese Regelungen erscheinen Ihnen in dieser schwierigen Situation sicher zuerst zweitrangig. Es entstehen jedoch aus der Ammenaufzucht rechtliche Bedingungen, die einfach geregelt sein müssen, bevor beide Seiten sich auf solche Verpflichtungen einlassen. Züchter haben Ammenbesitzer verklagt, bei denen ein Welpe tot gebissen wurde oder verendet war.

Es gibt aber auch hierbei sehr positive Erlebnisse. Einer Züchterin wurden für Ihre Hündin Ammenkinder gebracht, die eine Woche jünger als die eigenen Welpen waren. Die Hündin akzeptierte nach ausgiebigem Beschnuppern jedes einzelnen Welpen die Kleinen und fand, diese seien viel betreuungsbedürftiger als die eigenen Welpen, die ja schon eine Woche älter waren. Sie kümmerte sich ganz rührend um die Ammenkinder und die Züchterin musste Sorge tragen, dass die eigenen Welpen noch ausreichend betreut wurden.

Sondenernährung

Neben der Ernährung mit der Flasche oder dem Verbringen der Welpen zu einer Amme kann z.B. bei mutterlosen Welpen o.ä. eine Ernährung mit einer Magensonde erforderlich werden und deshalb in Betracht kommen. Diese Sondenernährung ist nicht ganz einfach und ich empfehle in solchen Fällen eine eingehende Beratung mit Ihrem Tierarzt. Er sollte Ihnen die Handhabung einer Magensonde erklären und zeigen, wie man in einem solchen Fall die Ernährung eines einzelnen Welpen oder zum Beispiel eines gesamten mutterlosen Wurfes sicherstellt und Ihnen den Schlauch (aus Gummi oder Plastik) sowie eine Plastik-Einmalspritze zur Verfügung stellen.

Die genaue Handhabung einer Magensonde ist ausführlich und sehr kompetent im Buch »Aufzucht junger Hunde, von der Geburt bis zur Welpenspielstunde« (Müller Rüschlikon Verlag) von Rosemarie Wild beschrieben.

Der Körperkontakt zum Menschen und besonders zu Kindern ist für diesen Irischen Terrier-Welpen so schön, dass er ganz ruhig schläft. Dieser intensive Körperkontakt zu Menschen ist für das spätere Hundeleben ebenso wichtig wie der Kontakt zur Hundemutter.

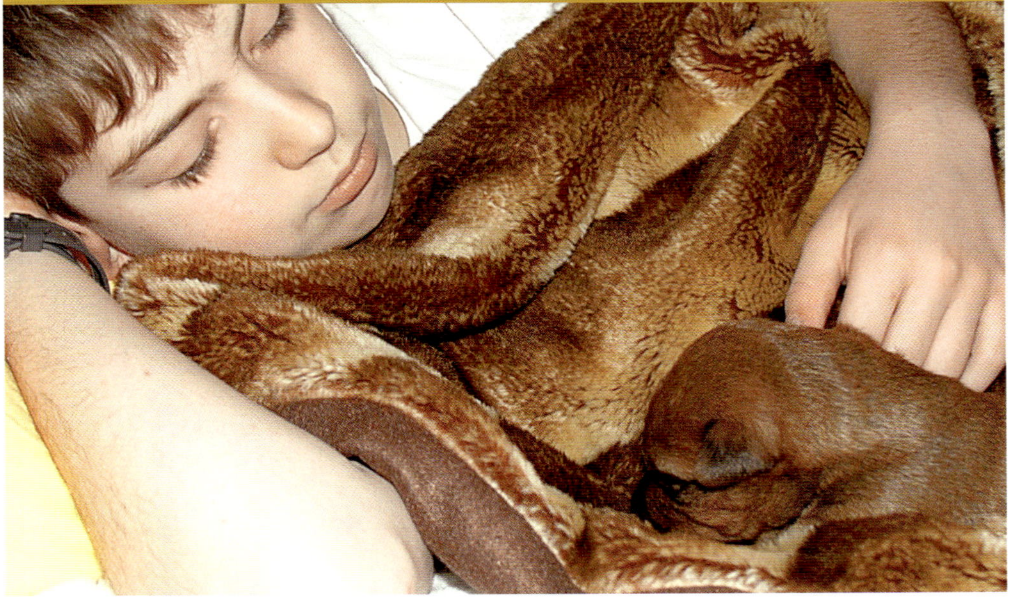

16. Betreuung der Hündin nach der Geburt

Ist die Geburt ohne größere Komplikationen verlaufen und die Welpen liegen friedlich und zufrieden bei der Mutter und saugen, so müssen wir uns ausgiebig um unsere Mutterhündin kümmern, denn ein Ausfall der Hündin bedeutet große Sorge und viel Arbeit und Aufwand bei der weiteren Betreuung des Wurfes.

Geburtshormon

Feststellen der Beendigung der Geburt

Geburtsbeendigung

Die Hündin zeigt meist durch ihr Verhalten an, dass die Geburt jetzt abgeschlossen ist. Sie wirkt ruhiger, die Wehen haben nachgelassen und die Hündin dreht sich nicht mehr auf dem Wurflager. Sie bleibt ruhig und gelassen, schläft auch schon einmal für kurze Zeit und leckt immer wieder aufopferungsvoll die Welpen.

Nachgeburtsbetreuung

Geübte Züchter tasten dann den Bauch der stehenden Hündin vorsichtig von den Rippen zur Scheide hin ab, um festzustellen, ob alle Welpen geworfen sind. Hierzu gehört neben Fingerspitzengefühl (der Druck auf den Bauch der Hündin darf nicht zu stark sein) natürlich auch eine gewisse Erfahrung. Wenn Sie diese Erfahrung nicht haben, sollten Sie möglichst wenig an der Hündin herummanipulieren, da jedes Betasten die Hündin unsicher und unruhig macht. Rufen Sie jetzt Ihren Tierarzt, der die Hündin durch Abtasten palpiert und Ihnen bestätigen wird, dass auch er die Geburt für abgeschlossen hält.

Nachröntgen

Bestehen berechtigte Zweifel daran, dass alle Welpen geboren sind, so ist immer der beste Weg zur sicheren Feststellung, ob wirklich alle Welpen da sind, der Besuch mit der Hündin bei Ihrem Tierarzt. Diesmal müssen Sie in die Praxis, denn hierfür benötigt der Tierarzt ein Ultraschall- oder Röntgengerät. Nur so ist eine wirklich sichere Diagnose bei bestehenden Zweifeln möglich. Der Tierarzt kann dann entscheiden, was getan werden muss. Damit die Hündin überhaupt für den Tierarztbesuch in Ihr Auto steigt, müssen Sie die Welpen in den mit der Wärmflasche ausgestatteten Welpenkorb legen und mitnehmen. Sie müssten sonst zu viel Gewalt anwenden, um die Mutterhündin von den Welpen zu trennen.

Reinigen der Geburtswege

Ist der Tierarzt zur Begutachtung von Mutterhündin und Welpen nach der abgeschlossenen Geburt bei Ihnen, wird er der Hündin Oxytocin, das Geburtshormon, spritzen. Oxytocin reinigt die Geburtswege und befördert Nachgeburten oder Teile von Nachgeburten ans Tageslicht. Durch Oxytocin setzen meist nochmals Wehen ein, die auch einen Nachzügler herausbringen sollten. Ich lasse am Tage nach der Geburt nochmals Oxytocin spritzen, um sicher zu gehen, dass alles aus der Hündin herausgebracht wurde. Die Hündinnen erholen sich so rascher und der Ausfluss nimmt schneller eine rötliche bis fleischfarbene Färbung an. Ebenfalls sollte vom Tierarzt ein Antibiotikum gespritzt werden, das Infektionen und Fieber verhindern hilft.

Auch nach der Geburt hilft die Homöopathie, die Hündin schneller wieder zu stabilisieren. Bei einer normal verlaufenen Geburt wird in den nächsten drei Tagen nach Abschluss der Geburt Arnica D 6, 3 x täglich gegeben. Für den Rest der Woche geben Sie dann Arnica D 6 nur noch 1 x täglich.

Bei Schwergeburten oder ausgesprochen großen Würfen geben Sie Arnica D 6 zunächst 1 Woche lang 3 x täglich, danach eine weitere Woche 1 x täglich. Arnica normalisiert die überdehnten Geburtswege und verhindert das nach der Geburt häufig auftretende Fieber. Ihre Hündin erholt sich rascher von den Anstrengungen der Geburt. Arnica D 6 fördert auch den Milchfluss, der nach der Eingabe meist sofort voll einsetzt. Auch einer nach der Geburt sofort auftretenden Eklampsie wirkt Arnica entgegen.

Die Frage der Dauer des Ausflusses der Mutterhündin ist bereits in verschiedenem Zusammenhang angesprochen worden. Bei einer normal verlaufenen Geburt soll der Ausfluss bereits nach der abgeschlossenen Geburt nur noch blutig und schleimig sein. Ein grünlicher bis schwarzer, übel riechender Ausfluss im Zusammenwirken mit Temperaturerhöhung oder sogar Fieber weist darauf hin, dass in der Gebärmutter der Hündin noch

Geburtsrückstände sind, die unbedingt herausgebracht werden müssen (Oxytocin und parallel dazu Arnica D 6). Der Blutanteil im Ausfluss nach einer normal verlaufenen Geburt wird sich schnell und jeden Tag etwas verringern. Dies zeigt Ihnen, dass sich der Uterus auf natürliche Art regeneriert und alles bestens in Ordnung ist. Der Ausfluss hält meist so lange an, wie die Hündin säugt und ist in der Säugeperiode völlig normal. Dies kann sich zeitlich drei bis vier Wochen hinziehen und wenn Ihre Hündin die Welpen auch danach noch weiter saugen lässt, dauert es auch fünf bis sechs Wochen. Bleibt der Ausfluss blutig-schleimig, besteht kein Grund zur Besorgnis. Sollten Sie jedoch gelblichen Eiter bemerken, der erneut von Fieber begleitet wird, sollten Sie unbedingt sofort den Tierarzt konsultieren.

Nach Buddelaktionen sind die kleinen Hundenasen und Mäulchen voller Sand, was Welpen wie diesem Hovawart nicht viel ausmacht.

Säuberung des Wurflagers und der Hündin

Wenn die Hündin sich nach dem Werfen ruhig zu ihren Welpen legt, diese leckt und säubert und keine Anzeichen von Unruhe mehr zeigt, können Sie davon ausgehen, dass die Geburt wahrscheinlich abgeschlossen ist. Ich liebe dieses friedliche Bild, weiß ich doch jetzt, dass alles gut überstanden ist und Welpen und Mutterhündin Ruhe nach den Stunden der Geburt brauchen. Ich lege die Welpen in den Welpenkorb auf die vorbereitete Wärmflasche und lasse meinen Mann mit der jungen Familie in den Garten gehen, damit die Hündin sich lösen kann. In dieser Zeit nehme ich alle Tücher usw. aus der Wurfkiste und wische diese sehr gründlich mit einer Sagrotanlösung aus. Danach wird die Wurfkiste mit Sagrotan-Spray ausgesprüht, damit alle Geburtsreste wirklich beseitigt sind. Dann wird die Wurfkiste mit frischen Betttüchern ausgelegt, ein frisches Vet-Bed darüber gebreitet und nun kann die junge Hundefamilie wieder einziehen. Kommt mein Mann mit der Hündin und den Welpen zurück, so werden die Welpen nicht gleich wieder in die Wurfkiste getan, sondern ich wasche die Hündin an den Hinterbatzen und überhaupt am ganzen Hinterteil, solange sie sich das ohne Protest gefallen lässt, denn sie will ja wieder mit den Welpen in ihre Welpenkiste. Die Hündin wird möglichst trockengerieben, die Welpen kommen in die Kiste und die Hündin darf endlich zu ihren Kindern. Diese Säuberungsaktion muss sein, denn die Welpen krabbeln sehr gern in die Wärme des Unterbauches und saugen sogar an der Scheide, was wegen der Blut- und Nachgeburtsrückstände und der sich dort bildenden Bakterien für die Welpen nicht gut ist.

Reinigung der Mutterhündin

Bei den langhaarigen Rassen sollte man vor der Geburt die Haare um die Scheide herum abschneiden, da diese bald nach der Abgabe der Welpen sowieso ausgehen werden und bei der Geburt und danach nur eine unnötige Infektionsquelle darstellen.

Am Tage nach der Geburt stelle ich die Hündin dann immer in die Wanne und spüle mit handwarmem Wasser das gesamte Hinterteil ab, um alle Geburtsrückstände und den Ausfluss aus den Haaren herauszubekommen. Diese Prozedur wiederholen wir in der ersten Woche mehrfach, je nach Menge des Ausflusses.

Diese Bayerische Gebirgsschweißhund-Mutter mit Welpe hat das Geburtsgeschehen längst vergessen und kümmert sich hingebungsvoll um die

Erziehung ihres Welpen.

17. Fütterung der Hündin nach der Geburt

Wasser

Wasserbedarf

Kalziumversorgung

Meine Hündinnen erhalten auch während und natürlich sofort nach der Geburt ausreichend Wasser. Eine Schüssel mit frischem Wasser steht immer neben der Wurfkiste. Da die Hündin während der Geburt das Wurflager kaum verlässt, biete ich ihr in Abständen immer wieder frisches, klares Wasser an, das heißt, ich halte ihr die Wasserschüssel vor die Schnauze, betupfe auch einmal Nase und Lefzen und lasse die Hündin trinken. Alle meine Hündinnen tranken immer wieder einmal zwischen den Geburten.

Mag Ihre Hündin kein Wasser und ist sie vielleicht an Milch (am besten geeignet ist auch hier Welpenmilch) gewöhnt, geben Sie ihr nach der Geburt, was sie mag. Die Milch darf auch schon mit Honig oder Traubenzucker und etwas Quark versetzt sein. Meine Hündinnen trinken gern Wasser und nehmen ebenso gern Milch mit Honig und Quark oder Malzbier.

Viele Züchter nutzen heute ein »Bällebad«. Diese Hovawarte fühlen sich darin sichtlich wohl.

Futtermenge und Qualität

Es ist wenig ratsam, die Hündin gleich nach der Geburt voll zu füttern. Viele Hündinnen wollen auch zu diesem Zeitpunkt nicht fressen, da sie ja noch die Nachgeburten im Magen haben. Die Nachgeburten lösen meist eine leichte Gastritis (Magenschleimhautentzündung) und natürlich die schon angesprochenen Teer- und Hydrantenstühle aus. Deshalb ist die Fresslust zuerst begrenzt.

Vor der Geburt sollte der Hündin neben dem in der Nahrung enthaltenen Kalzium kein Kalzium zugefüttert werden, da dadurch bei der Geburt die Funktion der Nebenschilddrüse unterdrückt und eine Mobilisation von Kalzium bei der Geburt verhindert wird, was zu Wehenschwäche oder sogar Eklampsie führen kann.

Der Bedarf an Kalzium steigt aber sofort nach der Geburt bei einsetzender Milchproduktion sprunghaft an und kann ohne Zusätze von der Hündin kaum bewältigt werden. Die Hündinnen erhalten deshalb nach der Geburt und danach täglich bei normalgroßen Würfen eine Ampulle Frubiase (aus der Apotheke, Kalzium in flüssiger Form) ins Futter oder Trinkwasser, um diesen gesteigerten Bedarf abdecken zu können. Bei großen Würfen erhöhe ich diese Tagesdosis auf zwei Ampullen. Wird der säugenden Hündin Kalzium nicht ausreichend von außen (Fertigmineralstoffmischungen sind in der Säugezeit nicht ausreichend und sollen ggf. zusätzlich verabreicht werden) zugeführt, so wird der Bedarf immer aus dem Körper der Mutterhündin gedeckt, was zu schweren Schädigungen im Körper Ihrer Hündin führen kann.

Erst, wenn die Hündin sich nach ausreichender Ruhe und einigen Stunden Schlaf von den Strapazen der Geburt etwas erholt hat, geben Sie ihr Futter. In den ersten zwei bis drei Tagen nach der

Geburt füttern Sie bitte »diätisch«, da der Magen- und Darmtrakt Ihrer Hündin durch die gefressenen Nachgeburten meist stark belastet ist. Viele Hündinnen haben nach der Geburt eine leichte Gastritis (Magenschleimhautentzündung) und sollten zuerst lediglich Haferflocken oder Reis mit Quark und Honig, jedoch noch wenig Fleisch erhalten. Danach soll möglichst viel Fleisch (grüner Pansen und Herz) wegen des hohen Eiweißbedarfes gegeben werden. Dazu kommen Flocken und gutes Speiseöl. Das Fett braucht sie jetzt beim Säugen in weitaus größeren Mengen als vor der Geburt, da die Hundemilch wie bereits dargestellt einen sehr hohen Fettgehalt hat. Dieser erhöhte Fettbedarf muss von außen zugeführt werden, wenn die Hündin nicht ihre letzten körpereigenen Fettreserven aufzehren soll. Dem Futter beigemischt werden sollte ebenfalls immer ein Esslöffel (bei größeren Rassen; bei kleinen ein Teelöffel) Knochenmehl und einmal täglich einen Löffel Mineralstoffmischung (aber bitte nicht bei industriellem Futter).

Die Hündin darf in der Säugezeit so viel fressen wie sie mag, da die Mengen an Eiweiß, Fett und Mineralstoffen, die die Welpen dem Körper der Mutter durch die Milch entziehen, kaum vorstellbar sind. Für 1 g Gewichtszunahme bei den Welpen – und diese nehmen zum Beispiel bei den Hovawarten bereits ca. 100 g pro Welpe und Tag ab etwa Mitte der zweiten Woche zu – benötigt die Hündin 2 g Milchleistung. Darin enthalten sein müssen alle lebensnotwendigen Proteine, Fette und Mineralstoffe sowie große Mengen Kalzium, ohne das ein Knochenwachstum der Welpen gar nicht möglich wäre. Kann Ihre Hündin Welpenmilch vertragen, so sollte auch immer Welpenmilchpulver in den Fressnapf der Mutterhündin getan werden, da diese laktationsfördernd (milchbildend) ist und alle wichtigen Stoffe für Mutter und Kinder enthält. Die Mahlzeiten werden immer handwarm und mit viel Wasser gegeben, so dass sie »suppig« sind. Das viele Wasser wird zur Milchproduktion in reichlichem Masse benötigt.

Morgens erhalten meine säugenden Hündinnen eine warme Quark-Honig-Welpenmilchpulver-Mahlzeit, ggf. mit etwas Haferflocken angereichert und mit viel Wasser zubereitet. In der Zeit des vollen Säugens der Welpen durch die Hundemutter erhält diese neben dieser Morgenmahlzeit drei Mahlzeiten mit Fleisch, Flocken, Fett und allen beschriebenen Zusatzstoffen. Fett wird Ihre Hündin beim alleinigen Versorgen der Welpen bestimmt nicht werden, denn alles, was sie jetzt frisst, geht in die Milch. Die Hündinnen erhalten allerdings sofort weniger Mahlzeiten, wenn ich mit der Zufütterung beginne, da meine Hündinnen gern in den Welpennäpfen »Nachlese« halten.

Milchleistungsrückgang

Sofort bei der ersten Zufütterung an die Welpen geht die Milchleistung der Hündin zurück. Durch diesen Rückgang bedingt, füttern Sie dann meist sehr schnell mehr als einmal pro Tag zu. Durch diesen Kreislauf brauchen Sie sich um das Abstillen Ihrer Hündin bei der Aufzucht eines normal großen Wurfes keine Gedanken zu machen. Wegen der Bedeutung der Kolestralmilch und der Folgemilch für die Gesundheit Ihrer Hundekinder sollten Sie immer versuchen, die Hündin wenigstens 10 bis 15 Tage voll säugen zu lassen. Besser sind drei bis vier Wochen. Da Sie durch das Zufüttern einen Rückgang der Milchleistung bewirken, der nicht mehr rückgängig zu machen ist, sollten Sie diesen Zeitpunkt so lange hinausschieben, bis die Hälfte der Welpen unter 50 g Gewichtszunahme bei größeren Rassen täglich sinkt. Die Muttermilch ist durch keine industrielle Welpenmilch oder andere Zufütterungen wirklich und inhaltlich gleichwertig (Abwehrstoffe) zu ersetzen.

Welpen sollen beim Züchter viele verschiedene Futterarten kennen lernen. Diese Eurasier-Welpen kauen genüsslich Pansenstangen,

ein beliebtes Leckerli.

Bewegung

Nach der abgeschlossenen Geburt braucht Ihre Hündin unbedingt Bewegung. Da eine gute, instinktsichere Hundemutter jedoch lieber Harn und Kot verhält, bevor sie ihre Welpen in den ersten Tagen verlässt, sollten Sie wieder zu der List mit dem Welpenkorb greifen. Legen Sie alle Welpen (sonst bleibt die Hündin bei den verbleibenden Welpen in der Wurfkiste) in den vorbereiteten Welpenkorb auf die mit einem Frotteetuch abgedeckte Wärmflasche und decken Sie den Korb mit einem weiteren Tuch ab, damit kein Zug oder kalte Luft an die Welpen gelangt und sie anfangen zu schreien. Dann nämlich wird die Hündin versuchen, ihre Kinder aus dem Korb wieder in die Wurfkiste zu tragen. Nehmen Sie den Korb mit den ruhigen Welpen und gehen Sie in den Garten. Die Hündin wird dem Korb folgen und sich entleeren. Danach darf sie wieder ins Haus, die Welpen werden wieder vorsichtig in die Wurfkiste gelegt und die Hündin erhält ihre wohlverdiente Ruhe und Schlaf, was sie nach den Anstrengungen der Geburt dringend benötigt.

Diese Prozedur des Hinaustragens der Welpen mit der dann folgenden Hündin wiederholen Sie in den nächsten Tagen regelmäßig und mehrfach am Tag. Etwa nach einer Woche wird Ihnen Ihre Hündin auch ohne die Welpen ins Freie folgen, denn dann beginnt ganz allmählich ein Prozess der Ablösung von den Welpen. Die Hündin muss von da an jederzeit die Möglichkeit erhalten, sich von ihren Welpen zu entfernen, ohne dass diese ihr folgen können. Sie trägt den Futterrhythmus in sich und weiß selbst sehr genau, wann es wieder Zeit ist, die Welpen zu säugen.

In der Zeit der Welpenaufzucht dürfen meine Hündinnen nur in unseren Garten. Sie lernen, dass sie jetzt hier ihre Geschäfte erledigen müssen und ich spiele und tobe ausgiebig mit ihnen. Spaziergänge sind wegen der Gefahr des Hereinschleppens von Bakterien oder Viren bei uns in dieser Zeit nicht gestattet und so freuen die Hündin und ich uns schon immer auf unsere Spaziergänge nach Abgabe der Welpen.

Auch bei den ersten Erkundungsversuchen der Welpen im

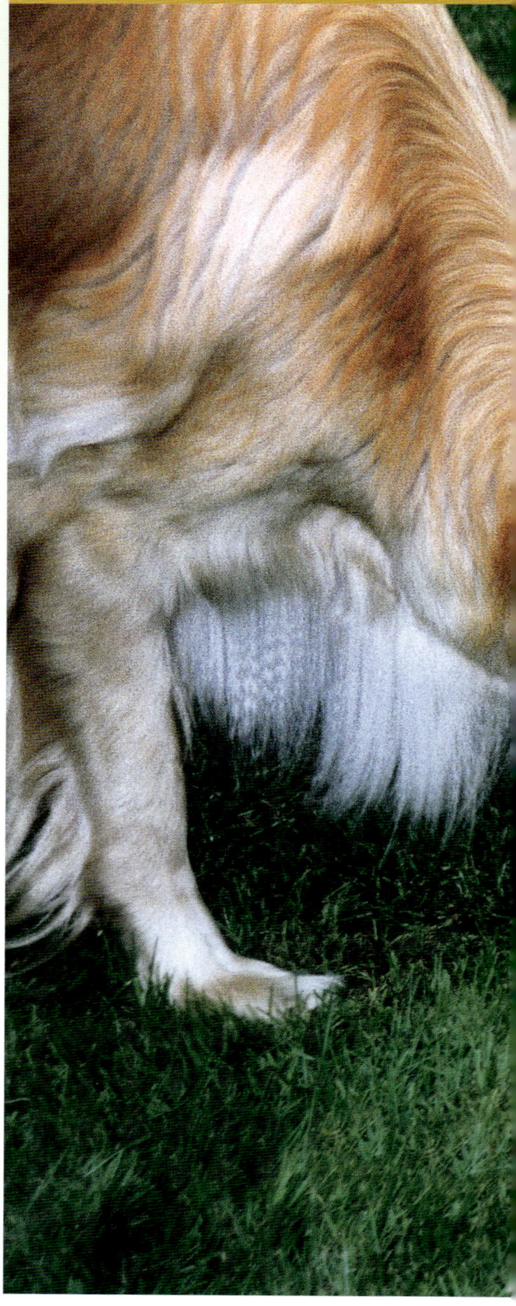

Garten prüft die Hundemutter noch häufig die Analregion der Welpen. Durch das Belecken wird der Kot- und Urinabsatz angeregt.

18. Schwierigkeiten mit der Hündin nach der Geburt und homöopathische Hilfen

Ausbleiben der Milchproduktion

Einschießen der Milch

Das Einschießen der Milch ist bei den Hündinnen sehr unterschiedlich. Einige haben bereits vor der Geburt so viel Milch, dass sie aus dem Gesäuge tropft. Andere zeigen zwar vergrößerte Zitzen, aber der Milchfluss lässt auf sich warten. Bei der Hündin Orscha setzte der Milchfluss immer erst nach der Geburt ein. Sie hatte trotz sehr hoher Welpenzahlen sehr wenig Milch, so dass die Welpen nach der Geburt immer an Gewicht verloren, bevor dann die Zunahmen erfolgten. Dies sind aber Besonderheiten je Rasse und Linie, denn die Hündin Bianca hatte immer schon vor der Geburt Milch, pralle Zitzen und säugte die Welpen immer noch bis zur Abgabe, wenn auch nicht mehr ausschließlich.

Sind die Welpen geboren (eventuell auch schon einmal in einer längeren Wehenpause), sollten Sie die Zitzen drücken, um sich zu überzeugen, dass Milch auch wirklich austritt. Können Sie keine Milch feststellen, so müssen Sie Ihren Tierarzt bitten, den Milchfluss zu überprüfen. Da er zum Abschluss der Geburt zur Reinigung der Geburtswege Oxytocin, das Geburtshormon, spritzt, wird dadurch auch der Milchfluss begünstigt oder sogar erst ausgelöst.

Milchflussanregung

Eine laktationsfördernde Wirkung haben auch das Saugen und der Milchtritt der Welpen. Das homöopathische Mittel Arnica D 6 bewirkt hier ebenfalls wahre Wunder und hat schon bei fast aussichtslosen Fällen Erfolg gebracht. Auch fördert Arnica die Annahme der Welpen durch die Mutterhündin, die sich nach Arnica meist mit rührender Hingabe um ihre Welpen kümmert.

Ein weiteres bewährtes Mittel, den Milchfluss in Gang zu bringen, besteht in Urtica urens. Eine einzige Gabe Urtica D 30 wirkt anregend auf den Milchfluss und sollte die fehlende Milchproduktion auslösen, wenn Sie mit Arnica keinen Erfolg hatten.

Agnus castus steigert die Milchbildung, wenn diese etwa zwei bis drei Wochen nach der Geburt ohne ersichtlichen Grund nachlässt. Man gibt dann Agnus castus D 4, 2 x täglich 1 Dosis (5–10 Tropfen/Globuli oder 1 Tablette) für einige Tage.

Fieber/Gebärmutterentzündung

Die Temperatur der Mutterhündin ist in den ersten Tagen nach der Geburt erhöht, auch, wenn eine normale Geburt ohne Komplikationen vorlag. Sie sollten sich also insofern keine großen Gedanken machen. Geht die Temperatur nach drei und mehr Tagen nicht zurück (auf ca. 38 Grad Celsius Normaltemperatur), wirkt die Hündin dabei apathisch, hat einen stinkenden Lochialfluss (Scheidenausfluss), frisst nicht, lässt die Welpen nicht trinken und versucht sogar, die Welpen dauerhaft zu verlassen, sollten Sie die Hündin unbedingt dem Tierarzt vorstellen, denn dann tut schnelle Hilfe Not, da es sich um

Homöopathisches Mittel	Anwendung u. Dosierung [1]	Zeitpunkt
Arnica D6	3 x täglich 1 Dosis (bis zu 6 x täglich)	Nach abgeschlossener Geburt 3–7 Tage lang
Urtica Urens D30	1 mal 1 Dosis	Wenn Arnica D6 keinen Erfolg bringt
Agnus castus D4	2 x täglich 1 Dosis	Steigert Milchbildung, wenn ca. 2–3 Wochen nach Geburt Milchfluss nachlässt

[1] Dosierung s. Kasten Seite 67

eine Gebärmutterentzündung oder sogar Gebärmuttervereiterung (Pyometra) handeln kann.

Das gleiche gilt, wenn die Temperatur über 39,5 Grad Celsius ansteigt und die Hündin wie eben beschriebene Anzeichen zeigt. Beides weist jeweils auf eine tief greifende Störung hin, die sogleich vom Tierarzt behandelt werden muss, um Ihren Welpen eine gesunde Mutter zu erhalten.

Unterstützend kann bei Fieber über 40 Grad Celsius (Gebärmutterentzündung durch zum Beispiel verbliebene Nachgeburts- und Gewebsreste) zur Abheilung und Rückbildung der Gebärmutterschleimhaut eine Kombination aus den homöopathischen Mitteln Sabina D 6 und Lachesis D 8 angewandt werden, und zwar jeweils 2 x täglich 1 Dosis (5–10 Tropfen/Globuli oder 1 Tablette) jedes Mittels für 3–8 Tage.

Liegt eine Gebärmutterentzündung oder mangelnde Rückbildung der Gebärmutter vor, so kann zusätzlich mit Aristolochia D 15 kombiniert werden, 2 x täglich 1 Dosis (5–10 Tropfen/Globuli oder 1 Tablette). Aristolochia hat eine stark entzündungshemmende und heilende Wirkung.

Gebärmutterprobleme nach der Geburt eignen sich nicht für eine Selbstmedikation und die angesprochenen Mittel sollten stets in Absprache mit dem behandelnden Tierarzt angewandt werden. Eine Kombinationsbehandlung mit Antibiotika ist möglich und oft sogar zu empfehlen, da sonst eine operative Entfernung der Gebärmutter droht.

Durchfall

Nach dem Verzehren der Nachgeburten treten eigentlich immer furchtbare Durchfälle bei den Mutterhündinnen auf. Der Stuhl schießt teerig schwarz wie Wasser (Hydrantenstühle) aus dem After, von schlimmen Blähungen begleitet. Die Hündinnen schaffen es oft gar nicht bis ins Freie, so plötzlich entleert sich der Darm. Die armen Mütter sind nass und dreckig und müssen abgewaschen werden, bevor sie sich wieder zu ihren Kindern wagen können. Ich gebe meinen Hündinnen gegen den durch die Nachgeburten ausgelösten Durchfall Podophyllum (Podophyllinum) D 4, gleich nach der abgeschlossenen Geburt einmalig verabreicht. Die Hündinnen haben danach regelmäßigen und fast völlig normalen Stuhl.

Fieber

Ist Ihre Hündin seit ihrer eigenen Jugendphase nicht mehr an Milch gewöhnt, so müssen Sie mit dem plötzlichen Verfüttern von Milch (auch Welpenmilch) sehr vorsichtig sein. Milch kann vom Magen-Darm-Trakt des erwachsenen Hundes bei Nichtgewöhnung nicht mehr verdaut werden, da das dafür notwendige Lab nicht mehr produziert wird. Der Milchzucker der Milch löst so Durchfall aus, dessen Ursache Ihnen dann unbekannt erscheint. Milch sollte deshalb ohne Angewöhnungszeit nur Hündinnen gegeben werden, die Milch noch ständig bekommen und vertragen. Da die Mutterhündinnen zur Milchproduktion sehr viel Flüssigkeit benötigen, sind alle Experimente zu unterlassen, die eventuell Durchfälle und damit verbunden Flüssigkeitsverlust auslösen könnten.

Durchfall

Gebärmutterrückbildung

Ähnlich ist es mit der Fütterung der jungen Mutter. Hat Ihre Hündin vor der Geburt nie frisches Fleisch erhalten, so wird die Hündin dieses wahrscheinlich gar nicht fressen oder sie wird Verdauungsprobleme bekommen. Ebenso ist es mit allen Fertigfuttersorten. Die Hündinnen sollten lange vor der Geburt an das Futter gewöhnt werden, welches sie nach der Geburt erhalten sollen. Jede Futterumstellung direkt nach der Geburt belastet den Körper und das sollten Sie bei der durch die Geburt ohnehin geschwächten Hündin unbedingt vermeiden.

Ist eine Futterumstellung bei Hundemutter oder später bei den Welpen erforderlich, so sollten Sie das Durchfallmittel Stullmisan (aus der Apotheke) ins Futter mischen, das Umstellungsschwierigkeiten in Form von Durchfällen sehr gut entgegenwirkt. Die Hündin kann zur Stärkung das Aufbaupräparat Boviserin (Tierarzt) erhalten.

Hydrantenstuhl

Eklampsie

Kalziumunterversorgung

Die Eklampsie ist ein plötzlich auftretender Kalziummangel, der mit typischen Bewegungsveränderungen (Muskelzuckungen, gespreizter Gang usw.) sowie Krämpfen ohne Störung des Bewusstseins einhergeht. Eklampsie kann während oder gleich nach der Geburt, aber auch während der gesamten Säugeperiode auftreten.

Während oder gleich nach der Geburt wird diese Erkrankung meist durch zuviel Kalziumfütterung vor der Geburt ausgelöst. Dadurch kann die Funktion der Nebenschilddrüse unterdrückt und so eine Mobilisation von Kalzium bei der Geburt verhindert werden. Um dieses zu vermeiden, sollten Sie Kalzium erst nach der Geburt und dann täglich während der gesamten Säugeperiode in Form von flüssigem Kalzium (Frubiase aus der Apotheke) über das Futter oder Wasser zuführen. Frubiase geht gleich ins Blut und muss nicht erst wie die Kalke der Mineralstoffmischungen im Hundekörper aufbereitet werden. Außerdem sind die Mengen, die Sie über solche Mineralstoffmischungen zufüttern

Sind die Welpen größer, so verfolgen sie alles, was geschieht, sehr aufmerksam wie diese über den Welpenkistenrand schauenden Eurasier-Welpen.

können, viel zu gering, um den Kalziumbedarf für einen größeren Wurf abzudecken.

Eklampsie oder Geburtstetanie (Hypokalzämie) muss immer sofort sehr ernst genommen werden. Die ersten Anzeichen sind meist starke Unruhe, Nervosität, Hecheln und Speicheln sowie Verlassen des Wurflagers durch die Hündin. Der Gang wirkt »staksig« und die Hündin blickt »starr«. Rufen Sie sofort den Tierarzt und verabreichen Sie sofort Frubiase, sonst kann Ihre Hündin innerhalb relativ kurzer Zeit an einem Schock zugrunde gehen und Sie sitzen allein mit den Welpen da. Diese Aussage ist nicht übertrieben – Sie müssen sofort handeln!

Eklampsie

Eklampsie bedeutet für den Züchter immer, die Hündin von den Welpen zu trennen, damit ihr durch das Säugen nicht noch mehr Kalzium aus dem Körper entzogen wird. Die Welpen müssen wenigstens für mehrere Tage oder ganz per Hand (Flaschenaufzucht) aufgezogen werden. Beim B-Wurf der Hündin Orscha fielen elf Welpen. Die Hündin säugte

die Welpen problemlos elf Tage lang. Die Mengen an Milch und Kalzium, die dem Körper der Hündin entzogen wurden, waren so groß, dass die Hündin diese auch durch Mineralstoffzufütterung nicht ersetzen konnte. Sie zeigte innerhalb einer Stunde die geschilderten Anzeichen wie starke Unruhe, Verlassen der Wurfkiste, Hecheln, staksiger Gang und stierer Blick. Sie hatte Eklampsie und wir holten den Tierarzt, der ihr Kalzium spritzen musste, damit uns die Hündin nicht einging. Wir waren in Panik, mussten die Hündin von den Welpen fernhalten, was sehr schwierig war und konnten nun elf Welpen alle zwei Stunden mit der Flasche ernähren. War der letzte Welpe versorgt, mussten Sauger und Flaschen bereits für die nächste Fütterung ausgekocht werden und die Arbeit begann von vorn. Wir konnten langsam ermessen, was eine Hundemutter bei der Welpenaufzucht leistet. Es war mörderisch für uns, wir bekamen kaum Schlaf, das Versorgen mit der Flasche klappte erst gar nicht, dann verschluckten sich die Welpen wegen zu großer Löcher in den Saugern, sie husteten, wir reagierten panisch und waren einfach fix und fertig.

Mastitis

Ich hoffe, Sie halten sich an diese Anweisungen und geben Ihrer Hündin Frubiase, was wir danach immer taten und nie wieder Eklampsie hatten.

Im Falle einer Eklampsie nenne ich Ihnen keine homöopathischen Mittel, da diese Erkrankung immer sofort in die Hände eines Tierarztes gehört.

Milchstau und Mastitis

Gesäugeverhärtung

Der Milchstau, die nicht entzündliche Anschwellung und Verhärtung des Gesäuges, tritt nicht nur bei Hündinnen auf, die nur ein oder zwei Welpen und deshalb viel zu viel Milch haben. Ich hatte Milchstau genauso bei Hündinnen, die wenig Milchfluss hatten wie bei solchen, bei denen die Milch aus dem Gesäuge tropfte. Die Milchleisten müssen von Ihnen täglich, ich kontrolliere immer mehrfach täglich, genau kontrolliert werden. Beginnen Sie bei der obersten, fast zwischen den Vorderläufen befindlichen Zitze und fühlen Sie sich die Milchleiste hinunter Stück für Stück bis zur untersten, die fast im Bereich der Scheide liegt. Wiederholen Sie diese Prozedur auf der anderen Zitzenseite. Bald haben Sie ein Gefühl für jede kleinste Veränderung. Sie können vor zwei Stunden die Milchleisten kontrolliert haben und haben nun plötzlich eine Verdickung an einer Zitze. Wenn Sie keine Entzündung des Gesäuges (Mastitis) riskieren wollen, massieren Sie wie ein Weltmeister. Drücken Sie immer wieder Milch ab und massieren Sie zur Zitzenspitze hin, dem Ausgang also. Ich lege bei einem Milchstau sofort alle Welpen in den Welpenkorb auf die Wärmflasche. Nachdem ich einige Minuten kräftig massiert und mich überzeugt habe, dass weißliche Milch und kein gelber Eiter abfließt, nehme ich den kräftigsten Welpen aus dem Korb und lege ihn genau an diese Zitze an. Ich ziehe den Welpen mit sanftem Druck nach hinten, damit seine Saugbewegungen kräftiger sind. Lässt sein Ziehen nach, nehme ich den nächsten Welpen aus dem Korb und so weiter, bis der Milchstau, die Verdickung, nicht mehr besteht und die Milch wieder ungehindert fließt. Dann haben Sie es für diesen Tag oder wenigstens für die nächsten Stunden geschafft.

Kommt aus der Zitze beim Abdrücken gelblicher Eiter oder sogar gelblich-braunes, manchmal sogar blutiges Sekret heraus, dürfen Sie auf keinen Fall dort einen Welpen saugen lassen, sondern sollten sofort einen Tierarzt hinzuziehen. Die Welpen bekommen durch das Saugen an dieser Zitze im günstigsten Fall einen schlimmen Durchfall, im ungünstigsten Fall verstirbt der Welpe. Sie haben es jetzt mit einer Mastitis, einer Entzündung des Gesäuges zu tun. Bei Ihrer Hündin sind meist alle Anzeichen einer Entzündung wie Rötung, Schwellung, Druckempfindlichkeit, Schmerz, Fieber und Apathie vorhanden. Gewöhnlich sind die Folgen einer Verletzung die Ursache, wobei Schmutzkeime in das Drüsengewebe gelangt sind und die Infektion hervorrufen. Diese kleinsten, feinen Verletzungen werden durch den Milchtritt der Welpen mit ihren kleinen, spitzen und scharfen Krallen ausgelöst

(Krallen deshalb laufend schneiden!). Diese Entzündung lässt sich meist nicht »abmelken«, sondern muss vom Körper abgebaut und resorbiert werden. Nur in wenigen Fällen kommt es zur Abszessbildung und Abfluss nach außen.

Homöopathisch begleitend sollten Sie versuchen, die Gesäugeentzündung so schnell wie möglich zu beheben.

Phytolacca ist ein wichtiges Mittel für die Gesäugeentzündung. Die Milchdrüse ist verhärtet, angeschwollen und schmerzhaft sowie warm. Das Gewebe des Gesäuges fühlt sich hart an und weist strangartige Verdickungen auf. Wenden Sie bitte Phytolacca in der D 6 oder D 12 an, und zwar 4 x täglich 1 Dosis (5–10 Tropfen/Globuli oder 1 Tablette). Um knotige Veränderungen wieder zum Abheilen zu bringen, sollten Sie mit Mercurius solubilis nachbehandeln und zwar in der D 8, 2–3 x täglich 1 Dosis (5–10 Tropfen/Globuli oder 1 Tablette) für die Dauer von ein bis zwei Wochen.

Gesäuge-versorgung

Sind nur einzelne Gesäugekomplexe um eine Zitze herum heiß, stark geschwollen und sehr schmerzhaft und das Gewebe weist eine teigige Konsistenz auf, so sollten Sie Apis mellifica D 3, 4 x täglich 1 Dosis (10 Tropfen/Globuli oder 1 Tablette) geben.

Daneben sollten Sie Umschläge aus Calendula- oder Arnika-Tinktur oder essigsaurer Tonerde bereiten (1 Teelöffel auf ein Glas abgekochtes Wasser). Diese Umschläge werden meist gern geduldet.

Bei dieser Mutterhündin ist nur ein Gesäugekomplex entzündet. Die Entzündungen werden durch die kleinen Krallen der Welpen beim Milchtritt oder wie hier durch die kleinen gerade durchgebrochenen Zähnchen hervorgerufen. Die Milchleiste muss deshalb ständig auf Verhärtungen oder Entzündungen kontrolliert werden.

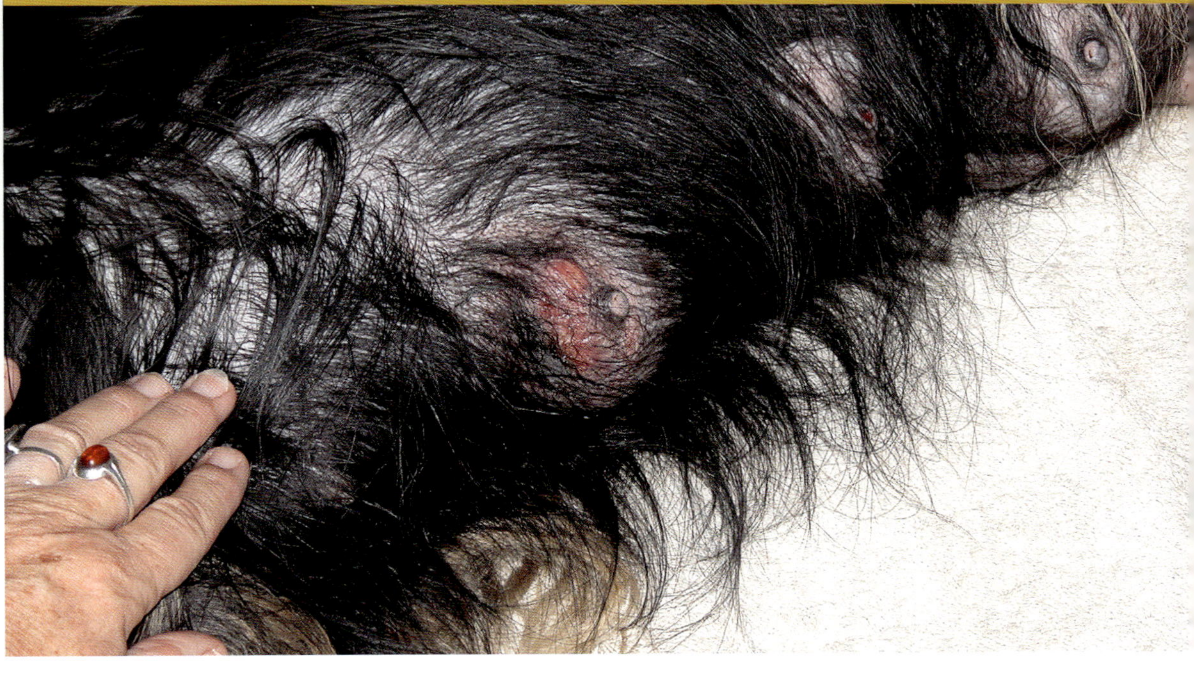

Immunsystem/Immuninducer/ Impfungen

Von den Todesfällen bei Welpen vom ersten bis zum 15. Lebenstag ist rund die Hälfte auf infektiöse Ursachen zurückzuführen. Die zahlenmäßig ansteigenden Erkrankungen neugeborener oder weniger Tage alter Welpen stellen Sie als Züchter und auch die behandelnden Tierärzte zunehmend vor erhebliche diagnostische und therapeutische Probleme. Diese Erkrankungen sind in engem Zusammenhang mit dem Fortpflanzungs- und Geburtsprozess der Hundemutter zu sehen. Die Übertragung von Infektionen über die Muttermilch, das Scheidensekret und die erregerkontaminierte Umgebung ist meist die Ursache. Es handelt sich dabei um ein sehr unterschiedliches Erkrankungsspektrum. Das Erregerspektrum bei Organuntersuchungen verendeter Welpen (Leber, Lunge, Niere, Herz, Milz oder Darm) umfasst hauptsächlich die Erregergruppen Staphylokokken, Streptokokken und E. coli mit ß-Hämolyse. Die Welpen sind ohne klinische Symptome sofort tot oder über ein oder mehrere Tage auffällig. Meist erkranken oder sterben mehrere Welpen nacheinander. Insgesamt sind die diagnostischen Möglichkeiten bei sehr jungen Welpen sehr gering. Körperflüssigkeiten wie Blut zur klinischen Untersuchung lassen sich in dieser Lebensphase nur sehr schwer gewinnen und Leitsymptome für bestimmte Erkrankungen wie bei erwachsenen Hunden existieren für Welpen nicht. Das ärztliche therapeutische Vorgehen wird meist durch den rasanten Verlauf der Erkrankung (bei Sepsis Tod in wenigen Stunden) und in vielen Fällen durch den für den Neugeborenenorganismus potentiell toxischen Arzneimitteleinsatz verkompliziert. Neben den bakteriellen Infektionen kommen bei sehr jungen Welpen auch Viren und Parasiten vor. Die infektiösen Erkrankungen sind jedoch die weitaus am häufigsten auftretenden Krankheiten. Schutzimpfungen und Paramunisierung stimulieren das Immunsystem und sind der einzige wirksame Schutz davor.

Impfschutz der Mutterhündin

Paramunitätsinducer

Durch das Impfen der Mutterhündin vor dem Deckakt hat diese einen optimalen Schutz und bildet ausreichend Antikörper, die an die gerade geborenen Welpen über die Plazenta und die Kolestralmilch oder Erstlingsmilch weitergegeben werden. Dieser Schutz ist lebensnotwendig für die Welpen, die selbst zu diesem Zeitpunkt noch keine eigene ausreichende Immunabwehr aufbauen können, und schützt sie in den ersten Lebenswochen vor Bakterien und Viren, vor allen infektiösen Erkrankungen. Wichtig ist allerdings, dass sie diese Erstlingsmilch/Biestmilch in den ersten 48 Stunden nach der Geburt erhalten, da sich danach die so genannte Darmschranke schließt und die relativ großen Antikörper nicht mehr durch die Darmwand dringen können. Die Anzahl mütterlicher Antikörper wird in den ersten Lebenswochen weiter abgebaut. Da der Welpe noch keine eigenen Antikörper produzieren kann, wird der Schutz somit immer geringer und dadurch das Ansteckungsrisiko immer größer.

Besonders infektionsgefährdet sind danach wieder Hundewelpen zwischen der vierten/fünften. und zehnten/zwölften Lebenswoche. Die Ansicht, Welpen in diesem Alter nicht zu impfen, ist überholt. Richtig ist, das der Restbestand an mütterlichen Antikörpern die früheren Impfstoffe, die ja aus abgeschwächten Lebendviren bestanden, als Infektion betrachteten und kurzerhand inaktivierten. Gleichzeitig hat der Welpe jedoch nicht mehr genug Antikörper, um bei einer tatsächlichen Infektion zu widerstehen. Diese für Welpen so typische Phase nennt man die »immunologische Lücke«. Deshalb ist die »Puppy-Impfung« in der fünfte/sechste Lebenswoche sinnvoll und unerlässlich.

Durch die Analyse der paraspezifischen Wirkung verschiedener Schutzimpfungen ist in den vergangenen Jahren die sog. »Paramunisierung« (Dr. B. Mayr-Bibrack, 1984) entwickelt worden. Sie stellt eine ideale Ergänzung zur Schutzimpfung dar und fördert sowohl die Unschädlichkeit sowie auch die Wirksamkeit von Schutzimpfungen. Als besonders wirksam und günstig haben sich hier die Medikamente zur Steigerung der »unspezifischen Abwehr«, die »Paramunitätsinducer« wie früher Baypamun oder Duphamun und heute Zylexis erwiesen. Die

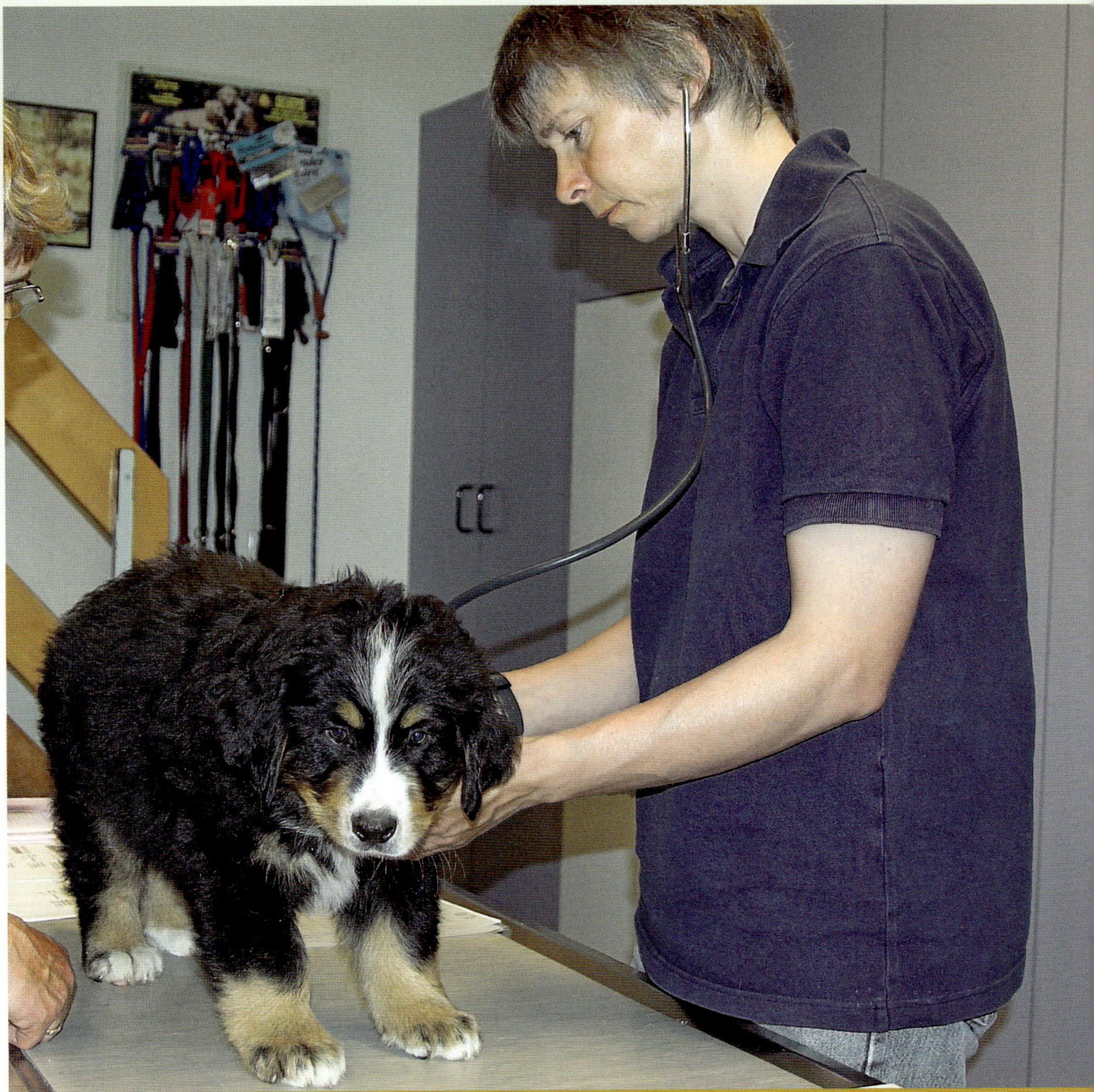

Bevor die Welpen in der achten Woche geimpft werden, müssen Sie eingehend wie hier das Abhören der Herztöne bei einem Berner Sennenhund-Welpen von einem Tierarzt untersucht werden, denn nur ganz gesunde Welpen dürfen geimpft werden.

Paramunisierung hat einen sehr schnellen Wirkungseintritt (schon nach 30 Minuten) und ergibt eine unspezifische Reaktion. Der Schutz ist kürzer als bei einer Impfung, er ist jedoch auch bereits bei Neugeborenen sehr wirksam. Eine latente Infektion bricht nicht aus. Der Paramunitätsinducer stimuliert das gesamte Immunsystem und ein so geimpftes Tier spricht zukünftig besser auf alle Impfungen an.

Puppy-Impfung

Die Mutterhündin sollte eine Woche vor dem Geburtstermin eine Paramunisierung durch Immunitätsinducer erhalten. Am ersten und zweiten Tag nach der Geburt werden Mutterhündin und alle Welpen ebenfalls mit Paramunitätsinducer geimpft. Ab der vierten Woche, dem Nachlassen der maternalen Abwehrkräfte, sollten die Welpen erneut einmal wöchentlich mit Paramunitätsinducer geimpft werden, wenn der Impfdruck im Bestand oder der Umgebung groß ist.

Für Impfungen gibt es heute keinen wirksamen Ersatz. Die Impfung gegen Viruserkrankungen erfolgt entweder mit Lebendimpfstoffen (abgeschwächten Erregern der Krankheiten) oder mit Tot-Impfstoffen, die inaktivierte Viren oder Viruspartikel enthalten. Bei der Impfung wird eine kräftige Immunreaktion ausgelöst. Die Immunreaktion beginnt, sobald das Impfvirus als »Antigen« erkannt wird. Als erste Reaktion versuchen Fresszellen, die Antigene zu eliminieren. Das Immunsystem nutzt diese Zeit, um für den zweiten Durchgang passgenaue Werkzeuge gegen das Impfvirus zu bilden: die »Antikörper«. Mit diesen Antikörpern können die Antigene effektiv und schnell zerstört werden. Tritt nun eine tatsächliche Infektion auf, hat das Virus keine Chance, sich auszubreiten. Sind jetzt genügend Antikörper vorhanden, so setzen sich diese bei einer tatsächlichen Infektion/Ansteckung auf die angreifenden Viren und verhindern, dass Viren in die Körperzellen eindringen und diese schädigen können. Der Welpenorganismus ist wirksam gegen die Erkrankung geschützt.

Jedes Impfschema beginnt mit einer wirkungsvollen Grundimmunisierung des Welpen. Diese Impfung ist für die Gesundheit des Welpen die wichtigste und sollte deshalb unbedingt sorgfältig durchgeführt werden. In der sechsten/siebten Lebenswoche sollen die Welpen mit »Puppy-Impfstoff« oder »Puppy 2b« gegen Parvo-Virusinfektionen und ggf. Staupe geimpft werden. Ersatzweise kann auch bei gefährdeten Zwingern mit Parvo-Forte für Welpen geimpft werden. Von dieser ersten frühzeitigen Impfung sollte nur dann abgesehen werden, wenn durch eine serologische Untersuchung (Titerbestimmung) ein individuell für den Wurf bestimmter optimaler Impfkalender erstellt wird (Absinken des Titers auf 1:40 bis 1:80). Am Ende der achten Woche/neunte Woche erfolgt dann vor der Abgabe an die neuen Besitzer die vom VDH vorgeschriebene Impfung auf Staupe, Hepatitis, Leptospirose und Parvovirose. Eine Impfung auf Zwingerhusten kann zu dieser Impfung dazugegeben werden. Diese »5-fach-Impfung« muss unbedingt vom Welpenkäufer in der 12. und 16. Lebenswoche, ergänzt um die Tollwutimpfung, wiederholt werden, da sonst ein wirksamer Impfschutz im Körper des Welpen nicht aufgebaut werden kann. Die Grundimmunisierung der Welpen muss so gestaltet sein, dass ein optimaler Übergang vom maternalen Schutz zur Impfimmunität erfolgt, ohne die Jugendentwicklung des Welpen nachhaltig zu beeinflussen. Es ist außerordentlich wichtig, dass ein Impfschema vollständig durchgeführt wird. Die Wiederholungsimpfungen sind wenigstens so wichtig, wie die erste Impfung und deshalb müssen Sie als Züchter unbedingt auf das Durchimpfen nach dem Impfschema achten und Ihre Welpenkäufer darauf hinweisen. Die Wiederholungsimpfungen und die alljährliche Nachimpfung sollen neben dem Welpenschutz eine solide Populationsimmunität erzeugen und aufrechterhalten.

Das Institut für Medizinische Mikrobiologie, Infektions- und Seuchenmedizin der Ludwig-Maximilians-Universität München hat 1998 eine Impfstudie zur Untersuchung der Wirksamkeit von Hundeimpfstoffen und der Effektivität verschiedener Impfschemata erstellt. An der Impfstudie nahmen nach Aussage der Uni München unter der Leitung von Prof. Dr. Uwe Truyen 388 Hundewelpen teil. Es wurden verschiedene Impfstoffe unterschiedlicher Hersteller ebenso verglichen – und das ist für Tierärzte und die Hundevereine des VDH von besonderer Bedeutung – verschiedene Impfschemata. Die sog. »Konventionelle Impfung« (4-fach Impfung in der achten Lebenswoche und fünffach Impfung in der 12. Lebenswoche) wurde der sog. »Alternativen Impfung« (sechste Lebenswoche Parvo (und ggf. Staupe), neunte Lebenswoche vierfach und 12. Lebenswoche fünffach Impfung) gegenübergestellt. Die Auswertung ergab deutliche Schwächen der konventionellen Impfung gegenüber der alternativen Impfung. Da jedoch selbst nach der 12. Woche Impfung immer noch etwa 10% der durch geimpften Welpen keinen ausreichenden Impfschutz aufwiesen, empfiehlt Prof. Dr. Truyen das folgende Impfschema. Diese von Herrn Prof. Dr. Truyen und Herrn Prof. Dr. Hans Wunderlich erarbeitete Impfempfehlung wird auch vom wissenschaftlichen Beirat des VDH uneingeschränkt unterstützt und den Rassezuchtvereinen empfohlen.

Unter tierärztlichen Fachleuten bestehen heute unterschiedliche Auffassungen darüber, ob die Parvoimpfung mit den anderen Impfungen zusammen erfolgen sollte, da Impfungen sich gegenseitig beeinflussen können. Die weitere wissenschaftliche Entwicklung wird hierzu beobachtet werden müssen.

Schutzimpfung und Paramunisierung sollten immer erfolgen bei

- hohem Infektionsrisiko (zum Beispiel kranke Hunde in der Nachbarschaft)
- Gefahr von latenten Infektionen in der Mutterhündin
- schlechter Gesundheitszustand (zum Beispiel durch vorherige Infektion)
- in der Neugeborenenphase
- Überbrücken der Zeitspanne bis zum Einsetzen der aktiven Immunität bei Welpen.

Warum sind jährliche »Auffrischungsimpfungen« so wichtig? Das Gedächtnis des Immunsystems »merkt« sich intelligenterweise für eine bestimmte Zeit, wie die passgenauen Werkzeuge gegen das Impfvirus und damit zum Bilden von »Antigenen« aussehen müssen. Allerdings ist es sehr unterschiedlich, wie lange das individuelle Gedächtnis die Informationen speichert. Dabei kommt es entscheidend darauf an, wie oft die »Erinnerung« aufgefrischt wird. Je öfter man durch Wiederholungsimpfung erinnert, je länger behält das Immunsystem das Wissen um die »Antikörper« im Gedächtnis.

Impfschema

	Mutterhündin	**Welpen**
1 Woche vor Geburt	Immuninducer	–
1. Tag nach Geburt	Immuninducer	Immuninducer
2. Tag nach Geburt	Immuninducer	Immuninducer
4. bis 8. Woche, 1 x wöchentlich	–	bei Infektionsdruck Immuninducer
5./6. Woche	–	Puppy-Impfung P und S (Puppy 2b)
8. Woche	–	SHLP und Zwingerhusten
12. Woche	–	SHLPT und Zwingerhusten
16. Woche	–	SHLPT und Zwingerhusten
danach 1 x jährlich	SHLPT und Zwingerhusten	SHLPT und Zwingerhusten

Wenn Sie die hier gemachten Ausführungen zur Prophylaxe und zum Schutz Ihrer Welpen durchführen, werden Sie die im folgenden gemachten Ausführungen nicht benötigen, da Ihre Welpen dann kaum an den aufgeführten Krankheiten erkranken werden. Vorsorge ist auch hier der beste Schutz.

Zusätzlich sollte der Züchter das verwendete Desinfektionsmittel in Wurfkiste, Wurfraum und Zwinger öfter wechseln, damit sich gegen vorhandene Erreger keine Resistenzen aufbauen können.

Bei Rassen, die später in einer Transportbox transportiert werden können, sollte die Angewöhnung daran bereits beim Züchter erfolgen. Diese Irischen Terrier-Welpen fühlen sich in der Transportbox offensichtlich wohl.

Bakterielle Infektionen

Die Infektionen können entweder zum Geburtszeitpunkt mit Keimen aus den Geburtswegen des Muttertieres, nach der Geburt über keimhaltige Muttermilch oder über die Umgebung (hygienische Mängel) erfolgen. Die Sterberate ist in den ersten zehn Lebenstagen mit einer Spitze um den zweiten bis vierten Tag am höchsten. Gewöhnlich handelt es sich um Infektionen mit pathogenen (krankmachenden) Coli-Keimen oder bestimmten Staphylokokken- bzw. Streptokokkenarten. Seltener treten andere Erreger wie Salmonellen oder solche von Atemwegserkrankungen auf. Sehr häufig sind es auch Mischinfektionen.

Bei diesen Keimen handelt es sich durchaus um natürlicherweise in der Umgebung auftretende Erreger (alle auch an der Mutterhündin), die bestimmte Voraussetzungen benötigen, um eine Erkrankung auszulösen. Solche »Auslöser« können zum Beispiel bei Welpen gegeben sein, die ungenügend Kolestralmilch am ersten Lebenstag aufgenommen haben oder die mit Geburtsschwierigkeiten geboren wurden. Hygienische Mängel sind sehr ernst zu nehmen, denn sie begünstigen Erkrankungen dieser Art.

Septikämie

Allgemeininfektion

Die Septikämie ist eine schwere Allgemeininfektion. Die gesund geborenen Welpen saugen zunächst normal und nehmen auch genügend Milch auf. Je nach Infektionszeitpunkt treten meist ab dem zweiten Lebenstag Krankheitssymptome auf. Die Welpen zeigen zuerst eine leichte Unbehaglichkeit, dann hören sie auf zu saugen, schreien und bekommen einen geblähten Bauch und eine beschleunigte Atmung. Es kommt rasch zu Dehydration (Wasserverlust), allgemeiner Schwäche, immer kläglicher werdendem Schreien und unkoordinierten Bewegungen und tetanischen Krämpfen. Vom ersten Auftreten der Symptome bis zum Tod vergehen oft weniger als zehn Stunden. Da nicht alle Welpen gleichzeitig erkranken, sondern meist nacheinander, muss sofort gehandelt und ein Tierarzt zugezogen werden, damit die restlichen Welpen gerettet und die Erregerquelle festgestellt werden kann. Die Mutter muss wegen der Probeentnahme von Milch und Scheidensekret immer mit vorgestellt werden. Tote Welpen müssen sofort zur Untersuchung eingeschickt werden, nicht nur wegen des verbliebenen Wurfes, sondern auch wegen späterer Würfe, weil sich nach erstmaligem Auftreten der Erkrankung diese fast ausnahmslos wiederholt und eine Untersuchung und Behandlung der Mutter bereits in der nächsten Trächtigkeit erforderlich macht.

Die erkrankten Tiere sind sofort vom Muttertier zu trennen, in eine Umgebungstemperatur von 29 bis 32 Grad Celsius zu bringen und mit Flüssigkeitsersatz und Breitband-Antibiotikum durch den Tierarzt behandeln zu lassen. Als günstig haben sich auch hier die Medikamente zur Steigerung der unspezifischen Abwehr (Paramunitätsinducer) erwiesen.

Jegliche Abweichungen vom normalen Verhalten oder jedes Zeichen allgemeiner Schwäche muss bei Welpen ernst genommen werden und ist immer sofort untersuchungs- und notfalls therapiebedürftig.

Brucellose

Die Brucellose ist eine spezifische bakterielle Infektion mit Brucella canis-Erregern. Für die Welpen kommt im Falle einer Infektion des Muttertieres jede Hilfe zu spät, da sie entweder bereits tot geboren werden, ab dem 50. Trächtigkeitstag durch Abort (Fehlgeburt) verloren gehen oder lebensschwach zur Welt kommen und keine Überlebenschance haben. Die Infektion der Hündin erfolgt beim Deckakt oder durch Kontakt infolge einer oralen Infektion. Die Welpen werden über die Plazenta infiziert. Bei Verdacht auf eine solche Erkrankung, insbesondere bei Deckakten in Brucellosegebieten oder -zwingern oder bei Zukauf von Hunden aus dem Ausland (besonders Amerika), sollte der Tierarzt eine Blutuntersuchung auf einen Brucellosetiter in einem Untersuchungsinstitut unbedingt veranlassen.

Bakterielle Durchfälle

Darminfektion

Bei einer bakteriellen Darminfektion ist im Gegensatz zu den meisten nichtinfektiösen Durchfallerkrankungen (z.B. durch Futterumstellung) das Allgemeinbefinden erheblich gestört. Es kommt sehr schnell zu einer Austrocknung der Welpen, die durch den hohen Flüssigkeitsverlust verursacht wird. Eine möglichst frühzeitige Untersuchung zur Ermittlung des oder der Erreger sowie eine sofortige Behandlung sind erforderlich. Meist sind Coli-Keime, Staphylokokken, Salmonellen oder andere Darmbakterien die Verursacher. Der Flüssigkeitsverlust muss mit Elektrolyten ausgeglichen werden und geeignete, auf die Bakterienart abgestimmte Antibiotika sowie darmberuhigende Medikamente sind zu verabreichen. Als Komplikation bei einer zunächst auf den Darm beschränkten Infektion kann es zur angesprochenen Septikämie kommen.

Lokale Infektionen

Brucellose

In der Hauptsache betreffen lokal begrenzte Infektionen die Nabelregion, die Haut oder die Augen. Durch Untertemperatur, Sauerstoffmangel während der Geburt sowie ungenügende Aufnahme von Kolestralmilch können Nabelentzündungen entstehen, meist durch Streptokokken hervorgerufen, die sich sehr schnell in eine Allgemeininfektion mit Bauchfellentzündung und Eiteransammlung verändern können. Behandlungen sind deshalb nur im Anfangsstadium Erfolg versprechend, wenn noch keine weitergehende Entzündung im Bauchraum vorliegt. Die Nabel sind geschwollen, gerötet und schmerzhaft, oft tritt auch ein eitriges Sekret aus. Die Nabel sollten deshalb immer nochmals vom Züchter abgebunden und laufend kontrolliert werden.

Neonatale Dermatitis

Wenn Reste der Fruchtflüssigkeit bei ungenügender Säuberung der Welpen durch die Mutter auf dem Haarkleid der Welpen verbleiben, kann es zu Entzündungen der Haut durch Streptokokken (Neonatale Dermatitis) kommen. Besonders treten solche Infektionen im Kopf- und Brustbereich auf und äußern sich in Krustenbildung der Haut. Hier sollte die Haut mit einem milden desinfizierenden

Shampoo (Tierarzt) und antibiotischer Versorgung der erkrankten Stellen erfolgen.

Augenentzündung An den noch geschlossenen Augen können Entzündungen der Bindehaut durch Eitererreger (Ophthalmia neonatorum) auftreten. Diese äußern sich in geschwollenen, sich vorwölbenden Lidern und austretender eitriger Flüssigkeit aus der Lidspalte, was einer sofortigen tierärztlichen Behandlung bedarf, da es ansonsten zu Hornhautdefekten und sogar Allgemeininfektionen kommen kann.

Lokale Infektionen können zum Beispiel Augen oder Ohren betreffen. Die Welpen müssen deshalb vom Züchter oder vom Tierarzt immer wieder genauestens untersucht werden. Zusätzlich ist diese Untersuchung der Ohren eine gute Vorübung für das spätere Hundeleben.

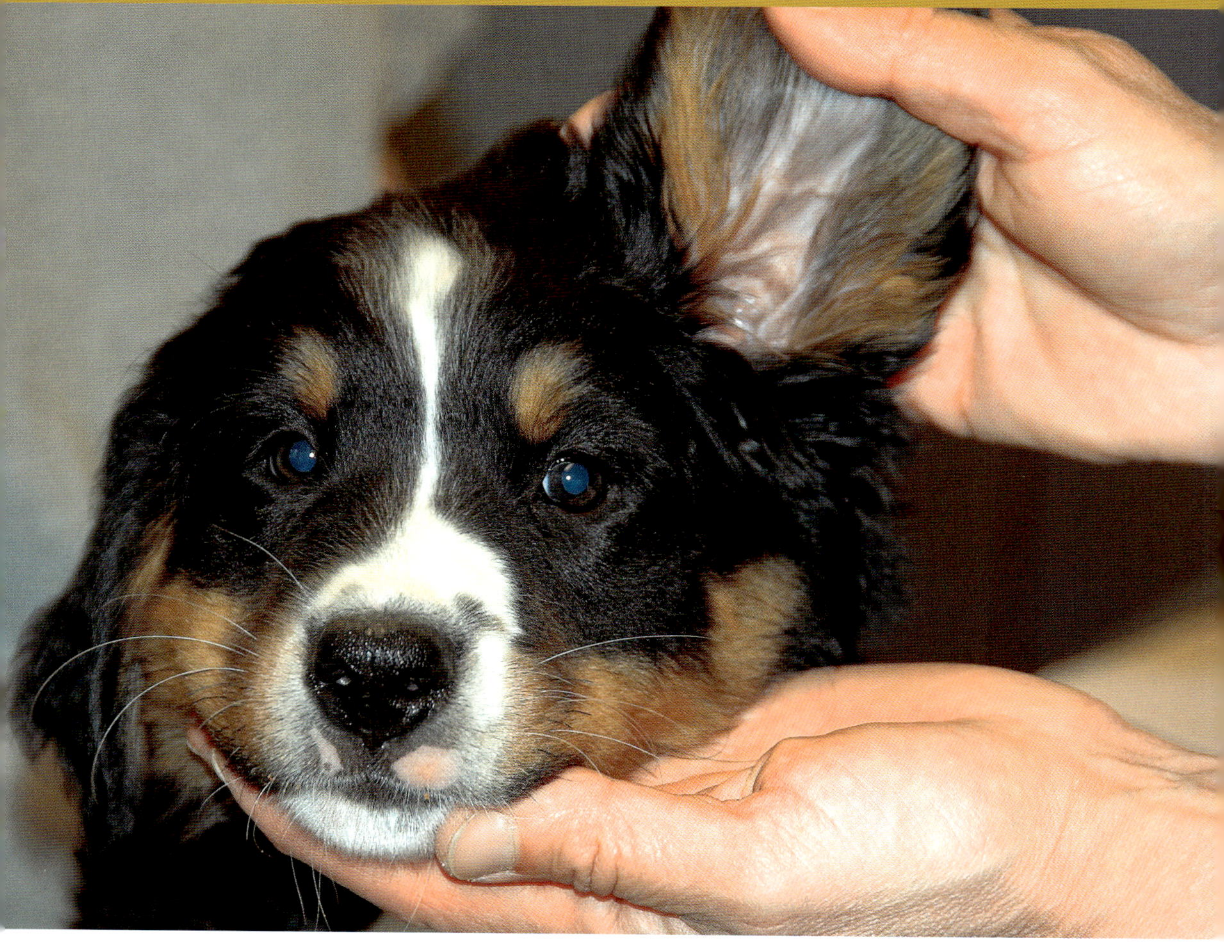

Viruserkrankungen

Das Auftreten von viralen Erkrankungen wie Welpen-Virämie, Herpesvirus canis-Infektion (infektiöses Welpensterben) usw. ist abhängig von Zeit und Grad der passiv über die Mutter erworbenen Immunität, die zum einen durch Übertritt von Antikörpern über die Plazenta und zum anderen durch die Kolestralmilch erfolgt. Die Mutterhündin muss allerdings einen guten Immunstatus durch prophylaktische Impfungen möglichst nahe am Decktermin haben. Diese gefährlichste aller Welpenerkrankungen führt in der Regel zum Tode des gesamten Wurfes. Dagegen erkranken erwachsene Tiere nicht oder nur mit unauffälligen, eher harmlosen Symptomen. Gefährdet für diese Erkrankungen sind insbesondere Zwingerhaltungen mit mehreren Tieren und hygienischen Mängeln.

Ursache der Erkrankung ist auch die natürlicherweise niedrige Körpertemperatur der Welpen in den ersten achtzehn Lebenstagen (ca. 35–36°C), da die Herpes-Viren sich in diesem Temperaturbereich optimal vermehren. Ab der dritten Lebenswoche sind die Welpen aufgrund ihrer höheren Eigentemperatur besser geschützt. Bis zu diesem Zeitpunkt verläuft die Erkrankung ausnahmslos tödlich. Setzen die ersten klinischen Symptome wie Schreien, aufgeblähter Bauch, grünlicher Durchfall, meist Fieber, kein Saug- oder Schluckreflex mehr und Abbiegen des Kopfes ein, so sind die Leber und die Niere bereits in Zersetzung/Auflösung begriffen (Lebernekrosen und Nierenblutungen), so dass jede Hilfe und Therapie zu spät kommt. Beim ersten Verdacht muss eine Blutuntersuchung des Muttertieres veranlasst werden, wo serologisch die Infektion nachgewiesen werden kann. Glücklicherweise gibt es heute eine Impfung gegen Herpesviren für das Muttertier, die allerdings in jeder Trächtigkeit wiederholt werden muss.

Die Welpensterblichkeit kann nur durch prophylaktische Behandlung der Mutterhündin während der letzten Trächtigkeitswoche und der Welpen unmittelbar nach der Geburt mit Paramunitätsinducern zu verhindern versucht werden.

Viruserkrankungen

Bei guter Durchimpfung der Hündinnen ist die Erkrankung von neugeborenen Welpen durch Staupe- oder Parvoviren auf wenige Einzelfälle beschränkt. Die Virusdurchfälle, die durch Rota- oder Corona-Viren hervorgerufen werden, sind vom Tierarzt mit Flüssigkeitstherapie und Antibiotika nach Abklärung der Erregerart zu behandeln und haben, sofort und richtig behandelt, eine relativ günstige Prognose.

Parasitäre Erkrankungen (Würmer)

Bei neugeborenen Hundewelpen spielen zum Beispiel Bandwürmer keine Rolle, jedoch eine Ansteckung mit Spul- oder Hakenwürmern. Die Infektion mit Spulwürmern erfolgt meist schon in der Gebärmutter, da zu diesem Zeitpunkt durch Hormoneinflüsse die ruhenden Wurmlarven in der Hundemutter aktiviert werden. Nach der Geburt kommt es während der gesamten Laktation (Versorgung der Welpen mit Muttermilch) zu einer Larvenausscheidung über die Milch und damit zu ständiger erneuter Ansteckung. Ein Hinweis auf Ansteckung liegt vor, wenn die Welpen mit stumpfem Haarkleid im Wachstum zurückbleiben und aufgetriebene Bäuche haben.

Spulwurmbefall

Der Spul- und Hakenwurmbefall ist nur durch konsequente Prophylaxe in Form von Entwurmungen mit Breitspektrum-Anthelminthika (Wurmmittel: mit Wirkstoff Fenbendazol oder Mebendazol) in der Trächtigkeit und bei den Welpen ab dem zehnten Lebenstag mit Wiederholungen (je nach Wurmmittel von zum Beispiel alle zwei Wochen bis zu zweimal in der Aufzuchtsphase) bis zur Abgabe zu beherrschen.

Wurmmittel

Es gibt Hündinnen, die in ihrem Leben nie selbst einen Befall mit Würmern erkennen ließen und deren Welpen trotzdem wie andere auch verwurmt zur Welt kommen. In vielen Würfen hatte ich Welpen, die beim Entwurmen keinerlei Anzeichen von Würmern zeigten und andere, die reichlich viele Spulwürmer ausschieden. Es gibt auch ganze Würfe, die beim Entwurmen keinerlei Spulwurmbefall zeigen. Einige Wurmmittel wirken verzögert, das heißt die Würmer sind frühestens erst nach zwei bis drei Tagen im Kot nachweisbar. Bei diesen sind die Spulwürmer wegen der besonderen Wirkungsweise (die Würmer können keine Glukose, ihre Nahrung, mehr aufnehmen und sterben im Darm ab) im Darm bereits verdaut worden, so dass natürlich keine Würmer im Kot zu finden sind. Sie müssen jedoch in jedem Falle regelmäßig entwurmen.

Wurmmittel werden je nach Wurmmittel und Wurf unterschiedlich gut vertragen. Teilweise zeigen die Welpen keinerlei Beeinträchtigung, teilweise sind die Welpen nicht gut drauf, fressen kaum, haben sogar Krämpfe und machen für einen bzw. zwei Tage einen richtig kränklichen Eindruck.

Wie diese Eurasier-Welpen sehen gesunde Welpen aus, die in der Aufzuchtsphase beim Züchter mindestens dreimal gegen Wurmbefall behandelt wurden.

Die Entwicklung der Welpen vollzieht sich in bestimmten, festgelegten Phasen, die wissenschaftlich genau untersucht worden sind und denen bestimmte Verhaltensinhalte zugeordnet werden.

Neugeborener Welpe und erste und zweite Lebenswoche

Das Bestreben des neugeborenen Welpen besteht im instinktgesteuerten Erreichen der mütterlichen Zitze. Dieses Verhalten ist angeboren und wird in der Regel sehr zielstrebig ausgeführt. Der Verhaltensforscher Eberhard Trumler schlägt direkt nach der Geburt die Durchführung des so genannten »Bio-Tonus-Tests« vor. Der Welpe ist in dieser Lebensphase noch nicht beeinflusst durch Umwelteinflüsse und reagiert so, wie es ihm seine Veranlagung, nämlich seine ererbten inneren Antriebskräfte, seine angeborene Lebenskraft, unbeeinflusst vorgeben. Die Welpen werden nacheinander auf ein Brett, das mit aufgemalten, bezifferten Kreisen versehen ist, gesetzt. Lebensschwache Welpen bleiben in der Mitte liegen oder bewegen sich nur gering. Lebensstarke Welpen dagegen kriechen heftig auf der Unterlage umher und versuchen durch den instinktgesteuerten Gebrauch von Tast- und Geruchssinn die mütterliche Zitze zu erreichen. Die Intensität dieser Suchbewegungen führt zu einer Benotung. Die höchste Note, nämlich eine Eins, erhält der Welpe, der am aktivsten agiert hat. Eberhard Trumler schlägt vor, wenig aktive, aus seiner Sicht lebensschwache, Welpen abzutöten.

Ich stimme dieser Auffassung nicht zu, da unsere im Haus aufgezogenen Welpen anderen Lebensbedingungen unterworfen sind als die in Freiheit lebenden Wölfe oder die unter ähnlichen Bedingungen gehaltenen Hunde der Trumlerschen Tierstation.

Die Welpen haben es auf ihrem Weg ins Leben unterschiedlich schwer und brauchen deshalb auch unterschiedlich lange, bis sie sich von diesen Geburtsstrapazen erholt haben. Oft hatte ein besonders kräftiger Welpe einen schwierigeren Eintritt ins Leben als ein kleinerer, der nur so durch den Geburtskanal flutschte. Der dicke Welpe wird dann einige wenige Minuten brauchen, um zu verschnaufen und die Kräfte neu zu sammeln, die ihn zur lebensspendenden Zitze bringen. Hier helfe ich dann auch schon nach und lege ihn an eine Zitze an, damit er sich schneller erholt und seine Vitalität zurückgewinnt. Solche Welpen werden sich ihrer Veranlagung gemäß ganz natürlich weiterentwickeln.

Die Entscheidung, lebensschwache oder stark untergewichtige Welpen abzutöten, trägt heute (Einhaltung des Tierschutzgesetzes) der Tierarzt.

Pendelbewegungen

Die pendelnden Suchbewegungen der Welpen sind diesen gerade in dieser ersten Lebenswoche eigen und charakterisieren die durch den Tastsinn und den Geruchssinn als erste funktionierende Sinnesorgane gesteuerten Instinkte. Auch das Saugen selbst, der Milchtritt mit den Vorderpfötchen und das Abstemmen mit den Hinterpfoten sind angeborene Instinkthandlungen. Angeboren ist auch das Bedürfnis nach Wärme und hier natürlich die Körperwärme der Mutterhündin. Entfernt sich ein Welpe zu weit von der Mutter und spürt er bei seinen suchenden Bewegungen nicht mehr den Körper der Mutter, so beginnt er ein fürchterliches Gemaunze und Geschrei, bis er einen Körperteil der Mutter wieder findet. Es ist erstaunlich, wie gut diese wenige Stunden oder Tage alten Welpen an der Pfote der Mutter hinauf ihren Weg zu den Zitzen finden. Ihr schon gut entwickelter Geruchssinn lässt sie sich den Geruch der mütterlichen Zitze vom ersten Augenblick an bereits einprägen. Ihre Bewegungsformen sind Kreiskriechen und Kopfpendeln, die in optimaler Weise sichern, dass die Welpen das Wurflager nicht verlassen.

Bio-Tonus-Test

Die Mutterhündin bietet ihren Welpen allerdings auch mit der Lage ihres Körpers in der so genannten U-Form ideale Bedingungen, Wärme und Milch zu erhalten. In diesen ersten Stunden lernen die Welpen den speziellen Geruch der Mutterhündin kennen und wieder erkennen. Deshalb halte ich es von den ersten Stunden an für die später besprochene Prägung der Welpen durch Geruchskontakte auf Mutterhündin und Menschen für unersetzbar wichtig, die Welpen häufig in die Hand zu nehmen und ihnen neben dem Geruch der Mutter den Geruch des Menschen von der ersten Minute an vertraut zu machen.

Gewichtszunahmen

Bei einem gesunden Wurf übernimmt die Hündin die Versorgung des Wurfes. Sie säugt die Welpen hingebungsvoll und säubert sie ständig, auch gegen die massiven Proteste der sich windenden Hundewelpen. Sie ist Tag und Nacht beschäftigt, schläft zwischendurch kurz und hat alles im Griff.

Gewichtsverringerung

Nesthocker

Die Welpen verschlafen etwa 90% ihres frühen Daseins, die restliche Zeit wird mit Saugen an den mütterlichen Zitzen ausgefüllt. Da Hundewelpen zu den so genannten »Nesthockern« gehören, sind sie unbedingt auf den Schutz der Mutter angewiesen, die gerade in den ersten Wochen meist sehr heftig auf Störungen reagiert. Besucher und Welpenkäufer sollten deshalb nicht vor der vierten bis fünften Lebenswoche der Welpen zum Wurf gelassen werden.

Wichtig ist das tägliche Wiegen jedes einzelnen Welpen, um daran festzustellen, ob er sich normal entwickelt. Hierzu am besten geeignet sind Digitalwaagen, da Sie trotz der sich von Tag zu Tag steigernden Krabbelbewegungen der Welpen relativ schnell ein Ergebnis ablesen können. Wiegen Sie bitte möglichst immer zur gleichen Uhrzeit, damit Sie vergleichbare Ergebnisse erhalten. Erschrecken Sie nicht, wenn das Geburtsgewicht sich bei einigen oder sogar allen Welpen geringfügig verringert. Vom dritten Tag an sollten die Gewichte allerdings wieder ansteigen. Zum Ende der ersten Lebenswoche, spätestens jedoch nach zehn Tagen, sollten Ihre Welpen ihr Geburtsgewicht verdoppelt haben, nach zwei Wochen bereits verdreifacht.

Ich benutze für die Aufzeichnungen des Wiegens »Welpenblätter«, die sich bestens bewährt haben und die alle für das jeweilige kleine Leben wichtigen Einzelheiten enthalten. Hier wird die Kennzeichnung jedes Welpen z.B. Nacken o.ä., die Stelle also, an

Die Gewichtskontrollen der Welpen sollen anfangs täglich, später seltener durchgeführt werden. Einige Züchter bevorzugen für das Wiegen der Welpen eine Digitalwaage wie bei diesem Rhodesian Ridgeback-Welpen.

HOVAWART ZUCHT
>> VON GODEWIND <<

Züchter: Inge & Uwe Hansen, Ofeld 46, 24214 Gettorf
Tel: Fax
Email:
www:

Wurf: . .	Vater: Mutter:		
Welpe	Name	Farbe: s sm b Geschlecht: R H	Geworfen am: Uhrzeit
		Gewicht am **. Tag	Besonderheiten
	1. Woche	1.Tag .... 5.Tag .... 2.Tag .... 6.Tag .... 3.Tag .... 7.Tag 4.Tag	Afterkrallen: ja nein
	2. Woche	8. .... 12. .... 9. .... 13. .... 10. .... 14. .... 11.	Nabel korrekt: ja nein
	3. Woche	15. .... 19. .... 16. .... 20. .... 17. .... 21. .... 18.	Nabel ab am:
	4. Woche	22. .... 26. .... 23. .... 27. .... 24. .... 28. .... 25.	Augen geöffnet am:
	5. Woche	29. .... 33. .... 30. .... 34. .... 31. .... 35. .... 32.	Zufütterung ab
	6. Woche	36. .... 40. .... 37. .... 41. .... 38. .... 42. .... 39.	
	7. Woche	43. .... 47. .... 44. .... 48. .... 45. .... 49. .... 46.	
	8. Woche	50. .... 54. .... 51. .... 55. .... 52. .... 56. .... 53.	

Wurmkuren	1. ..... Tag, Datum: .... Mittel: 2. ..... Tag, Datum: .... Mittel: 3. ..... Tag, Datum: .... Mittel: 4. ..... Tag, Datum: .... Mittel:
Impfungen	Datum: Impfstoff Tierarzt:
Tierärztliche Untersuchungen	Datum Befund Tierarzt
Wurfbesichtigung	Datum Feststellungen Zuchtwart
Wurfabnahme	Datum Feststellungen Zuchtwart
Identifizierung	Transpondernummer: Zuchtbuchnr:
Abgabe an den Käufer am:	Name Anschrift Telefon

Aufzuchts-protokoll

Das Wiegen der Welpen ist sehr präzise auf alten Waagen wie der hier benutzten Waage, die diesen Hovawart-Welpen auch noch nach sechs bis acht Wochen sicher trägt.

der er seinen Nagellackfleck zur Kennzeichnung gleichfarbiger, gleichgeschlechtlicher Welpen erhält, vermerkt. Ebenso wird der Tag eingetragen, an dem der Nabelschnurrest abfällt. Alle weiteren wichtigen Ereignisse wie Tag der ersten industriellen Welpenmilchzufütterung, erstes Hackbeef, Öffnen der Augen usw. werden eingetragen. Später erhält jeder Welpenkäufer eine Kopie dieses Welpenblattes, damit er alle Entwicklungsphasen seines Welpen nachvollziehen kann.

Die Milchleistung der Mutterhündin ist wie die Geburtsgewichte der Welpen von Hündin zu Hündin, selbst derselben Rasse, sehr unterschiedlich. Dadurch bedingt verlieren die Welpen einiger Hündinnen zunächst an Gewicht, während die Welpen einer anderen Hündin wegen sehr großer Milchleistung gar nicht abnehmen. Wie die Gewichte sich im Laufe der Aufzucht unterschiedlich entwickeln, zeigt Ihnen die nachstehende Tabelle.

Die Tabelle ergibt eindeutig, dass die Welpen der Hündin Orscha trotz höherer Geburtsgewichte nach 14 Tagen ein deutlich niedrigeres Gewicht zeigen als die Welpen der Hündin Bianca, die immer wahrhaftig mit Milch gesegnet war. Hinzu kommt, dass im C-Wurf der Hündin Orscha nur sieben lebende Welpen zu versorgen waren, während der D-Wurf der Hündin Bianca aus acht gesunden Welpen bestand. Sie sollten sich aber keine großen Gedanken machen, wenn Ihre Hündin nicht so reichlich Milch hat. Nach der Zufütterung gleichen die Gewichte sich eigentlich immer aus, so dass die Welpen bei der Abgabe in den Gewichten annähernd gleich liegen.

Gewichtszunahmen

Tabelle der Gewichtszunahmen verschiedener Würfe unterschiedlicher Hündinnen

	Hündin Orscha, C-Wurf			**Hündin Bianca, D-Wurf**		
	Chris	Carlos	Corry	Dex	Don	Dana
Tag	Gewicht in Gramm					
1.Tag	650	550	570	500	580	450
2.Tag	630	530	570	540	600	500
3.Tag	660	570	640	590	650	540
4.Tag	700	570	660	660	710	610
5.Tag	730	600	680	780	820	740
6.Tag	800	650	750	840	900	780
7.Tag	840	660	800	980	990	880
8.Tag	910	700	890	1020	1040	900
9.Tag	1000	750	950	1100	1160	1030
10.Tag	1050	790	1040	1200	1250	1120
11.Tag	1150	810	1100	1350	1380	1260
12.Tag	1280	860	1180	1440	1490	1400
13.Tag	1320	960	1230	1550	1610	1490
14.Tag	1430	1030	1320	1650	1760	1600

Wurfbesichtigung

In den ersten fünf Tagen nach der Geburt soll der Zuchtwart des Vereins eine Besichtigung des Wurfes, des Wurflagers, der Aufzuchtsbedingungen und natürlich der Mütterhündin durchführen. Hierbei wird jeder Welpe einzeln vom Zuchtwart genauestens durchgesehen. Er vermerkt akribisch genau jede Einzelheit, die Ausprägung der Farben, das Vorhandensein von Pigment, Farbabweichungen usw. Natürlich werden alle anatomischen Mängel oder Missbildungen vermerkt sowie festgehalten, weshalb Welpen verstorben sind oder vom Tierarzt getötet werden mussten (zum Beispiel Lebensschwäche). Diese Feststellungen sind für die gesunde Weiterzucht einer Rasse sehr wichtig. Jede nicht festgestellte Missbildung oder sogar Erbkrankheit kann Auswirkungen über viele Generationen haben und die Zucht der Rasse lange negativ beeinträchtigen.

Ein weiterer wichtiger Punkt sind die Afterkrallen (Wolfskrallen). Afterkrallen sind rudimentäre (in der Rückbildung begriffene) Zehen, die den Übergang des Hundes vom Fünfzeher zum Vierzeher kennzeichnen. Die Afterkralle entspricht unserem Daumen und befindet sich abgesetzt oberhalb des sonstigen Ballenbereiches. Zählen Sie bitte die Zehen und Ballen aus und wenn Sie auf fünf kommen, haben Sie eine Afterkralle. Das Entfernen der Afterkrallen ist heute aufgrund der Neufassung des Tierschutzgesetzes verboten.

Prägung

Welpen beherrschen wie alle Jungtiere früher oder später angeborenerweise alle arttypischen Bewegungsabläufe. Diese werden später durch Lernvorgänge, insbesondere beim Spiel, nur noch geringfügig modifiziert. Bei vielen Vorgängen besteht darüber hinaus ein angeborenes »Wissen« um ein bestimmtes Verhalten in den verschiedenen Funktionskreisen (angeborene Auslösemechanismen). Ein typisches Beispiel für einen angeborenen Auslösemechanismus ist zum Beispiel die Zitzensuche des Neugeborenen. Der gerade geborene Welpe versucht mit hin- und herpendelnden Bewegungen des Köpfchens die mütterliche Zitze, seinen Lebensquell, zu erreichen und findet ihn auch so.

Wurfbesichtigung

Nicht angeboren ist allen Jungtieren die Kenntnis ihrer Artzugehörigkeit, das heißt, ein Welpe »weiß« nicht, dass er ein Hund ist und sein wird. Diese Kenntnis muss in der allerfrühesten Jugend erlernt werden. Dieses »obligatorische Lernen« ist 1935 erstmals von dem Verhaltensforscher K. Lorenz beschrieben worden. Er bezeichnet diesen Lernvorgang als »Prägung«.

Prägung

Eine prägungsartige Bindung ist nur dann gewährleistet, wenn das Jungtier, hier also der Welpe, während der so genannten »sensiblen Phase« am Anfang des Lebens lang dauernden und sehr intensiven Kontakt mit der »Prägungsart« hat, was über einen langen Zeitraum hinweg zur Prägung führt. Die sensible Periode, in der sehr einprägsam und nachhaltig gelernt wird, liegt bei Hunden zwischen der dritten und 14. Woche nach der Geburt mit einem Höhepunkt in der siebenten Woche. Bei gleichzeitigem Kontakt mit zwei Arten (Hund und Mensch) in dieser sensiblen Phase findet eine »Doppelprägung« statt. Die Prägung zum Beispiel auf Hund und Mensch in dieser frühen Entwicklung lässt sich in einem späteren Alter nur schwer nachholen, sie ist nahezu irreversibel (nicht mehr umkehrbar). Um eine Sozialisierungsfähigkeit sowie bestimmte Verhaltensreaktionen im sozialen Bereich ausbilden zu können, müssen bestimmte soziale Reize in dieser Phase auf den Welpen einwirken. Fehlen diese, kommt es zu schweren sozialen Fehlentwicklungen und zu späterer Unfähigkeit, sich sozial anzupassen. Diese Entwicklungsschädigungen erweisen sich in vielen Fällen als außerordentlich dauerhaft und in schweren Fällen als unumkehrbar (Dr. D. Feddersen-Petersen).

Afterkrallen

Die Gewöhnung der Welpen an den Menschen muss deshalb vom ersten Tage an sehr intensiv stattfinden. Hierin unterscheiden sich gut aufgezogene Welpen von verantwortungsbewussten

Auslösemechanismus

Menschenkontakt

Züchtern von ohne menschlichen Kontakt aufgezogenen, verhaltensgestörten, nicht auf den Menschen sozialisierten Welpen aus Massenhaltungen oder von Hundehändlern.

Der Züchter muss mehrfachen täglichen Kontakt Welpe /Mensch herstellen durch

- regelmäßiges Wiegen und in der Hand halten
- regelmäßiges Füttern (Futterbröckchen) und erstes Füttern aus der Hand
- Welpen regelmäßig anfassen
- sich von Welpen beschnüffeln (abriechen) lassen
- sich von Welpen lecken lassen
- viel mit Welpen spielen
- Welpen viele Anreize (akustische und optische) bieten
- Welpen an viele fremde Menschen (Männer, Frauen, Kinder, nach der vierten Woche) gewöhnen.

Erfahrungsentzug

Frau Prof. Dr. D. Feddersen-Petersen (Verhaltensforscherin am Institut für Haustierkunde der Universität Kiel) schreibt hierzu, dass »isoliert oder reizarm aufgezogene Hunde kein oder kaum Spielverhalten zeigen, sie entwickeln durch schweren sozialen Erfahrungsentzug zwangsläufig Verhaltensstörungen, die zu einem großen Teil auf die fehlende Bindung an die Mutterhündin und den Menschen, also an die hundlichen Sozialpartner zurückzuführen sind. Denn diese geben den Welpen die nötige soziale Sicherheit für das Erkunden, das Spiel und das Nachahmen, kurz für die normale Verhaltensentwicklung«.

Verhaltensstörung

Ich hatte Ihnen im ersten Kapitel von dem jungen Schäferhund berichtet, den wir im Alter von siebeneinhalb Monaten aus einer Großaufzuchtanlage aus Mitleid mitnahmen. Dieser arme Hund hatte alles das nicht erleben und erlernen können, von dem Frau D. Feddersen-Petersen schreibt, dass es für die soziale und hundliche Entwicklung unbedingt erforderlich ist und bei Fehlen dieser Erfahrungen zu schweren Verhaltensstörungen führt. Asco kannte nur den Zwinger, war überhaupt nicht auf Menschen geprägt und sah Menschen nicht als seine Sozialpartner an. Dies ließ sich auch durch viel Verständnis, große Mühen und immerwährende neue Eindrücke kaum mehr nachholen oder rückgängig machen.

Bieten Sie Ihren Hundekindern deshalb viele Anregungen, spielen Sie täglich mehrfach mit ihnen und geben Sie ihnen die Chance, durch Ihr Verhalten, Ihre Zuwendung und die von Ihnen gegebenen Anregungen später bei den neuen Besitzern ein ausgefülltes, sozial sinnvolles und vernünftig auf Hund und Mensch geprägtes Dasein für ein langes Hundeleben führen zu können.

Prägung von Hundewelpen auf die Art Mensch bedeutet täglicher Kontakt mit Menschen, Männern und Frauen oder wie hier Kindern im Welpenauslauf eines Wurfes Rhodesian Ridgeback-Welpen.

Die Übergangsphase (dritte Woche)

Die angesprochenen Phasen stellen jeweils Entwicklungsschritte dar, also keine genau festgelegten Zeitabläufe. Die Phasen sind von Rasse zu Rasse und auch von Wurf zu Wurf unterschiedlich. Sie sollen Anhaltspunkte geben für Entwicklungen, die sich in bestimmten, nacheinander ablaufenden Reihenfolgen vollziehen.

In den ersten zwei Lebenswochen waren die Welpen überwiegend mit Saugen und Schlafen beschäftigt, es war eine Zeit der »inneren Zuwendung« (D. Feddersen-Petersen). Die Augen und Ohren waren geschlossen. Zwischen dem zehnten und dreizehnten Tag beginnen sich die Augen und Ohren zu öffnen. Zuerst erscheinen in den Augenwinkeln kleine Dreiecke, die sich zu einem Spalt erweitern. Dann sind die Augen offen, die kleinen Gesichter gewinnen an Ausdruck. Die Augen sind zuerst trüb und erscheinen blau/grau. Ein zielgerichtetes Sehen ist nicht von Anbeginn an möglich. Zuerst werden Bewegungen wohl als Schatten wahrgenommen. Danach verbessert sich das Sehen täglich. Ebenso

Augen-/Ohren-eröffnung

In den ersten zwei Lebenswochen fressen und schlafen die Welpen nur. Diese Rhodesian Ridgeback-Welpen sind vom Züchter mit unterschiedlich farbigen Bändern zur Unterscheidung gekennzeichnet. Ich bevorzuge Nagellack zur Unterscheidung der Welpen, da die Welpen sich später ggf. mit Bändern verletzen können.

ist es mit dem Hören. Auch hier bemerkt man, wenn man eine Tür öffnet oder Ähnliches, dass die Wahrnehmung täglich zunimmt.

Gleichzeitig mit dem Gesichts- und Hörsinn beginnen die ersten kleinen Zähnchen sich zu zeigen. Man spürt sie, wenn man ganz leicht mit dem Finger durch das Mäulchen streicht. Sie sind nadelspitz und man kann sich gut vorstellen, dass auch die Mutterhündin beim Saugen der Welpen die Zähnchen bemerkt. Meine Hündin Bianca knurrte die Welpen schon einmal ganz kurz an, wenn sie mit den scharfen Zähnen zu fest zupackten. Das Milchgebiss der Welpen entwickelt sich langsam voran und bleibt den Kleinen bis etwa zum vierten Monat erhalten, wenn dann der Zahnwechsel einsetzt und das bleibende Gebiss das Milchgebiss ablösen wird.

Die Welpen machen jetzt ihre ersten unsicheren Gehversuche. Es sieht sehr lustig aus, wenn der viel zu große Kopf hin- und herschwankt, das Gleichgewicht mühsam gehalten und der Versuch unternommen wird, den Po zu heben und auf alle vier Pfoten zu kommen. Der Versuch endet meist kläglich auf dem kleinen Hintern, der Welpe kann gar nicht verstehen, weshalb er immer wieder umfällt. Aber es wird unermüdlich weitergeübt. Und zwischendurch wird auch schon einmal gebellt oder, was noch schöner ist, ein richtiges Wolfsgeheul angestimmt. Oder eines der Geschwister wird ausgiebig benagt: die Öhrchen, das Mäulchen, die kleinen Pfoten oder der Schwanz! So kann der andere nicht weg oder fällt um. Prächtig! Diese ersten Spielversuche sind zu witzig. Man kann stundenlang vor der Welpenkiste verbringen und zusehen.

Die Welpen beginnen jetzt ebenfalls, ohne Mutters Hilfe ihre großen und kleinen Geschäfte zu verrichten. Auch diese ersten Versuche sind putzig, denn es wird gedrückt und gedrückt und man ist doch so unsicher auf den Beinchen, dass man auch schon einmal dabei umfällt.

Bereits in dieser Phase lege ich den Welpen Spielzeug hin: Quietschtiere, kleine Beißringe, kleine Bälle, Lappen und Socken, zusammengebundene und geknotete Seile usw.

Bei der Auswahl des Welpenspielzeugs sind der Phantasie und dem Geldbeutel kaum Grenzen gesetzt. Das Spielzeug darf jedoch nicht scharfkantig, nicht giftig oder so klein sein, dass es verschluckt werden kann. Spielzeug wie diese Beißwurst des Bordeaux Doggen-Welpen ist geeignet und wird die Welpen bis zur Abgabe vom Züchter begleiten.

Unterschiedliches Spielzeug ist für die Entwicklung von Welpen von entscheidender Bedeutung. Diese Irischen Terrier-Welpen finden den Pappkarton für ihre Beute- und Verteidigungsspiele einfach toll.

Die Prägungsphase (vierte bis siebente Woche)

In dieser wichtigen Phase wird der Welpe intensiv auf seine hundlichen Artgenossen und vor allem auf den Menschen geprägt. Eine Prägung ist nur in dieser kurzen, befristeten Zeit möglich. Der Mensch muss sich in dieser Phase viel mit den Welpen beschäftigen, muss mit ihnen spielen, sie Geruchskontakte und Lautkontakte aufnehmen lassen und sie an optische und akustische Einflüsse gewöhnen.

Die Zeitspannen, in denen die Welpen aktiv sind und sich mit der Außenwelt auseinandersetzen, werden täglich länger. Wir lassen jetzt die Wurfkiste offen (nur wenn ich kurzfristig das Haus verlasse, wird ggf. noch einmal zugesperrt) und die Welpen haben Gelegenheit, das gesamte Zimmer zu erkunden. Das tun sie ausgiebig und mit großer Selbstverständlichkeit. Im Zimmer befinden sich eine Couch, Schränke, Tische, Stühle usw. Tagsüber wird schon einmal der Staubsauger angemacht, das Telefon klingelt, es klingelt an der Haustür und abends läuft der Fernseher. Jetzt werden viele Besucher zu den Welpen gelassen: Männer und Frauen und natürlich Kinder, die alle ausgiebig mit den Welpen spielen (nach Schuhwechsel und Händewaschen in Sagrotanlösung).

Das Welpenspielzeug wird ergänzt und jeden Abend eingesammelt. Aus der großen Spielzeugkiste kommt am nächsten Tag etwa die Hälfte in das Welpenzimmer, die andere Hälfte gibt es erst am Tag darauf, wenn das Spielzeug, mit dem gerade gespielt wurde, für den nächsten Tag weggepackt ist. So ist das Spielzeug immer wieder neu und fordert die Welpen zu anderen Spielen heraus. Das Spielzeug ist jetzt durch Papierrollen (von Haushaltspapierrollen) und Pappkartons, die sehr beliebt sind, ergänzt. Hinzu kommen meist alte Schuhe, Lappen, an denen man herrlich ziehen kann, Plastikeimer, die gerollt werden, Holzstücke (zum Beispiel ein durchgesägter Besenstiel) und vieles andere mehr. Ihrer Phantasie sind hierbei keine Grenzen gesetzt. Das Spielzeug darf nur nicht scharfkantig, aus zerreißbarem Plastik (das Auffressen von Plastik ist tödlich!) oder sonst wie verschluckbar sein. Und Welpen knabbern an allem herum und bekommen fast alles kaputt. Seien Sie deshalb bitte vorsichtig!

Das Koordinieren der Bewegungsabläufe verbessert sich täglich, die Welpen werden schneller und die Spiele mit den Geschwistern differenzierter. Jetzt wird das Brüderchen schon einmal ordentlich gezerrt und gezwickt, die Schwester geschüttelt und mit Sturmangriff auf Mama losgerannt, die alles geduldig mitmacht. Die Sicherheit der Hundemutter überträgt sich sehr stark auf das Verhalten der Welpen. Ich lasse die Hündin immer bei den Welpen, wenn Besucher kommen, damit sich die Ausgeglichenheit und die Ruhe, Fremden gegenüber, auf die Welpen überträgt und sie von der Mutterhündin lernen, dass Menschen insgesamt dazugehören, gute Spielpartner und Sozialpartner sind und von ihnen nur Positives ausgeht.

Welpenspiele

Aktivphasen

Wachsen Welpen in dieser Phase isoliert auf, so sind sie als erwachsene Hunde ängstlich und scheu. Fehlen den Welpen in dieser Zeit die Möglichkeiten, lernen zu können, so verebbt der Lerntrieb und ein verhaltensgestörter Hund wird das spätere Ergebnis sein. Daraus folgt für den Züchter die unabdingbare Verpflichtung, sich mit den Welpen intensiv und immer wieder zu beschäftigen. Hiervon hängt die Qualität der Beziehungen zum Menschen insgesamt ab. Diese sensible Phase, in der solche prägungsähnlichen Lernvorgänge stattfinden, hat ihren Höhepunkt zwischen der dritten und siebten Woche, also in der Aufwachszeit beim Züchter. Die in dieser Zeit ablaufenden Lernvorgänge haben Einfluss auf den Motivationsbereich, die spätere Aggressionsbereitschaft, auf die Bindungsfähigkeit, das Geselligkeitsbedürfnis und auf die Fähigkeit des Welpen, sich in eine Gruppe einzugliedern. Der Welpe muss in dieser Zeit viele abwechslungsreiche Einwirkungen haben, viele verschiedenartige Reize, er sollte seine ganze Umwelt kennen lernen können.

Welpenspielzeug

Menschenprägung

21. Betreuung des Wurfes und Welpenaufzucht

Die Entwicklung des Wurfes haben Sie für jeden Welpen in Ihren Welpenblättern festgehalten. Die Mutterhündin kümmert sich rührend um die Kleinen und Sie erfreuen sich täglich an den Fortschritten der Welpen auf dem Weg ins Erwachsenenleben. War die Hündin in den ersten drei Wochen noch sehr wachsam in Bezug auf Fremde und Besucher, so löst sie sich ab der vierten Woche langsam von den Kleinen und ist auch schon einmal froh, wenn sich Besucher mit den Welpen beschäftigen und sie von den nadelspitzen kleinen Zähnchen verschont bleibt.

Welpenauslauf/Welpenspielgarten

Dem Welpenauslauf im Garten, dem Spielgarten für Ihre Welpen, sollten Sie einige Überlegungen und viel Phantasie widmen. Der Untergrund sollte verschiedene Gegebenheiten berücksichtigen: Holzboden, Steinboden, viel Grasfläche, Buddelsand und ungiftige Sträucher und Bäume.

Die Welpen müssen eine zugfreie, gut isolierte Hütte oder Zugang zum Welpenzimmer haben. Ein Gartenhaus oder ein Wintergarten mit Zugang zum Garten sind ideal. Der Gartenauslauf sollte ein Stück Überdachung aufweisen, damit die Welpen auch bei regnerischem Wetter nicht ganz ins Haus müssen. Der Platz unter der Überdachung sollte mit Teppichfußboden oder mit Vet-Beds ausgelegt sein, um den Welpen draußen einen warmen Liegeplatz anzubieten.

Der Garten sollte auch eine Höhle oder etwas Ähnliches erhalten. Unsere Welpen haben alle solche Höhle geliebt und dort gespielt, die Höhle gegen Geschwister verteidigt oder sich dorthin zum Schlafen zurückgezogen.

Bei uns steht im Welpenauslauf eine Holzkiste, in der sich die Welpen ebenfalls verstecken und aus der sie sich gegen Geschwister gut verteidigen können. Besonders beliebt ist der große Kindertunnel in roter Farbe, durch den alle Welpen gern kriechen und den sie ebenfalls als Versteck und zum Hinterherlaufen nutzen. Dann gibt es zum Erkunden und Klettern einen festen Steinhaufen, ein Kletterbrett, eine schiefe Bahn, eine Wippe und mehrere kleine Tunnels aus runden, hohlen Steinen (sog. Pflanzkübel).

Gartenauslauf ist für die Welpenentwicklung ebenso wichtig wie ausreichend gutes Spielzeug. Im Gartenauslauf ist jedoch auf giftige Sträucher und Pflanzen zu achten, da Welpen an allen Sträuchern knabbern werden wie diese Eurasier-Welpen.

Optische und akustische Anreize prägen die Welpen optimal. Hier wurde für Hovawart-Welpen eine Wand mit besten Spielmöglichkeiten wie Schepperdosen, blinkende Disketten und Beute wie Bänderkrake und zusammengeknotetes Laken verwandt.

Welpenspielzeug

Der Garten erhält zusätzlich viel Spielzeug, das ebenfalls fast täglich gewechselt wird. Dazu gehören ein großer Eimer und eine Gießkanne, die auf den Steinen ordentlich scheppern, wenn die Welpen sie durch die Gegend zerren. Täglich kommen neue Pappkartons in den Auslauf, die sehr beliebt sind. Meist wird ein Tuch an einer Balustrade festgebunden, an dem man herrlich ziehen und zerren kann. Oder am Baum wird ein Stück Pansen an einem Seil festgemacht. Beim Zerren daran bekommt man sich schon einmal richtig in die Haare und es wird kräftig geknurrt. Oder der Pansen wird im Stück in den Auslauf gelegt. Dann wird es richtig ernst! Jeder Welpe gönnt dem anderen keinen Bissen und versucht, die Beute in Sicherheit zu bringen. Die anderen Welpen folgen sofort und erwischen meist einen Zipfel. Dann geht das Ziehen erst los! Daneben liegen im Auslauf verschieden große Bälle. Die kleinen Bälle werden weggetragen, die großen werden gerollt, bis man gegen etwas stößt. Auch hier gibt es Quietschtiere, Holzstücke und größere Stöcke. Hinter den Büschen werden oft die erbeuteten Schätze versteckt. Im Sandhaufen und in der Höhle wird gegraben, als wollte man an der anderen Erdseite herauskommen.

Die erste industrielle Welpenmilch kann zum »Milchschlabbern-Lernen« wie bei diesem Wurf Hovawart-Welpen aus Dessertschälchen angeboten werden. Diese Einzelfütterung der Welpen hat zuerst den Vorteil, dass der Züchter überprüfen kann, ob jeder Welpe seinen Anteil erhalten hat.

Zufüttern

Für das Zufüttern gibt es keine genauen Zeitangaben, da die Hündinnen so unterschiedlich viel Milch haben, dass es keine Regeln hierfür gibt. Bei der Hündin Orscha musste immer zwischen dem 11. und 15. Tag zugefüttert werden. Die Hündin Bianca hatte so viel Milch, dass sie die Welpen auch bis zur Abgabe hätte säugen können. Das geht jedoch nicht, da die Welpenkäufer einen Hund übernehmen müssen, der an Futter und nicht an Muttermilch gewöhnt ist. Deshalb wurden die Welpen der Hündin Bianca in der vierten Woche zugefüttert (25. bis 28. Tag).

Die Zufütterung beginnt bei uns immer mit Welpenmilch. Muss man vor dem 15. Tag zufüttern, so muss die sehr feinkörnige Milch wie Mammilac, Ipevet, Welpilac oder entsprechende Welpenmilch genommen werden. Hierbei hatte ich nie Verdauungsstörungen bei den Kleinen. Sind die Welpen über drei Wochen alt, wenn sie die erste Milch erhalten, so kann die grobkörnige Milch ab 21. Lebenstag der Welpen genommen werden. Die Milch ist jeweils sehr hoch proteiniert, so dass es vorkommen kann, dass die Welpen sie nicht so gut vertragen. Ich war einmal fürchterlich erschrocken, als meine Hundekinder nach der ersten Milchmahlzeit reichlich gelben Schaum machten, was durch zu hohen Proteingehalt hervorgerufen wurde. Ich versetzte die Milch mit etwas Haferflocken und der Schaden war behoben. Ich rate Ihnen, immer die industrielle Welpenmilch zu verwenden, da sie alle für die Kleinen wichtigen Inhaltsstoffe enthält. Hier ist das Selbstherstellen von Milch durch Kuhmilch mit Zusätzen eine denkbar schlechte Lösung und bedeutet »sparen am verkehrten Ende«.

Das Milchschlabbern lernen die Welpen bei uns aus flachen Dessertschälchen. Die angewärmte Welpenmilch wird in ein solches Schälchen gegossen, ein Welpe auf den Arm genommen, ein Finger in die Milch getaucht und dem Hundekind ins Mäulchen gesteckt. Jetzt nimmt der Welpe den Geruch und Geschmack der Milch auf und wird ganz aufgeregt. Der Milchfinger kommt näher an das kleine Mäulchen, das Schälchen ist jetzt vor

Trotz Zufütterung sollen die Welpen wie diese Rhodesian Ridgeback-Welpen möglichst vor den Züchtermahlzeiten bei der Hundemutter saugen, so lange diese das Säugen zulässt.

dem Kleinen und dann beginnt er meist heftig und gierig zu schlabbern. Das Festhalten des Welpen ist deshalb notwendig, da er sonst vor Aufregung über den Milchgeruch in das Schälchen steigen würde oder durch seinen Milchtritt das Schälchen umstoßen könnte. Auch Milchschlabbern muss gelernt werden!

Einige Welpen lernen hier schneller als andere, einige sind richtige kleine Schweinchen und brauchen recht lange, um zu lernen, wie man selbständig trinkt. Aber nach etwa drei Mahlzeiten können es die Babys und alle warten schon ungeduldig bei der nächsten Mahlzeit.

Milch wird bei uns zuerst abends und nur einmal am Tage zugefüttert, da die Milchleistung der Mutterhündin durch das Zufüttern rapide zurückgeht. Außerdem möchte ich mich vergewissern, dass das Zufüttern auch vertragen wird. Nach drei Tagen wird zweimal täglich zugefüttert. Nach weiteren zwei Tagen kommt die erste Fleischmahlzeit dazu. Das ist ein Ereignis! Es gibt Hackbeef aus der Hand. Auch hierbei wird jeder Welpe einzeln gefüttert, damit auch alle ihre Portion erhalten. Die erste Fleischmahlzeit gibt es abends vor dem Schlafengehen (22.00 Uhr-Mahlzeit). Und denken Sie daran, dass Fleisch niemals mit Milchmahlzeiten zusammen gegeben werden darf. Sie haben sonst schlimme Durchfälle bei ihren Welpen. Das Fressen von Hackbeef müssen unsere Welpen nicht erst lernen. Im Gegenteil müssen wir auf unsere Finger achten, sonst werden die gleich noch mit gefressen. Der Geruch von Fleisch ist ihnen angeboren und während ein Geschwisterchen sein Fleisch auf meinem Arm erhält, machen die, die ihre Mahlzeit schon erhalten haben, fürchterliches Theater. Sie versuchen, hochzuklettern, drängen die anderen weg und wollen mehr von dieser tollen Mahlzeit erhalten.

Fleisch ohne Zusätze gibt es meist drei Abende lang. Dann erhalten die Welpen um 18.00 Uhr eine Mahlzeit aus Flocken (Haferflocken) mit Hackbeef. Da sie ja schon selbst aus Schüsselchen fressen können, ist diese Umstellung kein Problem mehr.

Habe ich beim Zufüttern doch Bedenken oder tritt gar ein Durchfall bei der Umstellung auf, so gebe ich nach Angaben des Herstellers Stullmisan, ein hervorragendes Mittel, um solchen Umstellungsschwierigkeiten vorzubeugen. Stullmisan ist rein pflanzlich und gehört in jede Hundeapotheke, da es auch später bei Futterumstellungen oder Fütterungsfehlern unschätzbare Dienste leistet und die Durchfälle immer sofort stoppt.

Stullmisan enthält natürliche Gerbstoffe, entgiftet Magen und Darm, regt die Tätigkeit der Verdauungsdrüsen und die Fresslust an. Es ist mit seinen Spurenelementen wirksam gegen Magenerkrankungen und kräftigt die Konstitution.

Die Mutterhündin säugt die Welpen zwischendurch weiter, so oft sie mag.

Futterschüsseln

Futter sollte in Metall- oder Steinzeugschüsseln angeboten werden. Plastikschüsseln dürfen nicht verwendet werden, da sie zu Lefzenentzündungen und Lefzenekzemen führen. Die Futterschüsseln können größer sein, so dass immer gleichzeitig mehrere Welpen fressen können oder Einzelschüsseln in einem Gestell aus Holz oder Metall eingesetzt werden, so dass jeder Welpe sein eigenes Schüsselchen hat. Der Vorteil eigener Schüsseln für jedes Hundekind besteht darin, dass Sie selbst einen guten Überblick haben, ob jeder einzelne Welpe seine Mahlzeit auch gefressen hat. Sie werden allerdings feststellen, dass an einem Tag der eine

Fleischzufütterung

Welpe mit riesigem Appetit alles Erreichbare vertilgt und sogar noch in den Schüsseln der Geschwister ausgiebig Nachlese hält, dass dieser Welpe jedoch am nächsten Tag mäkelt und seine Portion nicht einmal ausfrisst.

Diese Unterschiede gleichen sich immer wieder aus und Sie müssen erst dann stutzig werden und handeln, wenn ein Welpe zwei oder drei Tage lang nicht richtig zu- oder gar abnimmt.

Die Futterschüsseln werden immer nach spätestens zehn Minuten weggenommen, unabhängig davon, ob die Welpen alles aufgefressen haben oder nicht. Haben sie nicht alles leer gemacht, so war die Portion zu groß. Ist alles viel zu schnell alle, so können Sie die Menge etwas erhöhen.

Durchfallauslöser

Die anschließende gründliche Reinigung der Futterschüsseln ist eine Selbstverständlichkeit und wegen der Gefahr von Durchfällen unbedingt notwendig. Nicht aufgebrauchtes Futter darf bei uns immer die Mutterhündin nach der »Raubtierfütterung« der Kleinen bekommen. Aber bitte nicht im Welpenzwinger, denn sonst würde die Hündin die Welpen sehr stark bestrafen, wenn einzelne dann doch noch einmal versuchen würden, einen Happen abzubekommen.

Das Hackbeef wird nach etwa drei bis fünf Tagen durch vom Schlachter durchgedrehtes Rinderherz und anschließend grünen durchgedrehten Pansen ersetzt. Rinderherz und Pansen werden in der siebten und achten Woche zu den Mittags- und Nachmittagsmahlzeiten immer abgewechselt.

Wenn Sie die Welpen im Garten haben, müssen Sie je nach Jahreszeit auf Büsche und Bäume achten, die Ihren Welpen sonst leicht Verdauungsprobleme machen können. Ein Pflaumenbaum, von dem die reif werdenden Pflaumen hinunterfielen, machte mir in einem Wurf Kummer. Ich dachte, ich hätte immer alle abfallenden Pflaumen weggesammelt, aber die Welpen hatten einer nach dem anderen sehr dünnen bis flüssigen Stuhlgang. Ich machte mir Gedanken, wodurch dies hervorgerufen werden könnte, als ich in einem dünnflüssigen Häufchen fünf Pflaumen-

Welpen mögen auch schon Kaustangen aus Pansen wie dieser

Border Collie-Welpe. Welpen sollen vieles kennen lernen, womit sie der neue Besitzer füttern wird, ohne damit Probleme zu bekommen wie Durchfälle usw.

steine fand. Da wusste ich Bescheid. Die Pflaumen waren süß und die Welpen mochten sie sehr. Ähnlich erging es einer Züchterin unseres Vereins. Sie hatte im Welpenauslauf neben dem Wintergarten einen Kirschbaum stehen, der ausgeblüht hatte und jetzt die nicht bleibenden Fruchtansätze der Kirschen abwarf. Die Züchterin rief mich an, weil sie sich den bestehenden Durchfall nicht erklären konnte. Es dauerte einige Tage, bis sie darauf kam, dass die Welpen diese Kirschfruchtstände fraßen. Da Kirschblätter und Stiele auch als Abführmittel gelten, hatten die Welpen den Durchfall durch das Fressen und Herumkauen auf den Kirschfruchtständen bekommen.

Ab der siebten Woche füttere ich so, wie die Welpenkäufer nach Abholen ihrer Hundekinder weiterfüttern sollen und fertige dafür einen Fütterungsplan.

HOVAWART - ZUCHT
>> VON GODEWIND <<

FÜTTERUNGSPLAN

Alter bis 4 Monate	morgens ca. 7 - 8 Uhr	Quark oder Hüttenkäse/Joghurt und normale Haferflocken (vorher eingeweicht / aufgekocht), 1 Teelöffel Honig, 1 Msp Kieselerde oder Pellets der Fa. Royal Canin Maxi Junior
	mittags ca 13.00 Uhr	Pellets der Fa. Royal Canin Maxi Junior (Menge nach Angabe des Herstellers und in warmem Wasser eingeweicht). 1 Teelöffel Diestelöl (kaltgepreßt) 1 x wöchentlich 1 Eigelb
	nachmittags ca. 18.00 Uhr	wie mittags
	abends ca. 22.00 Uhr	Pellets der Fa. Royal Canin Maxi Junior oder Premium Vollnahrung für Welpen nach Angaben des Herstellers, z.B.: Royal Canin Maxi Puppy, Happy Dog, Vet-Concept, (in wenig Wasser einweichen, damit der Hund nachts nicht so oft raus muss).
Alter über 4 Monate		Abendfütterung weglassen
Alter über 7 Monate		nur noch 2 x täglich (wie mittags)
gilt immer		als "Leckerli" Bierhefetabletten verwenden. Mit etwa 12 Wochen beginnend "Canosan-Kur" o.ä. zur Stärkung des Bindegewebes durchführen
gilt immer		Eine Schüssel mit frischem Wasser muß immer bereitstehen. Die Mengen im ersten Lebens-Halbjahr dem Appetit des Hundes anpassen. Das Futter wird nach spätestens 10 Minuten unbedingt weggestellt oder nachdem der Hund das Fressen beendet hat. Im ersten Lebensjahr des Hundes sollte Futter so oft wie möglich aus der Hand gegeben werden (positive Stärkung der sozialen Bindung)

Nach jedem Fressen und sofort nach dem Schlafen oder Spielen muß der Welpe ins Freie zum Erledigen seiner "Geschäfte".
Wenn der Welpe "fiept", braucht er unbedingt Ruhe und muß schlafen (sonst wird er psychisch geschädigt und wird nervös). Kinder haben den Hund in seiner Ruhephase absolut in Ruhe zu lassen und dürfen nicht an den Futternapf des Hundes!!!

Impfungen: Deckblatt des Impfpasses beachten !
(Nachimpfungen in der 12. und 16. Woche, danach 1 x jährlich)

Entwurmen: Der Hund ist 3 x beim Züchter entwurmt worden, letztmals in der 8. Woche. Danach ist der Hund mindestens 2 x im Jahr zu entwurmen, sofern Kinder im Hause sind ggf. öfter.

Füttplan.doc
05.07.06

Welpen sollten immer so lange sie es mögen Welpenmilch erhalten. In der Welpenmilch sind alle Stoffe, die der kleine Hundekörper zum Wachsen braucht, enthalten. Ich versuche, den Welpen bis zu einem oder sogar anderthalb Jahren eine Morgenmahlzeit aus Welpenmilch anzubieten. Die Morgenmahlzeit sollte zwischen 07.00 Uhr und 08.00 Uhr gegeben werden. Die Uhrzeiten sind bei mir Zeitspannen, denn die Welpen und Junghunde müssen nicht sklavisch auf die Minute genau ihre Mahlzeiten erhalten. Allerdings sollte die Mahlzeit möglichst in der angegebenen Zeitspanne liegen. Die kleinen Hundekörper haben eine »innere Uhr« und wissen nach ihrem Hungergefühl ganz genau, ob sie wieder mit Füttern dran sind. Damit die Milch etwas länger vorhält, werden Haferflocken, Quark (oder Hüttenkäse oder Joghurt) und Honig beigegeben. Eine Messerspitze Kieselerde sorgt dafür, dass Fell und Haut usw. gut wachsen können.

Morgenmahlzeit

Mittagsmahlzeit

Mittags ist die wichtigste Mahlzeit. Jetzt erhalten die Welpen Welpenflocken (Vollflocken; wichtig: ohne Fleischzusätze mit sehr geringem Proteingehalt) und frischen grünen Pansen oder Rinderherz, beides jeweils durchgedreht, und gegartes Gemüse. Ich füttere den Pansen roh, nur bereits vom Schlachter zerkleinert. Da ich meinen Schlachter gut kenne und weiß, dass nur heimische Rinder verarbeitet werden, füttere ich roh. Ich tue dies nun fast zwanzig Jahre ohne Probleme. Die Welpen lieben ihren Pansen und lassen alles andere dafür stehen. Das Gemüse muss allerdings gegart oder gekocht werden, da Hundemägen rohes Gemüse nicht aufschließen können. Ganz wichtig ist dann das Knochenmehl.

Das Fressen der Welpen am Metallring ist für die Welpen und den Züchter die idealste Lösung wie bei diesem Wurf Irischer Terrier. So entsteht ein gewisser »Futterneid« und alle fressen gut.

Es ist für den Knochenaufbau der Welpen unerlässlich. Sie können auf jede Fleischmahlzeit einen Esslöffel Knochenmehl geben. Knochenmehl kann von den Welpen direkt und ohne Umwandlung zum Knochenaufbau richtig eingelagert werden. Das ist sehr wichtig. Industrieller Kalkzusatz, zum Beispiel eine Mineralstoffmischung, kann meist so nicht in den kleinen Hundekörpern eingelagert, sondern muss zuvor umgewandelt werden. Das ist zum Teil wegen noch nicht ausreichend gebildeter Enzyme im Welpenkörper nicht möglich, so dass trotz Zufütterung von Mineralstoffen Mangelerscheinungen bis hin zur Rachitis oder Falscheinlagerung der Mineralstoffe in den Knochen auftreten. Und das, obwohl der Züchter oder Welpenkäufer meint, er hätte mit den industriellen Zusätzen alles erdenklich Gute für gesundes Wachstum getan. Industrielle Zusätze, die für Vögel, Meerschweinchen, Katzen und Hunde aller Größen gut sein sollen, müssen Ihre Zweifel wecken! Für den Knochenaufbau der Welpen ist neben dem richtigen Verhältnis von Calcium und Phosphor auch die richtige Menge von Vitamin A und D 3 wichtig. Alle Zufütterungen von Vitaminpräparaten sind für die Welpen sehr schädlich und müssen bei allen Fertigfuttern unterbleiben. Im Knochenmehl ist alles für den Knochenaufbau Brauchbare in den richtigen Mengen und Verhältnissen sowie direkt einlagerbar enthalten. Heute bieten jedoch viele Hersteller Welpenfutter auf das jeweilige Welpenalter und die spätere Endgröße der Hunderassen abgestimmt an, was ebenfalls von hoher Qualität ist und gut von den Welpen vertragen wird (zum Beispiel nach der Welpenmilch sog. »Starter-Futter«, die dem Kinderbrei entsprechen und danach »Junior-Futter«).

In das Mittagsfutter gehört ebenfalls ein Teelöffel voll guten Speiseöls, am besten geeignet ist kalt gepresstes Diestelöl. Auch dieses kalt gepresste Diestelöl ist so direkt vom kleinen Hundekörper zu verarbeiten. Andere Öle müssen erst umgewandelt werden. Einmal in der Woche erhält der Welpe ein Eigelb unter seine Mittagsmahlzeit gerührt.

Nachmittags gegen 18.00 Uhr erhält er das gleiche Futter wie zur Mittagsmahlzeit.

Bei der Wurfabnahme wird jeder Welpe einzeln wie dieser

Abendmahlzeit

Zur Abendmahlzeit gegen 22.00 Uhr erhalten meine Welpen Premium Vollnahrung für Welpen, so genannte Welpenkügelchen. Diese werden von verschiedenen Herstellern angeboten. Solange die Welpen bei mir sind, weiche ich die Kügelchen in Wasser ein, damit die Welpen nicht anschließend viel Wasser trinken und die gesamte Menge Kügelchen und Wasser in ihrem Magen klumpt. Wichtig ist, dass der Züchter die Futtersorten auch schon für die Welpen häufig wechselt, damit die Kleinen nicht an ein Futter (Geschmacksstoffe sollen die Hunde bei einer Futtersorte halten!) zu sehr gewöhnt sind. Futter sollten immer nach einem, spätestens zwei Futtersäcken gewechselt werden, damit schädliche Stoffe in den Futtern keine Gelegenheit haben, zu lange auf den Hundekörper einzuwirken und so Schäden oder Krankheiten hervorzurufen.

Als Leckerli zum Belohnen aller meiner Hunde, also auch der Welpen, verwende ich Bierhefetabletten, die ebenfalls für Fell und Haut sehr wichtig sind und von unseren Hunden ausgesprochen gern genommen werden. Im Alter von etwa zwölf Wochen sollte der Besitzer des jungen Hundes eine »Kur« mit einem vom Tierarzt erhältlichen Mittel zur Stärkung des Bindegewebes durchführen.

Berner Sennenhund vom Zuchtwart auf gesundheitliche und standardgemäße Fehler untersucht.

Wurfabnahme

In der achten Woche wird es für die Welpen recht anstrengend. Zuerst werden sie erneut entwurmt. Da nicht alle Welpen das Wurmmittel gleich gut vertragen, lassen wir nach dem Entwurmen den Kleinen zwei Tage Ruhe. Dann folgt die Mehrfachimpfung. Hiernach sind die Welpen meist auch etwas beeinträchtigt, sie toben nicht ganz so stark und fühlen sich nicht ganz so gut wie zuvor. Deshalb folgen auch jetzt wieder zwei Tage Ruhe und Erholung. Dann kommt der Zuchtwart des Vereins zur Wurfabnahme. Das ist wieder ein ungewöhnlicher und aufregender Tag.

Für die Wurfabnahme sind bei uns im Verein entwickelte Formblätter zu benutzen. Die allgemeinen Gegebenheiten des Wurfes, die erneute Angabe der Elterntiere, des Zwingers (FCI-geschützt seit ... usw.) sowie alle grundsätzlichen Angaben zu den Welpen des Wurfes, zum Gesamteindruck, dem Pflegezustand der Welpen und der Mutterhündin, den Aufzuchtsbedingungen und dem Zustand der Hündin insgesamt müssen zuerst vermerkt werden.

Danach ist für jeden einzelnen Welpen ein Wurfabnahmeprotokoll auszufertigen, das später vom Zuchtwart, vom Züchter und vom Welpenkäufer zu unterschreiben ist und in dem alle den Welpen betreffenden Feststellungen genauestens zu vermerken sind. Jeder Welpe wird vom Zuchtwart auf Körperbau, Augen, Gebiss, Behang, korrekten Nabel, das Vorhandensein der Hoden, die Pigmentierung,, die Fellstruktur und Fellfarbe sowie Abweichungen genauestens untersucht.

Das Verhalten jedes Welpen wird vom Zuchtwart vom Betreten des Raumes an genauestens beobachtet, Bemerkungen aufgeschrieben und alle Besonderheiten registriert. Der Zuchtwart testet die Welpen dann auf akustische und optische Einflüsse, indem mit einem Eimer gescheppert wird, ein Besen umfällt, eine Ratsche und Quietschtiere bewegt werden usw. Das Beuteverhalten wird mit einem Tuch oder Strumpf getestet und ein großes Kinderauto und ein sehr großer Ball werden vor den Welpen gerollt. Sein soziales Verhalten zum Zuchtwart als fremder Person wird genauso beobachtet wie sein Spielverhalten mit der Mutter und den Geschwistern.

Tätowieren

Wurfabnahmeprotokoll

Dann folgt ggf. noch das Tätowieren (viele VDH-Vereine lassen ihre Welpen nur noch Chippen,

s. Seite 228). Dies ist für alle die unangenehmste Angelegenheit und wird zügig erledigt, damit alle Welpen wieder froh und unbekümmert weiterspielen können. Das Verhalten der Welpen beim Tätowieren ist immer sehr unterschiedlich. Einige sagen nichts, wenn die Tätowierzange ins Öhrchen gedrückt wird, andere schreien fürchterlich und wieder andere wehren sich wie kleine Teufelchen; jeder nach Temperament und Durchsetzungsvermögen. Eine Aussage für die Zukunft lässt sich anhand der Tätowierreaktion nicht treffen.

EU-Heimtier-ausweis

Die Wurfabnahme dauert zwischen drei und fünf Stunden, je nach Anzahl der Welpen. Nach diesem aufregenden Tag müssen die Welpen in unserem Verein noch mindestens zwei weitere Tage beim Züchter bleiben, bevor sie dann an die neuen Besitzer abgegeben werden können.

Mikrochip/ Transponder

Der ISO-Transponder/Mikrochip hat Reiskorngröße und wird mit Hilfe dieses Spritzeninjektors (der Chip befindet sich in der vorderen Kanüle) in die linke Halsseite des Welpen eingebracht. Der Hund ist so eindeutig zu identifizieren.

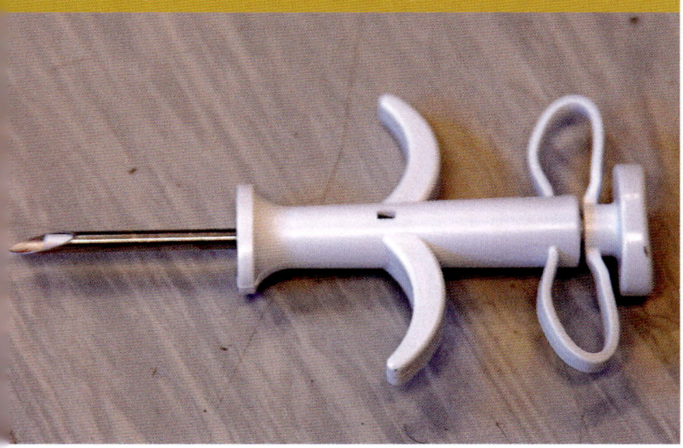

Mikrochip (Transponder)

Seit dem 03.07.2004 mit einer Übergangsfrist bis zum 01.10.2004 müssen Heimtiere, also auch Hunde, nach der neuen EU-Verordnung zum EU-Heimtierausweis mit einem Transponder (Mikrochip) gekennzeichnet sein. Dies bedeutet für Hunde, die nach den genannten Daten innerhalb der Europäischen Union »grenzüberschreitend verbracht« werden, dass ein Pass nach einheitlichem Muster mitgeführt werden muss. Dieser Pass muss dem Tier eindeutig zugeordnet werden können, das heißt, das Tier muss mittels Mikrochip und/oder Tätowierung identifizierbar und die Kennzeichnungsnummer im Pass eingetragen sein. Diese neue Regelung sowie die eindeutig schmerzfreiere Markierung der Welpen mit Mikrochip (Transponder) hat dazu geführt, dass zum Beispiel die Schweiz für alle Rassehunde und in Deutschland eine Vielzahl der Rassehundezuchtvereine anstelle des Tätowierens nur noch den Mikrochip (Transponder) zur Identifizierung der Welpen zulässt und anerkennt.

Mikrochips (Transponder) sind keine neue Technologie, doch seit einigen Jahren sind sie verkleinert (miniaturisiert) und vor allem standardisiert, so dass sie weltweit gelesen werden können. Der reiskorngroße Transponder enthält einen Mikrochip und eine Antenne und wird ohne Narkose auf der linken Halsseite des Welpen / Hundes zwischen Ohr und Schulter subkutan (unter die Haut) unter aseptischen Bedingungen injiziert. Er verwächst mit dem Gewebe und ist für das Tier nicht spürbar. Der Nummerncode (Identifikationsnummer) auf dem Mikrochip ist für jedes Tier weltweit einmalig. Mit Hilfe eines Lesegerätes kann die Identifikationsnummer schnell und jederzeit abgerufen werden. Der Welpe wird nach dem Einsetzen eines Chips (Transponders) neben der Registrierung im Rassehundezuchtverein bei einer Datenbank (z.B. Haustierzentralregister Tasso e.V. oder Anis) registriert, damit im Verlustfall der Hund zurückvermittelt werden kann.

Die Zuchtwarte der Vereine prüfen heute bei Mikrochips nur noch mit Hilfe eines Lesegerätes, ob die im Zuchtbuch und Impfpass eingetragene Transpondernummer mit dem eingesetzten Mikrochip übereinstimmt.

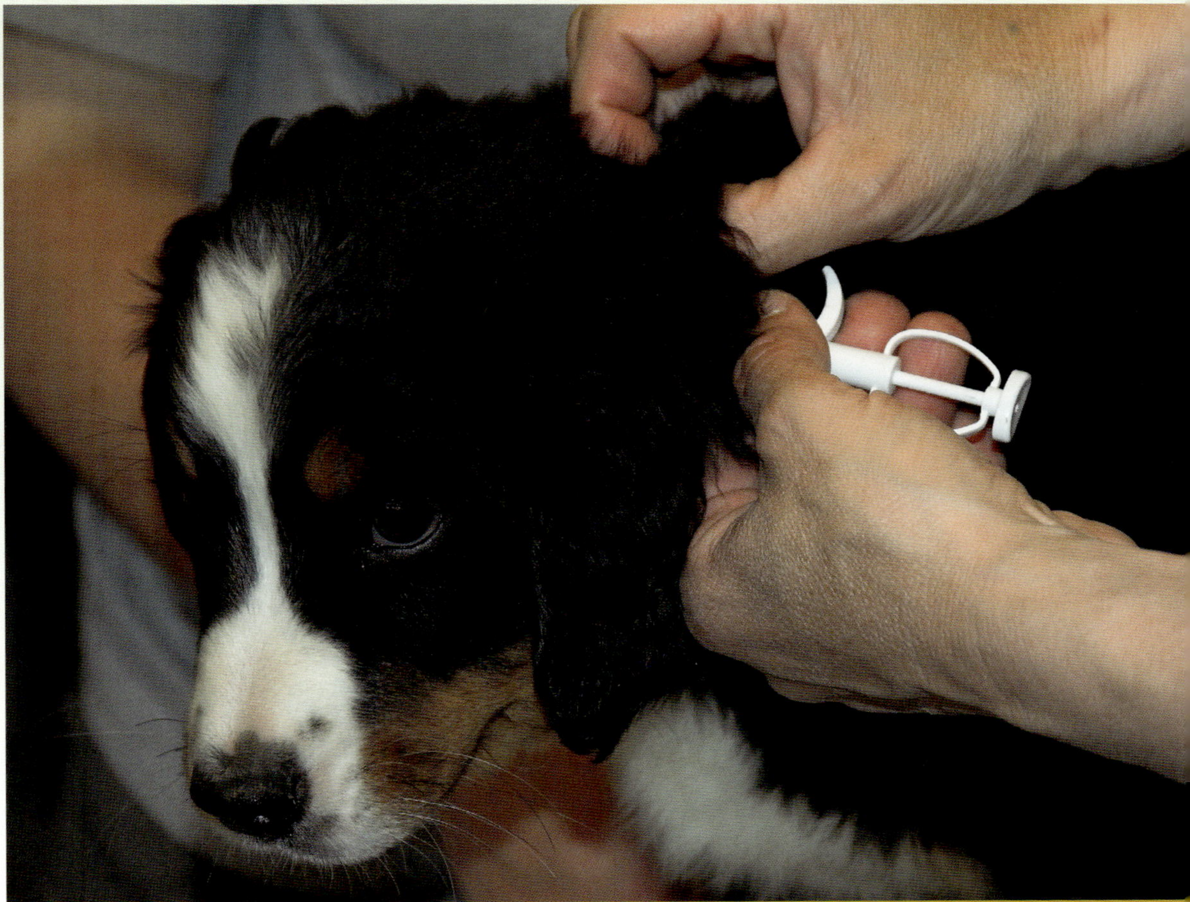

Das Chippen ist für Welpen wie diesen Berner Sennenhund viel weniger schmerzhaft als das frühere Tätowieren.

22. Welpenabgabe

Vorbereitung des Käufers und des Welpen

Unsere Hundekinder werden in den ersten vier bis fünf Wochen den Welpeninteressenten zugeteilt, denen ich als Züchter mit Überlegung und Überzeugung einen Hund anvertrauen möchte. Mir ist der Verkauf nur sehr nebensächlich, denn ich suche gute Unterbringungsmöglichkeiten bei netten Hundeleuten für die Dauer von etwa dreizehn Jahren für jeden unserer Welpen. Nach diesen Kriterien suche ich die Welpeninteressenten aus.

Welpenkäuferfamilie

Sind wir uns dann einig, dass Franka oder Felix oder Gitte oder Glena zu Herrn und Frau X. kommen sollen, so beginnt die Vorbereitung des Welpeninteressenten auf das neue Familienmitglied. Jeder oder jede Familie kann ihr zukünftiges Hundekind so oft es möglich ist, besuchen. Deshalb sind bei uns in der Welpenaufzuchtszeit oft nachmittags bis zu zwanzig Personen im Garten, die mit den Welpen spielen. Ich möchte immer die gesamte Familie kennen lernen, in die ich einen Hund geben werde. Alle müssen sich auf den Familienzuwachs freuen und schon eine Bindung zu dem kleinen Kerl aufbauen. Wird die Mutter neben der Arbeit mit den Kindern auch noch einen Welpen verkraften? Möchte der Vater etwa nur ein Sportgerät? Werden die Kinder gut mit dem Welpen umgehen und bekommen sie Bescheid, wenn sie zu den Welpen zu ruppig sind? Ich beobachte alle sehr genau, beobachte auch die Hundemutter in ihren Reaktionen zu den Welpeninteressenten, sehe, ob mit den Welpen richtig und ohne Rücksicht auf Pullover und Hosen gespielt wird oder welchen Stellenwert diese Dinge haben. Bei einem einzigen Besuch können alle noch ihr Sonntagsgesicht aufsetzen, aber bei Besuchen drei oder viermal in der Woche ist das schon schwieriger. Ich erkläre den künftigen Wel-

Der Welpenkäufer sollte in der Aufzuchtsphase beim Züchter so oft wie möglich Körperkontakt mit seinem Welpen haben wie hier der Weimaraner-Welpe mit seinem glücklichen neuen Besitzer.

penbesitzern bei jedem Besuch etwas. Zuerst wird über Hundeverhalten und Wolfsverhalten gesprochen, das Welpenerziehen der Mutterhündin genau erklärt, die Beißspiele der Welpen untereinander und was man tut, wenn der Schnürsenkel das dritte Mal aufgezogen wurde oder wie man einen Pullover vor den spitzen Zähnen rettet.

Einen breiten Raum nehmen dann Fragen der Fütterung ein. Jetzt wird anhand des Fütterungsplanes genau erklärt, was der Welpe im neuen Zuhause erhalten soll, warum einzelne Dinge so wichtig sind, und die Welpeninteressenten können alle ihre Fragen stellen. Und da sind immer sehr viele Fragen zur Fütterung. Der Fütterungsplan wird dann schon mitgegeben, damit jeder Käufer versuchen kann, ob er die angegebenen Futtersorten bei sich zu Hause erhalten kann oder nicht. Ich staune immer, wenn ich den Fütterungsplan mitgegeben habe, wie viele Fragen sich daraus bis zum nächsten Besuch ergeben haben.

Über Lob und Tadel wird ebenfalls ausgiebig gesprochen. Auch darüber, was als Lob oder Tadel angemessen sein könnte. Ich empfehle den Welpeninteressenten auch schon gute Literatur zur ersten Erziehung, was sich im Vorfeld des Welpenerwerbs als sehr hilfreich und nützlich erwiesen hat. Wer vor dem Besitz des Welpen sich schon über Erziehungsfragen informiert hat, wird dann, wenn der Welpe ins Haus kommt, weniger Fragen und Probleme haben.

Die Welpeninteressenten werden über Entwurmungen und durchgeführte Impfungen unterrichtet. Anhand des Impfpasses und des dort eingeschobenen Merkzettels wird erläutert, wann die nächste Impfung und Entwurmung durchgeführt werden müssen. Die Wirksamkeit der Impfungen wird besprochen und dass der Welpe in den ersten vierzehn Tagen beim neuen Besitzer möglichst wenig vom Grundstück soll, da der Impfschutz sich in dieser Zeit erst aufbaut und die Gefährdung des Welpen durch Ansteckung sonst zu groß wäre. Hundekinder sind genauso empfindlich wie Menschenkinder!

Für die spätere Entwicklung des Welpen auch beim neuen Besitzer ist die Anwesenheit eines Rüden neben der Mutterhündin wie dieser Bordeaux-Doggen-Rüde mit einem Wurf und Käufern eine sehr gute Erfahrung. Selbst die Welpenkäufer können sich die spätere Größe und das Verhalten des von ihnen gewählten männlichen Welpen so viel besser vorstellen.

Schlafplatz

Erziehungsfragen

Über den Schlafplatz des neuen Hausgenossen muss auch intensiv gesprochen werden. Natürlich wird der Welpe seine Mutter und noch viel mehr seine Geschwister vermissen. Er hat sonst immer in diesem vertrauten Kreis geschlafen und soll nun plötzlich allein in die Küche gesperrt schlafen! Das muss Geschrei und Geheul in der neuen Umgebung geben. Wer nicht alle Türen offen lassen will und vielleicht auch den Welpen nicht im Schlafzimmer (was auch viele Vorteile bietet) haben möchte, der tut gut daran, in dem Raum, in dem der Welpe schlafen soll, eine Liege aufzustellen und dort einige Nächte bei dem Hundekind zu schlafen. Der Welpe wird sich so schneller und besser mit der neuen Umgebung vertraut machen, wird sich ohne Geschwister schneller wohl fühlen, denn dann hat er ja Sie. Er wird sich auch in der Nacht immer einmal wieder überzeugen wollen, ob Sie noch da sind und ob er nicht auch Sie verloren hat. So wird die Eingewöhnung im neuen Zuhause stressfreier und unproblematischer für Hund und Mensch ablaufen.

Über Spielzeug, Wasserschüssel, Kämmen und Baden, Ruhezeiten und Anstrengungen muss geredet werden. Der Welpeninteressent muss die Möglichkeit haben, alle Fragen ansprechen zu können, die er hat und die ihm wichtig erscheinen. Dies ist alles viel einfacher, wenn der Welpeninteressent sehr oft bei Ihnen ist, mit seinem Hundekind spielt und sich schon richtig an den kleinen Kerl gewöhnen kann.

Aber auch der kleine Hund muss auf die Abgabe vorbereitet werden. Alle Welpen erhalten bei uns in den letzten zwei Wochen vor der Abgabe kleine Hundehalsbänder oder Hundegeschirre für einige Zeit an jedem Tag um. So sind die Welpen an Halsbänder gewöhnt, wenn sie uns verlassen und verknüpfen diesen ersten Zwang nicht gleich mit dem neuen Besitzer. Auch Autofahren wird bei uns geübt, da es sich in Gemeinschaft mit den Geschwistern viel besser erträgt. Die Welpen werden erst nur im Rudel ins Auto gesetzt. Beim nächsten Mal wird der Motor angelassen, wenn die ganze Bande im Auto sitzt. Das folgende Mal ist bereits mit einer kleinen Ausflugsfahrt verbunden. So sind das Auto und die Motorengeräusche den Welpen vertraut und mit den Geschwistern gemeinsam lernen ist viel unproblematischer als allein und dann noch mit neuen Menschen, neuen Geräuschen, neuen Gerüchen usw.

erste Autofahrt

Kaufvertrag/Gewährleistungsrecht

Kaufvertrag

Über den Kauf bzw. Verkauf des Hundes wird mit dem Welpeninteressenten ebenfalls ausführlich diskutiert. Da Hunde immer noch nach dem BGB (Bürgerliches Gesetzbuch) Sachen im Sinne des Gesetzes sind, sind diese Gegebenheiten in einem Kaufvertrag zu berücksichtigen. Dem Käufer wird erläutert, dass der Welpe nach den Bestimmungen des Vereins und des Verbandes für das Deutsche Hundewesen (VDH) gezüchtet wurde. Da der VDH richtigerweise das Impfen der Welpen vor der Abgabe vorschreibt, müssen auch die Impfungen im Kaufvertrag verankert sein. Eine Zusage auf eine spätere Zuchttauglichkeit des Welpen kann nicht gegeben werden, preismindernd sind in unserem Verein nur solche Mängel, die der Zuchtwart im Wurfabnahmeprotokoll festgehalten hat und die deshalb auch vom Züchter durch Unterschriftsleistung anerkannt sind (zum Beispiel verkürzte Unter- oder Oberkiefer usw.). Der Käufer des jungen Hundes verpflichtet sich im Kaufvertrag, den Hund auf HD (Hüftgelenksdysplasie) röntgen zu lassen, den Hund mindestens einmal auf einer Kör- und Schauveranstaltung vorzustellen, dem Verein als Mitglied beizutreten sowie den Hund nicht an Hundehändler zu verkaufen oder für Tierversuche abzugeben und nicht als Kettenhund zu halten sowie außerhalb des VDH stehenden Vereinigungen nicht zu Zuchtzwecken zur Verfügung zu stellen.

Jeder Käufer möchte ein gesundes Tier erwerben und hat Verständnis dafür, dass das Röntgen und Vorstellen auf Schau- und Körveranstaltungen der Überprüfung der Gesundheit und damit dem Schutz nächster Generationen dient.

Der Kaufvertrag räumt dem Züchter des Hundes ausdrücklich ein Vorkaufsrecht an dem Hund ein, wenn der Weiterverkauf des Hundes unabwendbar wird.

Gewährleistungsvorschriften

Seit dem 01.01.2002 haben sich die Gewährleistungsvorschriften beim Verkauf von Sachen und somit auch beim Verkauf von Hundewelpen erheblich geändert.

Wesentliche Änderungen sind unter anderem:

- Verlängerung der Verjährungsfrist von sechs Monaten auf zwei bzw. drei Jahre
- Recht des Käufers auf Nacherfüllung
- Beweislastumkehr in den ersten sechs Monaten nach der Übergabe bei Verkauf von einem Unternehmer an einen Verbraucher
- Beweislast für das Nichtvorliegen von Erkrankungen durch den Verkäufer bei Schadensersatzansprüchen.

Gegenstand der Ansprüche von Käufern von Hundewelpen sind erblich bedingte Erkrankungen wie Hüftgelenksdysplasie (HD), Zahnfehler, Herzfehler usw. Bevor ein Käufer Ansprüche auf Minderung, Rücktritt vom Vertrag oder Schadensersatz erwarten kann, muss er Nacherfüllung verlangen. Gemäß § 439 BGB kann der Käufer die Beseitigung des

Mangels erwarten. Dieses Verlangen des Käufers ist allerdings vom Gesetz her an zum Beispiel die Bedingung geknüpft, dass der Käufer vor der Behandlung des erkrankten Tieres den Verkäufer (hier den Züchter) zu kontaktieren hat, um dem Verkäufer (Züchter) das weitere Vorgehen zu überlassen (zum Beispiel Arztwahl).

Die Frage, ob Züchter Unternehmer im Sinne der neuen Gewährleistungsvorschriften sind, ist zurzeit noch nicht durch höchstrichterliche Rechtsprechung entschieden. Der Bundesgerichtshof (BGH) hat jedoch zur Frage des Schadensersatzes durch den Züchter (hier: Erstattung der Behandlungskosten für einen kranken Dackel) entschieden, dass kein Schadensersatz zu leisten ist, wenn der Züchter bei der Zucht die erforderliche Sorgfalt nicht außer Acht lässt und dadurch nicht fahrlässig handelt.

Der BGH hat hierzu, und dies ist zukünftig für alle Züchter verbindlich, ausgeführt: »Hinsichtlich eines solchen, in der Natur des Tieres begründeten genetischen Fehlers ist dem Züchter keine Fahrlässigkeit vorzuwerfen, wenn er die Zucht nach den dafür geltenden, auf Wissenschaft und Erfahrung beruhenden züchterischen Grundsätzen betreibt.

Der Züchter muss in Zukunft darlegen und beweisen, dass er seine Zucht nach diesen vorgenannten Grundsätzen betreibt. Er sollte bereits bei der Planung und Zuchtauswahl sowie bei der Aufzucht usw. die erforderliche Sorgfalt walten und erkennen lassen.

Sie als Züchter sollten unbedingt über alle diese neuen Rechtsfragen mit ihrem Rassehundezuchtverein und ggf. mit einem Rechtsanwalt sprechen.

Autofahren sollten die Welpen wie diese Hovawart-Welpen immer beim Züchter im ganzen Rudel lernen.

Welpen wie dieser Bordeaux Doggen-Welpe sollten bereits beim Züchter an das Tragen eines Halsbandes gewöhnt werden.

Heimfahrt mit dem Welpen

Wenn die Welpenkäufer dann durch den Züchter so gut auf ihr neues Familienmitglied vorbereitet wurden, kann der Tag der Abgabe kommen. Dieser Tag ist für den Züchter immer eine schlimme Zeit, denn er hängt inzwischen durch die tägliche Betreuung und das Spielen sehr an jedem einzelnen Welpen. Für den Käufer erfüllt sich endlich ein lange gehegter Wunsch und alle sind voller Erwartung. Wie wird sich der Kleine eingewöhnen? Wird er jammern, weil ihm die Mutter und die Geschwister fehlen? Ich bitte alle Käufer, eine Decke oder etwas Vergleichbares bei einem der Besuche mitzubringen, welche ich dann öfter zu den Welpen legen kann, damit das Hundekind auf der Fahrt und im neuen Heim etwas Vertrautes vom Geruch her bei sich hat. Dieses Vorgehen hat sich immer sehr bewährt.

Der neue Besitzer des Welpen wird von mir mit einer Erstausstattung an Hundefutter versorgt, erhält noch kurze Ratschläge und der Welpe wird abschließend geknuddelt und dem neuen Besitzer auf die nach Welpen riechende Decke im Auto auf dem Rücksitz in den Schoß gelegt. Es sollte immer der auf der Heimfahrt den Welpen auf den Arm nehmen, der später überwiegend für ihn verantwortlich sein wird. Wir haben festgestellt, dass diese erste Fahrt eine enge Beziehung zwischen dem Welpen und der Person schafft, die die Verbindung zu seiner bisherigen Welt darstellt, der Person also, die den Welpen während der Fahrt hält.

Der Welpe sollte unbedingt ein Halsband oder besser noch ein Hundegeschirr und eine Leine auf der Heimfahrt tragen. Da Sie ihm als neue Besitzer noch nicht sehr vertraut sind, würde er bei einem Halt nicht wissen, wo er hingehört und sich anderen Menschen anschließen oder gar unter ein Auto laufen. Wenn die Heimfahrt länger dauert, sollten Sie den kleinen Kerl unbedingt unterwegs sein »kleines Geschäft« verrichten lassen. Dafür brauchen Sie Halsband oder Hundegeschirr und Leine. Haben Sie beides nicht angelegt und öffnet auf dem Parkplatz eines Ihrer Kinder die Autotür, so springt der Welpe sofort hinaus und Schlimmes kann passieren.

Für Welpen bis etwa zum sechsten Monat ist das Tragen eines Welpengeschirrs wie bei diesem Hovawart-Welpen besser als ein Halsband, da der Welpe noch keinen Gehorsam hat und das Ziehen im Halsband am Kehlkopf Verletzungen hervorrufen kann.

Im neuen Heim

Eingewöhnung

Endlich haben Sie die lange Fahrt überstanden und sind mit dem Welpen zu Hause. Sie haben sich sicher schon überlegt, wo der Welpe seinen Liege- und Schlafplatz haben soll. Bei kleinen und mittelgroßen Hunden empfiehlt sich ein Hundekorb, bei großen Hunden ist eine Decke oder ein Vetbed angebracht. Dieser neue Platz gehört nur dem kleinen und später dann dem großen Hund. Er ist für alle anderen Hausgenossen tabu. Bringen Sie bitte Ihren Kindern vom ersten Tage an bei, dass dieser Platz jetzt ausschließlich dem Hund gehört und sie ihn weder dort stören noch ihn dort streicheln dürfen! Was der Hund sich dorthin an Spielsachen trägt, gehört ihm und darf von dort nicht entfernt werden, solange der Hund sich an seinem Platz befindet. Wir raten unseren Welpenkäufern, die uns mitgegebene Decke, die ja nach dem gesamten Wurf riecht, nach der Autofahrt an diesen Hundeplatz zu legen, damit der Welpe wenigstens etwas Vertrautes im neuen Zuhause vorfindet.

Sollten Sie sich entschieden haben, dass bestimmte Räume des Hauses oder der Wohnung vom Hund dauerhaft nicht betreten werden sollen, so müssen Sie diese Verbote vom ersten Moment an setzen. Darf Ihr Hund nicht in die Küche oder ins Schlafzimmer, dann darf er das weder am ersten Tag noch irgendwann danach.

Der Welpe soll nach der Ankunft im neuen Zuhause die Möglichkeit erhalten, alles in Haus oder Wohnung, das nicht tabu ist, zu erkunden und abzu-

Im neuen Heim muss der Welpe wie dieser Flatcoated Retriever alles neu erkunden. Am meisten werden ihm zuerst seine Geschwister fehlen, deshalb sollten seine neuen Besitzer sich ausgiebig mit dem kleinen Kerl beschäftigen.

schnüffeln. So macht der junge Hund sich mit allem vertraut und fühlt sich schneller wohl und nicht mehr so verlassen. Diese ersten Eindrücke im neuen Lebensbereich sind für den Welpen sehr wichtig und sollten für ihn mit möglichst vielen angenehmen und positiven Situationen und Erfahrungen verknüpft sein. Loben Sie ihn also ausgiebig, wenn er alles erkundet und sich nicht ängstlich zeigt.

erste Nacht In der ersten Nacht sollten Sie ihn keinesfalls ganz allein lassen. Sie sollten sich, wenn der Welpe nicht im Schlafzimmer neben Ihrem Bett liegen darf, auf einer Liege in dem Raum niederlegen, in dem der Welpe schlafen soll. Muss der Welpe die Nacht allein verbringen, wird er schreckliche Verlassensängste haben und laut nach seiner Mutter und den Geschwistern schreien. Tun Sie ihm das nicht an! Er muss Sie als neue Bezugsperson spüren, wenn er wach wird. Er möchte Ihre Hand berühren, wenn er sich einsam fühlt und Ihre Stimme sollte ihn beruhigen. Er braucht Sie gerade in dieser ersten Zeit sehr. Sind Sie berufstätig, so sollten Sie zwei oder drei Wochen Urlaub haben, wenn der Welpe in die Familiengemeinschaft aufgenommen werden soll.

Treppensteigen Treppensteigen sollten Hundekinder wenigstens in ihren ersten sechs Lebensmonaten nicht. Schläft er bei Ihnen im Obergeschoss, so müssen Sie ihn die Treppe hinauf- und hinunter tragen. Damit er Ihnen tagsüber bei Ihren Verrichtungen im Haus nicht ständig die Treppe hinterher zu kommen versucht, sperren Sie die Treppe tagsüber ab. Sie schonen damit die Gelenke und Hüften des Welpen und haben damit eine gute Chance, einen gesunden Hund großzuziehen.

Noch ein Wort zum Halten von Hunden draußen außerhalb des Hauses. Der Hund kann Sie und Ihr Eigentum nur dann dauerhaft beschützen, wenn er im Hause lebt und jedem Außenstehenden sehr deutlich zeigen kann, dass er es nicht dulden wird, wenn jemand sein Haus betritt, ohne dass Herrchen oder Frauchen ihr Einverständnis signalisiert haben. Die Polizei hat Befragungen von Einbrechern durchgeführt, was sie von einem Einbruch am sichersten abhalten würde. Die Antworten waren eindeutig: ein Hund im Haus! Ein Hund im Zwinger kann zwar bellen, Ihr Eigentum oder Sie selbst verteidigen kann er so weggesperrt natürlich nicht. Bei uns sind die Hunde immer frei im Hause, auch während unserer kurzen Abwesenheit und alle Türen sind offen, so dass der oder die Hunde sehr wohl alles kontrollieren können.

Fressplatz Auch der Fressplatz des Hundes muss von Anfang an festgelegt sein und nur dem Hund gehören. Auch hier müssen die Kinder unmissverständlich angewiesen werden, dass der Hund beim Fressen nicht angefasst oder ihm gar etwas weggenommen werden darf. Sie vermeiden so mögliche Gefahrenpunkte, denn der Hund kann auch in Bezug auf sein Futterverhalten sich nur so geben, wie es sein Wolfserbe ihm sagt und was andere Hunde auch respektieren. Wolfswelpen lernen schon sehr früh, dass das Fressen der erwachsenen Wölfe tabu ist und sie erst fressen dürfen, wenn der ranghöhere Wolf es gestattet. Umgekehrt weiß auch ein junger Wolf, dass die anderen Jungwölfe ihn beim Fressen nicht stören und sein Futterverhalten akzeptieren. So muss der junge Hund sein Futter verteidigen, wenn Ihre Kinder ihm zu nahe kommen, während er frisst. Vermeiden Sie solche Konfrontationen, indem Sie den Kindern verbieten, den Hund am Futterplatz oder beim Fressen zu stören.

Die Futtermengen oder Futterinhalte ergeben sich aus dem Fütterungsplan Ihres Züchters. Haben Sie keinen Fütterungsplan erhalten, können Sie nach dem in Kapitel 21 dargestellten Fütterungsplan vorgehen.

Ein Napf mit frischem Wasser sollte immer bereit stehen, so dass der Hund jederzeit selbst bestimmen kann, wann er trinken möchte.

Stubenreinheit

Junge Hunde »müssen« immer sofort nach dem Fressen, Schlafen oder Spielen. Das ist wie ein Naturgesetz und lässt sich nur durch Aufpassen und sofortiges Hochnehmen und Hinaustragen des Welpen in den Griff bekommen. Hundekinder können wie Menschenkinder nicht von Anbeginn an ihren Schließmuskel an der Blase durch eigenen Willen beherrschen. Eine Kontrolle des Schließmuskels ist bei Welpen erst etwa mit der zwölften Woche möglich. Alle Erziehungsversuche davor müssen, wie bei Kindern der zu frühe Topf, scheitern. Es ist nur durch Aufpassen zu schaffen, dass die kleinen Bächlein dort erledigt werden, wo Sie es wünschen.

Da Hunde sich gern an Stellen setzen, die schon geruchlich markiert sind, geben wir unseren Welpenkäufern gern ein kleines Eimerchen voller Sand mit, der von den Welpen bereits zum Erledigen ihrer »Geschäfte« benutzt wurde. Wenn der neue Besitzer diesen Sand dort im Garten verteilt, wo der kleine Hund sich künftig immer entleeren soll, so wird dieser schwierige Teil meist leichter gemeistert.

Drastische Strafen sind also zuerst völlig unangebracht, sondern Ihre volle Aufmerksamkeit ist gefordert. Spätestens alle zwei Stunden muss der Welpe ins Freie.

Erste Erziehung

In den ersten Tagen im neuen Zuhause soll der Welpe viele positive Erfahrungen machen und Zeit haben, sich an seine neue Familie und die neue Umgebung zu gewöhnen. Größere Strafaktionen sollten nicht stattfinden, jedoch muss der Welpe vom ersten Betreten Ihres Hauses an wissen oder gezeigt bekommen, was er darf und was Sie gar nicht wollen und schätzen. Da er Ihre Nähe sucht, wird er versuchen, wenn Sie sich setzen, möglichst dicht bei Ihnen zu sein. Er wird deshalb sicher versuchen, zu Ihnen auf das Sofa zu gelangen. Wenn Sie dieses nicht dauerhaft wollen, müssen Sie ihm jetzt schon deutlich und unmissverständlich zeigen, dass Sie das nicht wünschen. Der Welpe hat wie Kinder sehr viel Energie und wird es immer wieder versuchen. Jetzt ist es an Ihnen, standfest zu bleiben und die Tabus einzuhalten und nicht zu sagen: »Ach, er ist ja noch so klein und er wird es später lernen.« Das ist falsch! Was Sie nicht wünschen, muss der Welpe vom ersten Tage an lernen. Und zwar sehr konsequent und ohne Ausnahmen. Wie wollen Sie ihm sonst später erklärlich machen, dass das geliebte Sofa plötzlich nicht mehr sein Platz sein soll?

So ist es eigentlich mit allen Dingen und Situationen, die im Hause ablaufen. Ihre Konsequenz wird dem

Hundesprache untereinander ist sehr eindeutig und nie missverständlich wie bei diesen Hovawart-Welpen, die den gegenseitigen Körperkontakt dulden. Der neue Besitzer soll seine Erziehungs-Signale an den Welpen für diesen verständlich und konsequent übermitteln.

Welpen seine Eingewöhnung erleichtern. Und was er von Anfang an nicht durfte, wird er später auch nicht vermissen.

Erziehungsbegriffe

Wählen Sie für das Gehorchen im Hause andere Begriffe als die, die der Hund später vielleicht auf dem Hundeplatz lernen soll. Im Hause sind Begriffe wie »Setz Dich« oder »Leg Dich« besser anzuwenden als »Sitz« oder »Platz«. Die Begriffe des Hundeplatzes, das werden Sie dann lernen, sind jeweils durch einen Gegenbefehl aufzuheben. Und diese strengen Sitten gelten zu Hause nicht.

Spielen Sie viel mit Ihrem Hundekind und lassen Sie vieles spielerisch lernen. Wenn der Welpe zu heftig zubeißt, sagen Sie »Au« und zeigen ihm, dass dies für Sie zu stark war. Die Mutter würde ihn auch belehren, wenn er zu ruppig ist. Versuchen Sie sich immer zu überlegen, was die Hundemutter tun würde und wie sie dem Welpen zeigen würde, was er darf und was nicht. Wenn Sie die Hundemutter mit den Welpen beobachtet haben, werden Sie feststellen, dass die Hündin die Welpen niederdrückt oder über den Fang greift. Diese Sprache versteht der Welpe. Wenn Sie ihm einen Vortrag halten oder mit der Zeitung nach ihm schlagen, können Sie sicher sein, dass er nicht begreifen kann, was Sie von ihm wollen.

Konsequenz

Meine Hündin Orscha war eine sehr strenge und konsequente Mutter. War ein Welpe zu frech und reagierte er auf ihre angedeuteten Erziehungsmaßnahmen nicht, legte sie sich ohne Emotionen zum Welpenrudel, beobachtete nur den Welpen, der seine Lektion bekommen sollte, teilweise zehn Minuten lang und stand dann sehr ruhig auf, ging zu dem Welpen hin, drückte ihn nieder und wartete, bis er sich in sein Schicksal ergab und ihre Strafe akzeptierte. Wehrte er sich weiterhin beim Niederdrücken, legte Sie ihren Fang über seine Schnauze, knurrte und hielt ihn fest, bis der Widerstand aufgegeben wurde. Alle Welpen, auch die Frechsten, verstanden Mutters Erziehung und reagierten nächstes Mal meist etwas früher.

Sie sollten bei Ihrer Erziehung diese Hundesprache lernen und es dem Welpen ermöglichen, Sie zu verstehen. Vermeiden Sie alle Emotionen und bringen Sie dem Welpen ruhig bei, was Sie wünschen. Sie werden dadurch einen Hund erhalten, der sich sein Selbstbewusstsein bewahren durfte und der Ihnen gern folgt und der auf Ihre eindeutigen Befehle und Signale gerne hört, denn er weiß, dass Sie es so meinen, wie Sie sagen und ist nicht dadurch hin- und her gerissen, dass er Dinge einmal darf und das nächste Mal dafür bestraft wird.

Über Erziehung gibt es viele gute Literatur, die Sie sich kaufen sollten. Versuchen Sie, sich mit Ihrem Welpen einer Welpenspielgruppe anzuschließen, damit Sie Erfahrungen austauschen können, damit Sie Anregungen erhalten und dann später viele, viele Jahre Freude an und mit Ihrem neuen Hausgenossen haben.

SCHLUSSWORT

Ich hoffe, dass ich Ihnen mit diesem Buch helfen konnte, alle Fragen, die bei der Partnersuche, beim Deckakt und natürlich bei der Geburt entstehen zu beantworten. Die Fragen, die bei der Aufzucht eines Wurfes wichtig sind, sind ebenfalls sehr vielschichtig. Ich wünsche Ihnen, dass Sie bei allem, was Sie mit Hunden tun werden, genauso viel Freude wie ich empfinden werden. Hunde sind aus meinem Leben kaum mehr wegzudenken und ich genieße täglich dieses wunderschöne, kameradschaftliche Zusammensein.

WEITERE INTERESSANTE BÜCHER ZUM THEMA

Die Züchtung von Hunden ist eine spannende Aufgabe. Die Vermischung der Gene und die Weitergabe bestimmter Eigenschaften unterliegt Naturgesetzen. Inge Hansen stellt in diesem Buch das komplexe Thema auf verständliche Weise dar, veranschaulicht Zusammenhänge und erklärt wichtige Begriffe.
240 Seiten, 150 Abb., 170 x 240 mm
ISBN 978-3-275-02259-5
€ 34,90 | € (A) 35,90

Mit dem als Puppy Puzzle bekannte Testverfahren lassen sich Stärken und Schwachstellen des Hundekörpers erkennen, sodass der Hund entsprechend gefördert werden kann. Dieser Band macht die Zusammenhänge von Hunden unterschiedlichen Alters und verschiedenster Rassen transparent.
368 Seiten, 600 Abb., 170 x 240 mm
ISBN 978-3-275-02206-9
€ 39,90 | € (A) 41,10

Dr. Irene Sommerfeld-Stur ist eine der bekanntesten Expertinnen in Sachen Hundezucht. Sie gibt hier eine einzigartige Einführung in genetisches Grundwissen und bietet dem Leser einen Einblick in die spannenden Entwicklungen der Genetik und Epigenetik. Außerdem nimmt sie die moderne Rassehundezucht kritisch unter die Lupe.
368 Seiten, 285 Abb., 170 x 240 mm
ISBN 978-3-275-02311-0
€ 39,90 | € (A) 41,10

Wo beginnt ein guter Start, welche Einflüsse wirken wann, wie und mit welcher Nachhaltigkeit? Dieser Ratgeber betrachtet die Zucht von Hunden sowie die Welpen- und Junghundeentwicklung aus verhaltensbiologischem wie züchterpraktischem Blickwinkel und berücksichtigt dabei die neuesten Erkenntnisse aus Forschung und Wissenschaft.
224 Seiten, 165 Abb., 170 x 240 mm
ISBN 978-3-275-01995-3
€ 24,90 | € (A) 25,60

Müller Rüschlikon

Überall, wo es Bücher gibt, oder unter
www.mueller-rueschlikon.de
Service-Hotline: 0711 / 78 99 21 51

www.facebook.com/muellerrueschlikonverlag
www.instagram.com/muellerrueschlikon.hund

Änderungen in Preis und Lieferfähigkeit vorbehalten.